2024

highbrow

드래곤빌리지 컬렉션 도감북 2024

초판 1쇄 발행 2024년 7월 25일

제　　작 (주)하이브로
발 행 인 원세연
발 행 처 (주)하이브로 제2014-000177호
주　　소 서울시 강남구 영동대로 432 준&빌딩 4층
도서문의 02-538-1462 팩스 02-538-1488

ISBN 979-11-93640-01-2

이 도서의 국립중앙도서관 출판예정도서목록(CIP)은 서지정보유통지원시스템
홈페이지(http://seoji.nl.go.kr)와 국가자료종합목록시스템(http://www.nl.go.kr/kolisnet)에서
이용하실 수 있습니다. (CIP제어번호 : CIP2019015365)

DRAGON VILLAGE COLLECTION

이 책에는 하이브로가 2012년 개발한

드래곤빌리지의 세계관을 담고 있습니다.

오랫동안 유저들이 사랑하고 수집한 드래곤의 가치를

보존하기 위해 최선을 다하겠습니다.

highbrow

DRAGON VILLAGE

드래곤빌리지에는 강력한 마법이 깃든 신비로운 광석들이 존재한다. 이 광석들은 다양한 마공학 도구나 주술적 행위 및 드래곤을 육성하는 데에 사용되기도 한다. 광석들의 기원은 창조신 아모르나 파괴신 카데스에서 비롯되었다는 설화가 전해지고 있으나, 정확한 증거는 발견되지 않고 있다.

Chapter.01

GAME INFORMATION

게임 정보

드래곤 성격 / 드래곤 특수 액션 / 교배 드래곤
아이템 / 테이머 업적 배지

Dragon Personality

드래곤 성격

드래곤 기본 성격 & 조건

눈치 빠른
Quick Witted

◆최고 노력치 : 순발력
◆최저 노력치 : 두 종류 이상
◆노력 수치 하나라도 다르게 하기

천진난만한
Naive

◆최고 노력치 : 순발력
◆최저 노력치 : 근력 단 한 종류
◆노력 수치 하나라도 다르게 하기

덜렁대는
Rash

◆최고 노력치 : 순발력
◆최저 노력치 : 집중력 단 한 종류
◆노력 수치 하나라도 다르게 하기

성급한
Hasty

◆최고 노력치 : 순발력
◆최저 노력치 : 지력 단 한 종류
◆노력 수치 하나라도 다르게 하기

용감한
Brave

◆최고 노력치 : 근력
◆최저 노력치 : 순발력 단 한 종류
◆노력 수치 하나라도 다르게 하기

대담한
Bold

◆최고 노력치 : 근력
◆최저 노력치 : 두 종류 이상
◆노력 수치 하나라도 다르게 하기

변덕쟁이
Quirky

◆최고 노력치 : 근력
◆최저 노력치 : 집중력 단 한 종류
◆노력 수치 하나라도 다르게 하기

고집 있는
Adamant

◆최고 노력치 : 근력
◆최저 노력치 : 지력 단 한 종류
◆노력 수치 하나라도 다르게 하기

냉정한
Quiet

◆최고 노력치 : 집중력
◆최저 노력치 : 순발력 단 한 종류
◆노력 수치 하나라도 다르게 하기

차분한
Calm

◆최고 노력치 : 집중력
◆최저 노력치 : 근력 단 한 종류
◆노력 수치 하나라도 다르게 하기

노력하는
Hardy

◆최고 노력치 : 집중력
◆최저 노력치 : 두 종류 이상
◆노력 수치 하나라도 다르게 하기

신중한
Careful

◆최고 노력치 : 집중력
◆최저 노력치 : 지력 단 한 종류
◆노력 수치 하나라도 다르게 하기

온순한
Docile

◆최고 노력치 : 지력
◆최저 노력치 : 순발력 단 한 종류
◆노력 수치 하나라도 다르게 하기

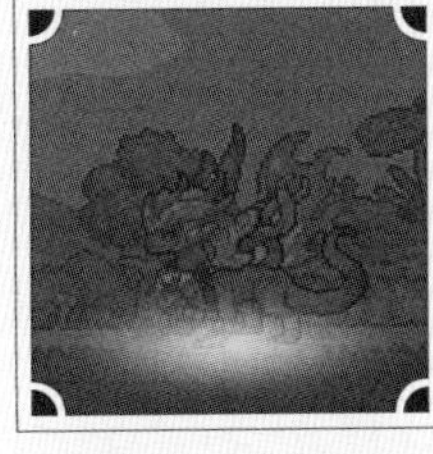

수줍은
Bashful

◆최고 노력치 : 지력
◆최저 노력치 : 근력 단 한 종류
◆노력 수치 하나라도 다르게 하기

촐랑대는
Lax

◆최고 노력치 : 지력
◆최저 노력치 : 집중력 단 한 종류
◆노력 수치 하나라도 다르게 하기

똑똑한
Smart

◆최고 노력치 : 지력
◆최저 노력치 : 두 종류 이상
◆노력 수치 하나라도 다르게 하기

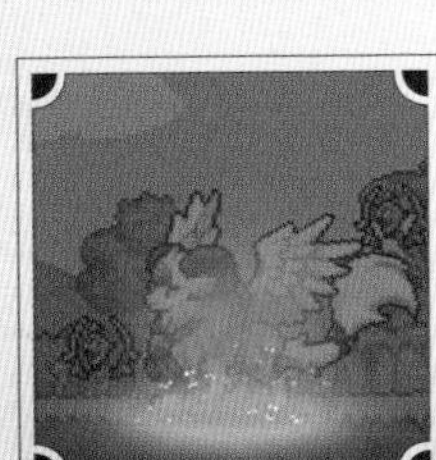

평범한
Dull

◆모든 노력치를 같아지게 하기
◆각 노력치 25 이하

유능한
Capable

◆모든 노력치를 같아지게 하기
◆각 노력치 25 초과

Dragon Personality
드래곤 성격

드래곤 특수성격 & 조건

성실한
Serious

◆ 한 종류 노력치만 변화
◆ 훈련 7회 이상 진행

사랑스러운
Lovely

◆ 조회수 300 이상 유지

애교 많은
Charming

◆ 돌보기 20회 이상 진행

순수한
Pure

◆ 모든 조부모가 같은 품종 1세대
◆ 모든 부모가 같은 품종
◆ 조부모, 부모가 모두 다른 개체

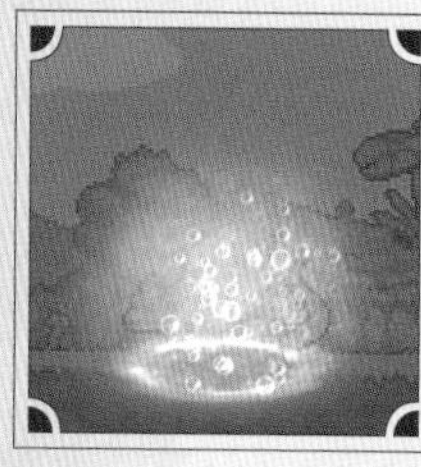

품위 있는
Classy

◆ 모든 조부모가 같은 품종 1세대
◆ 모든 부모가 같은 품종
◆ 조부모, 부모가 모두 다른 개체
◆ 각 노력치 20 이상

겁이 많은
Fearful

◆ 질병 4회 이상 걸리기

오만한
Arrogant

◆ 각 노력치 25 이상
◆ 조회수 200 이상 유지

소극적인
Timid

◆ 훈련 10회 이상 실패

완벽주의자
Perfectionist

◆ 알 행복도 높게 유지, 빠른 성장
◆ 각 노력치 20 이상

외로워하는
Lonely

◆ 훈련 진행하지 않기

광적인
Lunatic

◆ 히드라곤 특수 액션 "광기 부여" 대상

몰입하는
Immersed

◆ 아무 노력치 하나가 150 이상

조용한
Silent

◆ 조회수 0으로 유지

서투른
Clumsy

◆ 훈련 11회 이상 진행
◆ 훈련 결과 "so-so" 로만 받기

호기심 많은
Curious

◆ 파트너 드래곤 설정
◆ 광장 상자 보상 20회 이상 획득

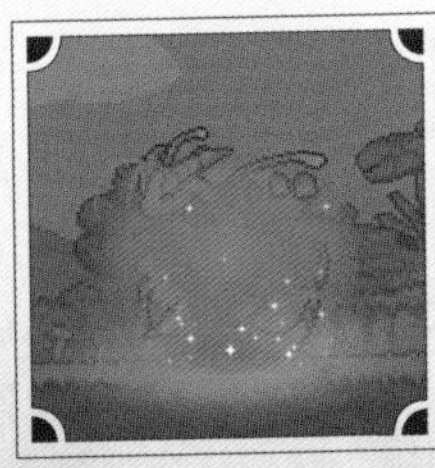

내향적인
Introvert

◆ 돌보기 진행하지 않기
◆ 노력치 변화시키지 않기
◆ 부화장 배치 진행

Dragon Personality

드래곤 성격

깨끗한
Neat

◆모든 조부모가 같은 품종
◆모든 부모가 같은 품종
◆조부모, 부모가 모두 다른 개체
◆조부모, 부모 모두 위 조건 만족

고귀한
Noble

◆모든 조부모가 같은 품종
◆모든 부모가 같은 품종
◆조부모, 부모가 모두 다른 개체
◆조부모, 부모 모두 위 조건 만족
◆각 노력치 20 이상

기품 있는
Elegant

◆모든 돌보기 1회씩만 진행
◆모든 훈련 3회씩 진행
◆훈련 "so-so", "good", "perfect"만 받기

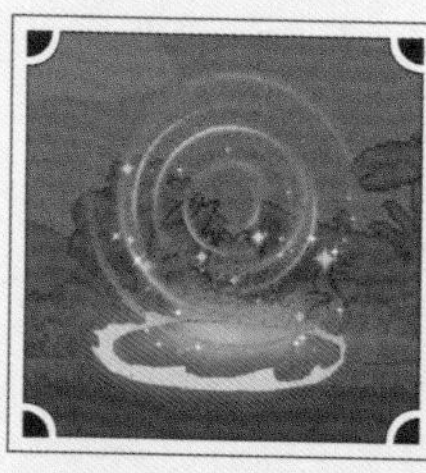

재앙의
Baleful

◆카드 코드 1탄 드래곤 전용 성격
◆1세대인 드래곤
◆재앙 외형인 드래곤

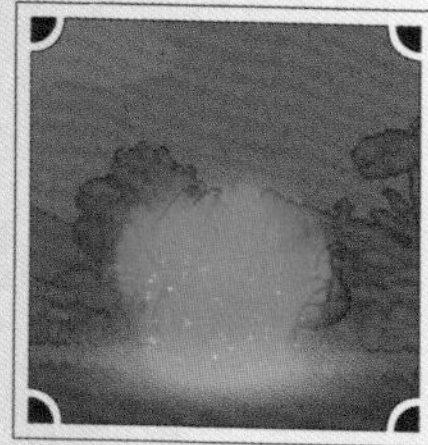

신비의
Mystical

◆에브리아에서 획득한 드래곤

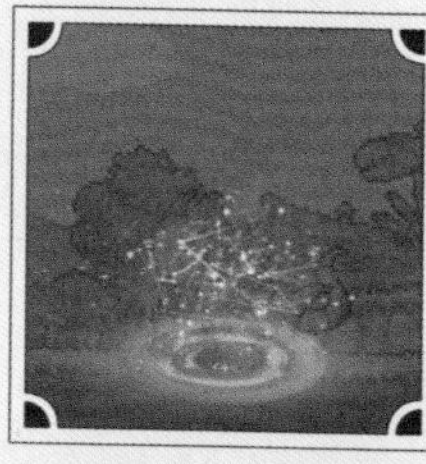

미지의
Unknown

◆에브리아에서 획득한 드래곤
◆각 노력치 모두 1로 유지

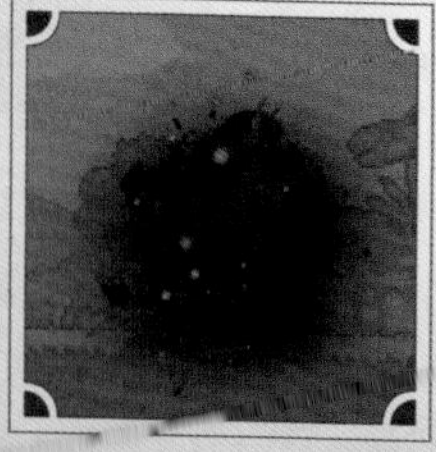

사나운
Wild

◆"좋을지도?" 이하 돌보기만 진행
◆질병 2회 이상 걸리기

산만한
Distracted

◆각 노력치 차이가 서로 15 이상
◆집중력 훈련 진행하지 않기

사교적인
Sociable

◆파트너 드래곤 설정
◆광장에서 다른 테이머 프로필 50회 이상 확인

부족한
Lousy

◆조회수 95 이상 99 이하로 유지

정확한
Meticulous

◆모든 노력치의 합 100

종말의
Apocalyptic

◆카드 코드 2탄 드래곤 전용 성격
◆1세대인 드래곤
◆종말 외형인 드래곤

외향적인
Extroverted

◆파트너 드래곤 설정
◆다른 빌리지 30회 이상 방문
◆조회수 100 이상으로 유지

심약한
Frail

◆알, 해치 행복도 낮게 유지, 느린 성장

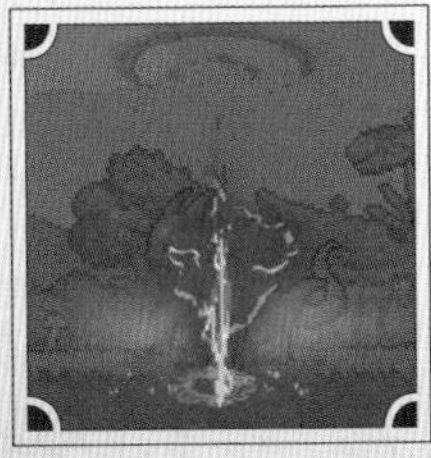

명예로운
Honorable

◆콜로세움 시즌 1 랭킹 보상

영광의
Glorious

◆영광의 달조각 아이템 사용

Dragon Personality

드래곤 성격

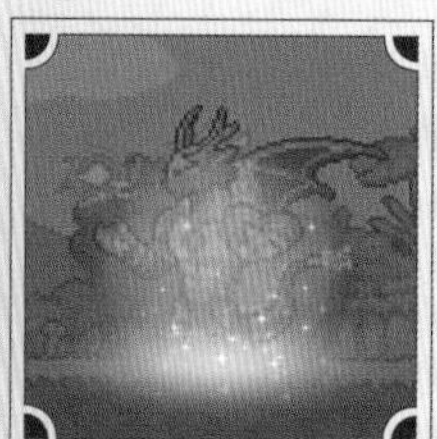

고독한
Solitary

◆ 조회수 1로 유지
◆ 각 노력치 일의 자리가 1로 끝나기

명랑한
Cheerful

◆ 질병에 걸리지 않게 하기
◆ 돌보기 6회 이상 진행
◆ "매우 좋아!"이상의 돌보기만 진행

여명의
Dawn

◆ 특정 특수 액션의 대상 3회만 지정

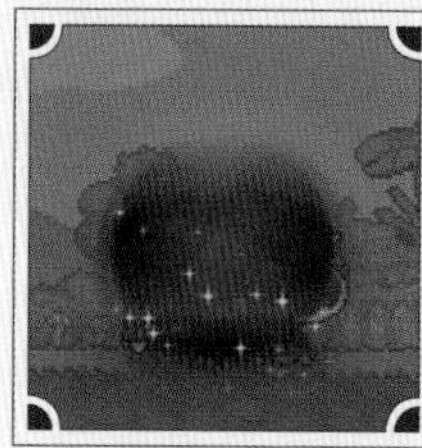

어두운
Somber

◆ 돌보기를 10회만 진행
◆ "좋을지도?" 이하, "너무 싫어!" 이상 돌보기만 진행
◆ 훈련 10회만 진행
◆ 훈련 "so-so"로만 받기

드래곤 이벤트성격 & 조건

푸른달의
Bluemoon

◆ 푸른달 조각 아이템 사용

보름달의
Fullmoon

◆ 보름달 조각 아이템 사용

오싹한
Spooky
◆ 오싹한 달조각 아이템 사용

섬뜩한
Horrendous
◆ 섬뜩한 달조각 아이템 사용

재능 있는
Talented
◆ 재능있는 달조각 아이템 사용

실력 좋은
Skilled
◆ 실력좋은 달조각 아이템 사용

성탄의
Christmas
◆ 성탄의 달조각 아이템 사용

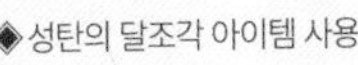

따뜻한
Affable
◆ 따뜻한 달조각 아이템 사용

풍요로운
Affluent
◆ 풍요로운 달조각 아이템 사용

Dragon Special Action

드래곤 특수 액션

전달 Teleport

드래곤을 거래하거나 다른 유저에게 선물하는 액션

◆ 보유 드래곤 : 리베티
◆ 쿨타임 : 2일 (거래 완료 시에만 쿨타임 적용)

품기 Incubate

알의 남은 시간을 24시간 감소시키는 액션

◆ 보유 드래곤 : 에그 드래곤
◆ 쿨타임 : 10일

마비 Stun

드래곤의 남은 시간을 24시간 증가시키는 대신, 24시간 동안 진화 점수를 받을 수 없게 만드는 액션

◆ 보유 드래곤 : 타아비레
◆ 쿨타임 : 10일

정화 Purify

언데드화의 상태의 드래곤을 죽이는 액션

◆ 보유 드래곤 : 엔젤 드래곤
◆ 쿨타임 : 20일

성격 간파 Personality Analyzing

알/해치의 노력치나 해츨링의 성격을 알아낼 수 있는 액션

◈ 보유 드래곤 : 헤네스

◈ 쿨타임 : 2일

모험(지하던전) Underground Dungeon

다크닉스 알을 획득할 수 있는 액션

◈ 보유 드래곤 : 고대신룡, 번개고룡, 빙하고룡, 파워 드래곤

◈ 쿨타임 : 10일

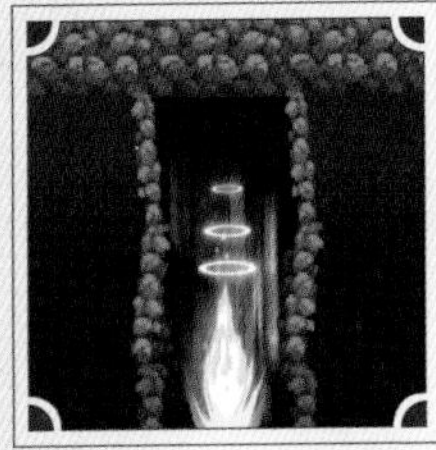

땅파기 Digging

골드 드래곤의 알을 획득할 수 있는 액션

◈ 보유 드래곤 : 지하땅굴 드래곤

◈ 쿨타임 : 5일 (액션 실패 시 쿨타임 적용)

파티 열기 Throw Party

레이디 드래곤 알을 획득할 수 있는 액션

◈ 보유 드래곤 : 파티 드래곤

◈ 쿨타임 : 5일 (액션 실패 시 쿨타임 적용)

몸단장 Dress Up

레이디 드래곤의 외형을 변경하는 액션

◈ 보유 드래곤 : 레이디 드래곤

Dragon Special Action
드래곤 특수 액션

먹이 숨기기/먹이 돌려주기 Hide Food / Return Food

패트의 외형을 변경하는 액션

◈ 보유 드래곤 : 패트

부활의 불꽃 Flame of resurrection

피닉스 드래곤을 100% 확률로 부활시키고, 낮은 확률로 외형이 변경되는 액션

◈ 보유 드래곤 : 피닉스 드래곤
◈ 쿨타임 : 7일

골드 뿌리기 Scatter Gold

일정량의 골드를 획득 할 수 있는 액션

◈ 보유 드래곤 : 골디

분노/진정 Anger / Calm

아스티의 외형을 변경하는 액션

◈ 보유 드래곤 : 아스티

영원한 낮/영원한 밤 Fix Daytime / Fix Night

내 빌리지의 밤낮을 변경하는 액션

◈ 보유 드래곤 : 일리오스/녹스

보따리 열기 Open Bundle

방랑상인의 지나간 알을 획득할 수 있는 액션

◈ 보유 드래곤 : 라키온

◈ 쿨타임 : 5일

광석 먹기 Eat Ore

교배로 동일 품종을 얻을 경우 외형을 바꾸는 액션

◈ 보유 드래곤 : 바위 드래곤

◈ 쿨타임 : 30일

광기 부여 Madden

알이 성체가 되었을 때 성격을 '광적인'이 되도록 고정하는 액션

◈ 보유 드래곤 : 히드라곤

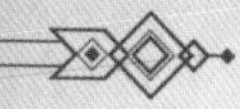

Dragon Special Action

드래곤 특수 액션

사랑의 화살 Love Arrow

액션 대상이 교배 시 같은 품종이 등장할 확률을 증가시키는 액션

◆ 보유 드래곤 : 큐피트 드래곤

◆ 쿨타임 : 10일

독 뿌리기 Centipede Poison

액션 대상이 교배 시 같은 품종이 등장할 확률을 감소시키는 액션

◆ 보유 드래곤 : G네

◆ 쿨타임 : 10일

대폭발 Big Explosion / Restoration

봄버 드래곤의 외형을 변경하는 액션

◆ 보유 드래곤 : 봄버 드래곤

◆ 쿨타임 : 5일

분열 Slime Split

슬라임 드래곤 알을 획득할 수 있는 액션

◆ 보유 드래곤 : 슬라임 드래곤

◆ 쿨타임 : 5일

전투 능력 부여 Armor Give

드래곤에게 기본 능력치를 부여하는 액션

◆ 보유 드래곤 : 미트라
◆ 쿨타임 : 10일

전투 능력 재설정 Armor Reset

전투 능력 부여 액션을 통하여 획득한 능력치를 상승시키는 액션

◆ 보유 드래곤 : 앙그라
◆ 쿨타임 : 5일

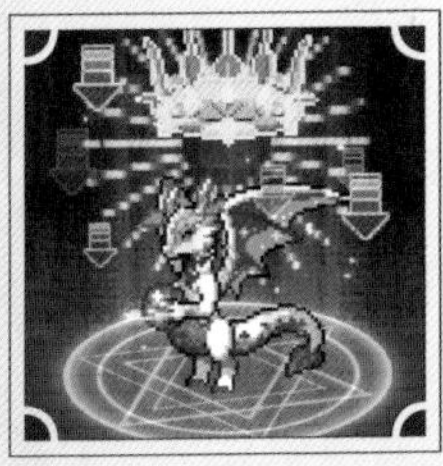

전투 능력 레벨 다운 Armor Down

능력치가 부여된 드래곤의 레벨을 내리는 액션

◆ 보유 드래곤 : 타이게타
◆ 쿨타임 : 7일

전투 능력 레벨 업 Armor Up

능력치가 부여된 드래곤의 레벨을 올리는 액션

◆ 보유 드래곤 : 카루라
◆ 쿨타임 : 7일

Dragon Special Action

드래곤 특수 액션

잠재 성격 파악 Personality Change

해츨링의 성격을 변화시키는 액션

◈ 보유 드래곤 : 루네라
◈ 쿨타임 : 10일

비 내리기 Rain

내 빌리지의 날씨를 변경하는 액션

◈ 보유 드래곤 : 클라우드 드래곤

바다 생물 부르기 Call Sea Creatures

알의 조회수를 올리는 액션

◈ 보유 드래곤 : 루피아
◈ 쿨타임 : 10일

공허의 심연 Abyss of emptiness

논의 알을 획득할 수 있는 액션

◈ 보유 드래곤 : 피데스, 루시오, 오벡스, 플로레
◈ 쿨타임 : 10일 (액션 실패 시 쿨타임 적용)

분신술 / 분신 해제 Clonetech On / Clonetech Off

닌므니아의 외형을 변경하는 액션

◆ 보유 드래곤 : 닌므니아
◆ 쿨타임 : 5일

망자의 시선 Dead Gaze

대상 드래곤이 언데드화가 될 경우 어떤 모습이 될지 미리 보여주는 액션

◆ 보유 드래곤 : 스켈레곤

맹독 주입 Poison Infusion

대상 드래곤의 가장 높은 노력치를 낮추는 액션

◆ 보유 드래곤 : 포이즌 리버
◆ 쿨타임 : 5일

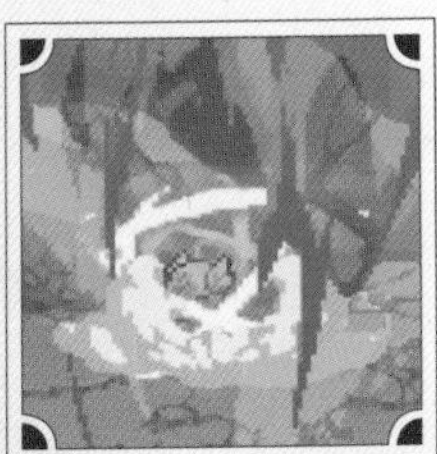

안개의 장막 Mist Screen

대상 드래곤이 조회수를 받지 않도록 감추는 액션

◆ 보유 드래곤 : 미스트 드래곤
◆ 쿨타임 : 5일

Dragon Special Action

드래곤 특수 액션

마녀의 저주 Witch Curse

대상 드래곤을 영구히 교배 불가능 상태로 만드는 액션

◈ 보유 드래곤 : 윗치 드래곤

◈ 쿨타임 : 5일

나비의 춤 Butterfly Dance

내 빌리지의 날씨를 변경하는 액션

◈ 보유 드래곤 : 핑크벨

가고일 어부바! / 데몽 어부바! Piggyback Gargoyle / Piggyback Demong

데몽과 가고일의 외형을 변경하는 액션

◈ 보유 드래곤 : 데몽과 가고일

◈ 쿨타임 : 5일

곤충 젤리 수집 Collect Jelly

헤라클레스곤의 외형을 바꿀 수 있는 전용 아이템을 획득하는 액션

◈ 보유 드래곤 : 헤라클레스곤

◈ 쿨타임 : 5일

화합의 빛 Unity Light

동성/중성과 교배가 가능해지는 액션

◈ 보유 드래곤 : 베리스

◈ 쿨타임 : 10일

왕의 부활 Kings Revival

버려진 미이라곤을 데려왔을 때 낮은 확률로 투탕카곤을 획득하는 액션

◈ 보유 드래곤 : 미이라곤

황제의 귀환 Emperors Return

파라오곤을 획득하는 액션

◈ 보유 드래곤 : 투탕카곤

오방신 소환 Summon Five God

기린 드래곤을 획득하는 액션

◈ 보유 드래곤 : 청룡, 현무, 백호, 주작

◈ 쿨타임 : 5일

Breed Dragons

교배 드래곤

고대신룡

\+

엔젤 드래곤

=

고대주니어

God Jr

고대신룡

\+

엔젤 드래곤

=

엔젤주니어

Angel Jr

헬 드래곤

\+

겁이 많은 & 광적인 성격의 드래곤

=

히드라곤

Hydragon

에그 드래곤

\+

모든 드래곤

=

즈믄

Jimon

샌드 드래곤

\+

물 속성 드래곤

=

머드 드래곤

Mud Dragon

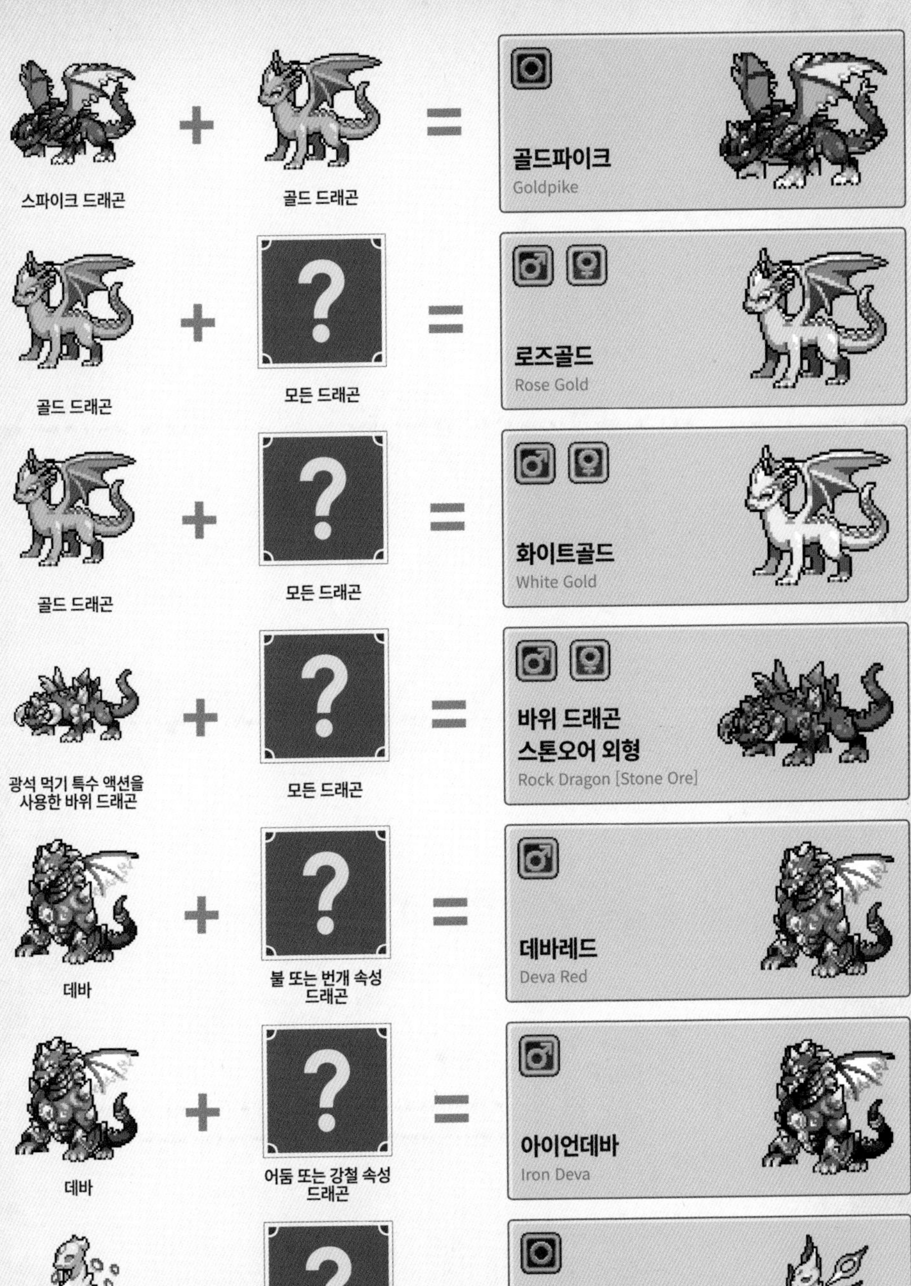
스파이크 드래곤
골드 드래곤
골드파이크
Goldpike
골드 드래곤
모든 드래곤
로즈골드
Rose Gold
골드 드래곤
모든 드래곤
화이트골드
White Gold
광석 먹기 특수 액션을 사용한 바위 드래곤
모든 드래곤
바위 드래곤 스톤오어 외형
Rock Dragon [Stone Ore]
데바
불 또는 번개 속성 드래곤
데바레드
Deva Red
데바
어둠 또는 강철 속성 드래곤
아이언데바
Iron Deva
에일리언 드래곤
에일리언이 아닌 모든 드래곤
레그리언
Leglien

타아비레 + 불 속성 드래곤 = 레드 타아비레
Red Taabire

클라우드 드래곤 + 냉정한 or 신중한 or 변덕쟁이 성격의 드래곤 = 다크 클라우드
Dark Cloud

스파이시 + 온순한 or 차분한 or 신중한 성격의 드래곤 = 라이트 스파이시
Light Spicy

카라선 + 물 속성 드래곤 = 블루카라선
Blue Characen

청룡  + 빙하고룡  = 빙하청룡
Frost Blue Dragon

블랙아머 + 용감한 or 대담한 or 신중한 성격의 드래곤 = 블랙아머소드
Black Armor Sword

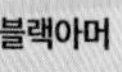
블랙아머
+

스파이크 드래곤

=

블랙아머스피어
Black Armor Spear

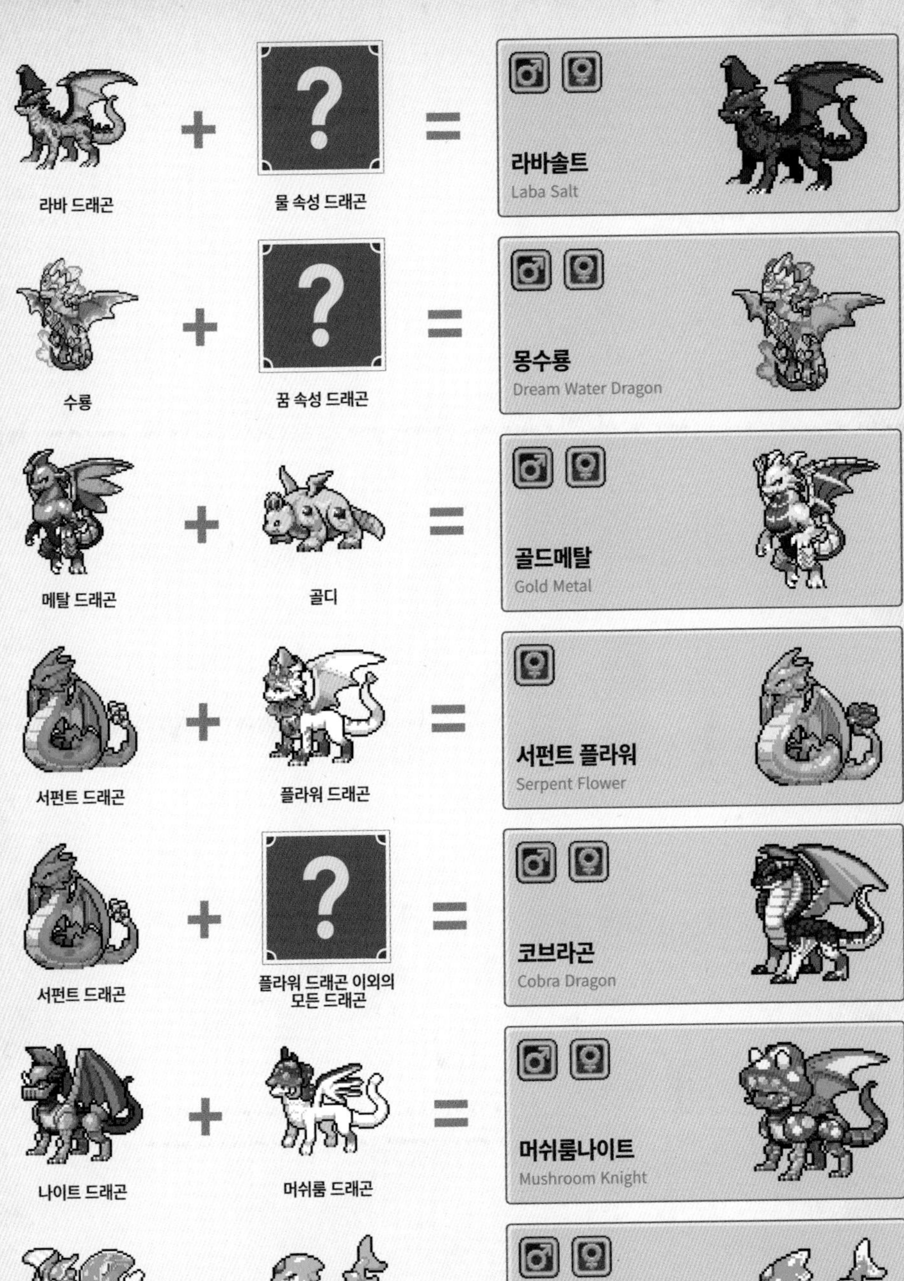
라바 드래곤
물 속성 드래곤
라바솔트
Laba Salt
수룡
꿈 속성 드래곤
몽수룡
Dream Water Dragon
메탈 드래곤
골디
골드메탈
Gold Metal
서펀트 드래곤
플라워 드래곤
서펀트 플라워
Serpent Flower
서펀트 드래곤
플라워 드래곤 이외의
모든 드래곤
코브라곤
Cobra Dragon
나이트 드래곤
머쉬룸 드래곤
머쉬룸나이트
Mushroom Knight
본샤스
샤크곤
본샤크곤
Von Sharkgon

칸

\+

마리노

=

칸마리노
Khan Marino

타이푼 드래곤

\+

허리케인 드래곤

=

타이케인
Tycane

크레스티드 드래곤

\+

꿈 or 강철 or 바람속성 드래곤

=

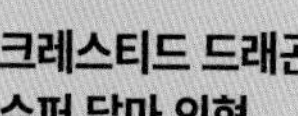

크레스티드 드래곤 슈퍼 달마 외형
Crested Dragon [Dalmatian]

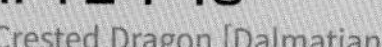

크레스티드 드래곤 슈퍼 달마 외형

\+

땅 or 불 or 어둠속성 드래곤

=

크레스티드 드래곤 카푸치노 외형
Crested Dragon [Cappuccino]

크레스티드 드래곤 카푸치노 외형

\+

물 or 빛 or 번개속성 드래곤

=

크레스티드 드래곤 화이트 외형
Crested Dragon [White]

레오파드 드래곤

\+

스킨크 드래곤

=

스킨크 드래곤 화이트 외형
Skink Dragon [White]

거들테일 드래곤

\+

스킨크 드래곤 화이트 외형

=

스킨크 드래곤 플레임 외형
Skink Dragon [Flame]

크레스티드 드래곤

스킨크 드래곤
플레임 외형

스킨크 드래곤
아잔틱 외형
Skink Dragon [Axanthic]

레오파드 드래곤

거들테일 드래곤

레오파드 드래곤
이니그마 외형
Leopard Dragon [Enigma]

레오파드 드래곤
이니그마 외형

크레스티드 드래곤
슈퍼 달마 외형

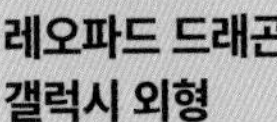

레오파드 드래곤
갤럭시 외형
Leopard Dragon [Galaxy]

레오파드 드래곤
갤럭시 외형

스킨크 드래곤

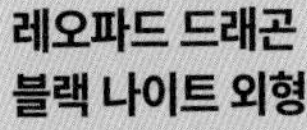

레오파드 드래곤
블랙 나이트 외형
Leopard Dragon [Black Night]

크레스티드 드래곤

스킨크 드래곤

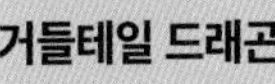
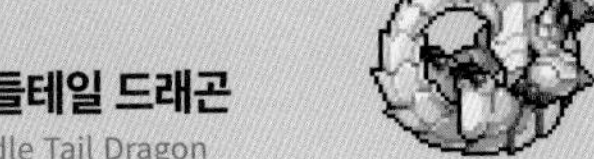

거들테일 드래곤
Girdle Tail Dragon

거들테일 드래곤

신중한 or 조용한 or
완벽주의자 성격의 드래곤

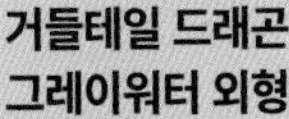

거들테일 드래곤
그레이워터 외형
Girdle Tail Dragon [Graywater]

거들테일 드래곤
그레이워터 외형

용감한 or 오만한 or
몰입하는 성격의 드래곤

거들테일 드래곤
플레임 외형
Girdle Tail Dragon [Flame]

거들테일 드래곤
플레임 외형

\+

대담한 or 성실한 or
유능한 성격의 드래곤

=

거들테일 드래곤
크리스탈 외형
Girdle Tail Dragon [Crystal]

거들테일 드래곤

\+

비어디 드래곤
도마뱀 왕국 외형

=

거들테일 드래곤
왕 외형
Girdle Tail Dragon [King]

비어디드래곤
도마뱀 왕국 외형

\+

스킨크 드래곤

=

비어디 드래곤
사막 왕국 외형
Bearded Dragon [Desert Kingdom]

비어디 드래곤
도마뱀 왕국 외형

\+

레오파드 드래곤

=

비어디 드래곤
얼음 왕국 외형
Bearded Dragon [Ice Kingdom]

비어디 드래곤
도마뱀 왕국 외형

\+

크레스티드 드래곤

=

비어디 드래곤
지하 왕국 외형
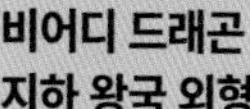
Bearded Dragon [Underground Kingdom]

포르타

\+

디멘션 드래곤

=

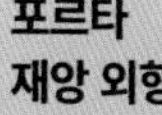
포르타
재앙 외형
Porta [Chaos]

포르타

\+

빛 속성 드래곤

=

포르타
재앙 외형

Porta [Chaos]

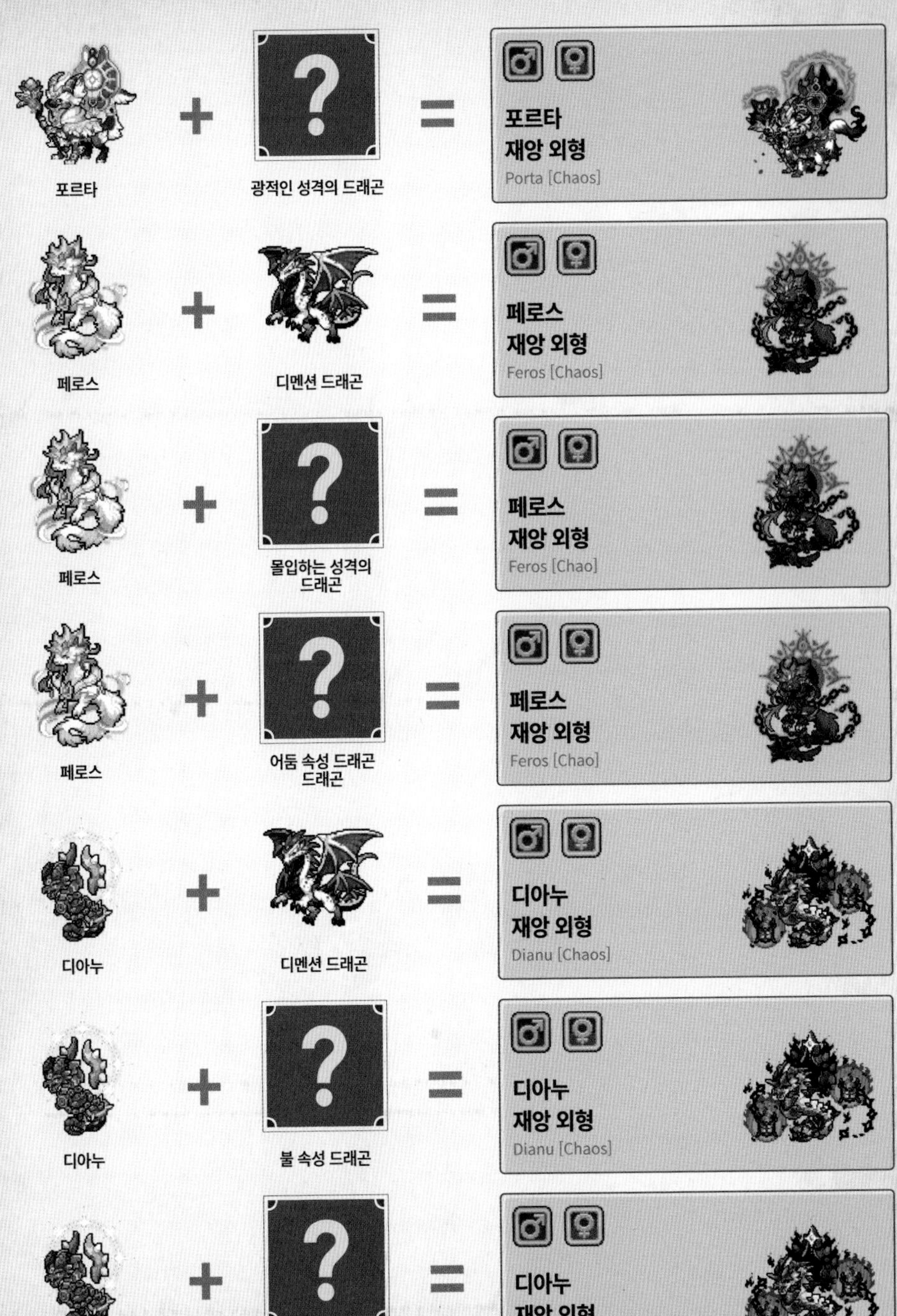
포르타
광적인 성격의 드래곤
포르타
재앙 외형
Porta [Chaos]
페로스
디멘션 드래곤
페로스
재앙 외형
Feros [Chaos]
페로스
몰입하는 성격의
드래곤
페로스
재앙 외형
Feros [Chao]
페로스
어둠 속성 드래곤
드래곤
페로스
재앙 외형
Feros [Chao]
디아누
디멘션 드래곤
디아누
재앙 외형
Dianu [Chaos]
디아누
불 속성 드래곤
디아누
재앙 외형
Dianu [Chaos]
디아누
오만한 성격의 드래곤
디아누
재앙 외형
Dianu [Chaos]

넬로

+

불의 산에서 획득한 드래곤

=

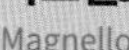

마그넬로

Magnello

용감한 성격의 해태

+

용감한 성격의 블레이드 드래곤

=

충무해태

Chungmu Haetae

샌드 드래곤

+

태엽 드래곤

=

모래시계 드래곤

Hourglass Dragon

애니마라

+

드라고노이드

=

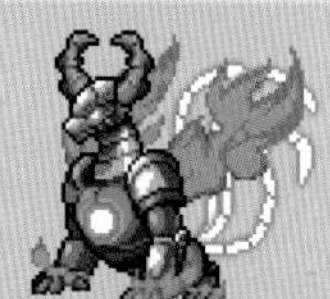

드라고노이드 소울

Dragnoid Soul

데빌곤

+

테디 드래곤

=

테디블로

Tediblo

니드호그

+

라그나로크

=

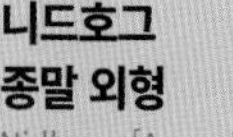

니드호그 종말 외형

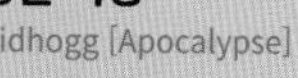

Nidhogg [Apocalypse]

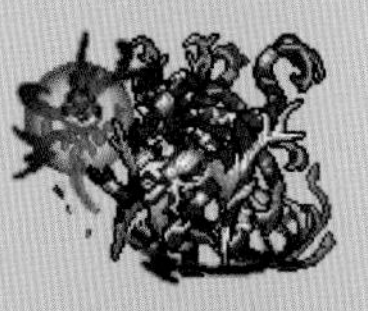

니드호그

+

땅 속성 드래곤

=

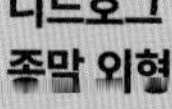

니드호그 종말 외형

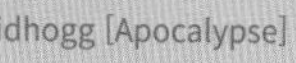

Nidhogg [Apocalypse]

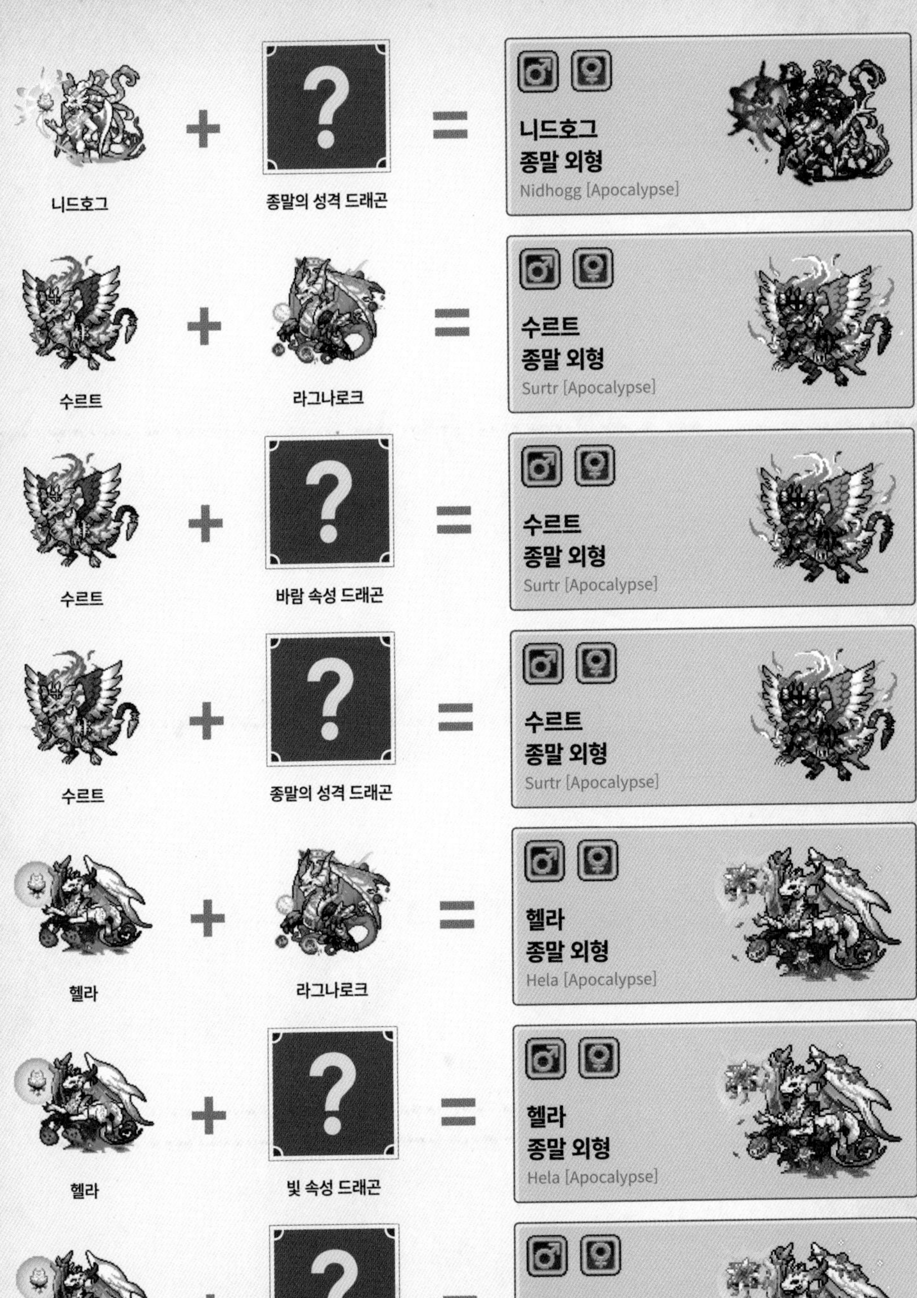
니드호그
종말의 성격 드래곤
니드호그
종말 외형
Nidhogg [Apocalypse]
수르트
라그나로크
수르트
종말 외형
Surtr [Apocalypse]
수르트
바람 속성 드래곤
수르트
종말 외형
Surtr [Apocalypse]
수르트
종말의 성격 드래곤
수르트
종말 외형
Surtr [Apocalypse]
헬라
라그나로크
헬라
종말 외형
Hela [Apocalypse]
헬라
빛 속성 드래곤
헬라
종말 외형
Hela [Apocalypse]
헬라
종말의 성격 드래곤
헬라
종말 외형
Hela [Apocalypse]

Item

아이템

기능성 아이템

골드

거래를 위해 사용되는 기본 화폐. 다양한 상품을 구매할 수 있는 재화이다.

마일리지

협회에서 제공하는 마일리지 서비스를 이용할 수 있는 재화이다.

알 포인트

알 마켓에서 드래곤 알을 구매할 수 있는 재화. 다양한 활동을 통해서 얻을 수 있다.

자수정

보라빛으로 빛나는 매우 아름다운 보석. 드래곤에게 잠재된 강력한 힘을 끌어올릴 수 있을 것 같다. 자수정은 콜로세움, 혼돈의 틈새 콘텐츠에서 사용된다.

파견 입장권

성체 드래곤을 파견 보내 파견 아이템을 획득 할 수 있게 해주는 아이템이다.

닉네임 변경권

테이머의 닉네임을 변경할 수 있다. 한 번 바꿀 때마다 1개가 필요하니 신중하게 바꿔야 한다.

훈련 충전권

드래곤이 한 번 더 훈련을 할 수 있도록 만들어 주는 아이템이다.

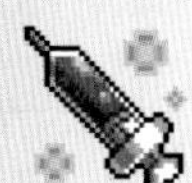

치료제

질병에 걸린 드래곤을 바로 치료해주는 효과 만점 치료제이다.

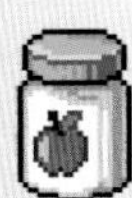

피노의 영양제(8h)

피노가 만든 드래곤 건강기능식품이다. 성장 중인 드래곤의 행복지수를 8시간동안 최대치로 유지시켜준다. 질병에 걸리지 않는 선에서 행복지수를 채워준다.

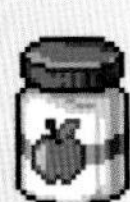

피노의 영양제(24h)

피노가 만든 드래곤 건강기능식품이다. 성장 중인 드래곤의 행복지수를 24시간동안 최대치로 유지시켜준다. 질병에 걸리지 않는 선에서 행복지수를 채워준다.

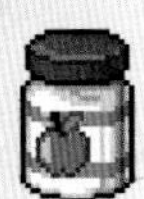

피노의 영양제(72h)

피노가 만든 드래곤 건강기능식품이다. 성장 중인 드래곤의 행복지수를 72시간동안 최대치로 유지시켜준다. 질병에 걸리지 않는 선에서 행복지수를 채워준다.

보호소 티켓

드래곤을 보호소로 즉시 보낼 수 있는 티켓이다. 성체가 아닌 드래곤에게만 사용 가능하다. 보호소 보내기가 불가능한 드래곤에게는 사용할 수 없다.

딜리스 박스

알 획득 제한을 넘어서 추가로 알을 획득할 수 있는 1회용 임시 보관함이다. 박스의 알은 12시간 뒤 사라진다. 동시에 최대 4개까지만 사용 가능하다. 탐험(보호소, 도움요청, 에브리아 제외), 방랑 상인에서만 사용 가능하다.

길드명 변경권

길드명을 변경할 수 있다. 한 번 바꿀 때마다 1개가 사용되니 신중하게 바꿔야한다.

영웅 랜덤 파견 아이템 상자

영웅 등급의 파견 아이템을 랜덤으로 획득 할 수 있는 상자이다.

희귀 랜덤 파견 아이템 상자

희귀 등급의 파견 아이템을 랜덤으로 획득 할 수 있는 상자이다.

고급 랜덤 파견 아이템 상자

고급 등급의 파견 아이템을 랜덤으로 획득 할 수 있는 상자이다.

일반 랜덤 파견 아이템 상자

일반 등급의 파견 아이템을 랜덤으로 획득 할 수 있는 상자이다.

훈련 노력치 1회 초기화

훈련을 진행하여 쿨타임이 적용된 드래곤이 가장 최근에 올린 노력치를 되돌릴 수 있는 아이템. 대상이 되는 드래곤의 훈련 가능 횟수가 1회 충전된다. 아이템 사용 후 훈련을 1회 이상 진행해야만 재사용이 가능하다.

조회 부적

사용 대상이 되는 드래곤의 조회수가 100 증가한다.

빗자루

버려진 드래곤이 머물렀던 공간을 치워 알 제한 및 육성 제한에 포함되지 않게 한다. 버려진 알, 해치, 해츨링에게만 사용 가능하다.

부화기

유료 구매 드래곤을 알 제한 및 육성 제한에 상관없이 최대 3마리까지 추가로 돌볼 수 있게 해주는 아이템이다. 유료 구매 드래곤 : 이달의 알, 카드 코드 드래곤, 도감북 드래곤.

달빛 보석

성체 드래곤의 성격을 달빛의 힘으로 바꿀 수 있는 아이템이다. 등장할 수 있었던 성격들 중 하나를 선택하여 변경 가능하다.

코스믹 결정

특별 탐험 지역인 에브리아를 개방할 때 사용되는 아이템. 주로 코스믹 앨범에서 획득 가능하다.

보증금 무료 티켓

알 상자 거래소에 상품을 등록할 때 필요한 보증금을 제거 해주는 티켓이다.

성장 가속 알약

드래곤을 빠르게 성체로 만들어주는 성장 가속 알약이다. 탐험 지역 출신에게만 사용 가능하며 사용 시 일부 액션 및 영양제 사용이 불가능하다.

방랑상인 알 교환권

지난달까지 얻을 수 있었던 방랑상인 전용 드래곤의 알을 선택하여 획득 할 수 있는 교환권이다.

달조각

성체 드래곤 성격 변경 아이템이다. 성체 단계의 드래곤에게만 사용 가능하다.

파견 아이템

구미호

아홉 개의 꼬리를 가진 여우이다. 선량한 존재로 변화하는 것을 목표로 한다.
획득처: 불 속성 드래곤 파견 시 획득 가능

고대의 창

고대 빛의 사제들이 사용했던 창으로 공격과 방어를 효과적으로 할 수 있다.
획득처: 번개 속성 드래곤 파견 시 획득 가능

고목의 수액

오래된 고목이 품고 있던 수액이다. 긴 세월만큼 강한 땅의 기운이 전해진다.
획득처: 땅 속성 드래곤 파견 시 획득 가능

롤리팝

달콤한 사탕이다. 단 걸 좋아하는 드래곤들의 간식으로도 애용된다.
획득처: 꿈 속성 드래곤 파견 시 획득 가능

용사의 검

강인한 용기를 가진 자만이 휘두를 수 있는 검이다.
획득처: 강철 속성 드래곤 파견 시 획득 가능

태양 장신구

태양의 빛을 담았다고 전해지는 장신구다. 태양 아래에 있을 때 가장 강렬한 빛을 낸다.
획득처: 빛 속성 드래곤 파견 시 획득 가능

세계수 나뭇잎

생명력과 지혜를 상징하는 세계수에서 떨어진 나뭇잎이다.
획득처: 희망의 숲

튤립

주로 희망의 숲에서 발견되며, 재배 및 장식용으로 사용된다.
획득처: 희망의 숲

성화

강한 바람에도 끄떡없을 정도의 강렬한 불길이 타오른다.
획득처: 불의 산

장미

사랑의 열정을 상징하는 꽃으로 알려져 있다. 가시에 찔리지 않도록 조심해야 한다.
획득처: 불의 산

해바라기

햇빛을 향해 움직이는 특이한 특성을 지니고 있는 아름다운 꽃이다.
획득처: 난파선

백합

순결을 상징하는 꽃으로 알려져 있다. 다양한 장식 요소로 사용된다.
획득처: 바람의 신전

라일락

상쾌하고 안정감을 주는 향기를 지닌 아름다운 꽃이다.
획득처: 하늘의 신전

고룡의 머리뼈

크기가 매우 큰 머리뼈다. 고대 드래곤의 머리뼈로 추측된다.
획득처: 고룡의 무덤

맹독 이슬

치명적인 맹독이 들어있는 이슬이다. 함부로 손에 닿거나 마시지 않도록 조심해야 한다.
획득처: 가시나무 숲

오싹한 천조각

혼령의 영향으로 오싹함이 느껴지는 흰 천 조각이다.
획득처: 어둠의 제단

몽환의 수정

몽환의 힘과 마력이 깃들어 있는 광석이다.
획득처: 몽환의 수정터

기타 아이템

철광석

철의 함량이 높은 광물로 각종 무기, 도구 제련 과정에서 중요한 원료로 사용된다.

단단한 방어구

수많은 제련을 거쳐 만들어진 방어구다. 웬만한 공격에는 흠집 하나 나지 않는다.

폭탄 사과

펑—! 터질지도 모르는 폭탄 사과다. 주로 몬스터의 함정 무기로 사용되곤 한다.

Tamer Triumph Badge

테이머 업적 배지

선구자
OBT 참가 보상

레드 콜렉터
빨간색 드래곤 성체 100마리 획득

오렌지 콜렉터
주황색 드래곤 성체 100마리 획득

옐로 콜렉터
노란색 드래곤 성체 100마리 획득

라이트그린 콜렉터
연두색 드래곤 성체 100마리 획득

그린 콜렉터
초록색 드래곤 성체 100마리 획득

블루그린 콜렉터
청록색 드래곤 성체 100마리 획득

블루 콜렉터
파란색 드래곤 성체 100마리 획득

네이비 콜렉터
남색 드래곤 성체 100마리 획득

퍼플 콜렉터
보라색 드래곤 성체 100마리 획득

레드 퍼플 콜렉터
자주색 드래곤 성체 100마리 획득

화이트 콜렉터
흰색 드래곤 성체 100마리 획득

블랙 콜렉터
검정색 드래곤 성체 100마리 획득

초보 탐험가
누리로부터 부여받은 초보 탐험가 배지

탐험가
탐험으로 획득한 드래곤 50마리 성체까지 진화

프로 탐험가
탐험으로 획득한 드래곤 100마리 성체까지 진화

탐험왕
탐험으로 획득한 드래곤 500마리
성체까지 진화

초보 보호자
보호소에서 드래곤 10마리 획득

보호자
보호소에서 드래곤 50마리 획득

프로 보호자
보호소에서 드래곤 100마리 획득

보호소의 천사
보호소에서 드래곤 500마리 획득

방랑상인 VIP
방랑상인으로부터 알 30마리
성체까지 진화

견습 테이머
드래곤 5마리
성체까지 진화

초보 테이머
드래곤 50마리
성체까지 진화

베테랑 테이머
드래곤 200마리
성체까지 진화

마스터 테이머
드래곤 500마리
성체까지 진화

그랜드 마스터 테이머
드래곤 1,000마리
성체까지 진화

바람의 테이머
바람 속성 드래곤 10마리
성체까지 진화

바람의 친구
바람 속성 드래곤 50마리
성체까지 진화

바람의 지배자
바람 속성 드래곤 100마리
성체까지 진화

불의 테이머
불 속성 드래곤 10마리
성체까지 진화

불의 친구
불 속성 드래곤 50마리
성체까지 진화

불의 지배자
불 속성 드래곤 100마리
성체까지 진화

물의 테이머
물 속성 드래곤 10마리
성체까지 진화

물의 친구
물 속성 드래곤 50마리
성체까지 진화

물의 지배자
물 속성 드래곤 100마리
성체까지 진화

땅의 테이머
땅 속성 드래곤 10마리
성체까지 신화

땅의 친구
땅 속성 드래곤 50마리
성체까지 진화

땅의 지배자
땅 속성 드래곤 100마리
성체까지 진화

번개의 테이머
번개 속성 드래곤 10마리
성체까지 진화

번개의 친구
번개 속성 드래곤 50마리
성체까지 진화

번개의 지배자
번개 속성 드래곤 100마리
성체까지 진화

강철의 테이머
강철 속성 드래곤 10마리
성체까지 진화

강철의 친구
강철 속성 드래곤 50마리
성체까지 진화

강철의 지배자
강철 속성 드래곤 100마리
성체까지 진화

빛의 테이머
빛 속성 드래곤 10마리
성체까지 진화

빛의 친구
빛 속성 드래곤 50마리
성체까지 진화

빛의 지배자
빛 속성 드래곤 100마리
성체까지 진화

어둠의 테이머
어둠 속성 드래곤 10마리
성체까지 진화

어둠의 친구
어둠 속성 드래곤 50마리
성체까지 진화

어둠의 지배자
어둠 속성 드래곤 100마리
성체까지 진화

꿈의 테이머
꿈 속성 드래곤 10마리
성체까지 진화

꿈의 친구
꿈 속성 드래곤 50마리
성체까지 진화

꿈의 지배자
꿈 속성 드래곤 100마리
성체까지 진화

드래곤 둥지
교배를 통해 드래곤 10회 획득

따뜻한 둥지
교배를 통해 드래곤 50회 획득

사랑이 피는 둥지
교배를 통해 드래곤 100회 획득

잘 나가는 작명소
드래곤 300마리 이름 변경 액션 사용

신입 작가
드래곤 설명 추가 성공 10회

작가
드래곤 설명 추가 성공 50회

유명 작가
드래곤 설명 추가 성공 250회

지하던전 마스터
모험 - 지하던전 30회 성공

지하던전 솔로 플레이
모험 - 지하던전(1마리) 1회 성공

지하던전 파티 플레이
모험 - 지하던전(4마리) 1회 성공

논의 대적자
모험 - 공허의 심연에서 카운터 30회 성공

논 슬레이어
모험 - 공허의 심연 10회 성공

공허의 심연 솔로 플레이
모험 - 공허의 심연(1마리) 1회 성공

공허의 심연 파티 플레이
모험 - 공허의 심연(4마리) 1회 성공

굴삭기
특수액션: 땅파기 10회 성공

파티의 주인
특수액션: 파티 10회 성공

간절한 기도
드래곤 부활 10회

완전체 드래곤
특수 액션을 통해 드래곤 40레벨 달성

초보 승부사
특수 액션 [전투]를 통해 100회 승리

평범한 승부사
특수 액션 [전투]를 통해 500회 승리

노련한 승부사
특수 액션 [전투]를 통해 1,000회 승리

최고의 승부사
특수 액션 [전투]를 통해 3,000회 승리

마스터 승부사
특수 액션 [전투]를 통해 5,000회 승리

초보 투사
특수 액션 [전투]를 통해 연속 10회 승리

노련한 투사
특수 액션 [전투]를 통해 연속 50회 승리

마스터 투사
특수 액션 [전투]를 통해 연속 100회 승리

광기의 투사
특수 액션 [전투]를 통해 연속 200회 승리

절대자
특수 액션 [전투]를 통해 연속 400회 승리

친절한 이웃
타인의 빌리지 300회 방문

프로 양육사
드래곤 돌보기 200회

프로 훈련사
드래곤 훈련 200회

프로 간병인
질병에 걸린 드래곤 100회 치료

행복을 전파하는 양육사
돌보기를 통해 드래곤을 매우 행복한 상태로 만들기 300회

멤버십 배지 1개월
멤버십 1개월 가입

멤버십 배지 3개월
멤버십 3개월 가입

멤버십 배지 6개월
멤버십 6개월 가입

멤버십 배지 12개월
멤버십 12개월 가입

멤버십 배지 24개월
멤버십 24개월 가입

후원자 배지
멤버십 1년치 일괄 가입

포인트 부자
알 포인트 50,000개 획득

갑부
골드 1,000,000개 획득

큐피프렌드의 친구
3종류의 큐피프렌드 모두 획득

태초의 서
사전 예약 보상

성실한 여행자
퀘스트 진행 100회

노련한 여행자
퀘스트 성공 50회

꾸준히 열심히!
일일 퀘스트 200회 완료

협회 공인 성실함
주간 퀘스트 80회 완료

평범한 눈동자
평범한 성격의 드래곤 10마리
성체까지 진화

유능한 눈동자
유능한 성격의 드래곤 10마리
성체까지 진화

성실한 눈동자
성실한 성격의 드래곤 10마리
성체까지 진화

사랑스러운 눈동자
사랑스러운 성격의 드래곤 10마리
성체까지 진화

애교 많은 눈동자
애교 많은 성격의 드래곤 10마리
성체까지 진화

순수한 눈동자
순수한 성격의 드래곤 10마리
성체까지 진화

품위 있는 눈동자
품위 있는 성격의 드래곤 10마리
성체까지 진화

겁이 많은 눈동자
겁이 많은 성격의 드래곤 10마리
성체까지 진화

오만한 눈동자
오만한 성격의 드래곤 10마리
성체까지 진화

소극적인 눈동자
소극적인 성격의 드래곤 10마리
성체까지 진화

완벽주의적인 눈동자
완벽주의자 성격의 드래곤 10마리
성체까지 진화

외로운 눈동자
외로워하는 성격의 드래곤 10마리
성체까지 진화

광적인 눈동자
광적인 성격의 드래곤 10마리
성체까지 진화

눈치 빠른 눈동자
눈치 빠른 성격의 드래곤 30마리
성체까지 진화

천진난만한 눈동자
천진난만한 성격의 드래곤 30마리
성체까지 진화

덜렁대는 눈동자

덜렁대는 성격의 드래곤 30마리 성체까지 진화

용감한 눈동자

용감한 성격의 드래곤 30마리 성체까지 진화

변덕쟁이 눈동자

변덕쟁이 성격의 드래곤 30마리 성체까지 진화

냉정한 눈동자

냉정한 성격의 드래곤 30마리 성체까지 진화

노력하는 눈동자

노력하는 성격의 드래곤 30마리 성체까지 진화

온순한 눈동자

온순한 성격의 드래곤 30마리 성체까지 진화

촐랑대는 눈동자

촐랑대는 성격의 드래곤 30마리 성체까지 진화

몰입하는 눈동자

몰입하는 성격의 드래곤 10마리 성체까지 진화

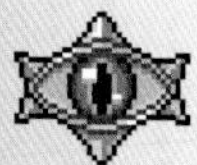

서투른 눈동자

서투른 성격의 드래곤 10마리 성체까지 진화

내향적인 눈동자

내향적인 성격의 드래곤 10마리 성체까지 진화

성급한 눈동자

성급한 성격의 드래곤 30마리 성체까지 진화

대담한 눈동자

대담한 성격의 드래곤 30마리 성체까지 진화

고집 있는 눈동자

고집 있는 성격의 드래곤 30마리 성체까지 진화

차분한 눈동자

차분한 성격의 드래곤 30마리 성체까지 진화

신중한 눈동자

신중한 성격의 드래곤 30마리 성체까지 진화

수줍은 눈동자

수줍은 성격의 드래곤 30마리 성체까지 진화

똑똑한 눈동자

똑똑한 성격의 드래곤 30마리 성체까지 진화

조용한 눈동자

조용한 성격의 드래곤 10마리 성체까지 진화

호기심 많은 눈동자

호기심 많은 성격의 드래곤 10마리 성체까지 진화

기품 있는 눈동자

기품 있는 성격의 드래곤 10마리 성체까지 진화

깨끗한 눈동자

깨끗한 성격의 드래곤 10마리
성체까지 진화

재앙의 눈동자

재앙의 성격의 드래곤 10마리
성체까지 진화

미지의 눈동자

미지의 성격의 드래곤 10마리
성체까지 진화

산만한 눈동자

산만한 성격의 드래곤 10마리
성체까지 진화

부족한 눈동자

부족한 성격의 드래곤 10마리
성체까지 진화

종말의 눈동자

종말의 성격의 드래곤 10마리
성체까지 진화

심약한 눈동자

심약한 성격의 드래곤 10마리
성체까지 진화

명랑한 눈동자

명랑한 성격의 드래곤 10마리
성체까지 진화

어두운 눈동자

어두운 성격의 드래곤 10마리
성체까지 진화

희망의 숲

희망의 숲 출생 드래곤 100마리
성체까지 진화

고귀한 눈동자

고귀한 성격의 드래곤 10마리
성체까지 진화

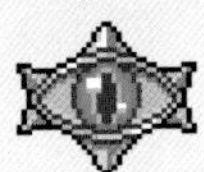

신비의 눈동자

신비의 성격의 드래곤 10마리
성체까지 진화

사나운 눈동자

사나운 성격의 드래곤 10마리
성체까지 진화

사교적인 눈동자

사교적인 성격의 드래곤 10마리
성체까지 진화

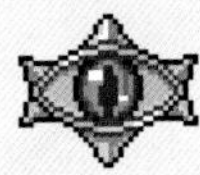

정확한 눈동자

정확한 성격의 드래곤 10마리
성체까지 진화

외향적인 눈동자

외향적인 성격의 드래곤 10마리
성체까지 진화

고독한 눈동자

고독한 성격의 드래곤 10마리
성체까지 진화

여명의 눈동자

여명의 성격의 드래곤 10마리
성체까지 진화

희망의 탐험가

희망의 숲 출생 알 50마리 획득

희망의 숲 파견사

희망의 숲 파견 100회

파도의 탐험가
난파선 출생 알 50마리 획득

난파선
난파선 출생 드래곤 100마리 성체까지 진화

난파선 파견사
난파선 파견 100회

용암의 탐험가
불의 산 출생 알 50마리 획득

불의 산
불의 산 출생 드래곤 100마리 성체까지 진화

불의 산 파견사
불의 산 파견 100회

폐허의 탐험가
바람의 신전 출생 알 50마리 획득

바람의 신전
바람의 신전 출생 드래곤 100마리 성체까지 진화

바람의 신전 파견사
바람의 신전 파견 100회

하늘의 탐험가
하늘의 신전 출생 알 50마리 획득

하늘의 신전
하늘의 신전 출생 드래곤 100마리 성체까지 진화

하늘의 신전 파견사
하늘의 신전 파견 100회

무지개의 탐험가
무지개 동산 출생 알 50마리 획득

무지개 동산
무지개 동산 출생 드래곤 100마리 성체까지 진화

무지개 동산 파견사
무지개 동산 파견 100회

가시나무 탐험가
가시나무 숲 출생 알 50마리 획득

가시나무 숲
가시나무 숲 출생 드래곤 100마리 성체까지 진화

가시나무 숲 파견사
가시나무 숲 파견 100회

수정터 탐험가
몽환의 수정터 출생 알 50마리 획득

몽환의 수정터
몽환의 수정터 출생 드래곤 100마리 성체까지 진화

몽환의 수정터 파견사

몽환의 수정터 출생 드래곤 100마리 성체까지 진화

황야의 탐험가

고룡의 무덤 출생 알 50마리 획득

고룡의 무덤

고룡의 무덤 출생 드래곤 100마리 성체까지 진화

고룡의 무덤 파견사

고룡의 무덤 파견 100회

어둠의 탐험가

어둠의 제단 출생 알 50마리 획득

어둠의 제단

어둠의 제단 출생 드래곤 100마리 성체까지 진화

어둠의 제단 파견사

어둠의 제단 파견 100회

성채 탐험가

지하성채 출생 알 50마리 획득

지하성채

지하성채 출생 드래곤 100마리 성체까지 진화

지하성채 청소부

지하성채 200회 승리

지하성채 베테랑

지하성채 100층 30회 클리어

혼돈의 탐험가

혼돈의 틈새 출생 알 50마리 획득

혼돈의 틈새

혼돈의 틈새 출생 드래곤 100마리 성체까지 진화

물약 중독자

속성 물약 100개 사용

유타칸 동부 친근한 인연

유타칸 동부 인연 10종 이상 완성

유타칸 동부 따뜻한 인연

유타칸 동부 인연 20종 이상 완성

유타칸 동부 최고의 인연

유타칸 동부 인연 30종 이상 완성

에브리아 탐험가

에브리아 출생 알 50마리 획득

에브리아

에브리아 드래곤 100마리 성체까지 진화

결정 수집가

코스믹 결정 50,000개 획득

에브리아 마스터

코스믹 결정 30,000개 사용

멀티버스 베테랑

에브리아 15번 개방

멀티버스 마스터

에브리아 코스믹 게이트 3번 개방

점핑! 점핑! 마스터

점핑! 점핑! 미니게임 2,000m 이상 달성

팡팡 게임 마스터

팡팡 미니게임에서 100점수 획득

숫자 누르기! 마스터

숫자 누르기! 미니게임 18초 미만으로 달성

재빠른 몸놀림

불 피하기 미니게임 45초 이상 버티기

콜로세움 브론즈

콜로세움 브론즈 이상 달성

콜로세움 실버

콜로세움 실버 이상 달성

콜로세움 골드

콜로세움 골드 이상 달성

콜로세움 플래티넘

콜로세움 플래티넘 이상 달성

콜로세움 다이아

콜로세움 다이아 이상 달성

콜로세움 절대자

콜로세움 시즌1 랭킹 1위 보상 배지

콜로세움 대적자

콜로세움 시즌1 랭킹 2위 ~ 5위 보상 배지

콜로세움 전투광

콜로세움 시즌1 랭킹 6위 ~ 300위 보상 배지

콜로세움 도전자

콜로세움 시즌1 랭킹 301위 ~ 3000위 보상 배지

행운 바라기

아이템 뽑기 40회 돌리기

선물 상자 수집가

풍선 축제 이벤트 진행 중 광장에서 선물 상자 50개 획득

송편 수집가

달맞이 축제 이벤트에서 송편 3,000개 획득

할로윈 캔디 수집가

할로윈 축제 이벤트에서 할로윈 캔디 1,500개 이상 획득

시그니처 카드 수집가
시그니처 페스티벌 이벤트에서
시그니처 카드 1,500개 이상 획득

제 1회 자작룡 수상자
제 1회 자작룡 이벤트 수상자

제 2회 자작룡 수상자
제 2회 자작룡 이벤트 수상자

배지 수집가
배지 100종 이상 획득

어디까지 모으려는 거야!
배지 300종 이상 획득

선물 상자 단골 손님
산타클로스의 선물 상자에서 알 확인
20회

제 1회 자작룡 가작 당선자
제 1회 자작룡 이벤트 가작 당선자

제 2회 자작룡 가작 당선자
제 2회 자작룡 이벤트 가작 당선자

배지 부자
배지 200종 이상 획득

오랜 세월이 흐르며 드래곤의 존재는 잊혀 갔고 전설로만 전해졌다.
시간이 얼마나 흘렀을까...
드디어 드래곤 알로 추측되는 조각들이 발견되기 시작했다.

Chapter.02

EXPLORATION DRAGON

탐험 드래곤

데몽과 가고일 / 램곤 / 레오파드 드래곤 / 로롤리 / 루네라 / 루시오 / 리베티
리프 드래곤 / 미스트 드래곤 / 미트라 / 바르그 / 백호 / 밴시 / 베리스 / 불나래
솔라 드래곤 / 수라 드래곤 / 스켈레곤 / 스킨크 드래곤 / 아프리트 / 오벡스
윗치 드래곤 / 주작 / 카루라 / 크레스티드 드래곤 / 타이게타 / 티라노 드래곤
포이즌 리버 / 플라워 드래곤 / 플레임 드래곤 / 플로레 / 피데스 / 핑크벨
헤라클레스곤 / 현무 / 그라노스 / 다로스 / 바그마 / 그리파르 / 발레포르
봉인된 다크닉스 / 디요나 / 미스틱티니 / 리브로 드래곤 / 아델라
프랑켄슈타곤 / 어둠의 고대신룡 / 어둠의 번개고룡 / 스노우 빙하고룡
광기의 파워 드래곤 / 빛의 다크닉스 / 순백의 피데스 / 몽상가 오벡스
악몽의 루시오 / 연민의 플로레 / 순수악 논 / 스타에이스 / 패트로아 / 말로단
센투라 / 아르테미스 / 아자크 / 어비스 엣지 / 엘더 드래곤 / 캣츠곤
테디 드래곤 / 토템 드래곤

Dragon

드래곤

드래곤은 빛과 어둠의 전쟁 후 멸종되었다고 알려졌으나
근래에 들어 부화되지 않은 알들이 종종 발견되기 시작하였다.
어떤 이는 아모르님께서 구원의 기도에 응답하였다고 하기도 하고
어떤 이는 멸종된 게 아니고 우리가 발견을 못했을 뿐이라고 한다.

드래곤의 9속성

속성이란?

드래곤 본연의 모습을 바탕으로 이 드래곤의 속성을 정한다.
두 개의 속성을 지니고 있는 드래곤도 있다.

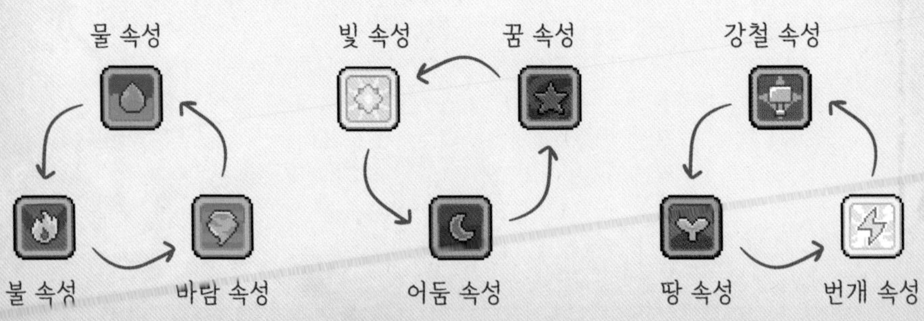

드래곤의 체형 분류

드라코 Draco

가장 일반적인 드래곤 체형이다.
4개의 다리와 날개를 지니고 있으며 간혹 다리가 6개이거나 6개 다리 중 2개가 날개로 진화한 드래곤도 존재한다.

드레이크 Drake

드레이크는 날개가 없어 날지 못하는 드래곤이다. 네발로 다니고 짧고 단단한 몸을 가지고 있어 빠르게 달릴 수 있다. 다리가 2쌍 이상 발달된 종도 발견된다.

므니아 Munia

부화했음에도 일부 알의 형태를 유지하고 있는 드래곤이다.

심해 Deep Sea

심해 드래곤들은 수상 활동에 적합한 체형으로 발달되어 있다.
팔, 다리가 없는 형태도 존재하며 지느러미가 발달한 형태도 존재한다.

아시안 Asian

아시안 드래곤은 뱀 같은 긴 몸에 네 개의 다리와 물건을 잡을 수 있는 꼬리가 있는 모든 드래곤을 일컫는다.

웜 Wyrm

날개와 다리가 모두 없으며 뱀과 유사한 외형을 지니고 있다.

와이번 Wyvern

팔이 날개로 진화하여 대부분 발로 먹이를 집거나 훔친다.

코아틸 Coatyl

다리가 없는 뱀 형태로 등에는 날개가 달려있다.
이 날개는 박쥐와 비슷한 모양의 가죽 날개거나, 날개가 깃털로 이루어져 있기도 한다.

히드라 Hydra

머리가 여러 개 달린 드래곤이다.

Demong & Gargoyle

데몽과 가고일

몬스터들이 잔뜩 돌아다니는 몬스터 월드에서 가고일은 악마 데몽을 만나 한 가지 계약을 했다.
"누구보다 강한 드래곤으로 만들어 줄게. 대신, 나의 부탁을 들어줘야 해. 악마 드래곤들을 잔뜩 만나서 온 세상을 악마의 기운으로 덮어버리고 싶어."
가고일과 데몽은 유타칸 대륙에서 동료로 만들 악마 드래곤을 찾아 나섰다.
가고일은 데몽을, 데몽은 가고일의 힘을 받아 의지하며 악마의 기운을 비축해 나갔다.
그런데 모든 계획이 완벽해질 때쯤, 그들 앞에 천사 드래곤과 빛 드래곤들이 나타났다.
천사 드래곤과 빛 드래곤들은 그들에게 신성한 마법을 걸었고, 가고일과 데몽은 고향인 몬스터 월드로 돌아갈 수 없게 되었다.
망연자실한 것도 잠시, 데몽은 복수할 날을 꿈꾸며 가고일을 위로했다.
"자, 가자! 우린 갈 길이 멀어!"

드래곤 이름	학명	먹이	평균 키
데몽과 가고일	Dæmon Draco	드래곤 에그베리	3.0~3.5m
속성	**체형**	**타입**	**평균 몸무게**
꿈	와이번	악마 드래곤	250~280kg

진화단계

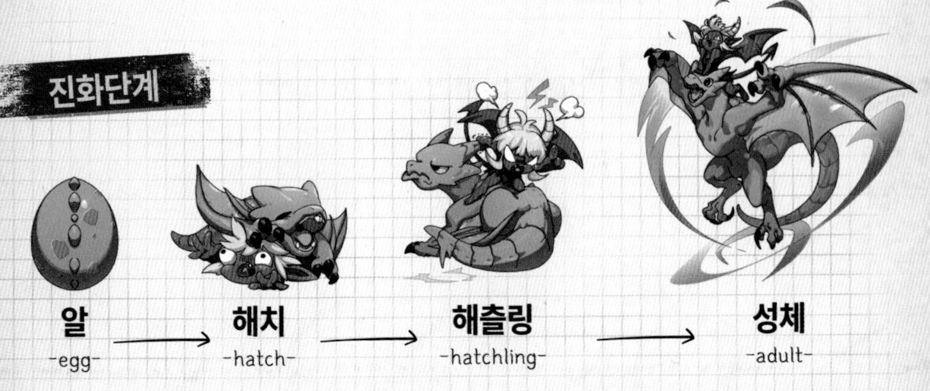

게임 정보

◆ **성격1(90%)** | 눈치 빠른

◆ **성격2(10%)** | 고집 있는

◆ **성별** | ♂ ♀

◆ **획득처** | 탐험

◆ **도감 배지** |

◆ **성체 100보유 배지** |

◈ 드래곤 돌보기 수치 ◈

놀기	87%	장난치기	42%
여행하기	63%	잠자기	32%
먹기	53%	씻기	18%

◈ 드래곤 성격 결정 수치 ◈

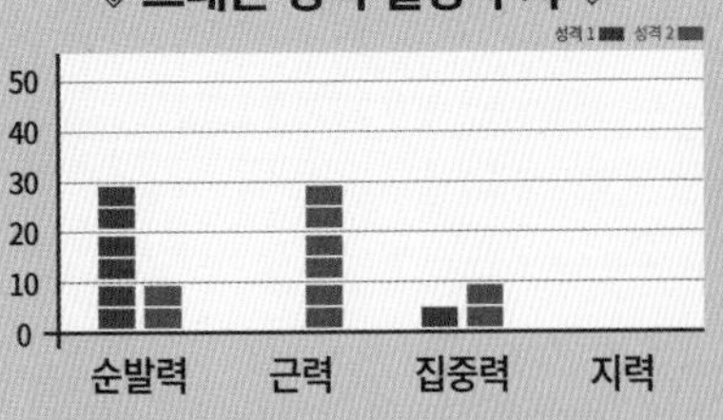

Demong & Gargoyle

데몽과 가고일

DVC 정보

이 드래곤의 알에서
악마의 기운이 느껴진다.

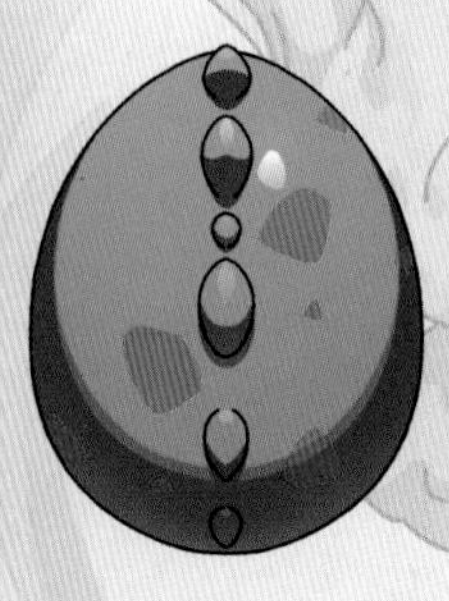

알

드래곤의 알에서 악마의 기운이 느껴진다. 악마 드래곤의 상징인 다섯 개의 뿔이 알 위에 솟아있다. 악마의 기운이 깃들어 있으므로, 자주 데리고 다니게 되면 테이머도 악한 기운에 물들 수 있다. 주변에서 불행한 일만 일어난다고 느껴질 것이다. 알을 홀로 두는 편이 좋다. 해가 비추는 곳이나 밝은 영혼이 깃드는 장소를 싫어한다. 싫어하는 장소에서 기르게 되면 테이머를 잘 따르지 않거나, 급격하게 아프기 시작한다.

해치

해치 때부터 데몽과 항상 붙어 다닌다. 데몽은 테이머의 옆에서 알에서 깨어나기를 지켜보며 뒤를 따른다. 데몽은 어린 드래곤을 지켜주고 싶어 하고, 드래곤도 데몽의 말을 더 잘 듣는다. 드래곤의 상태를 데몽이 더 잘 파악하고 있으므로 데몽의 말을 주의 깊게 들어야 한다. 그들의 관계를 이해하고 멀리서 지켜보는 것이 좋다.

해츨링

진화한 해츨링은 데몽의 지시에 따른다. 거의 드래곤의 테이머 마냥 행동한다. 훈련이나 사냥 등 다양한 것을 함께 한다. 테이머의 영역을 넘는다고 생각하겠지만, 데몽은 드래곤의 모든 것을 들여다볼 줄 안다. 둘은 합동 마법을 사용한다. 서로를 괴롭히는 자들을 마법으로 물리치고, 악마의 기운이 깃들게 만든다. 힘이 합쳐진 마법에서는 누구도 벗어날 수 없다.

성체

데몽과 한 마음으로 뭉쳐 고향으로 돌아갈 방법을 찾는 드래곤이다. 드래곤이 다 자라면 데몽은 등 위에 올라탄다. 높게 비행하면서 대륙을 내려다보고 함께 고향으로 돌아갈 방법을 궁리한다. 둘의 합동 마법이 강력해진다. 합동 마법이 특기다. 둘이 함께 주문을 외우면 고대의 보라색 문양이 그려지면서 광선이 발사된다. 천사, 빛 드래곤처럼 영적이고 밝은 기운을 가진 드래곤에게는 효과가 없다. 그들과 사이가 제일 좋지 않고, 싸우다가는 큰코다친다는 것을 알기에 그들을 피해 다닌다.

Lambgon

램곤

램곤은 많은 이들의 잠자리를 수호하고 있다.
램곤 덕분에 생명체들은 깊은 잠을 자고 기력을 회복할 수 있다.
램곤이 호평받는 더 큰 이유가 있다. 원하는 꿈을 만들어주는 것.
테이머와 드래곤은 현실에서 이룰 수 없는 것들을 꿈에서라도 이루기 위해 램곤은 깨어있는 시간을 노린다. 램곤은 노을이 점점 사라지는 시점에 눈을 뜨기 때문에, 사람들은 노을이 펼쳐질 때부터 줄을 선다.
꿈 제작에는 많은 힘이 필요하므로, 열 명도 안 되는 소수의 인원에게만 꿈을 만들어 줄 수 있다.
자신과 각별한 사이였으나 세상을 떠난 드래곤이 나오는 꿈, 자신과 떨어져 먼 곳에서 살고 있는 가족이 나오는 꿈 등 다양한 사연의 꿈을 램곤에게 부탁한다.
램곤이 직접 만들어 준 꿈은 너무나 현실처럼 느껴져서 꿈 제작을 한 번만 부탁한 사람은 없다고 전해진다.

드래곤 이름	학명	먹이	평균 키
램곤	Somnialis Agnellus	파오파오 열매	1.5~1.8m
속성	**체형**	**타입**	**평균 몸무게**
땅	드라코	꿈 드래곤	150~180kg

게임 정보

◈ 성격1(90%) | 차분한

◈ 성격2(10%) | 온순한

◈ 성별 | ♂ ♀

◈ 획득처 | 탐험

◈ 도감 배지 |

◈ 성체 100보유 배지 | 

◈ 드래곤 돌보기 수치 ◈

잠자기	91%	노래하기	38%
빗질하기	61%	놀기	27%
먹기	48%	씻기	27%

◈ 드래곤 성격 결정 수치 ◈

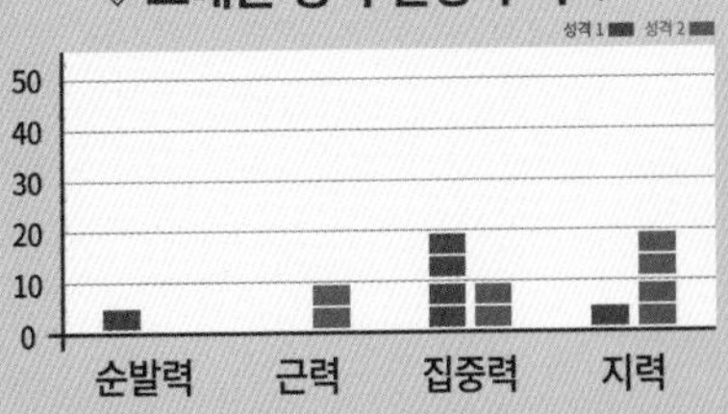

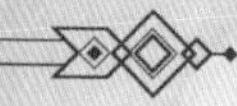

Lambgon

램곤

DVC 정보  **이 알은 부드러운 털로 뒤덮여있다.**

알

부드러운 털로 뒤덮인 알이다. 바로 머리를 베고 누울 수 있을 정도로 푹신한 털이 자라있는 알이다. 알을 품고 있으면 나른해지면서 몇 초도 안 걸려 바로 곯아떨어진다. 털을 관리해 주지 않으면 털이 알을 모두 덮어버린다. 클라우드 드래곤의 알과 혼동이 되기도 하는데, 색으로 구분하면 된다.

해치

해치 때부터 말을 거의 하지 않는다. 사람들을 깨우고 싶지 않아 말도 하지 않고, 행동하는 범위도 작다. 사람들에게 편안한 잠과 달콤한 꿈을 선사해야 한다는 책임감으로 인해 나오는 습성이다. 의사소통이 필요할 때는 행동이나, 다리로 땅에 그림을 그려 자신이 하고 싶은 말을 표현한다. 그러나 아직 표현이 서툴러 가만히 있는 시간이 많다.

해츨링

해치 때와 달리 꿈의 힘을 사용한다. 꿈의 힘이 담긴 털이 충분히 자라 힘을 사용할 수 있게 된다. 자신의 푹신한 털을 입으로 직접 뭉쳐 전해주거나, 날개를 움직여서 꿈의 가루를 뿌린다. 램곤이 지나간 자리에는 노란 털이나 가루가 남기도 한다. 선한 자에게는 길몽의 힘으로, 악한 자에게는 악몽의 힘으로 변한다.

성체

다양한 꿈을 선사한다. 낮보다는 생명체들이 잠들어있는 밤에 움직이면서 잠들어있는 이들에게 꿈을 꾸게 한다. 낮에도 활동하긴 하지만, 잠들어있는 시간이 많으며 활동한다고 하더라도 주로 졸면서 낮 시간을 보낸다. 먹다가 졸고, 서 있다가 졸고, 모든 활동 사이에 졸고 있는 행위가 껴 있어 웃긴 상황이 종종 펼쳐진다. 램곤은 꿈을 만들어 줄 수도 있다. 큰 힘이 필요하지만, 램곤이 떠올릴 수만 있다면 상대가 원하는 꿈을 꾸게 해준다. 그래서 많은 이들이 램곤을 찾아가며, 대부분 악한 자보단 선한 자들이 부탁할 때 들어주는 편이다. 램곤은 많이 졸기 때문에 낮에 부탁하면 까먹을 수 있으니, 밤 시간이 시작될 즈음에 찾아가 원하는 꿈을 구체적으로 부탁하는 것이 좋다.

Leopard Dragon

레오파드 드래곤

레오파드 드래곤은 여러 장소를 이동하며 과일, 물고기, 광석, 책 등 호기심을 느낀 물건 대부분을 도마뱀 왕국으로 가져와 전파하곤 했다.
이 물건들은 도마뱀 왕국을 크게 발전시키면서 동시에 혼란을 일으켰다.
도마뱀 왕국에선 발견되지 않은 위험한 힘과 반입 금지된 생물들, 타 종족의 문화….
도마뱀 드래곤들은 레오파드 드래곤이 가져온 물건들에 감탄하면서 욕망에 사로잡혔다.
여러 세상을 여행하는 레오파드 드래곤처럼 자신들도 도마뱀 왕국이 아닌 새로운 세상을 보고 싶다는 욕망이었다.
이 욕망은 도마뱀 드래곤들을 왕국에서 이탈하게 만들었고, 레오파드 드래곤은 도마뱀 왕국에 혼란을 야기했다는 이유로 도마뱀 왕국으로부터 추방 당했다.

드래곤 이름	학명	먹이	평균 키
레오파드 드래곤	Leopardus Lacerta	무지개 꽃	1.4~1.8m
속성	**체형**	**타입**	**평균 몸무게**
물	드라코	도마뱀 드래곤	45~60kg

진화단계

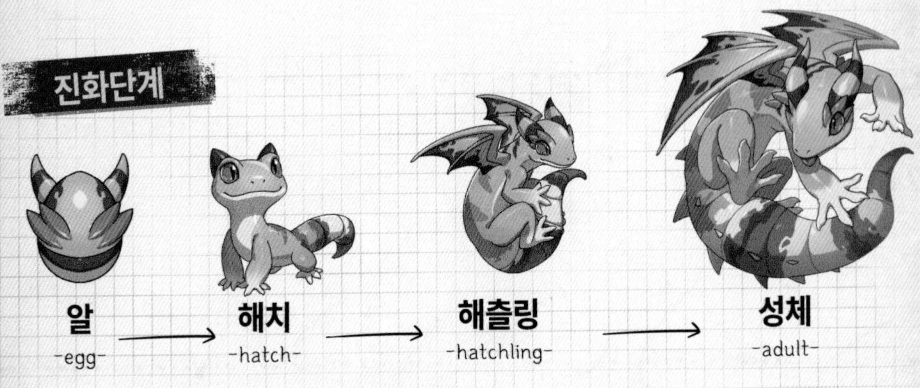

게임 정보

◈ **성격1(90%)** | 신중한

◈ **성격2(10%)** | 용감한

◈ **성별** | ♂ ♀

◈ **획득처** | 탐험

◈ **도감 배지** | 

◈ **성체 100보유 배지** |

◈ 드래곤 돌보기 수치 ◈

산책하기	89%	잠자기	34%
배달하기	78%	씻기	22%
먹기	59%	놀기	8%

◈ 드래곤 성격 결정 수치 ◈

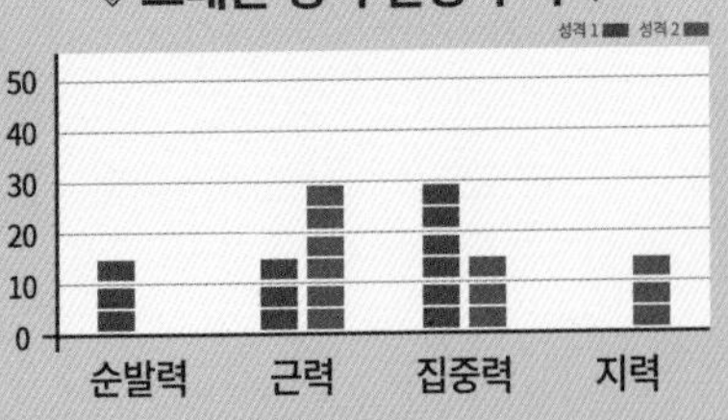

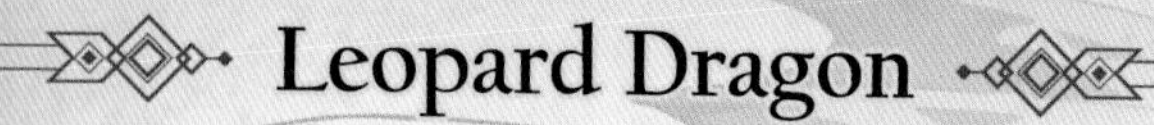

Leopard Dragon

레오파드 드래곤

DVC 정보  **이 알은 바위틈에서 발견된다.**

알

바위틈에서 발견되는 알이다. 주로 바위가 많은 사막 지대에서 발견되는 경우가 많다. 부화가 가까워질수록 알의 뿔은 점점 길어진다. 네 개의 비늘이 주변 온도를 파악하여 알 온도를 일정 온도로 유지시켜 주고 있다.

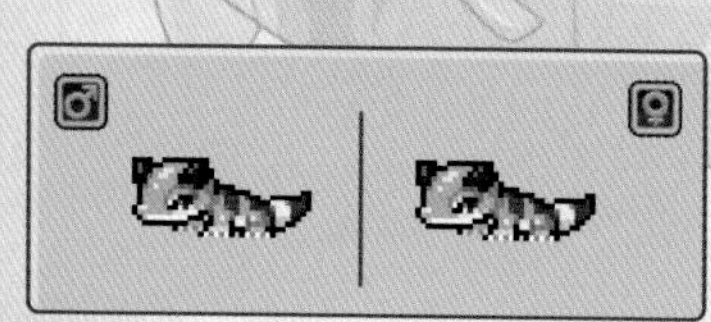

해치

해치 때부터 바위나 땅 위를 좋아한다. 눈으로 좇기 어려운 속도로 빠르게 돌아다니고 있는 경우가 많다. 곤충을 사냥할 때는 꼬리 끝이 말려 올라간다. 긴장하면 바위틈에 몸을 숨기기도 한다. 호기심이 많아 움직이는 것은 모두 쫓아가고 보는 경향이 있다. 뛰어난 후각 덕분에 길을 잃는 일은 없다. 날개가 없어 날 수는 없지만 발바닥에 있는 빨판을 이용해 무리 없이 높은 곳도 오를 수 있다.

해츨링

해치 때와는 달리 해츨링 시기에는 좋아하는 물건이 생긴다. 취향이 확고해지며 무언가 입에 물거나 등에 얹는 일을 좋아한다. 다만 살아있는 생명체를 얹는 것은 즐기지 않는다. 주로 먹이, 광물 등을 얹고 싶어 한다.

성체

하늘을 나는 속도보다 발로 뛰는 것이 훨씬 빠른 드래곤으로 바위 사이를 오가는 솜씨가 뛰어나다. 바위 사이에 있는 곤충을 사냥하는 등 사냥에 뛰어난 모습을 보인다. 긴 등을 이용하여 꼬리로 물건을 감싸는데, 자신의 몸보다 몇 배나 되는 물건을 지탱할 수 있다고 알려져 있다. 대부분의 레오파드 드래곤은 무리 지어 지내지 않는다. 작게는 바위틈, 넓게는 한 공간 등 개별적인 공간이 있어야 하는 드래곤이다. 영역을 침범하는 경우 서로의 꼬리를 노리며 싸우는 경우가 많다. 무리 지어 생활하는 레오파드 드래곤의 경우 서로 집착하는 물자가 같다고 볼 수 있다. 황금, 보석과 같이 희귀한 물건을 찾아다니며 협력하기도 한다.

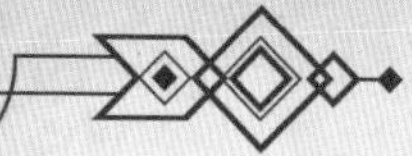

Lololli

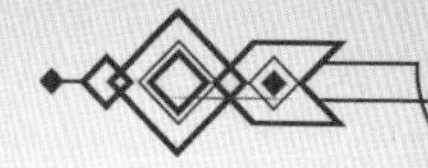

로롤리

한 파티시에는 로롤리의 설탕을 맛보고 큰 충격을 받았다.
"이렇게 달콤한 설탕으로 만든 디저트는 분명 맛있을 거야!"
파티시에는 로롤리에게 세상에서 가장 맛있는 디저트를 만들자고 제안했다.
로롤리는 롤리팝을 만들고 싶다고 말했다.
파티시에는 로롤리의 설탕으로 만든 롤리팝에서 천상의 맛이 날 거라고 생각했다.
그러나 로롤리의 설탕을 넣고 만든 롤리팝은 사람이 먹을 수 없을 만큼 매우 딱딱했다.
파티시에는 좌절하였지만 롤리팝을 맛본 로롤리는 신이 나 춤을 추었다.
이를 본 파티시에는 롤리팝을 드래곤 간식으로 판매했고, 롤리팝은 테이머들 사이에서 큰 인기를 끌었다.

드래곤 이름	학명	먹이	평균 키
로롤리	Scipio Dulciola	롤리팝 사탕	2.1~2.4m
속성	**체형**	**타입**	**평균 몸무게**
꿈	드라코	디저트 드래곤	70~90kg

진화단계

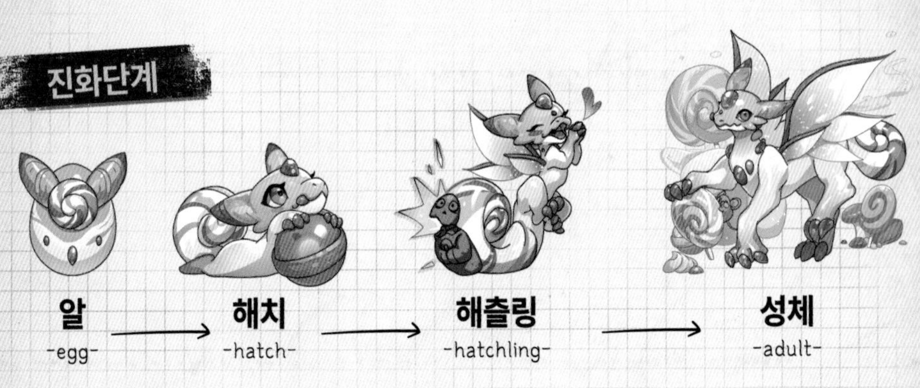

게임 정보

◈ 성격1(90%) | 눈치 빠른

◈ 성격2(10%) | 똑똑한

◈ 성별 | ♂ ♀

◈ 획득처 | 도움 요청

◈ 도감 배지 | 

◈ 성체 100보유 배지 |

◈ 드래곤 돌보기 수치 ◈

여행하기	93%	씻기	39%
얼리기	61%	먹기	29%
놀기	49%	잠자기	17%

◈ 드래곤 성격 결정 수치 ◈

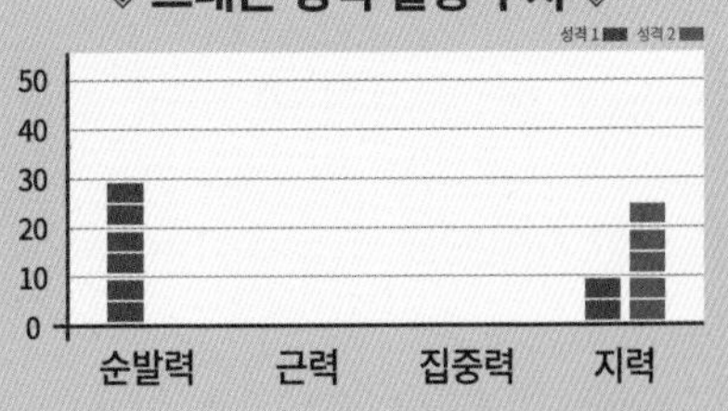

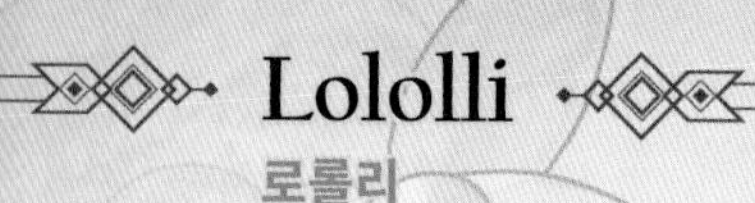

Lololli

로롤리

DVC 정보  **이 알은 달콤한 냄새가 난다.**

알

달콤한 냄새가 나는 알이다. 알 자체에서 풍기는 냄새 때문에 동물이나 곤충들이 모여 알을 구경하기도 한다. 알 겉면은 매우 딱딱하여 함부로 먹을 수 없다. 사탕과 달리 열에 강해 따뜻한 곳에 두어도 녹지 않는다.

해치

해치 때부터 달콤한 음식을 좋아한다. 설탕이 들어간 음식을 찾는 능력이 매우 뛰어나다. 넋을 놓고 달콤한 음식을 따라가기도 한다. 디저트 가게 근처에서 로롤리를 자주 발견할 수 있을 만큼, 달콤한 음식을 좋아한다. 가장 좋아하는 디저트는 사탕이며, 계절마다 좋아하는 사탕의 맛이 달라진다. 여름에는 새콤한 맛, 겨울에는 달콤한 맛을 선호한다. 사탕에 한해 욕심꾸러기이므로 로롤리가 사탕을 선물할 때까지 로롤리의 사탕을 탐내서는 안 된다. 더운 곳에 가면 몸이 끈적이기 때문에 시원한 곳을 찾아다닌다.

해츨링

해치 때와는 달리 해츨링 시기에는 꼬리가 더욱 말려들어 간다. 이때 꼬리는 동그란 롤리팝 모양으로 변하게 된다. 몸보다 꼬리의 무게가 더욱 무겁다고 알려져 있을 정도로 꼬리의 크기는 큰 편이다. 꼬리가 단단해지는 시기여서 자주 자신의 몸을 긁곤 한다. 로롤리가 몸을 긁은 뒤 떠난 자리는 언제나 설탕이 남아있다.

성체

몸 부위에서 가장 단단한 건 강철 같은 꼬리다. 꼬리의 경우 로롤리의 몸 중에서도 유독 달콤한 냄새를 풍긴다고 알려져 있다. 로롤리의 몸에 벌레가 꼬이는 경우는 드물지만 로롤리가 지난 자리를 자세히 살펴보면 개미 무리가 발견되는 경우가 많다. 걸을 때마다 설탕 가루가 조금씩 남는다. 이는 로롤리의 날갯짓에서도 발견되는데 설탕 가루는 매우 적은 양으로도 달콤한 맛을 낸다고 알려진다. 이 때문에 로롤리를 선호하는 요리사들이 많을 정도다. 대부분의 로롤리는 맛있는 음식을 좋아하지만, 달콤하지 않은 음식은 잘 먹으려 하지 않는다.

Lunera

루네라

루네라는 고고히 빛나는 보름달 아래를 독차지하고 싶었다.
다른 드래곤들이 자신과 같은 달을 바라본다는 사실만으로 질투를 느꼈다.
루네라는 달빛의 힘으로 주변 드래곤들을 잠재웠고, 혼수상태에 빠진 드래곤들은 달빛의 힘에 잠식되고 말았다.
어린 드래곤들의 성격은 바뀌었으며, 성체 드래곤들은 하루 종일 잠에 빠졌다.
일부 드래곤은 달빛을 쳐다볼 수 없는 저주에 걸렸다.
루네라가 가진 이 달빛의 힘은 달빛 아래에서 평소의 몇십 배로 발현된다.
그렇기 때문에 보름달이 뜨는 날 밤, 루네라를 발견한 이들은 재빠르게 자리를 피하는 게 좋다.

드래곤 이름	학명	먹이	평균 키
루네라	Plenilunium Draco	퍼플튤립	2.7~3.1m
속성	체형	타입	평균 몸무게
어둠	드라코	달 드래곤	310~330kg

진화단계

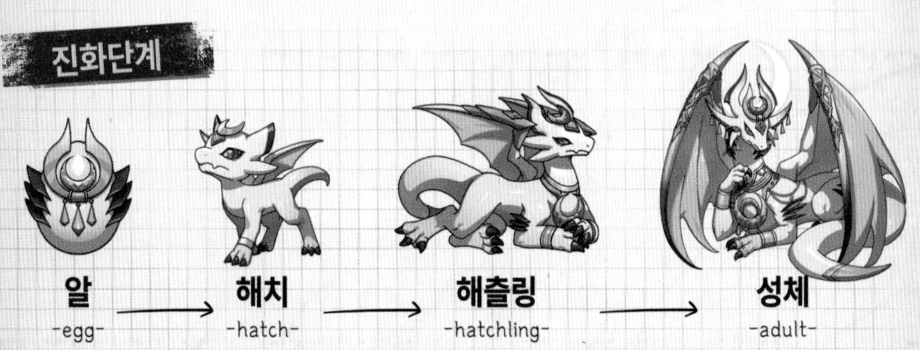

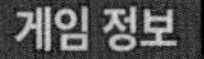

게임 정보

◈ 성격1(90%) | 변덕쟁이

◈ 성격2(10%) | 냉정한

◈ 성별 |

◈ 획득처 | 탐험

◈ 도감 배지 |

◈ 성체 100보유 배지 |

◈ 드래곤 돌보기 수치 ◈

꾸며주기	93%	놀기	39%
씻기	61%	먹기	29%
운세보기	49%	잠자기	17%

◈ 드래곤 성격 결정 수치 ◈

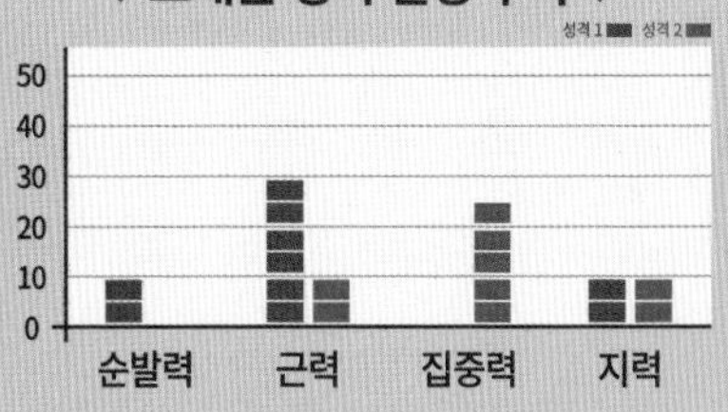

Lunera

루네라

DVC 정보

이 알은 달 모양의 보석을 가지고 있다.

알

달 모양의 보석이 빛나는 알이다. 반짝이는 보석은 달의 힘을 담고 있다. 보름달이 뜰 때면 보석은 달빛의 색으로 변한다. 알의 표면은 매우 매끄러우며 흠집 하나 나지 않을 정도로 단단하다. 알 양쪽에 꽂혀있는 비늘을 통해 달빛을 흡수한다.

해치

해치 때부터 사람을 경계한다. 사람이 없는 곳에서 대부분의 시간을 보내며, 혹여 사람을 만나면 재빨리 몸을 숨긴다. 만지려고 손을 뻗으면 공격한다. 밝은 낮에는 훈련을 하지 않는 등, 낮에 움직이는 걸 좋아하지 않는다. 밤이 되면 달빛이 밝게 내려앉은 곳을 찾아다닌다. 달과 달리기 시합을 할 때도 있으며, 달을 향해 날아가기도 한다. 종종 달에 다녀왔다며 모험담을 펼쳐놓는데, 거짓말이다.

해츨링

해치 때와는 달리 날개가 커지며 장식이 늘어난다. 금빛 장식은 루네라의 몸을 감싸며 성장한다. 보석은 달빛의 힘을 담을 수 있으며 보름달이 뜨는 날 가장 환하게 빛난다. 비행 훈련을 좋아하며 달에 닿고 싶어 한다. 달빛의 힘으로 변덕을 부리며 드래곤이나 테이머를 곤경에 빠뜨리기도 한다.

성체

어둠에서 태어난 만큼 해가 뜬 낮을 별로 좋아하지 않는다. 이 때문에 밤이 아니면 모습을 발견하기 어려운 드래곤이기도 하다. 주로 밤에 나타나 달을 바라보며 시간을 보내는 걸 좋아한다. 달빛 아래에서 힘을 충전하는 것으로 알려져 있으며 동시에 달빛 아래에서 가장 강한 힘을 발휘하는 드래곤이기도 하다. 보름달 아래 루네라를 보면 정신을 잃을 정도로 황홀한 달빛을 뽐낸다고 전해진다. 루네라가 내뿜는 달빛은 드래곤에게 영향을 주기도 하는데, 이는 드래곤의 성격에 영향을 준다고도 알려진다.

Lucio

루시오

루시오의 환각에 빠진 자들은 괴성을 지르며 환각에서 도망치려 했다.
그러나 다크닉스는 절망 섞인 환각을 보면서도 괴로워하거나 분노하지 않았다.
자신의 절망적인 모습을 무던히 받아냈다.
"어둠이 지배하는 세상이 올 것이다. 그 세상을 만들기 위해서 네 힘이 필요할 뿐."
환각 속에서 다크닉스는 어둠의 멸망을 지켜보았다. 수많은 어둠 드래곤들이 빛에 패배하였고, 드넓은 빛의 힘이 강력해질 때마다 다크닉스의 몸은 정화되듯 세상에서 사라지고 있었다.
"나를 돕지 않겠다면 이곳에서 불필요한 어둠을 처단하겠다."
다크닉스는 환각 속에서 거대한 집념으로 루시오의 존재를 찾아 환각을 빠져나갔다.
루시오는 다크닉스의 집념에 감탄하며, 어둠이 멸망한 세상에서도 어둠의 승리를 꿈꾸는 자가 만들어갈 세상에 호기심을 품게 되었다.

드래곤 이름	학명	먹이	평균 키
루시오	Alucinatio Delicia	퍼플튤립	2.6~3.3m
속성	**체형**	**타입**	**평균 몸무게**
어둠, 물	코아틸	환각 드래곤	110~160kg

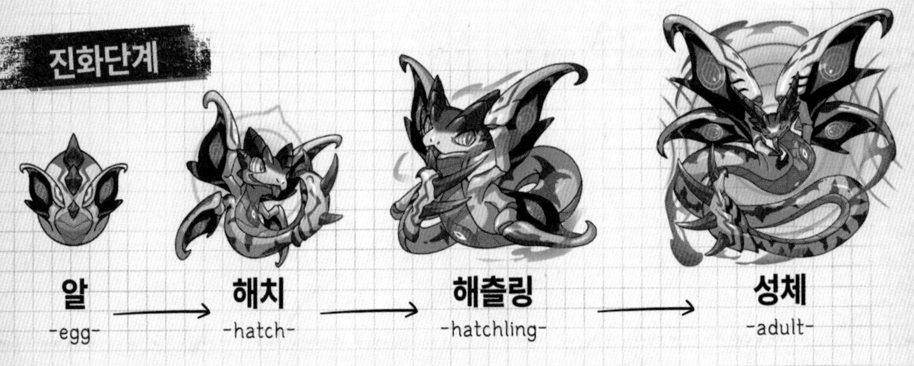

게임 정보

◈ **성격1(90%)** | **냉정한**

◈ **성격2(10%)** | **눈치 빠른**

◈ **성별** | ♂ ♀

◈ **획득처** | **탐험**

◈ **도감 배지** | 

◈ **성체 100보유 배지** |

◈ 드래곤 돌보기 수치 ◈

놀기	92%	씻기	53%
장난치기	73%	잠자기	22%
먹기	64%	사진찍기	-15%

◈ 드래곤 성격 결정 수치 ◈

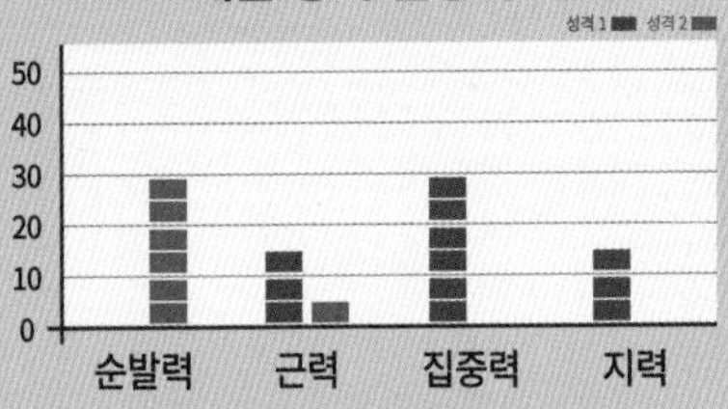

Lucio

루시오

DVC 정보 이 알은 환각을 선사한다.

알

환각을 선사하는 알이다. 알의 주변으로 기이한 초음파 소리가 들려온다. 알이 머물던 자리를 확인하면 끈적이는 독이 남아있는 경우도 있다. 알에서 흘러나온 독을 만지게 되면 작은 환각에 시달리니 주의하는 것이 좋다. 알 주변에서 기괴한 무늬를 발견할 수 있다.

해치

해치 때부터 환각의 힘을 사용할 수 있다. 눈으로 상대의 정신을 혼란시킨 다음, 날개와 가슴에 새겨져 있는 회오리 문양에서 쏟아져 나오는 초음파로 환각을 일으킨다. 다행히 환각의 시간은 그리 길진 않다. 그러나 환각을 겪었을 때 기억은 환각에서 빠져나와도 남아있으므로 되도록 루시오를 건드리지 않는 편이 좋다. 등부터 꼬리, 날개까지 펼쳐져 있는 줄무늬는 독을 품고 있다는 일종의 경고다.

해츨링

해치 때와는 달리 해츨링 시기에는 체내에 독이 생겨난다. 몸에 돋아난 가시를 이용해 드래곤을 사냥하는 등 힘의 한계에 도전하는 경우도 있다. 독을 이용하여 드래곤을 얼마나 잠재울 수 있는지 확인하는 등 여러 실험을 벌이기도 한다. 날개를 펼쳐 환각의 힘을 사용할 때면 주변에 기이한 초음파 소리가 퍼져나간다.

성체

평소에는 뱀과 같은 형태로 똬리를 튼 채 생활한다. 나무나 바위 주변으로 자신의 몸을 감은 채 낮잠을 즐기는 모습을 흔히 볼 수 있다. 동굴 입구에 머리를 놓은 채 몸을 길게 늘어놓기도 하는 등 매우 유연한 드래곤이다. 피부의 경우 미끈거리는 것으로 알려져 있는데, 웬만한 발톱으로는 움켜쥘 수 없을 정도다. 루시오의 피부를 발톱으로 움켜쥐는 데 성공한 경우, 루시오의 체내에서 흐르는 독이 발톱이나 이빨 등의 뼈를 부식시킨다. 이 때문에 아무리 무방비하게 잠들어도 드래곤이나 테이머 등이 접근하지 않는다.

긴 몸을 이용하여 사냥하는 경우가 많다. 꼬리 끝의 가시를 이용해 독을 퍼뜨린 뒤 환각을 보여주는데, 루시오의 독이 퍼진 상태에서 보는 환각은 상대의 정신을 매우 혼란스럽게 만든다. 심리적으로 불안한 상태일수록 더욱 강력한 환각을 보게 되는데, 루시오가 선사하는 환각은 불안과 두려움의 감정이 형체화된 것이다. 환각 상태에서 벗어나는 유일한 방법은 환각 세계 안의 루시오를 찾는 방법뿐이라고 알려졌지만, 진실인지는 알려진 바 없다. 루시오의 가시에서 생겨나는 독의 경우 환상 물약의 재료가 된다. 수많은 마녀와 마법사들이 탐했으나 입수 난이도가 높아 환상 물약을 실제로 만들어 본 자는 그리 많지 않다.

Liberte

리베티

리베티는 종이나 포장된 물건을 배달하는 것을 좋아한다.
마을 사람들은 버려진 낙서 쪽지나 망친 시험지도 배달하는 리베티 때문에 고민이 이만저만이 아니었다.
리베티에게 배달을 멈춰 달라 부탁하였지만 큰 효과가 없었다.
"리베티에게 배달 심부름을 시키는 게 어때?"
리베티는 실수 없이 심부름을 완수했고, 정식으로 우체부 일을 돕게 되었다

드래곤 이름	학명	먹이	평균 키
리베티	Cursor Draco	레인보우 피쉬	2.5~2.8m
속성	**체형**	**타입**	**평균 몸무게**
땅, 바람	드라코	우체부 드래곤	195~220kg

진화단계

게임 정보

◈ **성격1(90%)** | **차분한**

◈ **성격2(10%)** | **노력하는**

◈ **성별** |

◈ **획득처** | **탐험**

◈ **도감 배지** | 

◈ **성체 100보유 배지** |

◈ 드래곤 돌보기 수치 ◈

배달하기	91%	칭찬하기	38%
놀기	61%	씻기	27%
먹기	48%	잠자기	27%

◈ 드래곤 성격 결정 수치 ◈

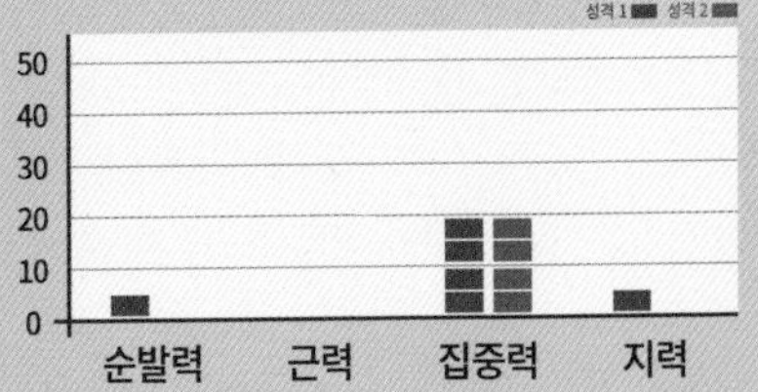

Liberte

리베티

DVC 정보  이 알은 편지를 가지고 있다.

알

알에서부터 편지를 가지고 있으며 우체부 모자를 쓰고 있다. 편지는 리베티가 주변 드래곤, 테이머 등에게 보내는 편지다. 비어있는 내용 또한 있으며 편지를 가져가면 다음 날 새로운 편지가 생겨난다. 우체부 모자는 벗겨지지만 모자가 없는 리베티는 부화하지 않는다.

해치

해치 상태의 리베티는 날개를 펼쳐 자유롭게 하늘을 날 수 있다. 다만 날개가 작아 먼 거리는 비행하지 못한다. 편지를 배달하는데, 우체부로 일하는 것이 아니라 성체 리베티의 일을 조금 나누어 받는 정도다. 가방에는 편지뿐만 아니라 작은 동물이나 간식을 넣어 다니기도 한다. 빨리 배달하기 위해 나무 사이를 뚫고 지나가는 경우가 허다하다. 몸에 잎이 붙어있는 이유가 그 때문이다.

해츨링

해치 때와는 달리 커진 날개로 보다 오랜 시간 비행할 수 있다. 편지를 다루는 데 능숙해지며 해치 때보다 더 많은 일을 배분받는다. 꼬리는 매우 부드러운 촉감으로 리베티의 몸보다 풍성해진다. 다른 드래곤보다는 작지만 재빨라서 풀숲과 같은 곳을 오가며 편지를 전한다.

성체

성실하고 근면한 성격으로 이른 아침부터 여러 소식을 전하기 위해 이곳저곳을 돌아다니는 모습을 발견할 수 있다. 대부분의 리베티는 근면 성실을 중요하게 생각하며 게으른 드래곤을 참을 수 없다고 한다. 우체국에서 가장 많이 볼 수 있는 드래곤이다. 편지나 선물을 만지기만 해도 그 사람의 행복을 느낄 수 있으며 두근거리는 마음으로 일하는 걸 즐기는 리베티가 많다.

Leaf Dragon

리프 드래곤

이슬비가 내리는 날, 리프 드래곤은 신이 나 풀숲을 뛰어다녔다. 새벽의 시원한 공기와 희미한 햇빛, 이슬비를 맞은 리프 드래곤의 날개와 비늘은 생기있게 반짝였다.
리프 드래곤은 자신이 알고 있는 가장 큰 나무 아래에 자리 잡아 잠을 청했다.
큰 나무의 나뭇잎이 리프 드래곤의 나뭇잎과 같은 모양으로 변했다.

드래곤 이름	학명	먹이	평균 키
리프 드래곤	Ramus Folium	풀잎	1.7~2.1m
속성	**체형**	**타입**	**평균 몸무게**
땅	드라코	나뭇잎 드래곤	50~70kg

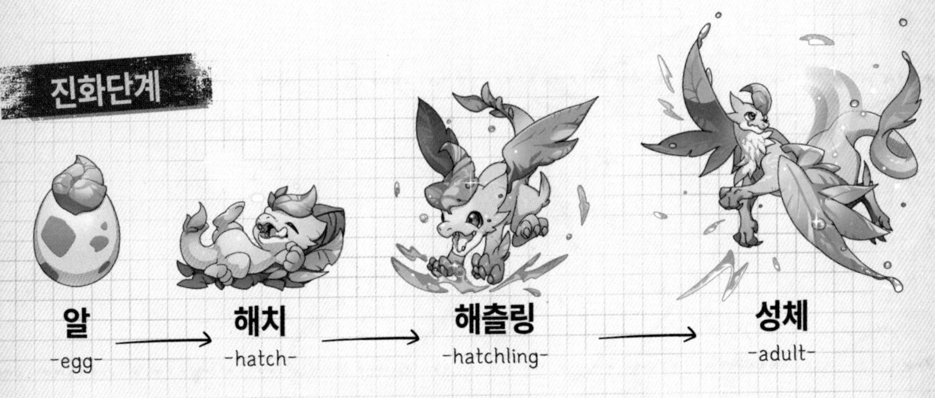

게임 정보

◈ 성격1(90%) | 천진난만한

◈ 성격2(10%) | 덜렁대는

◈ 성별 |  

◈ 획득처 | 도움 요청

◈ 도감 배지 |

◈ 성체 100보유 배지 |

◈ 드래곤 돌보기 수치 ◈

흙 털기	89%	씻기	39%
물뿌리기	67%	놀기	29%
잠자기	51%	먹기	18%

◈ 드래곤 성격 결정 수치 ◈

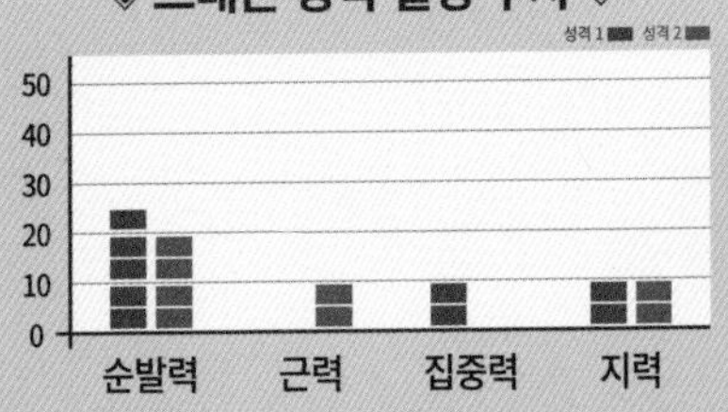

Leaf Dragon

리프 드래곤

DVC 정보

이 알은 나뭇잎이 자라고 있다

알

나뭇잎이 자라는 알이다. 알은 부화가 가까워질수록 햇빛을 많이 필요로 하는 성질이 있다. 나뭇잎은 충분한 물을 주는 것이 좋으며 애벌레와 같은 벌레들이 알 끝의 나뭇잎을 갉아 먹는 경우 또한 존재하니 주의해야 한다. 이슬이 떨어지는 곳에 두었을 때 가장 빨리 성장한다는 연구 결과가 있다.

해치

해치 때부터 물과 햇빛을 좋아한다. 물웅덩이에 몸 전체를 담그는 걸 좋아하며 나뭇잎이 축축한 상태를 기분 좋게 여긴다. 광합성을 할 때면 날개를 쫙 펼치며, 어두운 곳에 오래 있으면 몸이 노랗게 변한다. 흐린 날에는 도통 움직이지 않으며, 해가 떠 있는 날 내리는 여우비를 가장 좋아한다. 여우비가 내리는 날에 숲에 가면 신이 나서 토끼처럼 뛰어다니는 리프 드래곤을 만날 수 있다.

해츨링

해치 때와 달리 해츨링 시기에는 나뭇잎을 닮은 날개가 매우 커진다. 몸 전체를 감쌀 수 있을 정도다. 나뭇잎으로 자신의 몸을 감싼 뒤 햇빛 아래에서 광합성 하는 걸 즐긴다. 이슬을 좋아하며 좋아하는 나무 아래에서 시간을 보내기도 한다. 하늘을 날아 선선한 장소에서 시간을 보내는 경우가 많다.

성체

성장 과정에서 자신의 나뭇잎으로 얼굴을 감싸기도 한다. 나뭇잎은 성체가 되면 이마에 붙어 떨어지지 않게 되는데, 이는 리프 드래곤마다 크기와 종류가 다르다고 알려져 있다. 나뭇잎의 경우 리프 드래곤의 건강 상태에 따라 썩거나 말라버리는 경우도 있다. 리프 드래곤의 날개와 꼬리 또한 식물의 조직으로 되어 있다. 언뜻 보면 나뭇잎으로 보이지만 실제로 만져보면 매우 얇은 피부로 되어 있는 걸 알 수 있다. 얇은 피부는 햇빛과 수분을 충전할 때마다 반짝이며 빛난다. 광합성을 많이 한 리프 드래곤의 경우 날개가 매우 커져 몸을 감쌀 수 있을 정도 까지 성장한다.

Mist Dragon

미스트 드래곤

미스트 드래곤은 공동묘지 근처에서 깨어났다. 자신이 왜 여기에 있는지 알 수 없었다.
모든 것이 기억나지는 않지만 확실한 것이 있다면 원래 모습은 이게 아니라는 것이다.
미스트 드래곤은 반투명한 자신의 모습을 보면서 얼굴을 일그러뜨렸다.
"이게 내 모습이라고?"
미스트 드래곤은 머리를 붙잡으면서 묘지 주변을 계속 둥둥 맴돌았다.
자신이 죽었다면 죽은 이유라도 알고 싶었는데 그마저도 기억나지 않았다.
그래서 자신을 이렇게 만든 자를 원망했다. 드래곤이든 테이머든 둘 중 한쪽일 것은 분명했다.
"찾아내겠어. 기필코 찾아내고 말거야!"
미스트 드래곤의 주변에서 한기가 소용돌이치고 보라색 기운이 감돌았다.
잠잠하던 날씨에 갑자기 천둥 번개를 동반한 짙은 안개가 몰아쳤다.
공동묘지에서 시작된 안개를 지켜본 드래곤과 테이머들은 죽은 드래곤의 영혼이 분노했다고 여겼다.

드래곤 이름	학명	먹이	평균 키
미스트 드래곤	Frigus Nebula	영혼	2.5~3.0m
속성	**체형**	**타입**	**평균 몸무게**
물	코아틸	유령 드래곤	10~25kg

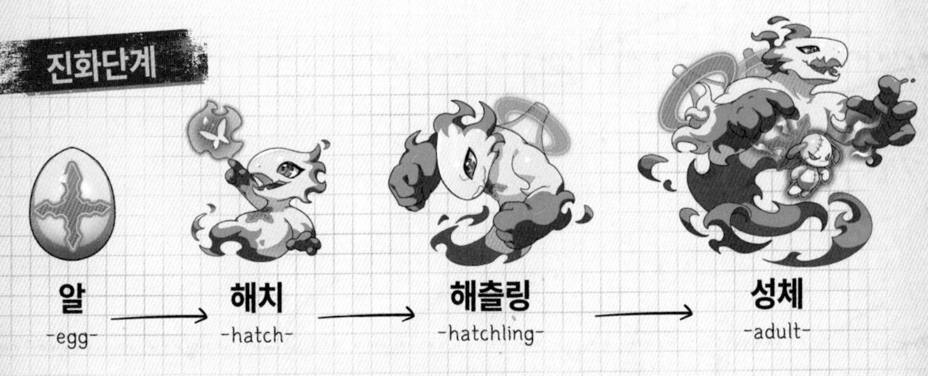

게임 정보

◈ **성격1(90%)** | **변덕쟁이**

◈ **성격2(10%)** | **덜렁대는**

◈ **성별** | ♂ ♀

◈ **획득처** | **탐험**

◈ **도감 배지** |

◈ **성체 100보유 배지** |

◈ 드래곤 돌보기 수치 ◈

가스분출	87%	먹기	45%
놀기	64%	씻기	36%
함정파기	54%	잠자기	25%

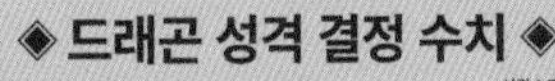

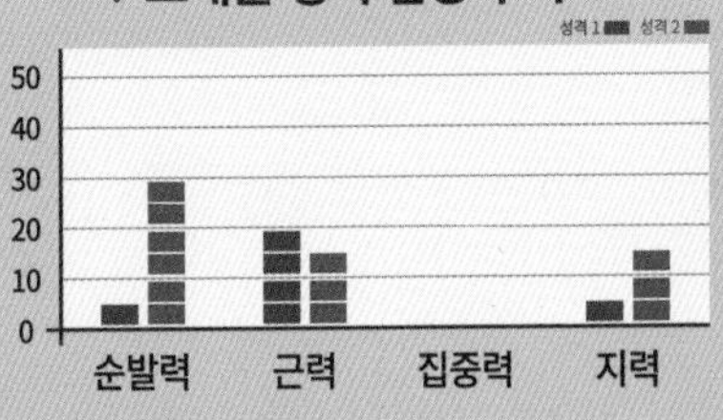

Mist Dragon

미스트 드래곤

DVC 정보  이 드래곤의 알은 으스스하다.

알

으스스한 기운이 느껴지는 알이다. 옅은 푸른빛의 알 위에 분홍빛의 십자가 무늬가 그려져 있다. 이 무늬는 죽은 드래곤의 모습에만 새겨지는 무늬라고 알려져 있다. 매우 차갑다. 어두운 곳에 두면 알 주변으로 알 수 없는 푸른빛이 피어난다.

해치

해치 때부터 공중에 떠다니며 한기를 내뿜는다. 자유롭게 공중을 활보하며 장난칠 드래곤과 테이머를 찾아다닌다. 모습을 감춘 채 한기를 내뿜으면서 긴장감을 조성하고, 어느 정도 상대가 두려움을 인식하기 시작하면 큰 소리를 내며 놀라게 한다. 장난꾸러기여서 상대가 당황하거나 놀랄 때 희열을 느낀다. 한기를 느꼈다면 이 드래곤이 근처에 있다는 것이며, 동시에 장난을 치겠다는 신호이다. 정신을 바짝 차리거나 그 자리에서 벗어나 드래곤의 장난에 휘말리지 않아야 한다. 장난에 당해주지 않는다면 드래곤은 쉽게 질려서 떠나가지만, 쉽게 당해주면 상대의 뒤를 졸졸 따라다닌다.

해츨링

진화한 해츨링은 둥둥 떠다니며 상대를 골탕 먹인다. 누군가를 골탕 먹이는 것에 재미가 들리기 시작하면서, 자신처럼 죽었던 이들을 언데드 정령으로 되살리거나 사물에 숨어드는 기술을 활용해 심한 장난을 친다. 언데드 정령은 기괴한 외관을 하고 있으며, 드래곤의 주변을 돌아다니거나 정신력이 약한 자들을 찾아다니며 으스스한 장난을 친다. 정령들의 장난에 휘말리면 짧은 환각이나 환청을 경험한다. 이들의 장난은 정신력이 강한 자들에게는 통하지 않는다. 드래곤은 사물에 자주 숨어들기도 한다. 이곳저곳 숨어들면서 마치 귀신 들린 것 같이 만드는데, 정신력이 강한 자들은 사물이 내뿜는 보라색 안개나 한기로 그곳에 드래곤이 숨어있다는 것을 짐작할 수 있다.

성체

정신력이 약한 자들에게 으스스한 분위기를 선사하고 원한을 불어넣는다. 죽은 자를 의미하는 붉은 눈을 반짝이면서 '원한'을 활성화하고, 그것을 활용한 기술을 사용한다. 자신의 두 손으로 원한을 불어넣는다. 드래곤이든 사람이든 상관없이, 원한에 되살려진 '죽은' 것들은 드래곤과 비슷한 외관의 '언데드'가 되어 드래곤의 명령에 따라 움직인다. 자신을 언데드로 만든 자를 향한 원한이 더욱 깊어지면서, 공격도 한다. 자신이 직접 공격하기보다는 그들을 움직이게 하여 대신 공격하도록 만든다. '산' 것들에 드래곤의 원한이 불어넣어지면, 그 상대는 실에 걸린 인형처럼 축 늘어진다. 두려움을 경험하다가, 분노와 억울함이라는 감정에 휩싸이면서 위협적인 행동을 취한다. 자신이 정신력이 강하다고 우쭐댔다가는 당할 수 있다.

Mithra

미트라

"불멸자를 처벌하기 위해 필요한 건 균형적인 힘이다."
미트라는 자신의 힘을 이용해 작은 우주를 창조하였다.
불균형을 막기 위해 여섯 개의 행성을 생성하였고, 이는 여섯 부하의 힘이 되었다.
미트라는 그들의 도움을 받아 세상을 어지럽히는 앙그라를 봉인할 계획을 세웠다.
드래곤들의 질서를 어지럽히며 힘으로 세상을 파괴하는 자들을 더는 지켜볼 수 없었다.
"아모르님의 의지가 우리의 운명이다."
여섯 부하는 미트라의 힘을 이어받아 앙그라를 찾기 시작하였다.
미트라는 자신의 족쇄를 매만지며 거대한 불안함을 억누르고 강인한 의지를 다짐했다

드래곤 이름	학명	먹이	평균 키
미트라	Lux Cosmos	멜론	4.3~4.8m
속성	**체형**	**타입**	**평균 몸무게**
빛	드라코	우주 드래곤	470~520kg

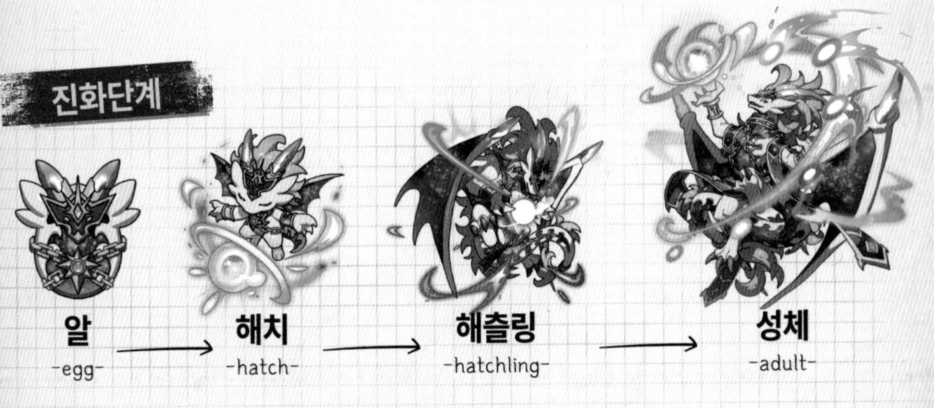

게임 정보

◈ **성격1(90%)** | **용감한**

◈ **성격2(10%)** | **신중한**

◈ **성별** | ♂ ♀

◈ **획득처** | **탐험**

◈ **도감 배지** |

◈ **성체 100보유 배지** |

◈ 드래곤 돌보기 수치 ◈

명상	92%	먹기	38%
자체발광	61%	놀기	28%
잠자기	49%	씻기	17%

◈ 드래곤 성격 결정 수치 ◈

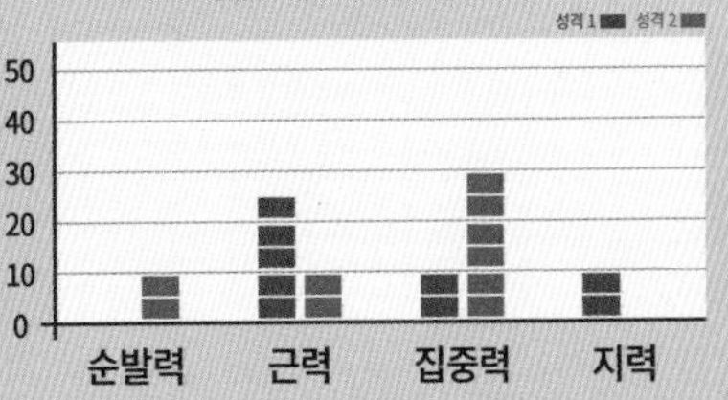

Mithra
미트라

DVC 정보  이 알은 사명을 가지고 있다.

알

불멸자를 처벌하는 사명을 가진 알이다. 악한 자들의 손길이 닿을 때면 알을 감싸고 있는 족쇄가 흔들리며 손길을 거부한다. 족쇄는 알 중앙에 깃들어있는 우주의 힘을 봉인하고 있다. 족쇄를 피해 우주에 손을 넣으면 아무도 없는 우주로 빨려 들어가게 되므로 무슨 일이 있어도 손을 넣지 말아야 한다.

해치

해치 때부터 작은 우주를 만들 수 있다. 고도의 집중력이 필요하기 때문에 우주를 만들 때면 꼭 눈을 감는다. 힘을 필요로 하는 자들에게 우주의 힘을 선물할 수도 있다. 해치 상태의 미트라가 만들어 낸 작은 우주의 힘은 지속력이 짧기 때문에 사용할 때 주의를 기울일 필요가 있다. 아모르의 의지를 이어받기 위해 빛이 있는 곳을 선호하는 경향이 있다.

해츨링

해치 때와는 달리 해츨링 시기에는 더욱 많은 드래곤에게 자신의 힘을 부여할 수 있게 된다. 아모르의 의지를 이어받기 위해 빛이 있는 곳을 선호하며 기도를 올리는 모습이 목격되곤 한다.

성체

신의 의지를 따르며 넓은 우주를 오갈 수 있다. 미트라가 신의 의지를 이어받는 순간 날개와 몸을 통해 자신이 머물던 차원의 모습을 엿볼 수 있다. 이는 유타칸에서 연구되지 않는 힘으로 보고 된다. 미트라는 작은 우주를 만들 수 있다. 작은 우주 속에는 자신이 창조한 여섯 부하의 힘이 깃들어 있다. 이를 통해 여섯 부하를 관리하고 명령을 내린다. 미트라의 힘이 강할수록 여섯 부하의 힘 또한 강해지는 것으로 알려져 있다. 부하들에게 자기 능력 일부를 부여하며 여러 행성을 지키기 위해 노력한다. 미트라의 금빛 장식은 아모르를 상징하고 있으며 빛의 힘을 담고 있다. 이는 미트라 힘의 원천이자 동시에 봉인의 족쇄이다. 아모르의 의지를 어긴 미트라의 경우 족쇄의 힘에 짓눌려 목숨을 잃기도 한다.

Vargr

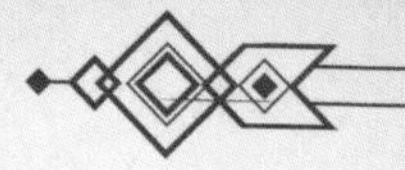

바르그

바르그는 가시가 무성하게 자라있는 숲에서 눈을 떴다. 무성하게 자라난 가시덤불 속 번뜩이는 몬스터들의 안광과 기괴하게 울어대는 까마귀 소리만 들려오는 섬뜩한 분위기의 숲이었다.
바르그는 길을 걸으며 바닥에 죽어 나간 작은 동물들을 바라보았다.
"분명 누군가와 함께 있었는데... 그래, 맞아! 나의 테이머와... 윽!"
날카로운 통증에 등을 더듬어보니 깊게 박힌 둔탁한 검들이 느껴졌다.
찢어지는 통증과 함께 잊고 있던 기억이 떠올랐다. 테이머를 따라가던 모습이었다.
주변을 둘러보아도 테이머는 보이지 않았다.
그제야 바르그는 자신이 죽었다가 부활한 사실을 알아차렸다.
공격을 받고 죽은 육신 그대로 말이다.
확실한 것은 등에 꽂힌 검들에서 강한 힘이 느껴진다는 것이었다.
바르그는 이 힘으로 자신과 테이머를 공격한 자를 찾아 복수할 것을 결심했다.

드래곤 이름	학명	먹이	평균 키
바르그	Ultorius Telum	불당근	3.8~4.0m
속성	**체형**	**타입**	**평균 몸무게**
번개	드라코	복수 드래곤	280~300kg

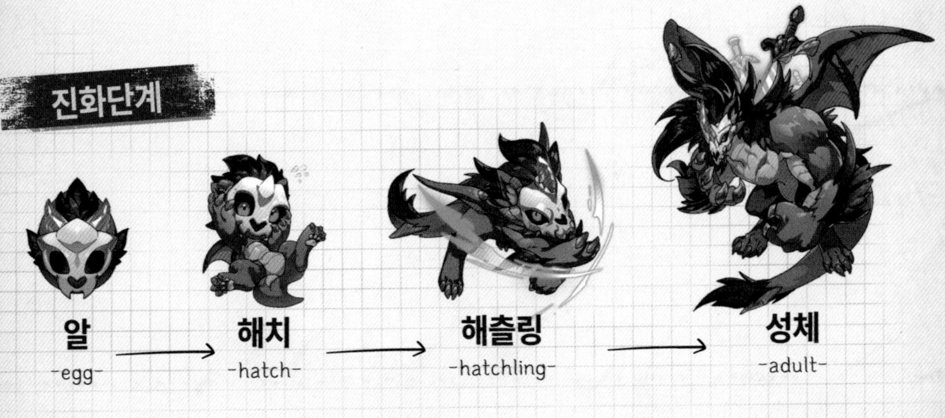

게임 정보

- ◈ **성격1(90%)** | 고집 있는
- ◈ **성격2(10%)** | 냉정한
- ◈ **성별** |
- ◈ **획득처** | 도움 요청
- ◈ **도감 배지** |
- ◈ **성체 100보유 배지** |

◈ 드래곤 돌보기 수치 ◈

분노하기	89%	씻기	38%
펀치펀치	60%	잠자기	28%
먹기	50%	놀기	17%

◈ 드래곤 성격 결정 수치 ◈

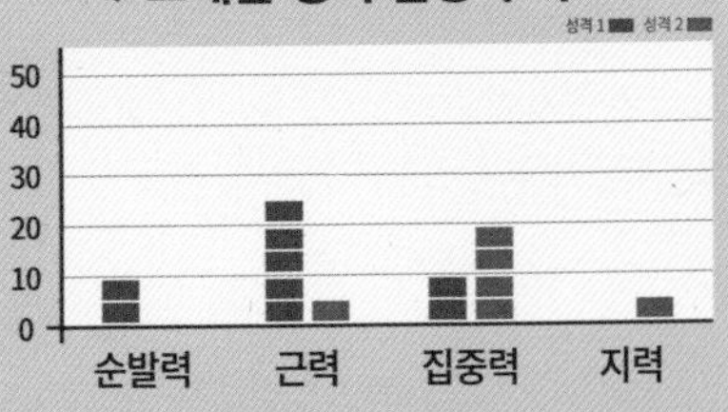

Vargr

바르그

DVC 정보  **이 알은 복수심이 느껴진다.**

알

복수심이 느껴지는 알이다. 해골 가면이 알에 붙어있다. 이미 한 번 죽었다는 표식이다. 뿔에서는 복수의 기운이 흘러나온다. 아직 힘이 불안정하여 기운이 한순간 피어올랐다가 사그라드는 현상을 볼 수 있다. 부화할 시기에 해골의 두 눈에서 보라색 눈동자가 보인다.

해치

해치 때부터 전생의 기억을 지니고 있다. 바르그에게는 테이머와 함께하던 이전의 삶이 있었다. 과거 자신의 모습이 정확히 어땠는지 기억하지 못하며, 해골이 달린 괴상한 모습을 한 자기 모습에 충격받는 행동을 보인다. 거울에 비춘 자신의 모습을 자주 보곤 한다. 과거의 자신이 정확히 누구였고, 왜 부활했는지에 대한 정보를 찾아 나선다.

해츨링

진화한 해츨링은 자신의 죽음을 깨닫고 복수하기 위해 살아간다. 해치 때는 몰랐던 사실들을 알게 되며 자신이 복수하려고 하는 이유를 깨닫는다. 소중한 테이머가 있었으며, 정체 모를 이에게 습격당하는 테이머를 보호하다가 대신 죽었다는 사실을 떠올린다. 자신을 공격한 자는 누구인지 기억하지 못한다. 그래서 자신의 테이머를 찾으려고 하는 갈망과 동시에 복수하려는 갈망도 품고 있다. 이유를 찾은 복수의 힘은 강해진다.

성체

복수심 서린 칼로 피의 복수를 한다. 등에 꽂힌 칼을 발견한다. 자신을 죽인 자의 유일한 단서이기도 하다. 바르그는 그 칼을 바라보면서 복수를 꿈꾼다. 복수의 마음이 너무 큰 나머지, 테이머는 잊어버리고 자신을 죽인 자만을 찾으려고 한다. 그리고 의심도 커진다. 자신을 죽인 자 앞에서 칼이 빛난다고 전해진다. 복수의 힘은 바르그에게 착각을 가져와 선한 자가 앞에 있을 때도, 갑자기 돌변해 마검의 분노를 보인다. 한 번 펼쳐진 분노는 사그라지지 않으며, 누군가 피를 볼 때까지 지속된다.

Baekho

백호

자연을 사랑하는 어린 소녀가 있었다.
깊은 숲속에서 길을 잃은 소녀가 사악한 드래곤들과 마주쳤을 때, 백호가 바람같이 맹렬하게 달려 나왔다. 백호는 그들의 주변을 빠르게 돌아 혼란스럽게 만들었다.
"으악! 이게 뭐야!"
백호의 날개로부터 나오는 신령스러운 기운은 사악한 드래곤들을 모두 쓰러뜨렸다.
모든 상황이 정리되자 백호는 바들바들 떨고 있는 소녀의 곁으로 다가가 소녀를 품에 안아주었다.
'걱정하지 말거라, 소녀여. 자연을 사랑하는 너의 마음이 나를 이끌었다. 나는 항상 네 곁에 있으면서 너를 지킬 것이다.'
백호는 소녀의 머리를 조심스럽게 앞발로 토닥이고 사라졌다. 약속대로 성스러운 백호의 기운은 그 소녀의 수명이 다할 때까지 모든 위기로부터 소녀를 지켜냈다.

드래곤 이름	학명	먹이	평균 키
백호	Occiduus Deus	파오파오 열매	3.0~3.5m
속성	**체형**	**타입**	**평균 몸무게**
땅	드레이크	사신 드래곤	280~300kg

진화단계

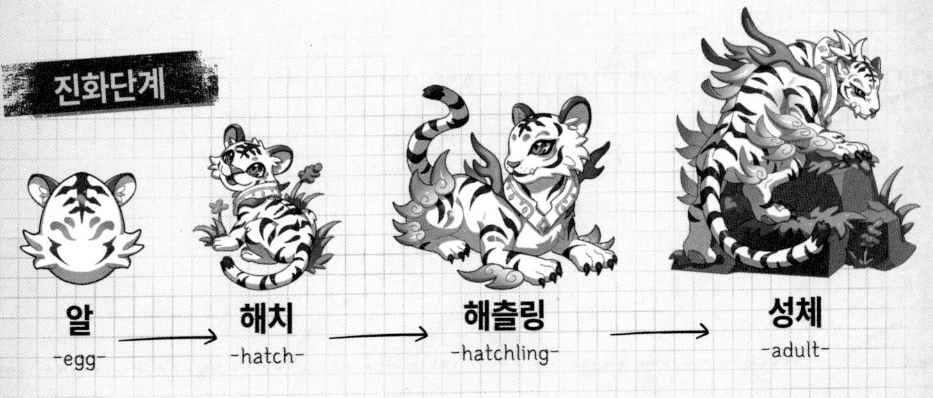

게임 정보

◈ **성격1(90%)** | **온순한**

◈ **성격2(10%)** | **용감한**

◈ **성별** | ♂ ♀

◈ **획득처** | **탐험**

◈ **도감 배지** | 

◈ **성체 100보유 배지** |

◈ 드래곤 돌보기 수치 ◈

산책하기	90%	먹기	40%
놀기	60%	잠자기	30%
칭찬하기	50%	씻기	20%

◈ 드래곤 성격 결정 수치 ◈

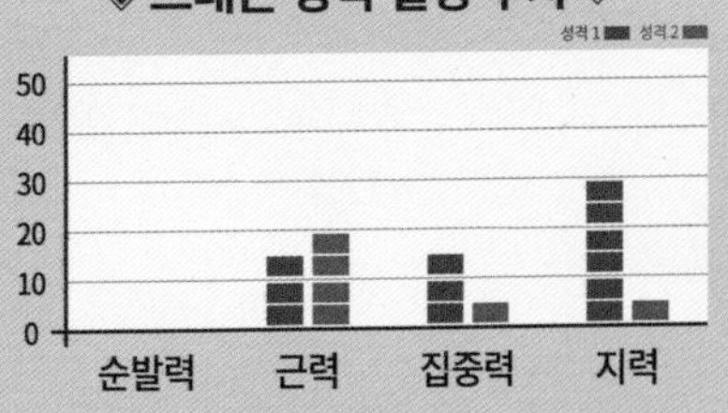

Baekho

백호

DVC 정보  **이 알은 신령스러운 기운이 느껴진다.**

알

신령스러운 기운을 내뿜는 알이다. 알에 있을 때부터 자신과 뜻이 같은 이들을 사악한 기운으로부터 지켜준다. 부드러운 털을 쓰다듬으면 귀가 움직인다. 끊임없이 생성되는 용기가 호랑이 무늬를 통해 발산되고 있으므로, 용기가 필요하다면 백호의 알을 찾아보는 것도 좋은 방법이다.

해치

해치 때부터 친근하고 밝은 표정을 지으며 함께 있으려고 한다. 신령스러운 기운과 더불어 표정 덕분에 친근함을 느낄 수 있다. 백호의 얼굴에서 미소와 귀여움이 떠날 날이 없다. 그리고 언제나 곁을 떠나지 않아 든든하다. 자연을 사랑해 그 속에서 드래곤, 테이머와 친해지고 싶어 한다. 함께 할수록 유대감은 강해지고 백호가 상대를 보호하겠다는 마음가짐은 더욱 커진다.

해츨링

해치 때와 달리 해츨링 시기에는 날개를 사용하여 재빠르게 질주한다. 다리와 등에 푸른 빛의 작은 날개가 자라난다. 상대를 지켜주고 싶은 마음이 강력해지면서, 그 마음가짐으로 신성한 날개가 돋아났다. 백호는 날개로 역동적인 질주가 가능해졌다. 공중에서 오래 날지는 못하지만, 나는 듯이 빠르게 달린다고 전해진다. 백호의 질주는 눈에 보일 새가 없으니 공격으로부터 잽싸게 피할 수 있다.

성체

사신의 힘을 날개로 보내어 역동적으로 달린다. 목에 걸고 있던 장식을 사용할 수 있게 된다. 사악한 존재를 발견하면 장식에서 잠재되어 있던 사신의 힘을 날개로 보내어 날개에 힘을 싣는다. 사신의 힘이 더해진 백호의 질주는 속도를 잴 수가 없을 정도로 빨라 움직이는 것도, 움직이는 소리도 들리지 않는다. 그래서 적은 혼란에 빠져 싸울 수 없다고 전해진다. 특별한 때가 아니면 모습을 잘 드러내지 않는다. 숲에서 모습을 숨기고 다니다가 위험의 기운이 느껴지면 등장한다. 자연의 기운을 느끼기 위해 산의 중턱에서 머무는 모습이 목격된다고 한다.

Banshee

밴시

죽음의 날개가 스친 자리에는 차가운 서리가 껴있다.
공포와 슬픔의 목소리가 터져 나오고, 몹시 추운 겨울이 다가온다.
그 겨울을 두 눈으로 마주한 사람은 꽁꽁 얼어버린다.
밴시는 시체만 남기고 영혼을 가져간다.
밴시가 영혼을 올리면 어둠의 제단의 불꽃은 더 활활 타오른다.
밴시는 카데스를 추종하던 어둠의 세력인 검은 사도들 중 한 명으로, 닥치는 대로 영혼을 수거해 마물을 소환한다.
"오, 카데스이시여. 영혼을 받으소서!"
어둠의 제단에서 들리는 높은 비명소리는 밴시가 내뱉는 죽음의 비명소리이다.
밴시는 이 소리로 카데스를 부활시키고자 하는 자들을 모아 세력을 키운다.
선한 사람들은 이 소리를 듣고 두려움에 떤다.
죽음을 인도하는 밴시가 있는 이상, 어둠의 제단 불꽃은 영원히 불타오르며 비명을 지를 것이다.

드래곤 이름	학명	먹이	평균 키
밴시	Stygius Dux	영혼	3.5~3.8m
속성	**체형**	**타입**	**평균 몸무게**
어둠	와이번	유령 드래곤	10~30kg

진화단계

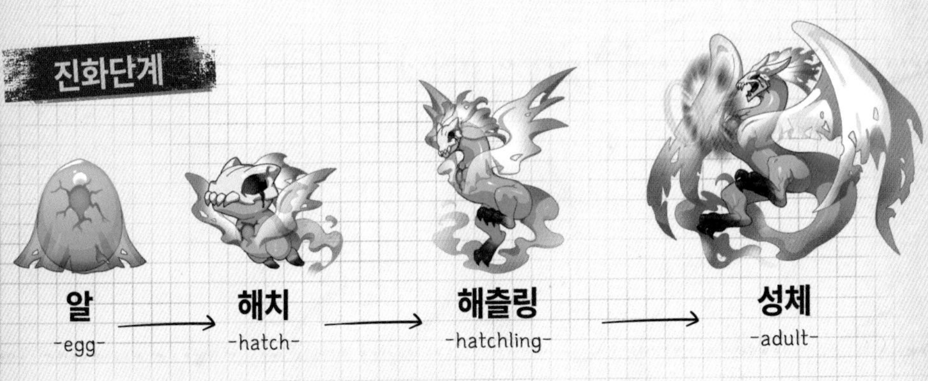

게임 정보

◈ 성격1(90%) | 냉정한

◈ 성격2(10%) | 변덕쟁이

◈ 성별 | ♂ ♀

◈ 획득처 | 도움 요청

◈ 도감 배지 | 

◈ 성체 100보유 배지 |

◈ 드래곤 돌보기 수치 ◈

분노하기	92%	놀기	38%
뼈모으기	61%	씻기	28%
먹기	49%	잠자기	17%

◈ 드래곤 성격 결정 수치 ◈

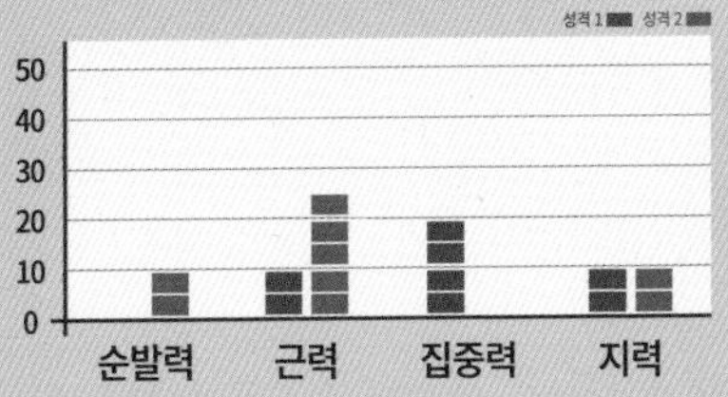

Banshee

밴시

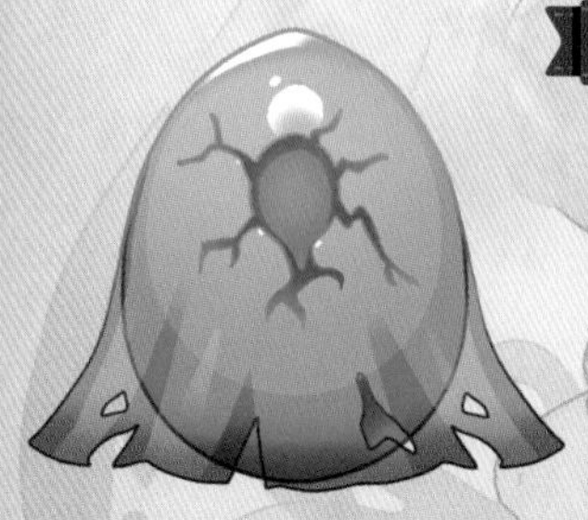

DVC 정보  이 알은 무시무시한 힘이 느껴진다.

알

무시무시한 힘이 느껴지는 알이다. 강렬한 푸른 빛 위에 얇은 천이 덮여있다. 천에서부터 옅은 망자의 소리가 들려온다. 알껍데기 위에 죽음의 인도자를 상징하는 낙인이 찍혔다. 만지기만 해도 죽음으로 인도될 듯한 한기와 으스스함이 피어오른다. 천을 함부로 벗기지 말고 홀로 두는 것이 좋다.

해치

해치 때부터 끔찍한 소리와 소름 끼치는 모습을 하고 있다. 입에서 강한 포효보다는 꺼림칙한 고음을 내뱉는다. 이 소리를 듣는 이는 죽음이라는 것이 가져오는 공포와 슬픔을 경험하게 된다. 한동안 밴시의 환청에 심하게 시달릴 수 있다. 밴시의 죽음의 소리를 피하는 가장 쉬운 방법은 마주치지 않는 것이 최선이다. 혹은 빛, 천사 드래곤과 함께 있거나, 죽음을 두려워하지 않는 강한 마음가짐을 갖는 것이다. 모습을 숨기고 다니지도 않아, 한기를 느끼면 쳐다보지 말고 자리를 피하는 것이 좋다.

해츨링

해치 때와는 달리 해츨링 시기에는 죽음의 인도자가 된다. 진정한 죽음을 가져온다. 죽어야 할 자들의 명부에 따라 움직인다. 밴시의 명부에 적혀있다면 거절하고 싶어도 피할 수 없는 죽음을 맞이하게 된다. 죽은 자들의 목소리가 밴시의 날개와 꼬리에 담겨 있어서 밴시의 주변에 있으면 한에 어린 목소리, 슬픔에 잠겨 엉엉 우는 목소리, 좌절의 목소리처럼 죽음과 부정에 관련된 소리를 듣는다. 죽어야 할 자가 근처에 있거나, 누군가의 죽음이 다가오면 울기 시작한다. 강렬한 죽음의 포효는 하루 종일 계속된다.

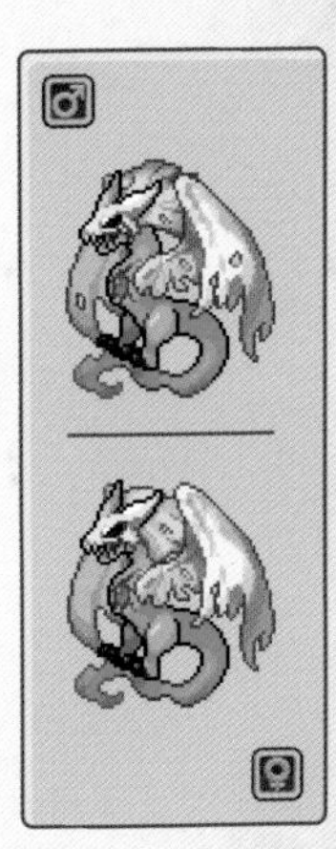

성체

보는 자를 모두 죽음으로 인도한다. 입에서 죽음의 광선을 발사한다. 누군가 자신을 쳐다보거나, 공격하려고 할 때 내뱉는다. 밴시의 광선에 조금이라도 맞으면 그 부위는 투명해지다가 점차 사라진다. 정통으로 맞으면 죽음에 이를 수 있다. 밴시에게 죽은 자의 영혼은 어둠의 제단의 제물로 사용되기도 한다. 걷는 곳마다 얼어붙는다. 이미 죽었다가 다시 살아난 밴시는, 자신이 죽음으로 인도한 영혼들과 함께 있어 아주 차갑다. 걷는 곳마다 오싹한 밴시의 흔적이 남아있다.

Berris

베리스

새벽에 숲에서 발견되는 베리스는 마음을 움직이는 능력으로 화합을 가져온다는 소문이 있다.
모든 사람이 베리스의 도움을 받을 수는 없다. 극소수만이 베리스의 도움을 받을 수 있다.
어느 날, 숲에 혼자 있는 테이머 앞에 베리스가 나타났다.
테이머를 뚫어지게 바라보던 베리스는 테이머의 비밀을 알아차렸다.
"너 다른 테이머들의 알을 훔쳤구나. 물건도 훔치고, 소매치기도 하고…."
베리스는 제3의 눈과 목의 브로치, 보이지 않던 붉은 보석의 장식물로 테이머를 밝게 비추며, 잘못을 고백할 수 있는 용기를 주었다.
테이머는 고맙다며 여러 번 고개를 숙이고 손을 흔들며 떠났다.
마을에 도둑이 있다는 소문은 테이머의 솔직한 고백으로 금방 사그라들었고, 서로를 의심하던 마을 사람들은 화합을 되찾았다.

드래곤 이름	학명	먹이	평균 키
베리스	Synodia Decus	포도	2.5~2.8m
속성	**체형**	**타입**	**평균 몸무게**
빛	드라코	화합 드래곤	180~200kg

진화단계

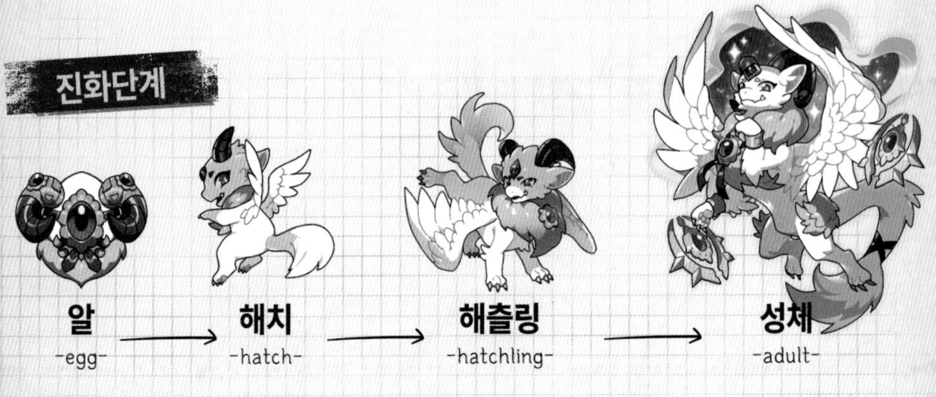

게임 정보

- ◈ 성격1(90%) | 온순한
- ◈ 성격2(10%) | 똑똑한
- ◈ 성별 |
- ◈ 획득처 | 탐험
- ◈ 도감 배지 |
- ◈ 성체 100보유 배지 | 

◈ 드래곤 돌보기 수치 ◈

놀기	92%	먹기	53%
씻기	73%	잠자기	22%
분석하기	64%	훈육하기	-15%

◈ 드래곤 성격 결정 수치 ◈

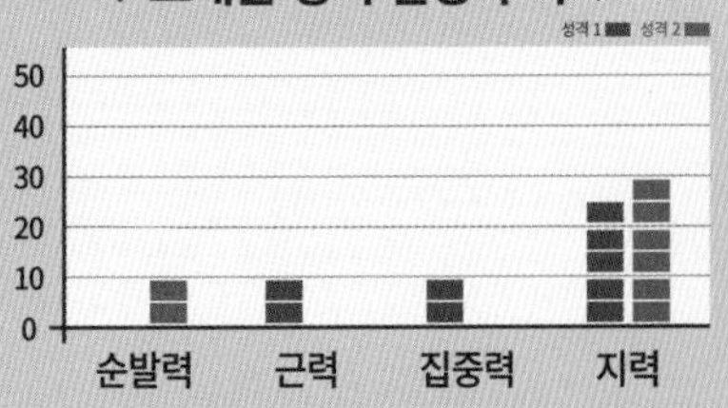

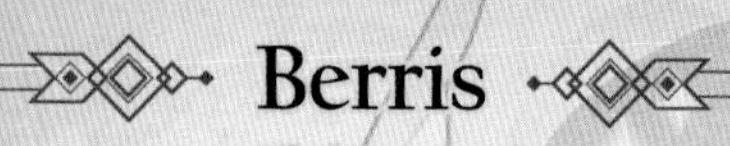

Berris

베리스

이 알은 빨간 브로치를 하고 있다.

알

빨간 브로치를 한 알이다. 중앙에 박힌 커다란 빨간 브로치가 강렬한 인상을 준다. 양쪽에는 안쪽으로 말린 갈색 뿔이 나 있다. 테이머의 손에 알이 들린 그 순간부터, 그 테이머가 어떤 사람인지를 파악한다. 그렇기 때문에 테이머가 알에 맞추는 것이 아니라, 알이 테이머에게 맞춰진다고 느껴진다. 알에 있을 때부터 들리는 모든 것들에 예민하여 말 한마디, 짧은 생각, 그리고 행동에 조심해야 한다.

해치

해치 때부터 상대의 생각을 읽는다. 제3의 눈과 브로치를 갖고서 태어난 해치 베리스는 모든 이들의 생각을 읽을 수 있다. 아직 어려서 원하는 상대의 생각을 읽는다기보다는, 능력의 제어가 덜 되어서 이곳저곳에서 들리는 생각과 감정을 듣는다. 그렇다 보니 조금 혼란스러워하는 모습을 보이기도 한다. 모든 생각이 아니라, 생각의 일부분만을 읽어서 가끔 잘못된 판단을 내릴 때도 있다.

해츨링

해치 때와는 달리 심리를 꿰뚫는다. 능력을 어느 정도 제어할 수 있어, 원하는 상대를 콕 집어 그 상대만의 생각과 더불어 심리까지 꿰뚫어 볼 수 있게 된다. 비밀이란 비밀은 다 들통나니, 베리스에게는 솔직하게 다가가는 것이 좋다. 고민이나 문제를 바로 캐치하여, 직접 나서서 도와주거나 말로 조언해 주기도 한다.

성체

생각과 심리를 읽어 화합을 가져온다. 상대의 생각과 심리를 정확하고 또렷하게 읽을 줄 안다. 목에 있던 붉은 브로치는, 베리스가 충분히 화합을 가져올 수 있고, 능력을 바르게 사용할 수 있다고 여겨 주변에 붉은 장식물을 소환한다. 제3의 눈으로는 상대의 생각을, 목의 브로치로는 상대의 심리를 읽어, 상대의 정보와 상황을 완전히 파악한 뒤, 말로써 올바른 조언을 주거나, 장식물로 화합의 능력을 발휘하여 마음을 움직여서 문제와 갈등을 해결한다. 베리스는 환자의 상태를 진료하는 의사와 처방전을 통해 약을 주는 약국의 역할을 둘 다 하고 있다고 생각하면 된다. 마음을 움직여 화합을 가져오는 드래곤으로 여겨지다 보니 많은 테이머들의 목표로 여겨진다.

Firetail

불나래

어두운 밤, 불의 산을 여행하는 테이머들 사이에서 구미호가 목격되었다는 소문이 퍼졌다.
테이머들이 목격한 구미호의 크기는 제각각이었다.
한 테이머는 아주 작은 새끼 구미호를, 다른 테이머는 사람만 한 구미호를 봤다고 말했다.
이를 이상하게 여긴 드래곤 협회에서 불의 산을 순찰하였다.
순찰을 통해 발견된 건 구미호 무리와 함께 지내는 불나래였다.

드래곤 이름	학명	먹이	평균 키
불나래	Novem Scintilla	불당근	2.4~2.8m
속성	**체형**	**타입**	**평균 몸무게**
불	드라코	구미호 드래곤	120~150kg

진화단계

게임 정보

- ◈ **성격1(90%)** | 눈치 빠른
- ◈ **성격2(10%)** | 변덕쟁이
- ◈ **성별** |
- ◈ **획득처** | 도움 요청
- ◈ **도감 배지** |
- ◈ **성체 100보유 배지** |

◈ 드래곤 돌보기 수치 ◈

불지르기	89%	용트림하기	38%
놀기	60%	잠자기	28%
먹기	50%	씻기	17%

◈ 드래곤 성격 결정 수치 ◈

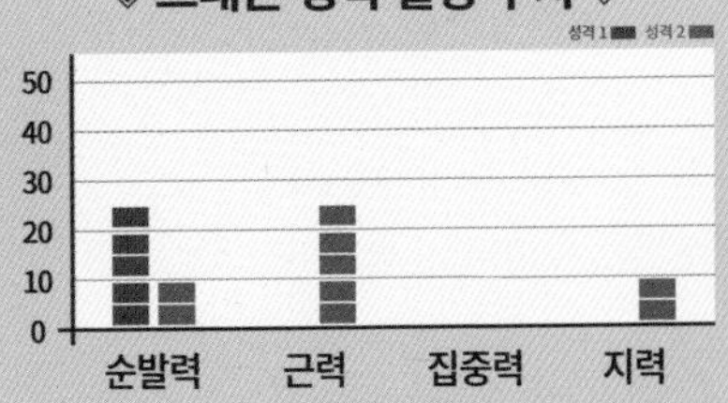

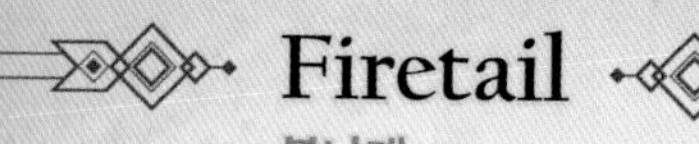

Firetail

불나래

DVC 정보  이 알의 털은 매우 부드럽다.

알

매우 부드러운 털을 가진 알이다. 알을 감싸고 있는 털은 부드러우며 포근함까지 느낄 수 있다. 중앙의 털은 원래 흰색이었는데, 뜨거운 알 온도에 그을려 갈색으로 변했다. 뿔은 뜨겁지 않고 따뜻하다. 구미호가 나타나는 곳에서 주로 발견되므로, 불나래의 알을 찾으려면 구미호를 먼저 찾는 편이 좋다.

해치

해치 때부터 꼬리가 매우 크다. 몸과 비슷한 크기로 느껴질 정도로 꼬리가 풍성하다. 큰 귀로 아주 먼 소리까지 들을 수 있다. 겁이 많아 고요한 공간에서 지내는 걸 선호한다. 기분이 좋으면 바닥에 등을 비비며 뒹군다. 그을린 꼬리는 불꽃을 품고 있는 것처럼 뜨겁다. 풀잎이나 종이를 가져다 대면 흔적도 없이 타들어갈 정도다. 따라서 불나래가 꼬리를 흔들어도 절대 쓰다듬지 않아야 한다.

해츨링

해치 때와는 달리 해츨링 시기에는 날개를 이용하여 비행하기도 한다. 날갯짓이 능숙하지 않아 오랜 기간 날 수는 없어 땅에서 지내는 시간이 길다. 꼬리 끝에 불꽃이 타오르기 시작한다. 불꽃의 힘을 제대로 조절할 수 없어 매우 뜨겁거나 큰 불꽃이 생겨나기도 한다.

성체

꼬리 끝은 언제나 불꽃이 타오르고 있다. 꼬리 끝의 불꽃 크기는 스스로 조절할 수 있으며 악의를 품지 않는다면 그리 뜨겁게 느껴지지 않는다. 대부분의 불나래는 매우 눈치가 빠르다. 평소 화가 나면 모든 것을 태워버리는 불꽃을 휘두르기 때문에 온화한 상태를 유지하기 위해 노력한다. 불나래의 불꽃은 자신을 지킬 때 가장 큰 힘을 발휘한다.

Solar Dragon

솔라 드래곤

장마 때문에 흐린 날씨가 이어지던 날, 솔라 드래곤은 햇빛 한 점 없이 어두운 하늘을 참을 수 없어 직접 태양으로 향했다.
먹구름이 잔뜩 낀 하늘을 지나 솔라 드래곤이 태양빛에 닿는 순간, 하늘을 뒤덮을 정도로 밝은 빛이 번쩍였다.
막대한 태양빛을 받은 솔라 드래곤이 지상으로 내려오자 흐리던 날씨는 환하게 바뀌었다.
다시 태양빛을 느낄 수 있게 된 사람들은 흐린 날을 바꿔 준 솔라 드래곤에게 감사함을 표하며, 솔라 드래곤을 태양의 상징으로 부르기 시작했다.

드래곤 이름	학명	먹이	평균 키
솔라 드래곤	Clemens Sol	멜론	3.3~3.5m
속성	**체형**	**타입**	**평균 몸무게**
빛	드라코	태양 드래곤	250~330kg

진화단계

게임 정보

◈ 성격1(90%) | 천진난만한

◈ 성격2(10%) | 촐랑대는

◈ 성별 |  

◈ 획득처 | 도움 요청

◈ 도감 배지 |

◈ 성체 100보유 배지 |

◈ 드래곤 돌보기 수치 ◈

자체발광	93%	먹기	39%
씻기	61%	잠자기	29%
개그하기	49%	놀기	17%

◈ 드래곤 성격 결정 수치 ◈

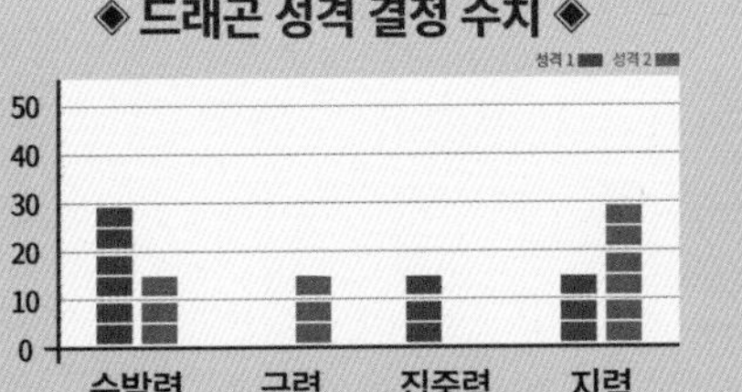

Solar Dragon

솔라 드래곤

DVC 정보  이 알은 빛을 전해준다.

알

빛을 전해주는 알이다. 알 주변으로 따스한 빛이 발생한다. 햇빛이 있는 낮이면 따뜻하지만 해가 없는 밤이 되면 차갑게 식는다. 햇빛 아래 두면 프리즘처럼 사방으로 빛을 굴절시킨다. 그 모습이 꼭 하늘에서 떨어진 태양 같아서, 지상의 태양으로 불리기도 한다.

해치

해치 때부터 빛을 좋아한다. 태양빛을 가장 좋아하며 야외에서 보내는 시간이 길다. 햇빛을 찾아 이곳저곳 걸어 다닌다. 햇빛이 없는 곳으로는 움직이지 않는 경향이 있다. 밤이 되면 낮에 머금은 태양빛을 이용해 급격히 떨어지는 체온을 끌어올린다. 구름이 잔뜩 끼거나 비가 오는 날에는 꼼짝도 하지 않는다. 이러한 이유로 잠이 많고 게으르다는 소문이 있는데, 낮에는 뜨거운 태양빛을 찾아 누구보다 활발히 움직인다.

해츨링

해치 때와는 달리 해츨링 시기에는 태양을 향해 날갯짓한다. 태양의 뜨거운 빛을 느끼고 싶어 하는 경우가 많다. 스스로 빛을 내뿜으며 온도를 조절할 수 있게 된다. 여전히 어두운 곳을 좋아하지 않으며 햇빛이 없는 날은 움직이지 않는다.

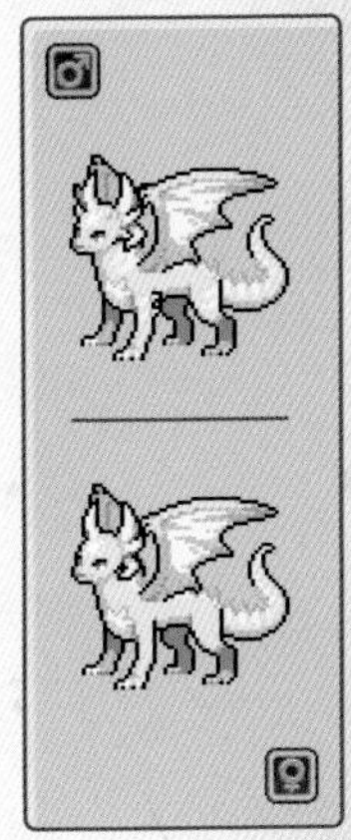

성체

한여름 찬란한 태양빛 아래를 가장 좋아한다. 뜨거운 모래사장에서 햇빛을 즐기며 시간을 보내거나 그늘 한 점 없는 초원에서 햇빛을 내리쬐며 뒹굴기도 한다. 솔라 드래곤이 머문 자리는 오랜 시간 따뜻한 온도가 유지된다. 다른 빛 드래곤보다 유달리 밤을 좋아하지 않는다. 햇빛 한 점 없이 흐린 날에는 움직이려 하지 않으며 외출을 자제할 정도다. 주로 다른 빛 드래곤 주위를 맴돌며 햇빛을 대체할 빛을 찾는 경우가 많다. 모든 걸 태울 정도로 뜨거운 태양열만큼 솔라 드래곤의 빛의 온도 또한 높은 온도를 내뿜기도 한다. 솔라 드래곤마다 낼 수 있는 빛의 온도가 다른데, 이는 솔라 드래곤이 얼마나 태양 가까이에 다가갔는지를 기준으로 변화한다 알려진다.

Sura Dragon

수라 드래곤

수라 드래곤 주변에 있던 불꽃이 갑자기 폭발하기 시작했다.
'악한 자가 내 주변에서 불꽃을 노리는구나!'
수라 드래곤은 주변 사람들을 물리며, 더 많은 불꽃을 소환했다.
조화의 불꽃은 악한 기운을 찾아 한 드래곤을 휘감기 시작했다.
조화의 불꽃을 감당하지 못한 드래곤이 날카로운 비명을 질렀다.
"자, 잠시만! 살려줘, 네 불꽃이 그렇게 강력하다는 소문이 돌아서... 그... 그저 불꽃을 보러 온 것 뿐이라고!"
그저 상황을 모면하기 위해 다급하게 내뱉는 말이라는 것을 수라 드래곤이 모를 리 없었다.
수라 드래곤은 악한 기운을 가진 드래곤을 향해 더욱 성스러운 조화의 불꽃을 뿜어냈다.
"당장 물러나라, 조화의 불꽃을 탐하는 악한 자여!"

드래곤 이름	학명	먹이	평균 키
수라 드래곤	Eruptio Flamma	닭다리	2.5~2.8m
속성	**체형**	**타입**	**평균 몸무게**
불	아시안	불꽃 드래곤	180~200kg

진화단계

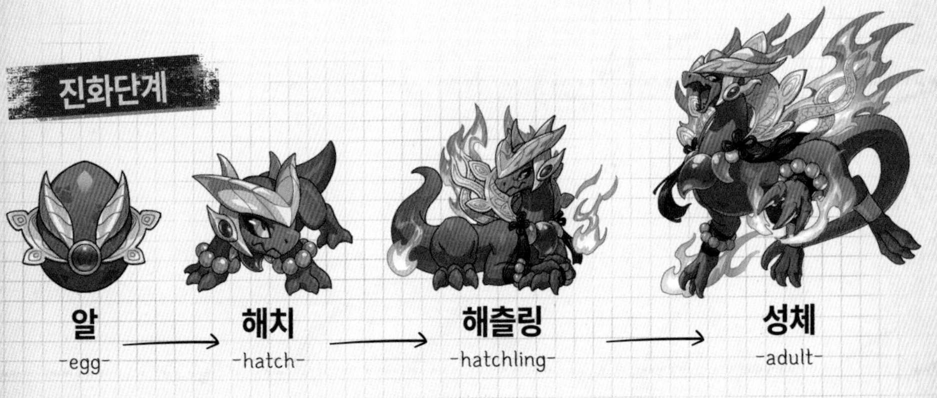

게임 정보

◈ **성격1(90%)** | **대담한**

◈ **성격2(10%)** | **고집 있는**

◈ **성별** | ♂ ♀

◈ **획득처** | **도움 요청**

◈ **도감 배지** |

◈ **성체 100보유 배지** |

◈ 드래곤 돌보기 수치 ◈

명상	87%	먹기	45%
잠자기	64%	놀기	36%
독서하기	54%	씻기	25%

◈ 드래곤 성격 결정 수치 ◈

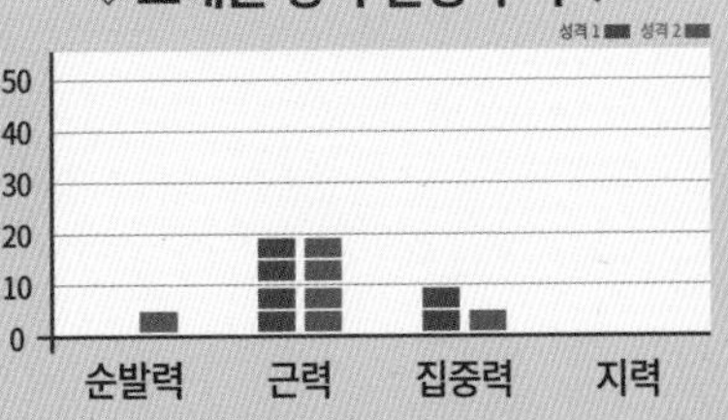

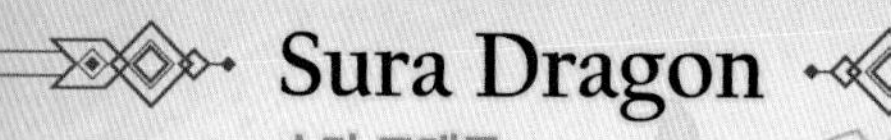

Sura Dragon

수라 드래곤

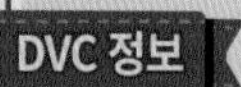

이 알은 뜨거운 열기가 느껴진다.

알

뜨거운 열기가 느껴지는 알이다. 안에서부터 불꽃을 만들고 있어, 알 바깥에서 타오르는 불꽃이 보이지 않는데도 사방으로 뜨거운 열기가 돈다. 알의 주변을 잘 보면 계속해서 나오는 뜨거운 열기로 김이 일렁거리며 나오고 있다. 보라색 보주로 부조화의 흐름을 느끼는데, 이 흐름을 느낄 때 더욱 알이 뜨거워진다고 한다. 맨손은 물론이고, 장갑을 끼고 만져도 화상을 입을 수 있으니 조심해야 한다.

해치

해치 때부터 강한 불꽃을 선사한다. 불꽃놀이나 폭죽처럼 터트리는 불꽃을 사용한다는 점이 특징이다. 공중에 불꽃을 피어오르게 하여, 자신이 원할 때 탁탁 소리를 내면서 터지게 만든다. 수라가 만든 불꽃에서 나는 큰 소리를 들으면 잠시 귀가 안 들리거나, 매우 밝은 빛이 나와 시야가 흐려질 수 있다. 만물을 조화롭게 만들기를 원하여, 갈등이나 전투 같은 부조화의 흐름 속에서만 사용한다. 자신의 강한 불꽃을 함부로 사용하는 드래곤은 아니다.

해츨링

진화한 해츨링은 영원한 불꽃 속에 파괴의 힘을 지닌다. 원하는 만큼 만들어 낼 수 있어 수라 드래곤의 불꽃은 사라질 기미를 보이지 않는다. 그래서 영원한 조화를 가져온다고 전해진다. 세상을 조화롭게 하는 자에게는 따뜻하고 친절한 불을, 부조화로 이끄는 자에게는 파괴의 힘이 깃든 불꽃을 내뿜는다. 파괴의 힘이 깃든 불꽃은 강력하다. 불꽃을 맞은 자는 타버리거나, 화상을 입게 되어 성한 모습으로 돌아가지 못하다고 전해진다. 따라서 적이 수라 드래곤에게 접근하는 일은 거의 없다.

성체

영겁의 수호자는 불꽃으로 세상을 조화롭게 한다. 수라 드래곤의 불꽃은 다른 드래곤의 불꽃보다도 영원하고, 파괴적이다. 다만, 수라 드래곤은 세상을 조화롭게 하는 데에만 불꽃을 사용한다. 선한 자에게 쓰이는 불꽃은 몸을 따뜻하게 해주고, 지켜야 할 자의 주변에 불꽃을 보내어 불꽃 방어막을 만들어준다. 언제나 불꽃을 내어주므로, 수라의 불꽃을 받았던 사람은 또다시 찾는다고 전해진다. 악한 자는 조화의 불꽃으로 물리친다. 주문을 외워서 불꽃을 키운 다음 상대에게 직접 날리거나, 도망가지 못하도록 불꽃 벽을 사방에 세운다. 조화의 불꽃은 악한 자일수록 아주 뜨겁게 느껴져 근처에만 가도 화상을 입는다.

Skelegon

스켈레곤

"조금만 협조해 줄래? 장난치지 말고."
애니가 반쯤 지친 목소리로 부탁하자 스켈레곤이 뼈를 덜그럭거리며 짓궂게 웃었다. 구멍이 송송 난 피막 날개를 퍼득거리는 드래곤은 마력으로 흩어진 뼈를 모아 골격의 형태를 이루기 시작했다. 협조를 해주는 듯했던 스켈레곤의 모습에 눈을 반짝이던 애니는 볼멘소리로 투덜거렸다.
"장난 좀 그만 치고! 조금만 생태연구에 도움을 주면 된다니까?"
갈비뼈로 다리를 여러 개를 만들어 애니를 헷갈리게 만들던 스켈레곤은 이내 재미는 다 보았다는 듯 진지하게 마력을 한데 모아 골격을 형태화 시키기 시작했다.
"고마워, 스켈레곤! 그런데 잠깐 사이에 몸이 성장한 느낌인데?"
애니와 비슷했던 스켈레곤의 덩치가 뼈의 분해와 재결합 몇 번을 반복하더니 눈에 띄게 커졌다. 애니는 연구 일지에 스켈레곤을 참 신기하고 기묘한 종이라고 작성했다.

드래곤 이름	학명	먹이	평균 키
스켈레곤	Calva Calvaria	X	1.8~3.1m
속성	**체형**	**타입**	**평균 몸무게**
어둠	와이번	해골 드래곤	50~70kg

진화단계

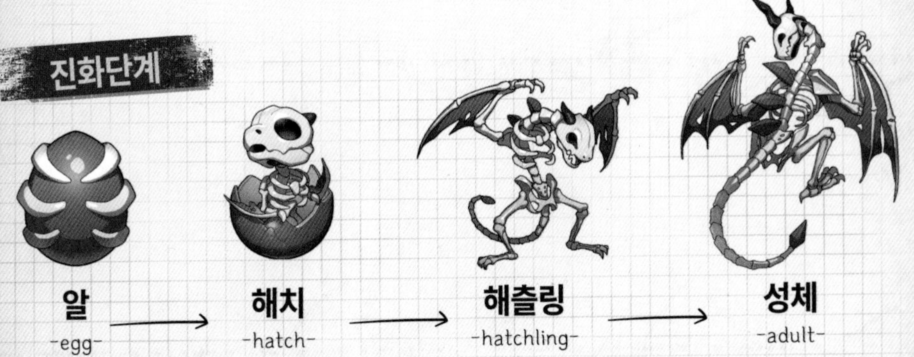

게임 정보

◈ **성격1(90%)** | 덜렁대는

◈ **성격2(10%)** | 눈치 빠른

◈ **성별** |

◈ **획득처** | 탐험

◈ **도감 배지** |

◈ **성체 100보유 배지** | 

◈ 드래곤 돌보기 수치 ◈

뼈모으기	97%	씻기	32%
잠자기	76%	먹기	17%
놀기	57%	기도하기	-24%

◈ 드래곤 성격 결정 수치 ◈

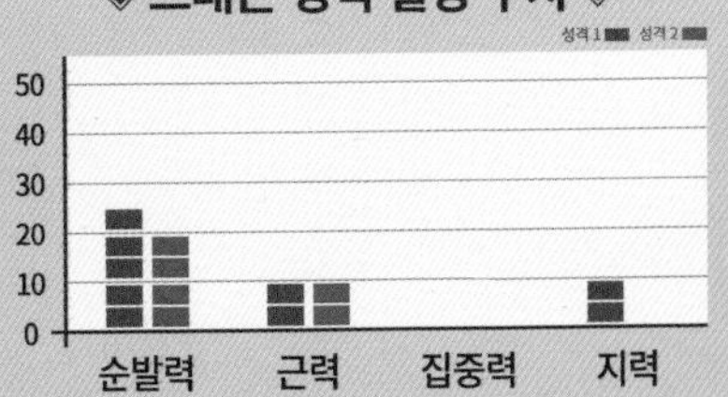

Skelegon

스켈레곤

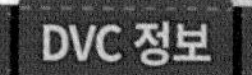

이 알은 뼈가 튀어나와 있다.

알

알에 등뼈와 뿔이 튀어나와 있다. 스켈레곤의 등뼈와 뿔은 다른 드래곤의 것보다 약해서 간혹 빠질 때가 있다. 끼워 넣으면 다시 붙으니 걱정하지 않아도 된다. 단단한 뼈로 알 껍질을 차근차근 부수며 부화하는데, 부화 전까지 움직임이 없어 죽은 드래곤의 알로 오인하는 경우가 많다. 무덤처럼 뼈가 많은 곳에서 주로 발견된다.

해치

원래 모습을 알 수 없는 뼈만 남은 드래곤의 모습으로 태어난다. 음식물을 먹지 않는 데도 불구하고 몸의 뼈는 계속 자란다. 뼈는 어느 한쪽만 불균형하게 자라지 않고 팔이면 양쪽 팔, 다리면 양쪽 다리, 이렇게 균등하게 커져 골고루 성장한다. 위협을 느끼면 몸을 분해하여 죽은 드래곤의 뼈처럼 보이도록 한다. 꼬리뼈를 휘두를 때도 있는데, 단단히 붙어있지 않은 뼈가 상대에 맞아 산산조각 나는 경우가 대부분이다. 물론 조각난 뼈는 다시 이어 붙일 수 있다. 가끔 잃어버린 뼛조각을 찾아다니기도 한다.

해츨링

뿔과 날개, 꼬리가 커진다. 몸이 부서져도 뼈만 온전하다면 자유롭게 조립 가능하다고 한다. 자신의 몸을 자랑스럽게 여기며 여기저기 자랑하고 다닌다. 몸은 쉽게 부서진다. 날아다니다 날개가 무너지기도 하는 등의 모습을 종종 볼 수 있다.

성체

등의 뼈와 뿔이 날카로워진다. 자신의 특이한 몸에 익숙해진 것 같다. 상대에게 온몸을 향해 부딪친 뒤 상대가 자신의 뼈 무더기에 묻혀 당황할 즈음 다시 몸을 조립하여 공격한다. 얇아 보이는 날개는 단단한 가죽으로 이루어져 있으며 쉽게 찢어지지 않는다. 스켈레곤마다 본인의 취향에 맞춰 날개를 찢는 경우도 있다. 찢어진 날개는 실제로 만지면 굉장히 차가운 비늘로 이루어져 있다. 날개를 이용해 바람을 일으키거나 악령을 불러내기도 한다. 스켈레곤의 날갯짓은 악한 기운을 품고 있다. 허기를 느끼지 않아 환경의 제약을 거의 받지 않는다. 어떤 지역에서도 살아갈 수 있어 이곳저곳 돌아다니는 걸 좋아한다. 먹지는 않지만, 머리 뿔이나 꼬리로 작은 동물을 사냥하기도 한다.

Skink Dragon

스킨크 드래곤

어느 날, 도마뱀 왕국의 아주 깊은 지하에서 이상한 돌이 발견되었다.
보랏빛으로 빛나는 돌은 발톱으로 건드려도 깨지지 않았다. 혀로 핥아도 아무 맛도 나지 않았다.
그러나 돌에서는 이상한 기운이 흘러나오고 있었고, 그 기운은 스킨크 드래곤을 점차 빠르게 만들었다.
'이런 빛을 가진 돌은 처음이다. 분명 도마뱀 왕국을 강하게 만들어 줄 거야!'
지상으로 오른 스킨크 드래곤은 돌을 땅에 내려 두었다.
그 순간, 알 수 없는 빛이 스킨크 드래곤을 비추었다.
스킨크 드래곤은 두려움을 느껴 날개를 펼쳤고, 자신의 날개가 커진 것을 깨달았다.
비늘과 발톱도 이전보다 두꺼워져 있었고, 이빨도 단단해져 있었다.
"이 돌만 있다면 도마뱀 왕국의 우위에 설 수 있어!"
스킨크 드래곤은 모든 빛을 내고 사라진 돌을 찾으러 다시 지하로 향했다.

드래곤 이름	학명	먹이	평균 키
스킨크 드래곤	Stria Lacerta	파오파오 열매	1.9~2.2m
속성	**체형**	**타입**	**평균 몸무게**
땅	드라코	도마뱀 드래곤	100~150kg

진화단계

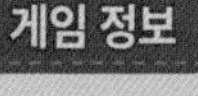

◈ **성격1(90%)** | 고집 있는

◈ **성격2(10%)** | 온순한

◈ **성별** | ♂ ♀

◈ **획득처** | 탐험

◈ **도감 배지** |

◈ **성체 100보유 배지** | 

◈ 드래곤 돌보기 수치 ◈

흙 털기	88%	놀기	41%
먹기	62%	잠자기	30%
함정파기	51%	씻기	18%

◈ 드래곤 성격 결정 수치 ◈

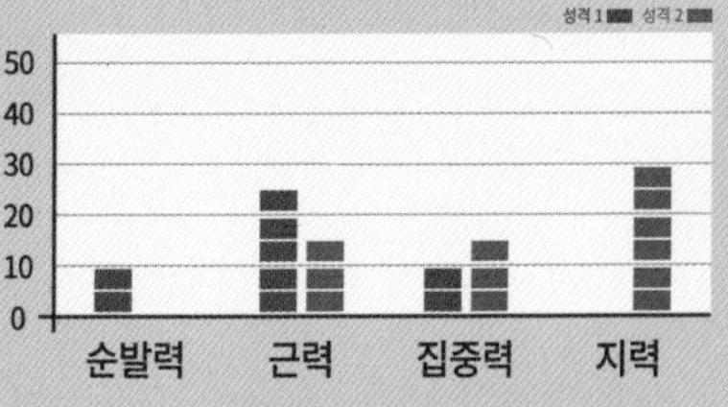

Skink Dragon

스킨크 드래곤

DVC 정보  **이 알은 모래 위에서 부화한다.**

알

모래 위에서 부화하는 알이다. 매끄러워 보이는 표면과는 달리 직접 만지면 매우 단단한 강도를 자랑한다. 드래곤이 안에서 알을 깨지 않는 이상 부화가 시작되지 않는다. 부화까지 충분한 열이 필요하며 소음에 예민하다. 알 양쪽에 달린 지느러미가 모래 위에서 쓰러지지 않도록 중심을 잡아주고 있다.

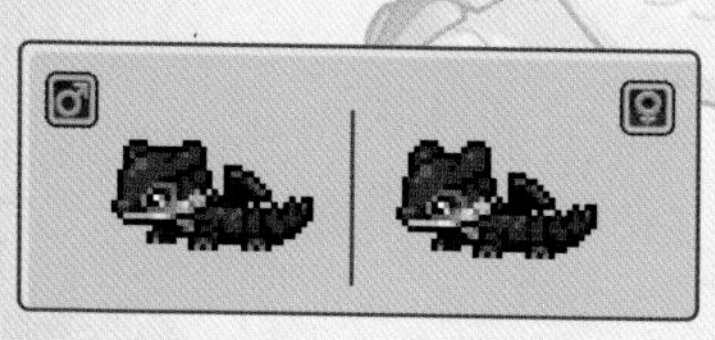

해치

해치 때부터 발톱으로 모래를 헤집는다. 따뜻한 모래로 찜질하는 것을 좋아한다. 호기심이 많은 만큼 경계심도 매우 강하여 작은 자극에도 예민하게 반응한다. 위협을 느끼면 빠르게 모래를 파서 모래 속에 몸을 숨긴다. 날개가 있지만 날아다니는 것보다 걸어 다니는 것을 선호한다. 주황색 발톱에서 뿜어져 나오는 열기가 모래를 녹일 때도 있다.

해츨링

해치 때와는 달리 해츨링 시기에는 모래에 숨어 사냥하는 법을 터득한다. 매우 빠른 속도로 움직일 수 있으며 땅속으로 다니는 것에 익숙해진다. 사막 모래를 가장 좋아하며 모래 위에서 잠을 자는 경우도 드물게 발견된다. 모래와의 마찰을 이용해 청결을 유지한다.

성체

평소에는 모래 속에 몸을 감추고 생활할 정도로 매우 겁이 많은 드래곤이다. 다른 드래곤의 발소리에도 깜짝 놀라 숨을 정도로 모습을 보기 어렵다. 대부분의 스킨크 드래곤은 조용한 환경에서만 모습을 드러내며 안전한 곳을 거주지로 삼는 경우가 많다. 한 번 정한 생활 반경에서 크게 벗어나지 않으며 이동할 때는 땅을 파 움직이는 경우가 많다. 따뜻한 햇볕을 좋아하는 드래곤이다. 드물긴 하지만 바위 위에서 낮잠을 즐기는 모습이 발견되기도 한다. 스킨크 드래곤은 아무리 뜨거운 온도여도 견딜 수 있는데 이는 발톱과 비늘 때문이다. 발톱의 경우 스킨크 드래곤이 실제로 느끼는 온도보다 뜨겁게 불타오르는 상태라고 알려져 있다. 단단한 비늘은 강철과 비슷한 강도를 가지고 있어 외부의 온도를 느낄 수 없다고 한다.

Afrit

아프리트

아프리트는 태초에 정신을 교감하지 않았다고 알려져 있었다.
군단으로 모여 다닐 뿐 명령을 기다리고 수행하는 것이 전부였다.
라테아의 드래곤을 누군가 마계로 데려가려던 순간, 서로의 의견을 듣고 교감한 뒤 단숨에 적을 제압하게 되면서 정신적 연결을 중요하게 생각하기 시작했다.
이날 이후, 아프리트는 훈련을 거듭하여 정신적 교감이 가능한 드래곤이 되었다.

드래곤 이름	학명	먹이	평균 키
아프리트	Flamma Corpus	닭	3.0~3.5m
속성	**체형**	**타입**	**평균 몸무게**
불, 꿈	드라코	불꽃 드래곤	210~260kg

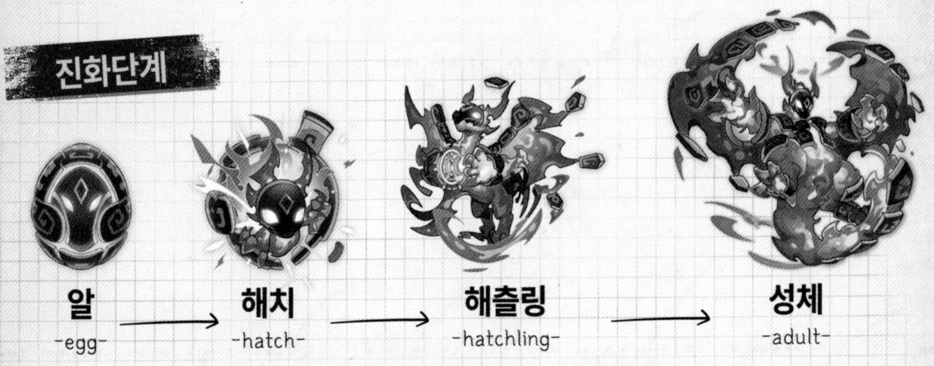

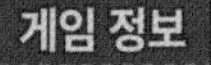

◈ **성격1(90%)** | **냉정한**

◈ **성격2(10%)** | **눈치 빠른**

◈ **성별** |

◈ **획득처** | **탐험**

◈ **도감 배지** |

◈ **성체 100보유 배지** | 

◈ 드래곤 돌보기 수치 ◈

불지르기	87%	훈육하기	42%
먹기	63%	잠자기	32%
놀기	53%	씻기	18%

◈ 드래곤 성격 결정 수치 ◈

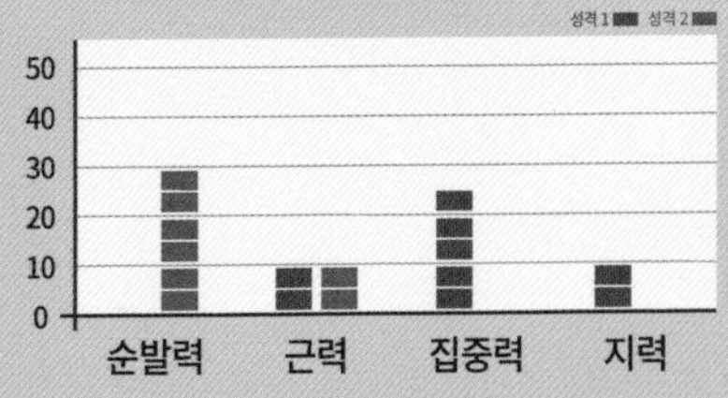

Afrit

아프리트

DVC 정보 이 알은 봉인되어 있다.

알

봉인되어 있는 알이다. 불꽃을 가두고 있기 때문에 알 표면은 매우 뜨겁다. 맨손으로 만질 수 없을 정도다. 알 근처로 다가가면 화염이 타는 듯한 소리가 들려온다. 부화가 다가오면 알이 진동하면서 화염이 폭발한다. 주변에 있는 것을 모두 태울 만큼 강력한 폭발이므로 알이 흔들리면 자리를 피해야 한다.

해치

해치 때부터 등에 불을 가두고 있다. 쓰고 있는 가면은 벗겨지지 않는다. 주로 엉금엉금 기어다니는 경우가 많다. 몸을 둥그렇게 말아 굴러다닐 때도 있다. 주로 위협을 느꼈을 때, 그러한 자세를 취한다. 불꽃을 조절할 수 없기 때문에 들이나 숲처럼 불길이 번질만한 곳에 가지 않는다. 불길이 솟아오르는 화산이나 바위섬에서 주로 시간을 보낸다.

해츨링

해치 때와는 달리 해츨링 시기에는 날아다닐 수 있다. 몸을 보호하던 알껍데기는 조각처럼 흩어져 불길을 제어한다. 아프리트의 몸이 유지될 수 있는 마력의 힘을 담고 있으며 흩어지지 않는 역할을 한다. 작은 불을 뿜을 수 있으며 날갯짓에도 천천히 익숙해진다.

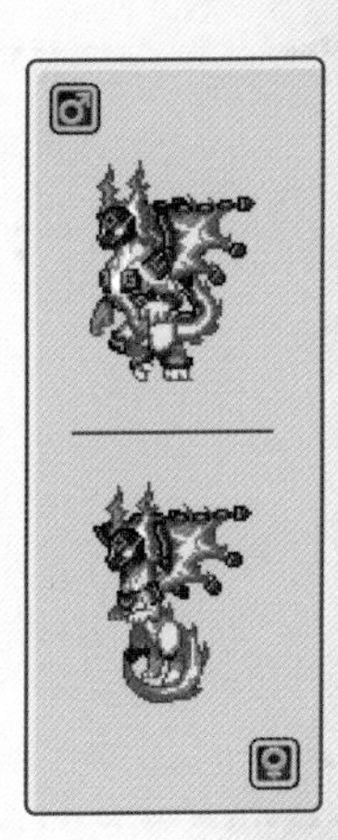

성체

라테아의 왕으로 불리는 센투라와 함께 드래곤의 성역 라테아를 지켜온 것으로 알려져 있다. 불꽃 드래곤 군단으로 모든 아프리트들은 서로 정신적으로 연결되어 있으며 센투라의 의지에 절대복종한다. 대부분의 아프리트는 충성스러운 성격이다. 명령을 중요하게 생각하며 자신의 역할이 확실한 것을 좋아한다. 확실한 명령은 아프리트의 성장을 돕는 역할을 한다.

Obex

오벡스

어둠의 기운을 쫓던 오벡스는 동굴 안에 있는 한 신전에 도착했다.
그곳에는 상처투성이 드래곤이 있었다.
"네 이름은 뭐지?"
"다크닉스다. 내 존재를 모르고 이곳에 온 거라면 도망칠 기회를 주지."
오벡스는 다크닉스에게서 어둠과 공포, 그와 대비되는 숭고한 신의 느낌을 받았다.
오벡스는 몬스터들이 공격하러 오자 공간을 만들어 다크닉스를 가두었다. 다크닉스를 발견하지 못한 몬스터들은 동굴을 떠났다. 오벡스의 공간에서 벗어난 다크닉스도 동굴을 떠났다.
오벡스는 다크닉스가 머물던 공간을 해제하려 하였다.
그런데 그때, 오벡스의 안으로 끝없는 어둠의 기운이 밀려들어왔다.
힘이 강해지고 있음을 느낀 오벡스는 다크닉스를 쫓아가 한 가지 계약을 맺었다. 오벡스가 다크닉스에게 필요한 장소를 제공해 주면, 다크닉스가 어둠의 기운을 방출해 주는 것이었다.

드래곤 이름	학명	먹이	평균 키
오벡스	Spatialis Turba	어둠의 멜론	1.4~1.7m
속성	**체형**	**타입**	**평균 몸무게**
어둠, 강철	드라코	공간 드래곤	50~70kg

진화단계

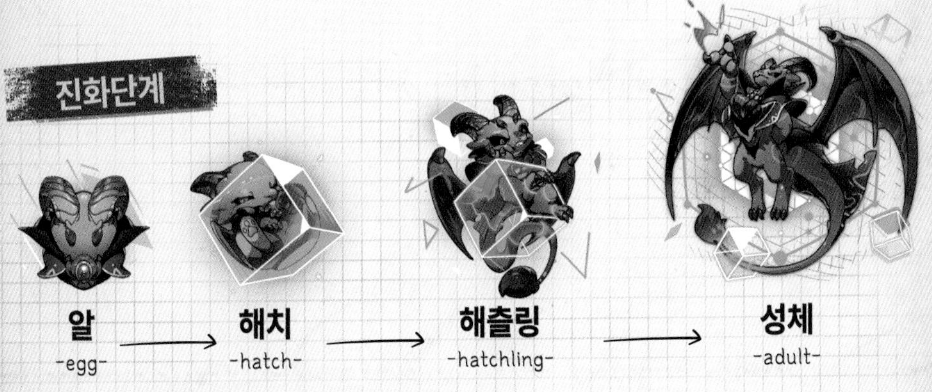

게임 정보

◈ **성격1(90%)** | **신중한**

◈ **성격2(10%)** | **변덕쟁이**

◈ **성별** |

◈ **획득처** | **탐험**

◈ **도감 배지** |

◈ **성체 100보유 배지** |

◈ **드래곤 돌보기 수치** ◈

만들기	91%	잠자기	42%
씻기	63%	분석하기	31%
놀기	52%	먹기	20%

◈ **드래곤 성격 결정 수치** ◈

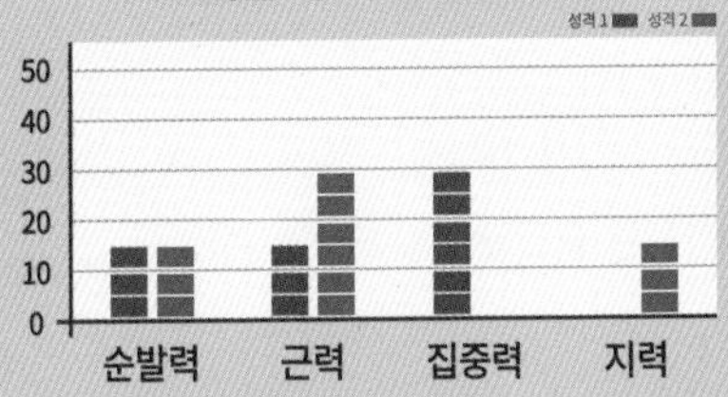

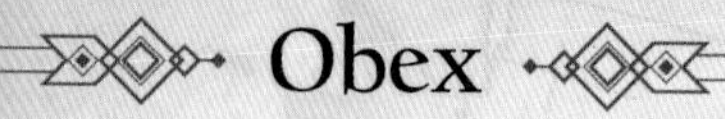

Obex

오벡스

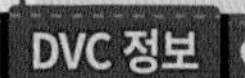

DVC 정보 이 알은 공간을 생성하려 한다.

알

공간을 생성하려는 알이다. 알 주변으로 불완전한 공간이 보였다 사라지기를 반복한다. 알 주변을 오가던 작은 동물들이 사라지는 등 기묘한 모습이 목격되기도 한다. 알 자체가 사라지는 경우도 간혹 발생한다. 시간이 지나면 다시 나타나므로 걱정하지 않아도 된다. 알을 감싸고 있는 옷깃이 펄럭이면 공간이 생성되고 있다는 뜻이므로, 옷깃이 움직임을 멈출 때까지 가까이 가지 않는 편이 좋다.

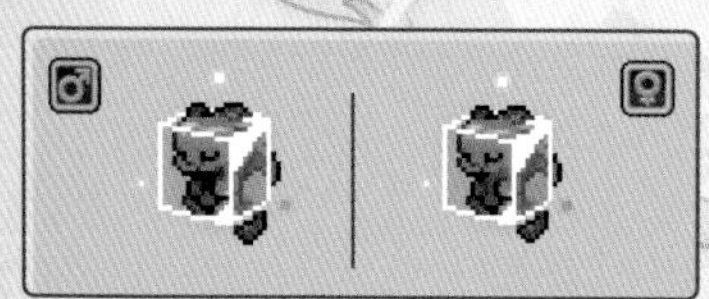

해치

해치 때부터 작은 공간을 창조할 수 있다. 창조하는 공간의 크기는 오벡스가 겨우 들어갈 정도의 크기다. 공간은 하나만 생성할 수 있으며 사냥하기보단 본인의 생활터로 사용하는 경우가 많다. 나비나 벌 같은 작은 곤충들을 공간에 가두고 관찰하는 것을 좋아한다. 요청을 받고 공간을 만들어주기도 하는데, 말도 없이 공간을 없애버려 원성을 사는 경우가 많다. 좋아하는 것이 생기면 그것이 물건이든, 동물이든, 사람이든, 드래곤이든 공간에 넣고 보는 편이다.

해츨링

해치 때와는 달리 해츨링 시기에는 여러 개의 공간을 창조할 수 있다. 창조한 공간에 드래곤을 가둬 대결에서 승리하는 등 공간을 활용하는 법을 여러 가지 터득한다. 공간을 다룰 때마다 그 감각이 매우 예민해져, 공간을 더욱 섬세하게 다룰 수 있게 된다.

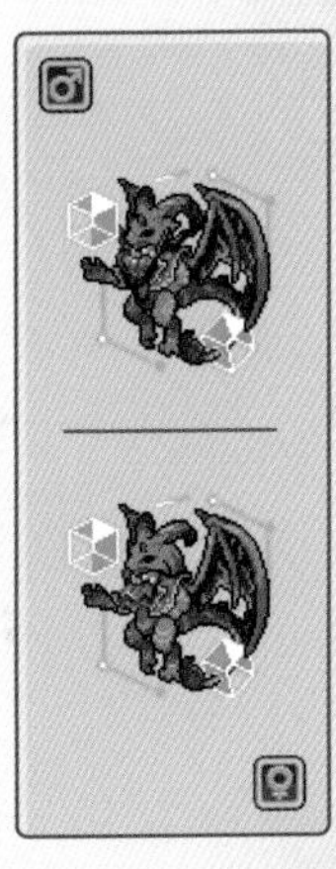

성체

오벡스가 만드는 공간의 경우 매우 폐쇄적이다. 드래곤의 경우 두 마리 이상 들어갈 수 없을 정도의 좁은 공간으로, 오벡스의 명령에 따라 공간 내부의 기온이나 압력이 변하기도 한다. 적으로부터 자신의 몸을 지키는 용도로 가장 많이 활용되는데, 어떤 강력한 힘을 가진 드래곤이라도 오벡스가 만든 공간을 파괴하기란 쉽지 않다. 공간을 자유자재로 다룰 수 있는 만큼 드래곤과의 대결에 강하며, 무리 지어 싸우기보단 한 드래곤을 공간에 가둔 채 죽음에 이르게 하는 경우가 많다. 오벡스가 만든 공간은 오벡스의 의지에 따라 외부에 노출되지 않는 경우도 있다. 이러한 점을 활용하여 테이머나 드래곤들의 휴식처로 사용되기도 한다.

Witch Dragon

윗치 드래곤

천둥과 비가 치는 밤.
윗치 드래곤은 반짝이는 보석이 박혀있고, 고대의 문자가 수놓여 있는 고대의 책을 찾았다.
"드디어 찾았다! 금단의 마법을!"
책을 펼치자 공중에 고대의 언어들이 펼쳐지면서 빛나기 시작했다.
윗치 드래곤은 마법들을 읊조렸다.
"이제 이 세상도, 테이머도, 드래곤도 모두 내가 통제하리라!"
생명의 마법을 읊조리자 뼈가 합쳐져 거대한 드래곤이 되었고, 시간의 마법을 읊조리자 뼈만 붙어 있던 드래곤이 원래의 모습을 되찾았다. 날씨의 마법을 읊조리면 흐렸던 날씨가 맑아졌다.
윗치 드래곤은 주머니에서 '금단의 마법'이 적힌 양피지를 꺼내 펼쳤다.
아직 일곱 개의 마법이 남았다.
"아직 한참 부족해. 당장 떠나야겠어! 누군가를 해치워서라도, 시간을 돌려서라도 갖고 말겠어!"
윗치 드래곤은 금단의 마법이 적힌 고서와 양피지를 주머니에 넣고서 자취를 감추었다.

드래곤 이름	학명	먹이	평균 키
윗치 드래곤	Zeloticus Præcantor	퍼플 튤립	2.0~2.5m
속성	체형	타입	평균 몸무게
어둠	드라코	마녀 드래곤	150~180kg

진화단계

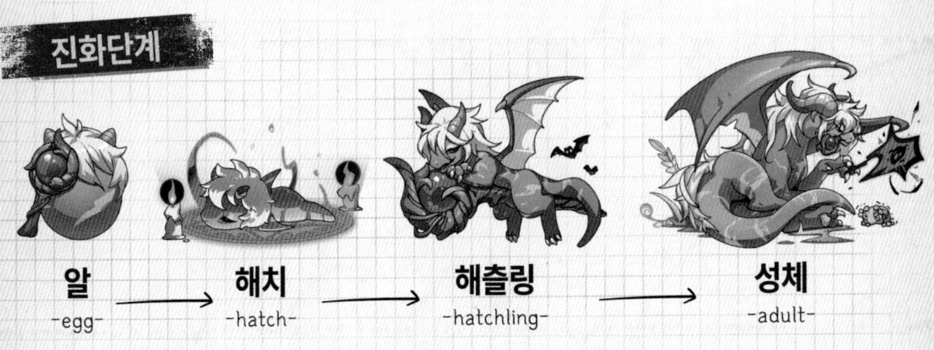

게임 정보

◈ 성격1(90%) | 대담한

◈ 성격2(10%) | 변덕쟁이

◈ 성별 | ♂ ♀

◈ 획득처 | 탐험

◈ 도감 배지 | 

◈ 성체 100보유 배지 |

◈ 드래곤 돌보기 수치 ◈

운세보기	93%	놀기	37%
뼈모으기	62%	잠자기	37%
씻기	50%	먹기	21%

◈ 드래곤 성격 결정 수치 ◈

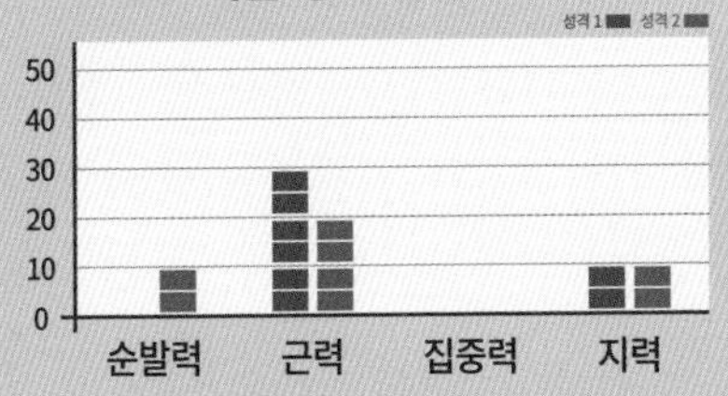

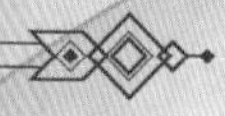

Witch Dragon

윗치 드래곤

DVC 정보

이 드래곤의 알에서
마력이 느껴진다.

알

흰 머리카락 위에 작은 보라색 뿔이 자라있다. 알의 앞에는 붉은 보석이 달린 작은 지팡이가 놓여있다. 강력한 마력 힘과 마법을 사용하고 싶은 드래곤의 마음이 합쳐져 지팡이가 불안정하게 떨린다. 알이 거의 부화할 시점이 되면 지팡이에서 붉은 아우라와 사악한 기운이 동시에 피어오른다.

해치

해치 때부터 지팡이에 집착한다. 항상 지팡이를 입에 물고 있다. 아무리 부탁해도 지팡이를 놓지 않는데, 상대가 테이머라도 마찬가지다. 지팡이가 얼마나 소중한 지 누군가 가져갈까, 발 앞에 지팡이를 두고 있다. 마력을 갖고는 있지만 마법 사용을 보여주지 않는다. 그런 일은 불가능에 가깝지만, 테이머든 드래곤이든 자신의 마력을 그대로 베껴갈까 봐 걱정되기 때문이다. 자신을 좋아하기보다는, 마력을 탐내하고 있을 것이라고 확신하기 때문에, 테이머가 진정으로 자신을 아껴주더라도 윗치 드래곤은 테이머를 의심할 것이다.

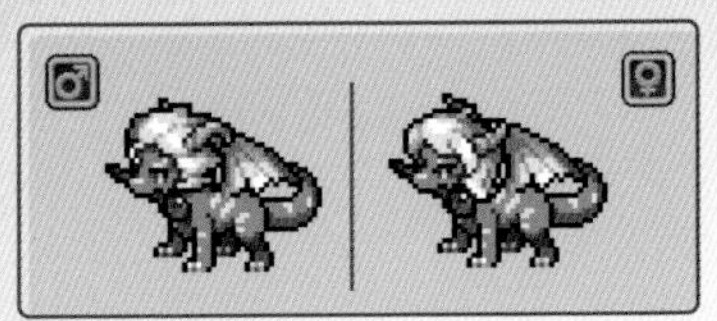

해츨링

진화한 해츨링은 남다른 주술력을 지닌다.
지팡이로 마력을 뽐낸다. 자신의 마법을 온 세상에 자랑하는 것처럼 행동한다. 자신의 마법을 누군가 봐주지 않으면, 기분이 금방 시들해지다가 나빠진다. 테이머나 드래곤에게 사악한 마법을 사용하기도 한다.
어느 때보다 강력한 고급 마법을 쓴다. 마법 연습을 지켜봐 주고 조수처럼 도와주면 기분이 좋아진다.

성체

사악한 마녀의 힘으로 태어난 신비한 드래곤이다. 마력과 주술력이 최대치에 달한다. 마법으로 무엇이든 할 수 있다고 여긴다. 대륙 최고의 주술사 자리에 오르고자 마법으로 다치게 하거나, 생명, 시간, 날씨와 관련된 금단의 마법에도 손을 대었다. 소유욕이 강해 물고 있는 지팡이를 떨어트릴 기미가 보이지 않는다. 얼마나 자주 물었는지, 지팡이에 동그란 홈이 파였다. 남들보다 앞서가려는 욕구가 있어 그 누구의 도움도 필요치 않는다. 스스로 정보를 찾기 위해서 혼자 돌아다니고 남들과 잘 교류하지 않는다. 테이머를 무시하거나, 우습게 여기기도 한다.

Jujak

주작

이는 요사스러운 불을 몰고 다니며 남쪽을 수호한다고 전해지는 주작의 이야기다.
주작의 불은 예로부터 두 가지의 얼굴을 가진 불이라 전해지고 있다.
'주작의 불'의 첫 번째 얼굴은 사신의 불꽃으로 사악한 자를 제거하는 것이다. 강렬한 불이 어찌나 빠르게 타는지, 주작의 불에 닿은 자는 비명도 지르지 못하고 세상에서 사라진다고 한다.
'주작의 불'의 두 번째 얼굴은 길조의 불꽃으로 행운을 가져오는 것이다.
1년에 한 번 볼 수 있는 길조의 불꽃은 선한 기운이 있는 곳에 나타난다. 주작의 불을 목격한 사람들의 말에 따르면 길조의 불꽃을 보면 일정 기간 동안 하는 일이 모두 잘 풀린다고 한다.

드래곤 이름	학명	먹이	평균 키
주작	Notius Deus	칠면조 구이	2.8~3.2m
속성	**체형**	**타입**	**평균 몸무게**
불	와이번	사신 드래곤	200~250kg

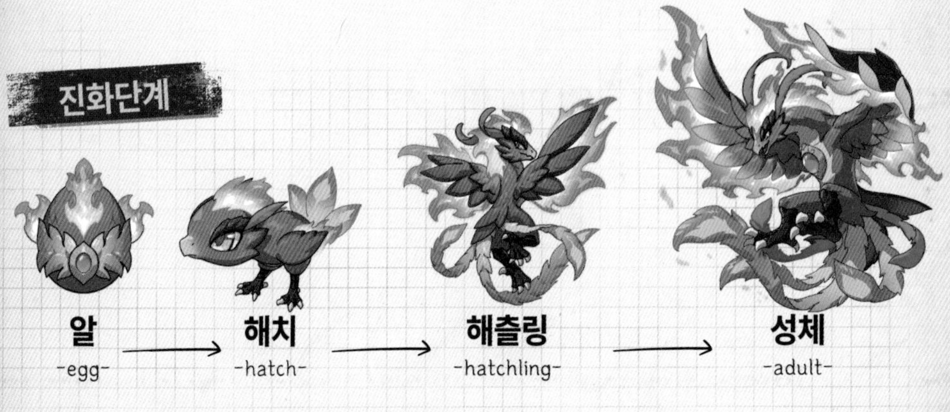

게임 정보

◈ 성격1(90%) | 눈치 빠른

◈ 성격2(10%) | 고집 있는

◈ 성별 | ♂ ♀

◈ 획득처 | 탐험

◈ 도감 배지 |

◈ 성체 100보유 배지 |

◈ 드래곤 돌보기 수치 ◈

불지르기	90%	잠자기	40%
먹기	60%	놀기	30%
용트림하기	50%	씻기	20%

◈ 드래곤 성격 결정 수치 ◈

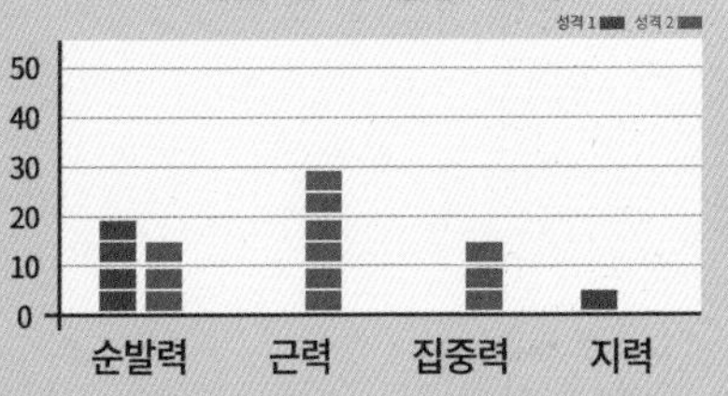

Jujak
주작

이 알은 남쪽에서 기운이 강하게 느껴진다.

알

남쪽에서 기운이 강하게 느껴지는 알이다. 남쪽을 지키고자 하는 의지가 불꽃을 영원히 불타오르게 한다. 중앙에 박힌 에메랄드빛 보주는 항상 빛을 내고 있다. 불꽃은 만지는 자에 따라 온도가 달라진다. 어떤 이에게는 아주 뜨겁게, 어떤 이에게는 따뜻한 온도로 느껴진다. 위협을 느끼면 알을 감싸고 있는 깃털이 가시처럼 솟아오른다.

해치

해치 때부터 악한 기운을 느낀다. 보주와 같은 색의 깃털이 머리 위에 자라난다. 깃털로 악한 기운을 감지할 수 있다. 의심이 많아 항상 진지한 얼굴로 돌아다니며, 몸을 숙여 상대를 꼼꼼히 살피는 행동을 보이기도 한다. 색이 옅은 부위일수록 체온이 높다. 따라서 부리 주변이 가장 뜨거운데, 기침하듯 토하는 불꽃 때문이다. 작은 불꽃이지만 매우 뜨겁기 때문에 주작이 기침할 때는 자리를 피하는 것이 좋다.

해츨링

진화한 해츨링은 불꽃으로 악한 존재를 도망가게 한다. 불꽃이 날개까지 번져 힘차게 타오른다. 평상시에는 불꽃을 약하게 유지하다가, 악한 존재 앞에서는 강렬한 불꽃의 힘을 보여준다. 불꽃은 아직 완벽하지 않아, 겁을 먹게 하거나 도망가게 만드는 정도이다.

성체

불꽃을 몰고 다니며 보주로 악한 존재를 소멸시킨다. 가장 불꽃이 거세고 뜨거운 시기이다. 사악한 자들 앞에서는 거침없이 타오르며, 사악한 기운을 물러가게 한다. 에메랄드빛의 보주와 깃털로 악한 기운이 느껴지는 곳을 찾은 다음, 거센 불꽃을 몸에 두른 채로 나타난다. 강렬한 불꽃을 입에서 내뿜어 악한 기운의 근원을 불태워 없앤다. 특별한 때가 아니면 모습을 잘 드러내지 않는다. 주작을 발견한 자는 길조가 있을 것이라 전해지기에 주작의 불꽃은 행운의 상징으로 불리기도 한다.

Karura

카루라

전쟁으로 수많은 드래곤과 사람이 죽어 또다시 절망에 빠졌을 때, 강렬한 섬광이 일었다.
"역시 강렬한 빛은 아무짝에도 쓸모없군."
앙그라는 빛의 검을 휘두르는 카루라의 모습을 보았다. 카루라는 패배라곤 모르는 표정으로 빛의 검을 휘두르고 있었다. 앙그라는 카루라의 모습을 보며 뒤틀린 감정을 느꼈다.
'손쉽게 이길 수 있는 싸움에서도 저리 목숨을 걸고 뛰어들다니!'
카루라는 불안정한 바람의 힘에 뒤돌아보았다. 돌풍이 적을 쓸어버리고 있었다.
"이렇게 쉽게 끝날 싸움을 오래도 하는구나."
압도적으로 강한 힘을 느낀 카루라는 앙그라가 끝없는 전쟁을 멈출 수 있으리라 생각해 그를 따르기로 결심하였다.
'이 드래곤만이 세상을 바꿀 수 있다.'
카루라는 앙그라를 보며 그리 믿었다.

드래곤 이름	학명	먹이	평균 키
카루라	Lux Gladius	포도	4.7~5.2m
속성	**체형**	**타입**	**평균 몸무게**
빛	드라코	검사 드래곤	480~520kg

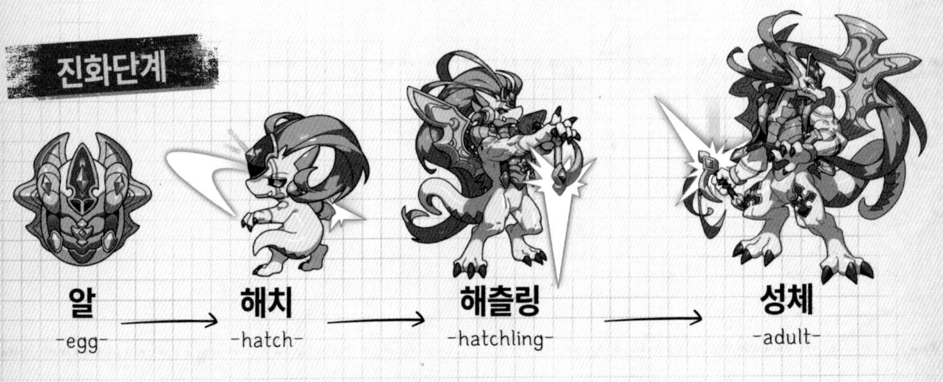

게임 정보

◈ **성격1(90%)** | 차분한

◈ **성격2(10%)** | 냉정한

◈ **성별** | 

◈ **획득처** | 탐험

◈ **도감 배지** | 

◈ **성체 100보유 배지** | 

◈ 드래곤 돌보기 수치 ◈

기도하기	89%	먹기	38%
씻기	60%	놀기	28%
광속비행	50%	잠자기	17%

◈ 드래곤 성격 결정 수치 ◈

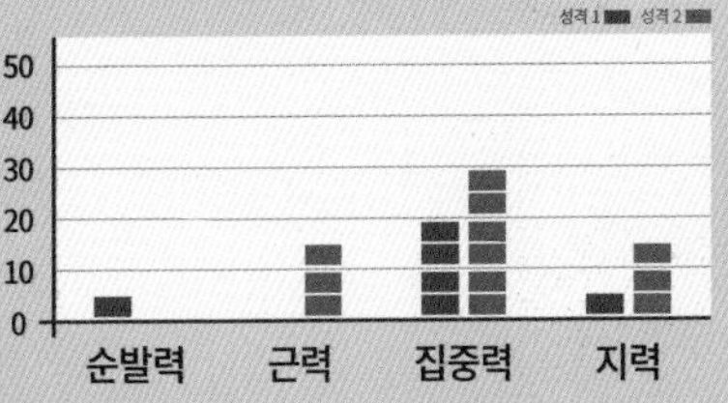

Karura

카루라

DVC 정보  이 알은 강인한 자를 기다린다.

알

강인한 자를 기다리는 알이다. 단단한 껍질은 어떤 충격에도 깨지지 않는다. 자신이 인정한 자 앞에서만 부화하며, 강인한 드래곤이 지켜보면 부화 속도가 빨라진다. 특히 빛의 힘을 가진 드래곤의 영향을 많이 받는다. 상대의 힘은 에메랄드빛 보주로 파악할 수 있다.

해치

해치 때부터 검술을 수련한다. 창과 검 같은 무기를 단련하는 걸 좋아한다. 검술을 익히기 위해 이곳저곳 돌아다닌다. 다른 드래곤들과 소통하기보다는 홀로 훈련하는 경우가 많다. 빛의 힘을 가진 자들에게 찾아가 대결을 신청하기도 한다. 창과 검을 휘두를 때마다 발생하는 에메랄드빛은 훈련을 계속할수록 선명해진다. 웬만해서 지치지 않는 데다가, 쉬는 모습을 보이고 싶지 않아 해서 가만히 있는 카루라를 목격한 자가 거의 없다.

해츨링

해치 때와는 달리 해츨링 시기에는 빛의 검과 강인한 장식을 부여받는다. 빛의 검을 들고 공격할 때면 강렬한 섬광이 일어난다. 자신이 따르고자 하는 드래곤을 찾는다. 카루라가 울부짖으면 몸의 보호구가 반짝인다. 이는 빛의 힘을 모으는 행위로 추측된다.

성체

고요한 곳에서 검 수련을 즐기며 자신의 힘을 단련한다. 빛의 검은 환한 낮보다 어두운 밤에 강한 힘을 발휘한다. 이는 앙그라의 영향으로 뒤틀린 것이 아닐까 추측되지만 정확하게 알려진 바는 없다. 해츨링 시기부터 자신이 따르고자 하는 대상을 고민하다 성체가 된 이후 평생을 함께 전장을 누비고 싶은 상대를 선택하는 경우가 많다. 전투 시 매우 빠른 속도를 이용하여 빛의 검으로 공격하는데, 이때 카루라의 검이 누군가를 찌를 때면 강렬한 섬광이 빛난다.

Crested Dragon

크레스티드 드래곤

크레스티드 드래곤은 울창한 숲 근처에서 누군가 도마뱀 왕국으로 침입한 흔적을 발견했다.
처음 보는 발자국은 도마뱀의 것이라기엔 너무나 둥글고 큼직했다.
발자국은 드넓은 초원 중앙에서 끊겼다.
크레스티드 드래곤은 본능적으로 이곳에 침입자가 있을 거라 직감했다.
예민해진 크레스티드 드래곤의 뒤로 수상한 시선이 느껴졌고, 극도로 위험한 기운을 느낀 크레스티드 드래곤은 경계심에 자신의 꼬리를 잘라내 버렸다.
"먹이다!"
크레스티드 드래곤의 뒤에서 숨어 있던 거대한 몬스터가 소리쳤다.
크레스티드 드래곤은 재빠르게 왕국을 향해 소리 질렀다.
"침입자다! 침입자가 나타났다!"
외침을 듣고 달려온 도마뱀 왕국의 드래곤들은 거대한 몬스터를 제압하였다.
도마뱀들을 잡아 실험체로 이용했던 극악무도한 몬스터였다.
크레스티드 드래곤의 꼬리는 거대한 몬스터를 붙잡은 공로로 '영광의 꼬리'라고 불리게 되었다.

드래곤 이름	학명	먹이	평균 키
크레스티드 드래곤	Cristatus Lacerta	회오리 꽃	1.6~1.9m
속성	체형	타입	평균 몸무게
바람	드라코	도마뱀 드래곤	55~80kg

진화단계

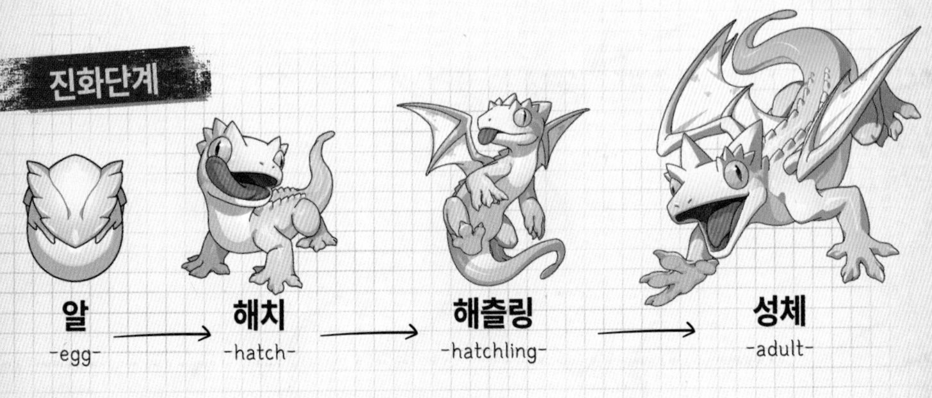

게임 정보

◈ 성격1(90%) | 출랑대는

◈ 성격2(10%) | 눈치 빠른

◈ 성별 | ♂ ♀

◈ 획득처 | 탐험

◈ 도감 배지 | 

◈ 성체 100보유 배지 |

◈ 드래곤 돌보기 수치 ◈

점프하기	87%	먹기	45%
잠자기	64%	놀기	36%
혼자두기	54%	씻기	25%

◈ 드래곤 성격 결정 수치 ◈

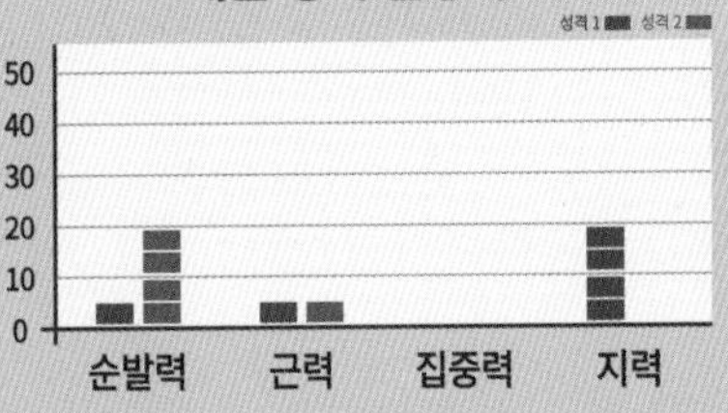

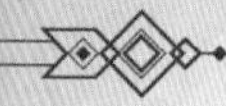

Crested Dragon

크레스티드 드래곤

DVC 정보  이 알은 동그란 핵이 보이기도 한다.

알

강렬한 빛 아래에서 보면 핵이 보이는 알이다. 다만 높은 고온에서는 부화하지 않으니 온도 조절을 해주는 것이 중요하다. 바람에 휘날릴 정도로 가볍지는 않으나 간혹 알이 작은 경우도 있다. 부화가 가까워질수록 알껍데기 주변으로 금이 가기 시작한다.

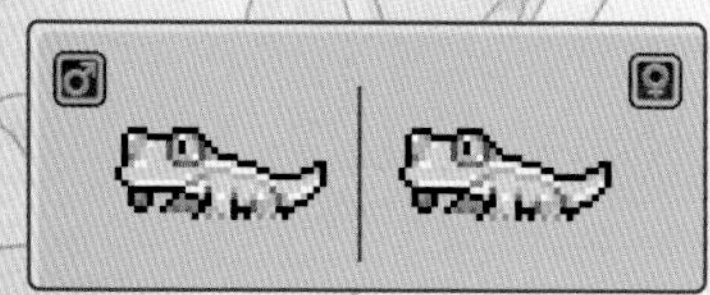

해치

해치 때부터 긴 혀를 이용하여 눈을 닦는다. 태어난 순간부터 눈을 뜬 채 생활한다. 한자리에 가만히 있는 걸 좋아하며 어두운 밤이 되어서야 움직이는 경우가 많다. 자는 것처럼 굳은 듯 있다가 갑자기 움직여 상대를 깜짝 놀라게 만들기도 한다. 심심할 때면 긴 혀를 이용해 곤충들을 낚아채곤 한다. 주변 온도에 따라서 체온이 달라지는데, 주로 습하고 따뜻한 곳을 좋아한다.

해츨링

해치 때와는 달리 해츨링 시기에는 여러 곳을 돌아다닌다. 손바닥을 이용하여 벽, 돌, 나무 등에 붙어 생활하는 경우가 많다. 높은 곳을 오르내리는 걸 좋아한다.

성체

과도한 관심을 좋아하지 않는 드래곤이다. 누군가 말을 걸면 매우 빠른 속도로 도망치는 등 아무리 작은 변화라도 매우 예민하게 반응한다. 겁이 많은 것과 동시에 궁금한 건 참을 수 없는 성격이다. 손으로 만져보거나 혀를 이용해서 여러 가지를 맛보려 하는 경향이 강하다. 눈 쪽 비늘이 매우 긴 드래곤이다. 눈썹처럼 보이는 비늘은 단단한 형태로 되어있다. 눈을 감지 못해 혓바닥으로 눈 주변을 닦는 모습을 보이기도 한다. 항상 눈을 뜨고 있어 잠든 모습을 보기 힘든 드래곤 중 하나이다. 비늘의 방향이 아래로 향하면 수면 중이라고 알려져 있다.

Taygeta

타이게타

"강렬한 빛을 따르기 위해선 그만한 희생과 힘이 필요하다."
타이게타가 여섯 부하에게 말했다.
미트라를 지키기 위해서 필요한 것은 그를 절대적으로 믿는 힘이라고 타이게타는 생각했다.
타이게타를 제외한 다섯 부하는 미트라를 신뢰하지만 온전히 믿을 수 있는 존재라고 생각하진 않았다. 불안정한 세상에서 믿을 수 있는 건 강인한 신뿐이지 미트라가 아니라고 믿었다.
"지금 세상을 바꾸기 위해선 미트라의 힘이 필요하다. 난 그걸 따를 뿐이다."
타이게타를 제외한 다섯 부하 중 하나가 외쳤다. 타이게타는 그 이야기에 크게 분노하였다.
"이 세상을 잠재울 수 있는 건 오직 미트라뿐이다! 그를 무시하는 건가!"
타이게타의 외침에 강렬한 바람이 일어났다.
타이게타가 불러일으킨 바람에 닿은 미트라의 부하들은 모두 눈을 감았다. 타이게타의 외침은 미트라를 향한 절대적인 신뢰를 보여주는 것과 동시에 다른 부하에 대한 불안정한 신뢰이기도 했다.

드래곤 이름	학명	먹이	평균 키
타이게타	Fretus Cosmos	마술 꽃잎	4.2~4.5m
속성	**체형**	**타입**	**평균 몸무게**
바람	드라코	감시 드래곤	430~490kg

진화단계

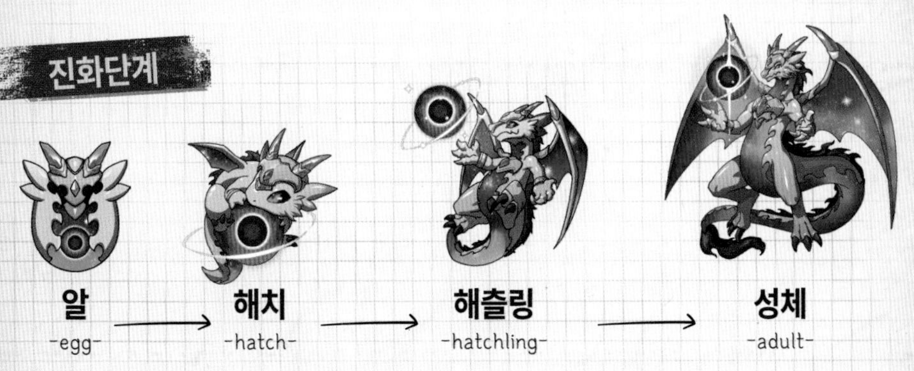

게임 정보

◈ **성격1(90%)** | 신중한

◈ **성격2(10%)** | 냉정한

◈ **성별** |  

◈ **획득처** | 탐험

◈ **도감 배지** | 

◈ **성체 100보유 배지** |

◈ 드래곤 돌보기 수치 ◈

명상	88%	놀기	41%
바람불기	62%	먹기	30%
잠자기	51%	씻기	18%

◈ 드래곤 성격 결정 수치 ◈

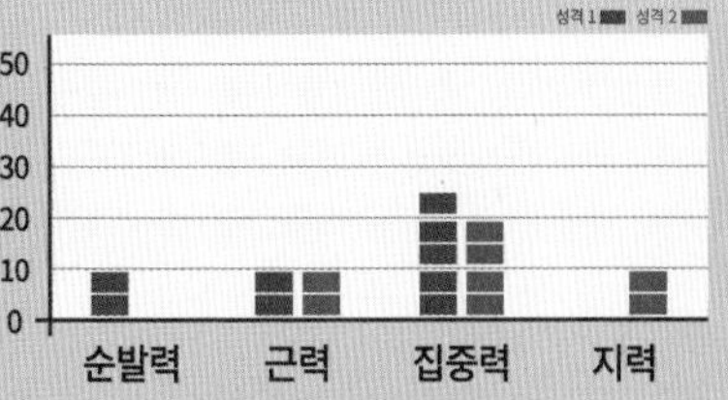

Taygeta
타이게타

DVC 정보  이 알은 충성심이 드높다.

알

충성심이 매우 드높은 알이다. 부화가 가까워지면 신비한 힘이 깃든 뿔이 자라난다. 뿔은 부화 시기가 가까워질 때까지 계속 자란다. 알에 귀를 가져다 대면 차분한 바람 소리를 느낄 수 있다. 가운데 붉은 원에 응축된 힘이 알 속의 우주가 새어 나오지 않도록 막아주고 있다.

해치

해치 때부터 미트라의 힘이 응축된 작은 우주에 기대 잠을 잔다. 알에서 부화할 때 작은 우주를 끌어안고 부화하는 경우가 많다. 별빛이 타이게타가 작은 우주를 놓치지 않도록 둘을 묶어주고 있다. 작은 우주에서 미트라의 기운을 느낄 수는 있지만 옅은 정도다. 날개와 뿔로 차원의 기운을 느낄 수 있다.

해츨링

해치 때와는 달리 해츨링 시기에는 미트라의 기운을 느낄 수 있다. 타이게타의 능력은 미트라의 정확한 위치는 알 수 없지만 어떠한 상태인지 볼 수 있다. 또한 자신의 힘을 미트라에게 보내줄 수도 있으며, 미트라를 따라 아모르의 의지를 이어받기 위한 훈련을 하는 경우가 많다. 날개를 이용하여 미트라가 있는 차원을 엿보거나 장신구를 통해 미트라의 기운을 느낀다.

성체

미트라의 힘이 깃든 우주를 그 어떤 것보다 소중히 여긴다. 우주를 통해 자신과 연결된 미트라의 힘을 느낄 수 있으며 명령을 들을 수 있다. 미트라의 힘이 약해질수록 우주의 빛은 점점 사라지게 된다. 성체가 된 타이게타의 경우 미트라를 찾기 위해 여행을 떠나기도 한다. 타이게타의 금빛 장식은 미트라를 상징하고 있다. 바람을 만들어 낼 때면 신비한 빛의 힘이 뿜어져 나오는데 이는 환각을 불러 일으킨다. 타이게타의 보석과 차원의 비늘이 만들어내는 현상으로 연구되었다.

T-rex Dragon

티라노 드래곤

멸종된 티라노 드래곤의 복원에 성공한 테이머와 연구진은 알 주변으로 모였다.
"여러분, 모두 와 주셔서 감사합니다. 저희는 드디어 멸종된 드래곤을 복구하는 일까지 성공하였습니다. 정말 뜻깊은 일이 아닐 수가 없습니다!"
연구소장이 기쁨에 넘쳐 자신의 소감을 늘어놓기 시작했다.
연구소 직원 애니는 행복해 보이는 표정은 아니었다. 상태가 불안정한 알이었기 때문이다.
그런데 그때, 알에 작게 금이 가는 소리가 들리더니 알이 갈라지기 시작했다.
"알 속에서 조용히 있고 싶었는데, 너무 시끄럽잖아!"
부화하자마자 화가 잔뜩 난 티라노 드래곤은 피로연에 참석한 사람들에게 달려들었다.
이곳저곳에서 비명이 들리며 날카롭게 유리잔이 깨지는 소리가 들렸다.
이 상황을 예측했던 애니가 재빨리 진정제를 놓아 상태는 정리되었지만, 티라노 드래곤의 무시무시함을 체감한 사람들은 한동안 두려움에서 벗어나지 못했다.

드래곤 이름	학명	먹이	평균 키
티라노 드래곤	Rex Draco	칠면조 구이	3.7~4.5m
속성	**체형**	**타입**	**평균 몸무게**
땅	드라코	공룡 드래곤	350~400kg

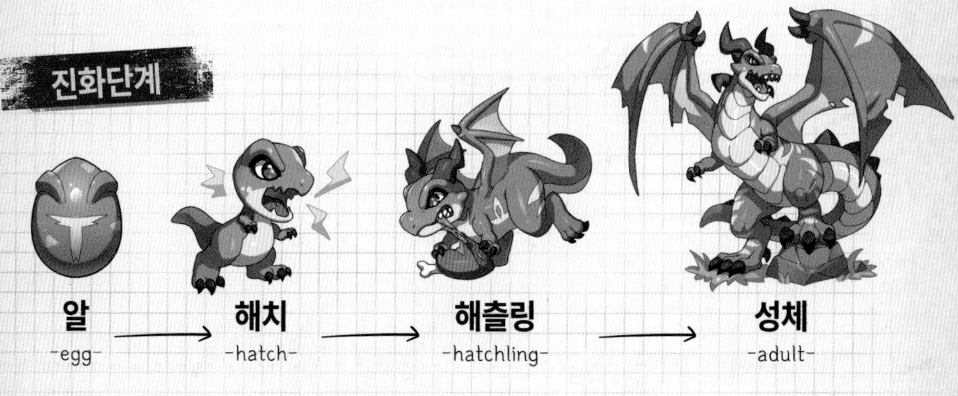

게임 정보

◈ 성격1(90%) | 성급한

◈ 성격2(10%) | 변덕쟁이

◈ 성별 |

◈ 획득처 | 도움 요청

◈ 도감 배지 |

◈ 성체 100보유 배지 |

◈ 드래곤 돌보기 수치 ◈

분노하기	88%	먹기	44%
씻기	68%	놀기	32%
온천욕	53%	잠자기	20%

◈ 드래곤 성격 결정 수치 ◈

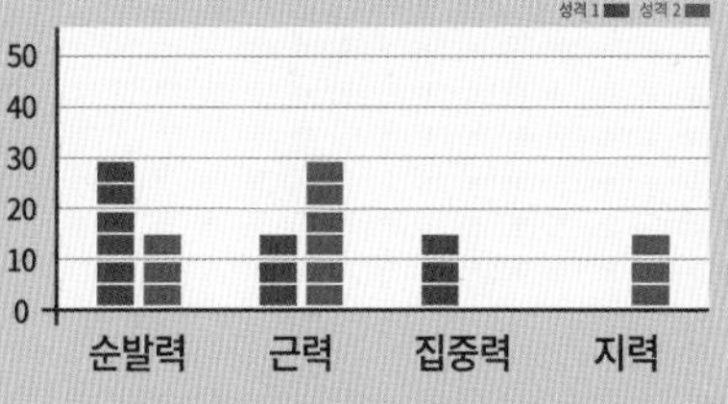

T-rex Dragon

티라노 드래곤

이 알은 권위가 느껴진다.

알

권위가 느껴지는 알이다. 알껍데기 위에 새겨진 T 모양은 티라노 드래곤의 이니셜을 상징한다. 독보적으로 보이는 T 자 모양은 티라노 드래곤이 갖고 있는 강한 힘을 상징한다. 알에 있을 때부터 폭군의 성질이 보이는지 새빨개지면서 화를 내기도 한다. 얼마나 화를 내는지 주변으로 흰 김이 피어오르기도 한다. 뛰어다니면서 자신이 화가 났다는 점을 표출하니 신경을 건드리지 않는 것이 좋다.

해치

해치 때부터 사납고 포악하다. 사납고 포악한 폭군 드래곤의 모습이 서서히 드러나기 시작한다. 툭하면 날카로운 발톱을 휘두르거나 주먹으로 치고, 큰 포효를 내지른다. 사납게 날뛰기 때문에 잘못하면 다칠 수 있다. 어려도 폭군의 힘을 갖고 있으니 자칫하다간 다치기 십상이다. 티라노 드래곤에게서 받는 작은 상처도 누적되면 매우 아프니 조심하자.

해츨링

진화한 해츨링은 타고난 사냥꾼이다.
폭군의 유전자를 갖게 된 티라노 드래곤은 사냥을 즐긴다. 작거나 약한 쪽보다는 크고 강한 쪽을 목표로 하여 먹잇감으로 삼는다. 턱과 이빨 힘이 강해 자신보다 크고 강한 먹잇감을 단숨에 사로잡아 뜯어먹는다. 그러니 큰 드래곤이나 인간들이 쉽사리 접근하지 못한다. 강인한 신체에 머리까지 좋아서 계획적으로 먹잇감을 포획한다.

성체

포식자의 왕으로서 군림한다.
드래곤 연구소에서 연구원들이 멸종된 드래곤의 유전자와 다른 유전자를 합치는 데에 성공해 포식자의 왕인 드래곤을 복원하는 데에 성공했다. 타고난 사냥꾼이자 포식자의 왕인 티라노는 근육으로 다져진 거대한 몸을 갖고 있어 폭발적인 속도를 낼 수 있으며, 날카로운 이빨과 턱 힘은 매우 강해 드래곤 중에서 티라노 드래곤을 이길 자가 없다고 전해진다. 티라노는 초식은 하지 않으며 오로지 육식만을 즐긴다. 고기를 주지 않으면 아무리 자신과 함께하는 테이머라도 단숨에 삼켜버릴 수도 있다.

Poison River

포이즌 리버

강가에서 종종 누군가 마비된 채로 발견되는 경우가 많았다.
인간과 드래곤들은 마비시키는 생명체를 유령 독살자라고 불렀다. 모습을 본 자가 없고, 오랜 시간 회복 후에 깨어난 생명체도 무슨 일이 있었는지 기억을 하지 못했기 때문이다.
포이즌 리버는 자신에게 붙은 별명을 오히려 즐겼다.
자신이 즐겨 가던 강에 '위험! 유령 독살자가 있음'이라고 적힌 팻말이 붙어, 인적이 드물어졌기 때문이다.
팻말을 보고도 강에 접근하는 드래곤이나 테이머가 있었다.
포이즌 리버는 물 위로 고개를 내밀고 커다란 눈을 반짝여 경고했다.
그럼에도 기어코 강에 들어오는 이들이 있었다.
포이즌 리버는 그들에게 더 이상 경고하지 않았다.

드래곤 이름	학명	먹이	평균 키
포이즌 리버	Venenum Aqua	메기슨	1.8~2.0m
속성	체형	타입	평균 몸무게
물, 어둠	드라코	독 드래곤	200~250kg

진화단계

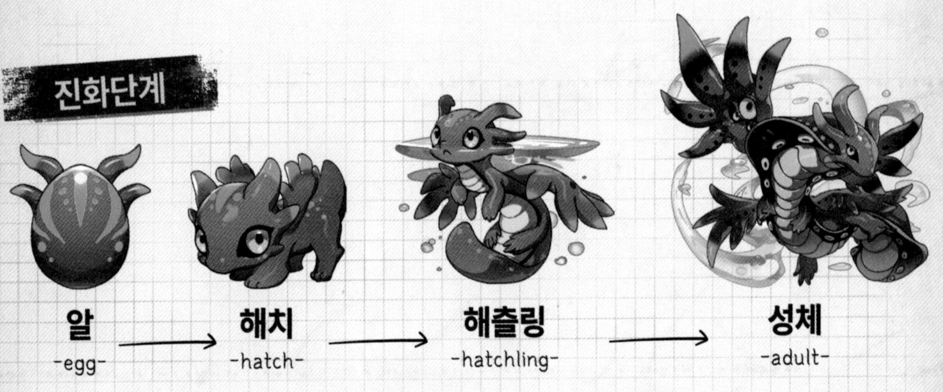

게임 정보

◈ 성격1(90%) | 눈치 빠른

◈ 성격2(10%) | 성급한

◈ 성별 | ♂ ♀

◈ 획득처 | 탐험

◈ 도감 배지 |

◈ 성체 100보유 배지 |

◈ 드래곤 돌보기 수치 ◈

잠수하기	91%	먹기	38%
놀기	61%	잠자기	27%
물뿌리기	48%	씻기	27%

◈ 드래곤 성격 결정 수치 ◈

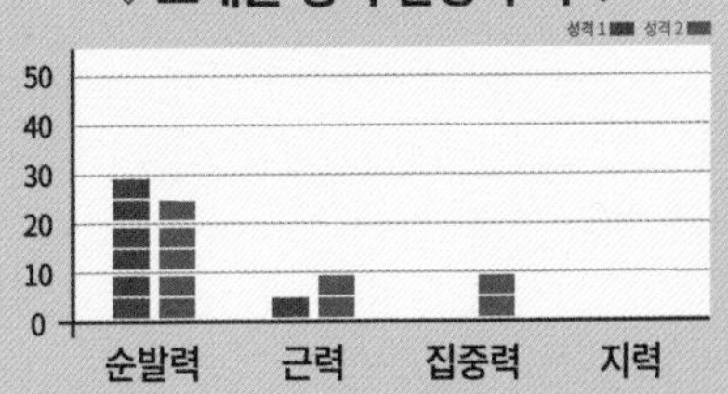

Poison River

포이즌 리버

DVC 정보  이 알은 촉수가 달려있다.

알

촉수가 달려있는 알이다. 네 갈래의 촉수가 천천히 움직이고 있다. 알 상태에서도 껍질이나 촉수에서 언제나 적은 양의 독을 방출하고 있으므로, 맨손이 아닌 장갑을 끼고 알을 돌봐야 한다. 만지는 것을 내켜 하지 않아 가만히 두거나, 물 근처에 두면 기분이 좋아 촉수를 흔든다.

해치

해치 때부터 방어 본능이 강하다. 커다란 금빛 눈동자에 두려움이 보인다. 낯을 매우 가려 섣불리 걸음을 옮기지 않는다. 눈을 크게 뜬 채 주변을 샅샅이 살핀다. 독을 내뿜어 강한 방어 본능을 보인다. 땅 위보단 물에 들어가는 것을 좋아하여, 물에서 홀로 유유히 맴돌기만 한다. 수시로 물 밖으로 나와 바깥 상황을 확인한다.

해츨링

진화한 해츨링은 강력한 독성분을 지닌다.
온몸에서 항상 독을 내뿜는다. 자신을 만지는 것을 극도로 싫어하여 아무도 다가오지 못하도록 온몸을 독으로 도배했다. 포이즌 리버가 방출하는 체액과 숨결에도 독성분이 들어있어 다가가는 것조차 위험하다. 속과 겉이 모두 독으로 도배된 포이즌 리버는 극도로 위험하다. 멀리서 지켜보거나, 안전한 상황을 만들어 주고서 물에 혼자 두어야 한다. 메기슨을 넣어주면 알아서 먹는다.

성체

강력한 독성분으로 누구도 함부로 자신에게 다가오지 못하게 한다. 드래곤이든 인간이든 접촉과 교류를 꺼린다. 항상 혼자 있기를 바란다. 위협적으로 행동하지 않더라도 일정 거리 이상 다가오면 독으로 마비시킨다. 포이즌 리버가 물에 있을 때 물리는 것은 굉장히 위험하다. 단 한 방울의 피라도 물에 들어가면 그 주변은 독으로 물들게 되며, 포이즌 리버에게 물려서 난 상처로도 독이 스며들어 치료하기 어려운 상태로 만든다. 포이즌 리버의 독성분으로 마비되거나 깊어진 상처는 치료 방법이 없는 것으로 알려져 있다.

Flower Dragon

플라워 드래곤

꽃향기에 이끌린 플라워 드래곤은 화훼농가를 구경하기 시작했다.
여러 꽃향기에 신이 난 플라워 드래곤은 뛰어다니기 시작하였고, 플라워 드래곤이 지나간 자리에는 작은 꽃이 피어 있었다.
플라워 드래곤의 마력으로 꽃들의 성장도 매우 빨라졌다.
신이 난 플라워 드래곤은 꽃향기에 취해 행복한 기분으로 꽃밭에서 잠에 빠져들었다.
이른 새벽, 농가 주인은 활짝 피어난 꽃을 보며 깜짝 놀랐다.
꽃밭 가운데에는 곤히 잠든 플라워 드래곤이 있었다.

드래곤 이름	학명	먹이	평균 키
플라워 드래곤	Flos Naias	풀잎	1.7~2.1m
속성	**체형**	**타입**	**평균 몸무게**
땅	드라코	꽃 드래곤	70~85kg

진화단계

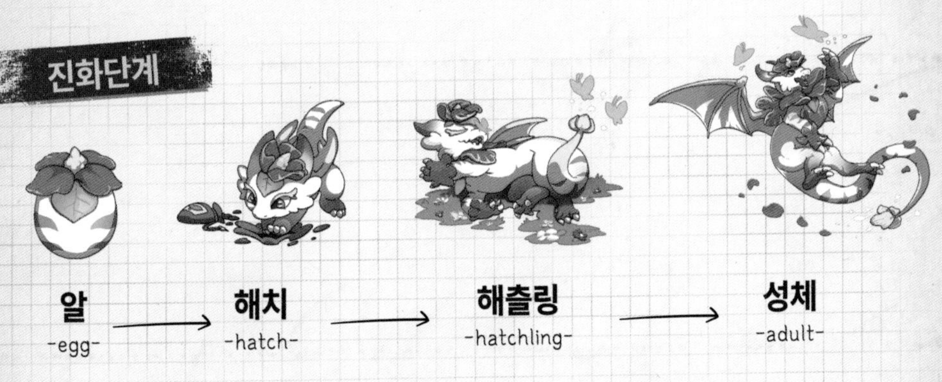

게임 정보

◈ 성격1(90%) | 수줍은

◈ 성격2(10%) | 덜렁대는

◈ 성별 |  

◈ 획득처 | 도움 요청

◈ 도감 배지 |

◈ 성체 100보유 배지 | 

◈ 드래곤 돌보기 수치 ◈

산책하기	88%	씻기	44%
물뿌리기	68%	잠자기	32%
놀기	53%	먹기	20%

◈ 드래곤 성격 결정 수치 ◈

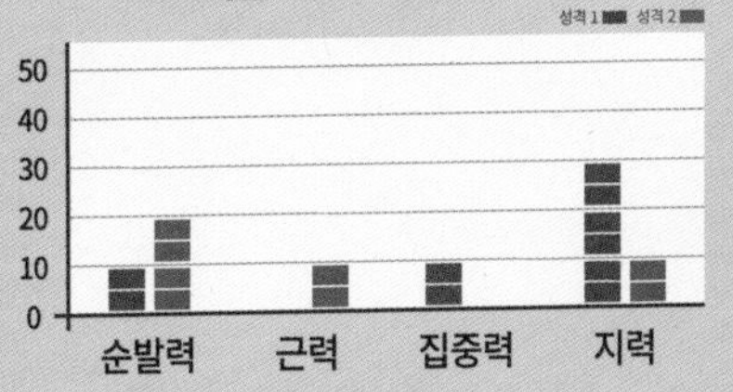

Flower Dragon

플라워 드래곤

DVC 정보  이 알은 꽃과 비슷하다.

알

꽃과 비슷한 생김새의 알이다. 가까이 다가가면 향긋한 꽃향기가 난다. 꽃잎에 물을 주면 꽃잎이 움직이기도 한다. 따뜻한 곳에서 주로 발견되며 햇빛을 좋아한다. 부화가 다가오면 꽃잎이 점차 하늘을 향한다. 알은 땅속에 심어져 있고, 꽃잎만 드러나 있는 경우가 종종 발견된다. 그럴 땐 알이 대지의 영양분을 흡수하고 있는 것이므로 함부로 알을 뽑아선 안 된다.

해치

해치 때부터 꽃을 좋아한다. 꽃을 찾기 위해 이곳저곳 탐험한다. 아무도 없는 꽃밭을 좋아하며 주로 들꽃을 보며 시간을 보낸다. 씨앗을 가지고 다니다가, 꽃이 없는 땅을 발견하면 씨앗을 심는다. 플라워 드래곤의 기운이 닿은 씨앗은 금세 싹을 틔운다. 씨앗이 없는 경우, 직접 땅을 파고 들어가 꽃인 척 숨어있기도 한다. 이때 꽃으로 착각한 나비를 꽃잎으로 가두어 데리고 다니기도 한다. 플라워 드래곤이 숨어있던 땅에서 자란 꽃은 색도, 향기도 더 진하다.

해츨링

해치 때와는 달리 해츨링 시기에는 꽃향기가 강해진다.
몸에 붙은 꽃이 늘어나며 꽃의 성장을 다루는 힘이 강해진다.
꽃을 찾아 돌아다니는 일이 잦다.

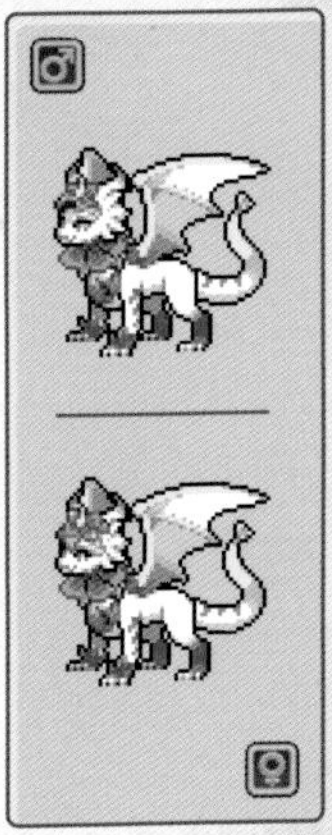

성체

걸을 때마다 꽃향기가 나서 많은 테이머와 화훼농가에게 인기 있다. 굉장히 가벼운 발걸음으로 발소리가 나지 않으며 걸음이 닿는 곳마다 작은 꽃이 피어나기도 한다. 꼬리 끝은 꽃의 성장을 돕는 마력이 담겨있다. 이를 이용하여 꽃의 성장을 돕는 등 꽃밭을 가꾼다.
비가 오는 날이면 자신의 몸에 붙은 꽃잎에 물을 주기 위해 밖을 돌아다닌다.
비를 맞은 플라워 드래곤은 더욱 강한 힘을 낼 수 있는 것으로 알려져 있다.

Flame Dragon

플레임 드래곤

무리를 이루고 지내던 플레임 드래곤들은 좀 더 재미있는 일이 일어나길 바라며, 불의 산이 아닌 다른 곳으로 거처를 옮기기로 결정했다.
“언제나 들끓는 불의 산과 반대로 바람이 부는 바람의 신전은 어떨까?”
플레임 드래곤 무리는 바람의 신전에 호기심을 느끼고, 그곳으로 거처를 옮겼다.
한 동굴 구석에 자리 잡은 플레임 드래곤 무리는 바람 드래곤과 함께 시간을 보내거나 바람에 휘날리는 자신의 불꽃을 즐기기도 하였다.

드래곤 이름	학명	먹이	평균 키
플레임 드래곤	Secretus Ignis	불당근	2.2~2.5m
속성	체형	타입	평균 몸무게
불	드라코	화염 드래곤	90~130kg

진화단계

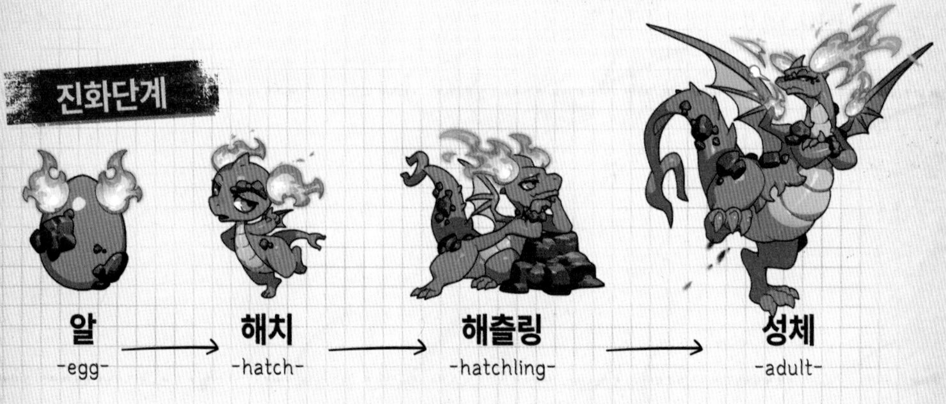

게임 정보

◈ 성격1(90%) | 차분한

◈ 성격2(10%) | 신중한

◈ 성별 | ♂ ♀

◈ 획득처 | 도움 요청

◈ 도감 배지 | 

◈ 성체 100보유 배지 |

◈ 드래곤 돌보기 수치 ◈

불지르기	83%	잠자기	39%
독서하기	71%	놀기	27%
먹기	51%	씻기	17%

◈ 드래곤 성격 결정 수치 ◈

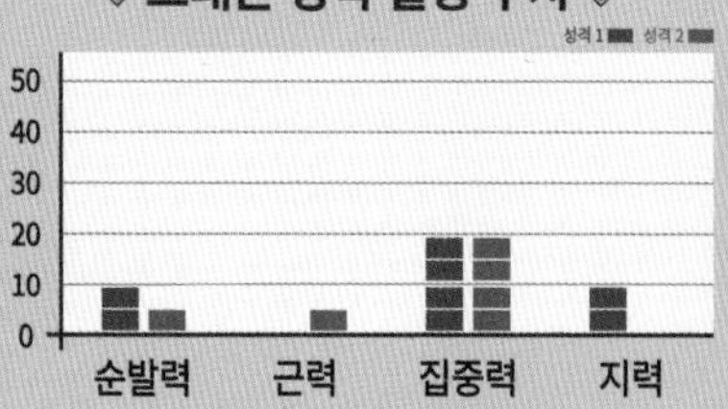

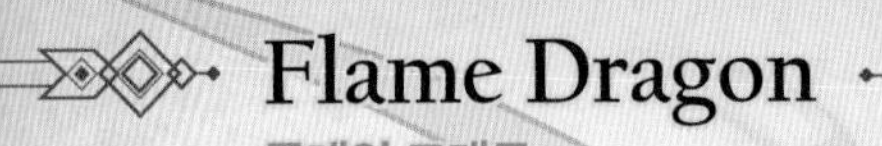

Flame Dragon

플레임 드래곤

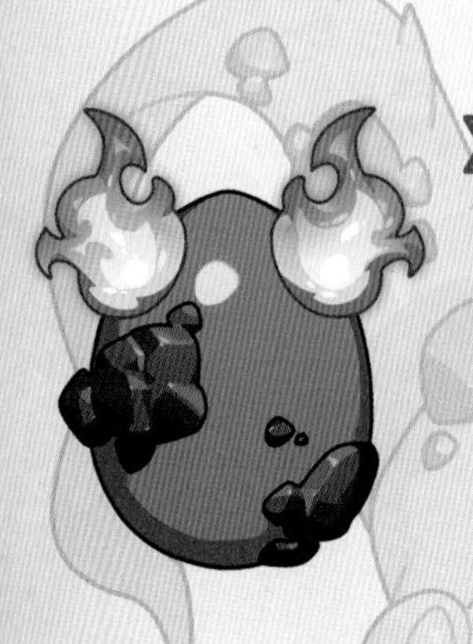

DVC 정보  **이 알의 화염은 식지 않는다.**

알

화염이 불타는 알이다. 아무리 물을 끼얹어도 화염은 꺼지지 않는다. 알이 부화할 때까지 타오르는 것으로 알려져 있다. 화염에 녹아내린 바위가 알에 덕지덕지 붙어있다. 알 표면은 뜨겁지 않기 때문에 한 번 굳은 바위는 다시 녹지 않는다. 말랑거리는 알은 충격을 잘 흡수한다.

해치 때부터 이마의 화염을 불태운다. 이마 양쪽에 묶여있는 화염이 상태를 나타낸다. 화염이 활활 타오를수록 건강하고 힘이 넘친다는 뜻이다. 고개를 기울이면 화염이 기울어져, 한쪽에만 화염이 있는 것처럼 보인다. 주로 왼쪽 눈으로 세상을 보는데, 눈썹처럼 달라붙은 바위가 화염의 밝은 빛을 막아주고 있기 때문이다. 위협을 느끼면 화염을 던지거나 주변을 불태워 접근하지 못하게 만든다. 도움이 필요한 곳을 찾아다니지만 쉽게 도움을 베풀지는 않는다.

해츨링

해치 때와는 달리 해츨링 시기에는 이마의 화염이 훨씬 커진다. 뿔이 더욱 길어지며 말수가 줄어든다. 얇고 뜨거운 날개로 상대를 감싸 공격하기도 하며 큰 화염을 내뱉으며 제압하기도 한다. 자신에게 피해가 되지 않는다면 먼저 공격하지 않는다.

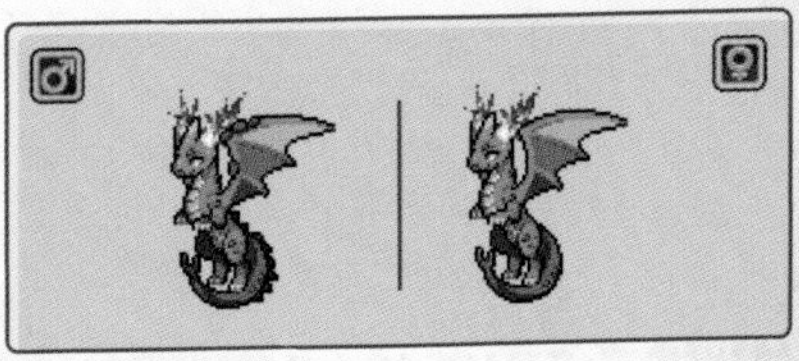

성체

플레임 드래곤의 무리는 불이 없는 지역에서도 서식한다. 불이 있는 공간뿐만 아닌 여러 환경에서 자신들에게 맞는 공간을 찾기도 한다. 다른 드래곤들과 함께 생활하기도 하는데 불 속성 드래곤과는 친밀히 지내지 않는 것으로 알려져 있다.

대부분의 플레임 드래곤은 매우 조용한 성격으로 자신에게 이득이 되지 않는 행동은 절대 하지 않는 합리적인 성격의 드래곤이다. 독서를 즐기기도 하며 여러 드래곤에 대해 이해하려는 모습을 보인다.

Florea

플로레

플로레의 꿈에서 빛의 수호자 고대신룡과 어둠의 수호자 다크닉스가 대립했다.
알리티아 행성 전체의 균형이 흔들리는 틈을 타 공허의 힘이 이들을 집어삼키는 기이한 꿈이었다.
"논의 미래가 궁금해 찾아왔다."
피데스의 물음에 플로레는 눈을 번쩍이며 논의 미래를 확인했다.
놀랍게도 그 속에 자신의 모습이 있었다.
"그렇다면 너 역시 그자를 만나 이야기하는 게 좋겠군."
피데스와 플로레가 향한 곳은 오벡스의 차원 안에서 휴식을 취하고 있던 다크닉스의 앞이었다.
플로레는 다크닉스의 운명을 예지하였다.
죽음, 파멸, 봉인, 패배. 간혹 승리의 운명을 엿보기도 했다.
플로레는 자신이 본 것을 이야기하지 않았다.
운명을 바꿀 변수는 얼마든지 등장하는 법이었기 때문이다.
신은 어느 쪽의 운명에 손을 들 것인가.
플로레는 신이 결정한 운명을 곁에서 지켜보고자 결심했다.

드래곤 이름	학명	먹이	평균 키
플로레	Provisio Devotio	무지개 꽃	2.7~3.2m
속성	**체형**	**타입**	**평균 몸무게**
꿈, 땅	와이번	운명 드래곤	190~220kg

진화단계

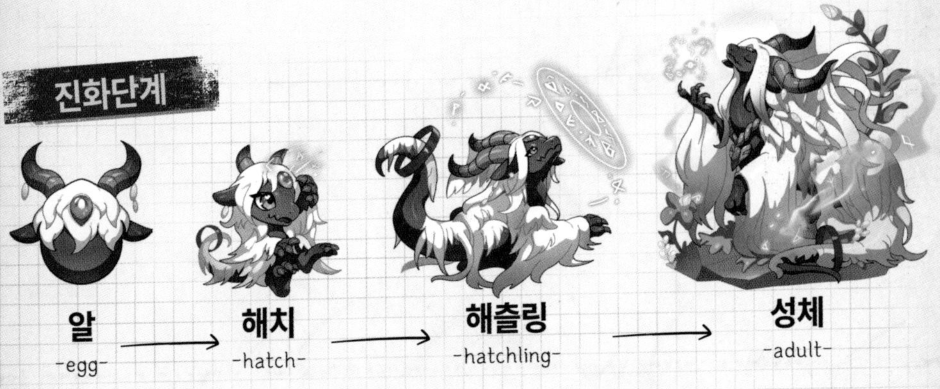

게임 정보

◈ **성격1(90%)** | 똑똑한

◈ **성격2(10%)** | 신중한

◈ **성별** | ♂ ♀

◈ **획득처** | 탐험

◈ **도감 배지** |

◈ **성체 100보유 배지** |

◈ 드래곤 돌보기 수치 ◈

명상	87%	놀기	42%
잠자기	63%	먹기	32%
빗질하기	53%	씻기	18%

◈ 드래곤 성격 결정 수치 ◈

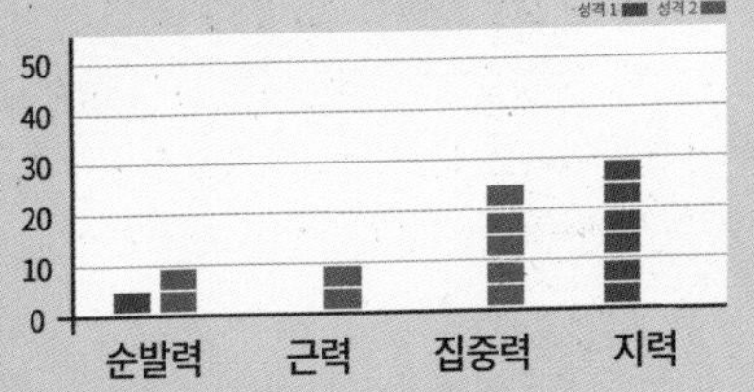

Florea

플로레

DVC 정보  **이 알은 운명을 본다.**

알

운명을 보는 알이다. 세 번째 눈을 통해 운명을 느낄 수 있으나 플로레가 부화하기 전까지는 아무 반응을 보이지 않는다. 플로레의 부화 시에만 빛을 내며 눈을 뜨는데, 플로레의 부화를 지켜본 이들은 자신의 미래와 관련된 환영을 목격하기도 한다.

해치

해치 때부터 세 번째 눈이라 불리는 보석의 힘이 발휘된다. 종종 머리가 아픈 듯 보석을 감싸며 주저앉을 때가 있다. 운명을 보는 것에 혼란스러움을 느끼는 경우가 많다. 영험한 기운이 깃들어 있는 발톱으로 세 번째 눈을 두드리면 운명의 변화를 감지할 수 있다. 하지만 어떤 운명이 어떻게 변화했는지까진 알지 못한다. 현실과 운명이 헷갈릴 때면 긴 털로 눈을 가려버린다.

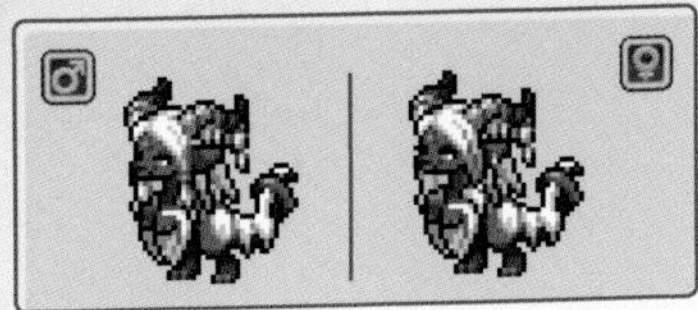

해츨링

해치 때와는 달리 해츨링 시기에는 운명을 볼 수 있다. 다만 많은 힘을 소모하기에 자연 주변에서 종일 누워 잠을 자는 경우가 많다. 잠을 자는 경우 털 안에 몸을 숨긴 모습을 발견할 수 있다.

성체

다른 생명의 삶을 볼 수는 있지만 개입할 수는 없는 드래곤이다. 플로레가 직접적으로 운명을 바꾸는 경우 커다란 저주를 받게 되는 것으로 전해진다.

금기를 어긴 플로레의 경우 세 번째 눈이 깨지게 되는데, 세 번째 눈이 깨진 이후 펼쳐지는 운명은 제대로 알아볼 수 없을 정도로 혼란스럽다고 한다. 한 번 깨진 세 번째 눈은 돌아오지 않으며 운명을 볼 수 있는 횟수 또한 점차 줄어든다. 플로레 힘의 원천은 자연의 모든 요소다. 자연의 요소를 양분 삼아 성장하는 드래곤이다. 땅에 깃든 기운, 하늘의 공기, 태양, 달... 그 모든 요소로 성장할 수 있다. 이러한 요소 때문에 야외에서 지내는 경우가 많으며 고목과 닮은 큰 몸은 한번 자리 잡은 곳에서 잘 움직이지 않는다. 플로레가 자연을 양분 삼아 흡수한 경우 기이한 색의 꽃이 피어나기도 한다. 기이한 색의 꽃은 희미한 마력을 담고 있다.

Fides

피데스

어둠이 가라앉은 숲에서 피데스는 드래곤의 포효 소리를 따라갔다.

그러자 쓰러진 몬스터들 위로 군림해있는 한 마리의 드래곤이 보였다.

어둠이 감싸고 있는 그 드래곤의 이름은 다크닉스였다.

고요하고 평화로운 어둠 속에서, 벼락을 내려치며 지내는 것만이 피데스의 유일한 행복이었기에, 피데스는 다크닉스에게 뜻을 같이하고 싶다고 말했다.

"그렇다면 너의 힘을 시험해 봐야겠다."

다크닉스의 날갯짓에서 느껴지는 어둠의 기운이 순식간에 숲을 채웠다.

피데스는 재빠르게 어둠 속을 날아 벼락을 내리쳤다. 어두운 하늘이 보이지 않을 정도로 내려치는 번개와 숲에서 흩어진 어둠의 기운은 점차 그 크기를 키워나갔다.

두 드래곤의 싸움은 끝이 보이지 않았고, 다크닉스는 피데스의 강함을 인정하여 뜻을 함께하기로 하였다.

드래곤 이름	학명	먹이	평균 키
피데스	Caligo Fides	퍼플튤립	2.5~2.9m
속성	**체형**	**타입**	**평균 몸무게**
어둠, 번개	드라코	번개 드래곤	170~250kg

진화단계

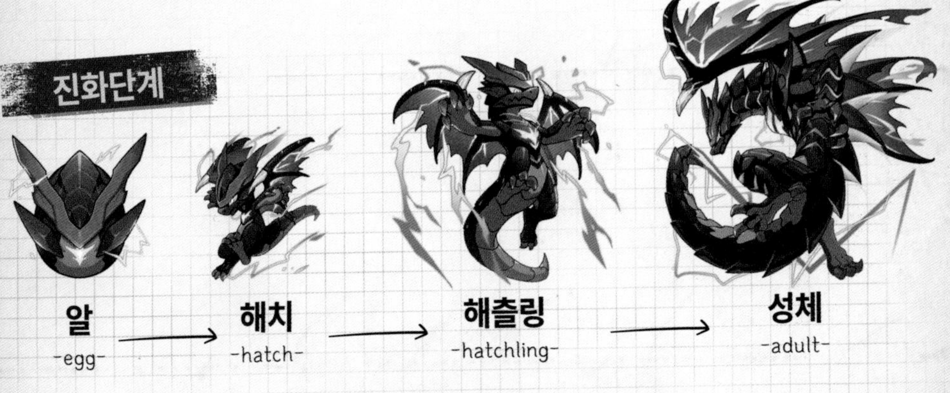

게임 정보

◈ **성격1(90%)** | **고집 있는**

◈ **성격2(10%)** | **대담한**

◈ **성별** | 

◈ **획득처** | **탐험**

◈ **도감 배지** |

◈ **성체 100보유 배지** |

◈ 드래곤 돌보기 수치 ◈

광속비행	91%	충전하기	42%
먹기	63%	씻기	31%
놀기	52%	잠자기	20%

◈ 드래곤 성격 결정 수치 ◈

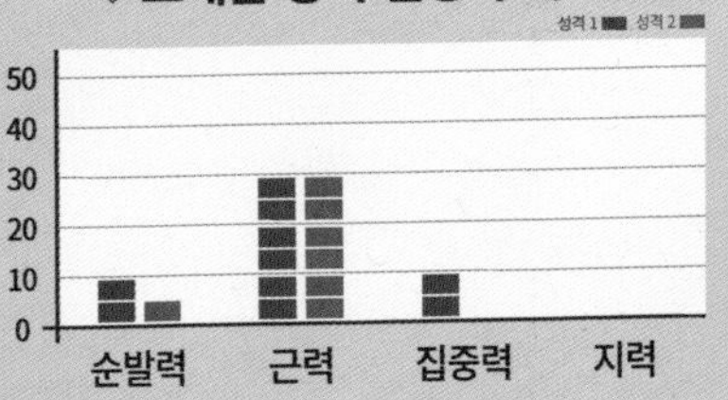

Fides

피데스

DVC 정보  이 알은 벼락을 품고 있다.

알

벼락을 품고 있는 알이다. 부화 시 하늘에선 거대한 벼락이 내려치며 알의 부화를 알린다. 거대한 벼락을 품고 있는 만큼 쉽게 손댈 수 없으며 그에 따른 감전 사고가 잦다. 풀숲에서 발견되는 경우 알 주변으로 감전된 동물들이 있을 정도로 알 자체만으로도 강력한 힘을 품고 있다.

해치

해치 때부터 벼락이 치는 곳을 향해 날렵하게 비행한다. 비행할 때마다 작은 정전기가 일어나지만, 그리 위협적인 위력은 아니다. 빛을 무척이나 싫어하는 성향 때문에, 낮에는 잠을 자는 모습만 발견할 수 있다. 먹구름이 낀 날을 가장 좋아하는데, 이때 자신의 벼락이 가진 위력을 시험하고자 높은 곳을 오르기도 한다. 번개로 착각할 만큼 강력한 벼락을 만들어 내는 것을 목표로 삼고 훈련하고 있다.

해츨링

해치 때와는 달리 해츨링 시기에는 위력 있는 벼락을 내려친다. 폭풍우가 치는 밤, 가장 큰 벼락을 내려치며 자신의 힘을 과시하기도 한다. 여러 번개 드래곤들을 찾아 돌아다니며 자신의 강함을 과시한다. 해치 때와 마찬가지로 빛을 싫어하여 동굴에서 시간을 보내기도 한다. 동굴에서 시간을 보낼 때면 동굴을 방문하는 침입자에게 벼락을 내려치는 등 무자비한 모습을 보인다.

성체

어둠 속에서 벼락을 내려치는 드래곤이다. 매우 빠른 속도로 이동하는 걸 즐긴다. 벼락을 타고 이동한다는 소문이 들릴 정도로 피데스의 이동 속도를 눈으로 확인하기란 어렵다. 피데스가 이동할 때는 주로 날개를 펼쳐 벼락 사이를 오가는데, 이때 피데스가 오간 자리 주변으로 정전기가 일어난다. 피데스가 일으킨 정전기의 경우 강력한 벼락의 기운을 품고 있으니 주의할 필요가 있다. 빛을 싫어하는 드래곤이다. 이 때문에 주로 어둠이 서린 밤에만 활동하는 경우가 잦다. 환한 낮에는 벼락을 내려치지 않으며 주로 어두운 동굴에서 힘을 비축하기 위해 잠을 자거나 다른 드래곤들과 결투를 벌이는 등 시간을 보낸다. 피데스의 경우 같은 번개 드래곤들과 싸움을 벌이는 경우가 많다. 이러한 싸움 과정에서 피데스의 날개가 찢어지기도 하는데, 찢어진 날개는 번개를 흡수할 수 있게되며 더욱 강력한 벼락을 일으킬 수 있다. 찢어진 날개의 경우 피데스의 강함을 확인할 수 있는 기준 중 하나다.

Pink Bell

핑크벨

맛있는 꿀과 향기로운 꽃을 찾기 위해 숲을 돌아다니는 것은 위험한 일이다.
숲의 꽃과 꿀은 핑크벨의 것이기 때문이다.
핑크벨은 숲에서 가장 맛있는 꽃을 항상 먼저 찾아낸다. 나비 정령과 뛰어난 더듬이 덕분이다.
남에게 양보하는 법이 없다. 핑크벨이 찾으면, 무조건 핑크벨의 것이다.
"흥! 이건 내 꽃이야!"
맛있는 꽃과 꿀을 찾았다고 좋아해서도 안 된다.
핑크벨의 나비 정령들이 눈 깜짝할 사이에 빼앗아 갈 것이기 때문이다.
핑크벨이 가진 것을 탐했을 때와 그렇지 않았을 때, 핑크벨의 질투와 장난은 차원이 다르기 때문에 가급적 핑크벨의 것을 탐하지 않는 것이 좋다.

드래곤 이름	학명	먹이	평균 키
핑크벨	Roseus Alludo	회오리 꽃	1.5~1.8m
속성	체형	타입	평균 몸무게
바람	드라코	요정 드래곤	90~100kg

진화단계

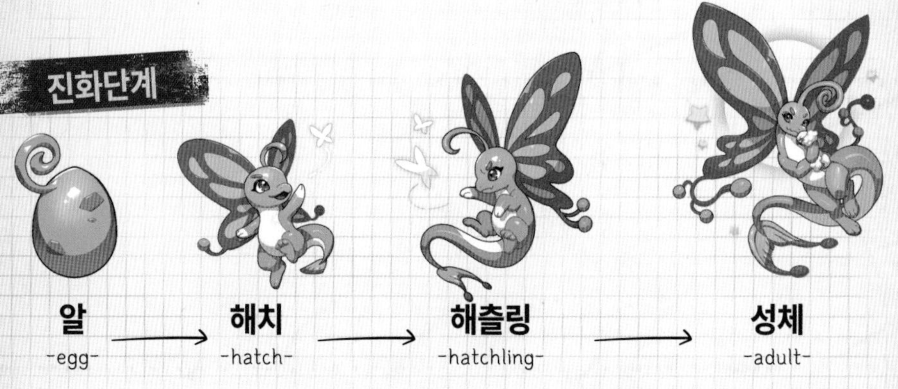

게임 정보

◈ 성격1(90%) | 변덕쟁이

◈ 성격2(10%) | 천진난만한

◈ 성별 | ♂ ♀

◈ 획득처 | 탐험

◈ 도감 배지 |

◈ 성체 100보유 배지 |

◈ 드래곤 돌보기 수치 ◈

장난치기	93%	산책하기	39%
먹기	61%	잠자기	29%
놀기	49%	씻기	17%

◈ 드래곤 성격 결정 수치 ◈

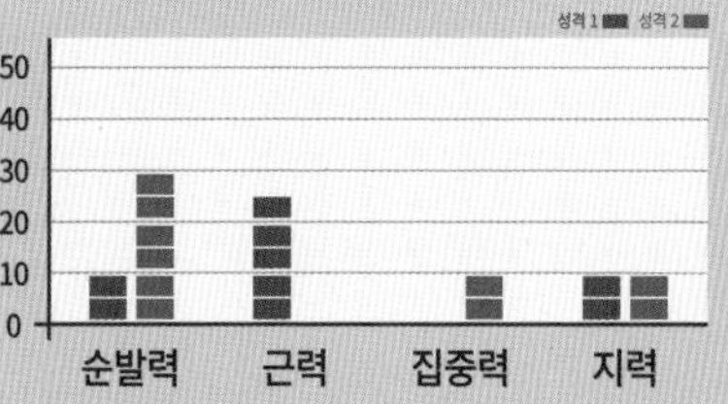

Pink Bell

핑크벨

DVC 정보 이 알은 아름답고 귀엽다.

알

아름다움과 귀여움을 뽐내는 알이다.

큰 더듬이가 도드라지게 튀어나와 있는데, 마치 자기 더듬이를 보라고 자랑하는 듯하다. 더듬이를 쓰다듬거나 이쁘다고 칭찬해주면 더듬이를 살랑살랑 흔든다. 알 속에서도 어떻게 테이머를 괴롭힐지 궁리하고 있다.

해치

해치 때부터 드래곤이나 테이머에게 자주 장난을 친다.

나비 정령을 한 두 마리씩 소환할 수 있게 되면서, 정령들과 이곳저곳을 정신없이 돌아다닌다. 빨갛고 이쁜 날개를 항상 뽐내는데, 자신의 날개를 봐주지 않는 이에게는 장난을 친다. 테이머에게 자신의 모습을 칭찬해달라고 매일같이 매달린다. 적당히 대해주는 것이 좋다.

해츨링

해치 때와는 달리 꿀과 꽃을 향한 질투와 남을 향한 장난이 심해진다. 어렸을 때보다 식탐이 강해지면서 누구보다도 더 먼저 맛있는 꽃과 꿀을 찾기 위해 눈을 반짝인다. 나비 정령을 더 많이 소환하게 되면서, 누군가 꽃을 먼저 차지했다면 정령들과 함께 쫓아낸다. 나비 정령들은 정신을 혼미하게 만들기도 한다. 허기지게 두면 더 장난을 치니 제때 꿀을 챙겨줘야 한다.

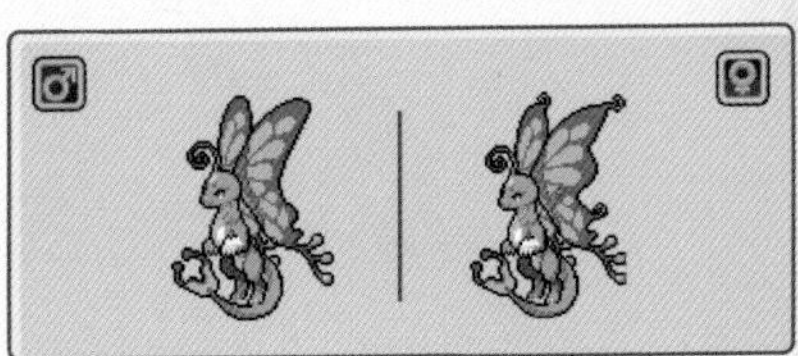

성체

아름답고 귀엽지만, 질투와 장난이 심해 미움받는 드래곤이다. 나비처럼 아름다운 날개와 귀여운 생김새를 가졌다. 머리에 달린 더듬이로 향기로운 꽃을 찾아 날아다닌다. 평소에는 더듬이를 둥그렇게 말고 있다가 꽃의 꿀이나 물을 마실 때는 펴낸다. 꿀을 더 맛있게 먹기 위해 단지에 저장했다가 꺼내서 손으로 떠먹기도 한다. 맛있는 꽃을 찾기 위해서 나비 정령을 소환한다. 항상 꽃 주변에 자리를 잡고 꿀을 먹고 있다. 누군가 자신이 좋아하는 꽃을 먼저 차지했다면, 정령들이 정신없이 움직여 내쫓아 버린다.

Hercules Dragon

헤라클레스곤

'오늘부터! 딱! 한정 수량 100개만!'

헤라클레스곤은 아직 열지도 않은 상점 앞에서 꼬리를 위아래로 흔들었다.

단단한 갑옷을 입고 무시무시한 얼굴로 강인한 기운을 뿜어대는 헤라클레스곤은 젤리 앞에서 너무나 약했다. 대륙에서 이 취향을 아는 사람은 거의 없었다.

헤라클레스곤은 고향인 에메르에서 너무 많은 젤리를 먹은 것을 들켜 선배 드래곤에게 12가지의 훈련을 온종일 해야 했던 것을 떠올렸다. 끔찍한 훈련이라고 생각했지만 되돌아보면 그 심부름 덕분에 정신력과 마음을 단련시킬 수 있었다.

드래곤 이름	학명	먹이	평균 키
헤라클레스곤	Hercules Xylotrupes	곤충 젤리	3.0~3.5m
속성	**체형**	**타입**	**평균 몸무게**
땅	드라코	곤충 드래곤	320~500kg

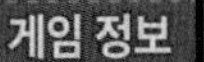

◈ **성격1(90%)** | **대담한**

◈ **성격2(10%)** | **고집 있는**

◈ **성별** | ♂ ♀

◈ **획득처** | **탐험**

◈ **도감 배지** |

◈ **성체 100보유 배지** |

◈ 드래곤 돌보기 수치 ◈

운동하기	83%	씻기	39%
먹기	71%	잠자기	27%
가스분출	51%	놀기	17%

◈ 드래곤 성격 결정 수치 ◈

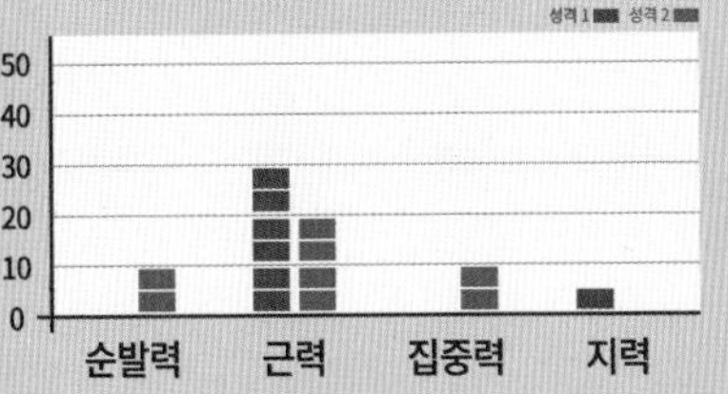

Hercules Dragon

헤라클레스곤

DVC 정보  이 알은 단단한 뿔로 둘러싸여 있다.

알

단단한 뿔로 둘러싸인 알이다. 여섯 개의 단단한 뿔이 나 있다. 뿔은 광택이 나고 매끈매끈하다. 위의 두 개의 뿔은 윗부분을, 아래의 네 개의 뿔은 아랫부분을 보호한다. 뿔 사이에 뭔가 닿으면 적인 줄 알고 강하게 집어버리기도 한다. 집는 힘이 상당하여 몹시 아프고, 쉽게 놔 주지 않는다. 알 위를 부드럽게 쓰다듬으면 위험한 생명체가 아니라는 것을 알고 놓아준다.

해치

해치 때부터 뚝심과 강인한 정신력을 지니며 생활한다. 날개가 완벽히 발달하지 않았기 때문에, 육지 위에서 정신력과 마음을 단련한다. 혼자서 단련하는 시간이 많으며 움직임이 적다. 가만히 명상하거나 가벼운 운동 혹은 산책을 통해 힘을 비축한다. 톱날 같은 날개는 아직 무뎌서 그리 위협적이지 않다. 젤리를 아주 좋아해, 젤리만 보면 평정심을 잃곤 한다.

해츨링

진화한 해츨링은 뛰어난 공격력을 갖고 있어 전투에서 지는 법이 없다. 거대한 뿔과 단단한 갑피를 갖게 되면서 적의 공격으로부터 자신을 철저히 보호한다. 뿔과 갑피는 상처를 낼 수 없을 정도로 단단하다. 오래전부터 홀로 단련한 덕분에 근육이 발달하여 해츨링때부터 신체적인 면에서 우위에 있다.
더 높은 점프나 비행을 구사하고, 공격에 쉽게 밀려나지 않는다.
자신의 능력치를 시험해 보기 위해 해츨링 때부터 전투에 참여한다.
구멍이 뚫리고 찢겨나간 날개에서 얼마나 많은 전투에 참여했는지 가늠할 수 있다.

성체

곤충의 제왕으로서 무시무시한 생김새와 뛰어난 전투력으로 활약한다. 모든 공격과 충격을 완벽히 흡수한다. 높고 큰 나무에 매달려 지켜보다가 전속력으로 날아가서는 힘으로 적을 밀쳐낸다. 신체와 마음이 단련되어 전투에서 오랜 시간 버틸 수 있다. 피부에 상처가 나더라도 금방 원래 모습을 되찾는다. 젤리를 주면 기분이 좋아져서 잠시 동안 능력이 상승한다. 게다가 젤리의 식감에 행복해하는 모습을 볼 수 있다. 헤라클레스곤이 좋아하는 젤리는 유타칸에서 볼 수 있는 과일들로 만들어졌다. 젤리는 인간의 몸에 해롭지 않으므로 함께 젤리를 먹는 시간을 가지면 좋다.

Hyeonmu

현무

이는 아주 먼 동방의 전설이다.
뱀과 거북이는 해일을 피해 도망치고 있었다. 뱀은 평소 알고 지내던 거북이를 지나칠 수 없었고, 거북이는 뱀의 속도를 따라잡기엔 너무나 느렸다.
거북이는 자신을 기다리는 뱀을 물어 등껍질에 넣었다.
집과 나무가 무너져 내린 자리, 물바다가 된 땅 위로 살아남은 건 아무것도 없었다.
거북이의 등껍질만이 해일이 남긴 물을 따라 이곳저곳을 떠다니고 있었다.
거북이의 등껍질을 발견한 사람들은 이상하리만큼 가벼운 무게에 칼로 등껍질을 갈라보았다.
등껍질 속에 거북이와 뱀의 흔적은 찾을 수 없었다.
정체를 알 수 없는 알만이 등껍질 속에 들어있었다. 음과 양의 기운이 너무나도 강해 그 누구도 손댈 수 없었던 그 알은 동방에서 발견된 최초의 현무 알이었다.

드래곤 이름	학명	먹이	평균 키
현무	Orientalis Testudo	메기슨	2.3~2.8m
속성	**체형**	**타입**	**평균 몸무게**
물, 강철	드라코	사신 드래곤	450~500kg

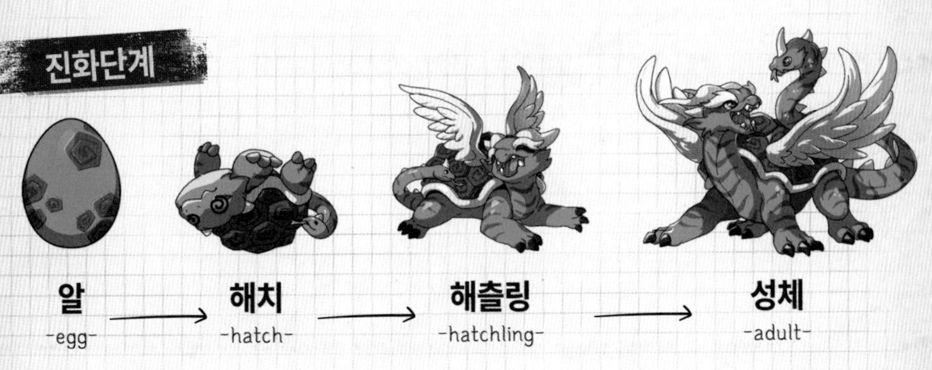

게임 정보

◈ **성격1(90%)** | 용감한

◈ **성격2(10%)** | 대담한

◈ **성별** | ♂ ♀

◈ **획득처** | 탐험

◈ **도감 배지** | 

◈ **성체 100보유 배지** | 

◈ 드래곤 돌보기 수치 ◈

광택내기	93%	먹기	39%
씻기	61%	놀기	29%
잠자기	49%	껍질깨기	17%

◈ 드래곤 성격 결정 수치 ◈

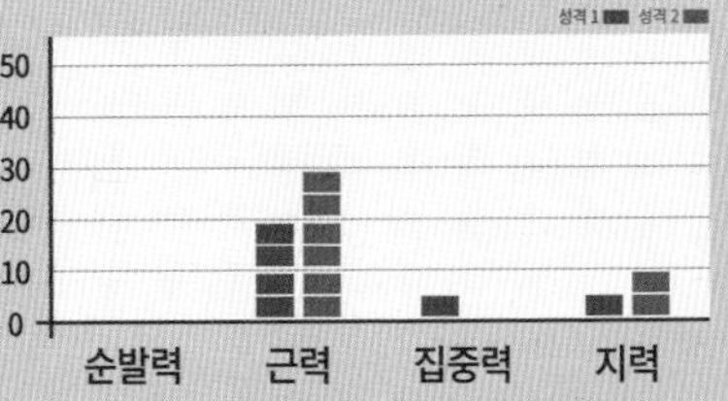

Hyeonmu

현무

DVC 정보

이 알은 음과 양의 기운이 모두 느껴진다.

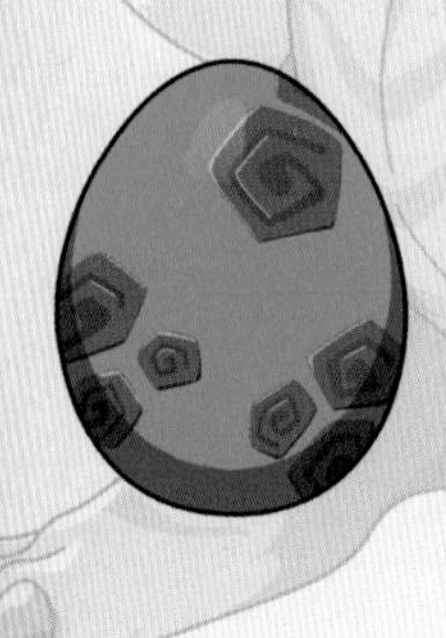

알

두 개의 기운이 느껴지는 알이다.

음과 양의 조합이 매우 강해 서로 뒤섞이지 않는다. 시원한 물가에서 주로 발견되며, 수생동물과 함께 있는 경우가 많다. 초록색 알을 두드리면 높은 소리가, 회오리 문양을 두드리면 낮은 소리가 난다. 바위처럼 무거워 들어서 옮길 수 없다. 홍수에도 끄떡하지 않고 자리를 지켰다고 전해진다.

해치

해치 때부터 등껍질을 단련한다.

주로 꼬리의 뱀인 사귀를 이용하면 사귀의 이빨과 현무의 등껍질 모두 훈련할 수 있다. 사귀의 이빨에 묻어있는 독 때문에 기절하는 경우가 많다. 내성이 있는 현무에게는 위험한 독이 아니기 때문에 금방 일어나는 편이다. 사귀의 독으로 공격을 하는 경우는 거의 없다. 위협을 느끼면 주로 등껍질 속으로 몸을 숨겨 스스로를 보호한다.

해츨링

해치 때와는 달리 해츨링 시기에는 삶의 시작과 죽음을 지켜본다. 이 시기에는 현무의 기운이 그리 강하지 않아 드래곤들이 도망치는 일은 없다. 다만 사귀의 난폭한 성향 때문에 마음에 들지 않는 드래곤을 깨물어 싸움이 일어나기도 한다.

성체

수생동물들과 매우 가깝게 지내며 자연을 살핀다.
자연재해나 전쟁 등의 위급한 상황이 발생하면 가장 먼저 수생동물들을 지키기 위해 싸운다.
단단한 등껍질과 비늘을 이용하여 상대의 공격을 막기 때문에 누군가를 지키는데 능한 드래곤이다.
특별한 때가 아니면 모습을 잘 드러내지 않는다. 이는 현무의 기운 때문이라는 이야기도 있다. 굉장히 강한 기운을 가지고 있는데, 예민한 드래곤들은 현무가 근처에 있는 것만으로도 온몸에 소름이 돋아 자리를 피하기도 한다. 물에서 시간을 보낼 때면 현무의 등껍질만이 둥둥 떠다니는데 이 모습을 본 이들은 작은 섬이라 착각할 정도로 매우 크다.

Granos

그라노스

어둠의 힘이 등장하기 한참 이전의 이야기다.
어린 그라노스는 신성한 빛으로 날개를 다친 매를 고쳐주었다. 그라노스는 감사를 표하는 매에게 친구를 제안했고, 외로웠던 매는 그라노스의 제안을 받아들였다.
그라노스와 매는 비행과 사냥, 훈련을 함께하며 점점 돈독해졌다.
"그라노스, 만일 내가 죽게 되더라도 나는 너와 또 다른 삶을 함께 할 거야."
그라노스가 성체가 되어 신성한 빛의 힘을 완전히 사용할 수 있게 되었을 즈음, 나이가 든 매가 세상을 떠나게 되었다.
친구를 잃고 슬퍼하던 그라노스는 가슴의 빛이 점차 밝아지는 것을 느꼈다.
눈물 사이로 보이는 찬란한 빛무리는 자신의 하나뿐인 친구, 앳된 매의 모습이었다.
그날의 맹세와 눈물이 모여 매가 다시 태어난 것이다.
그라노스는 그 매를 정성스럽게 돌보며, 고대의 마귀 크로낙을 물리칠 때도 매와 함께하였다.
그렇게 그라노스와 매는 영원히 서로에게서 떨어지지 않았다.

드래곤 이름	학명	먹이	평균 키
그라노스	Divus Draco	메뚜기	3.0~3.3m
속성	체형	타입	평균 몸무게
번개	심해	신성 드래곤	110~140kg

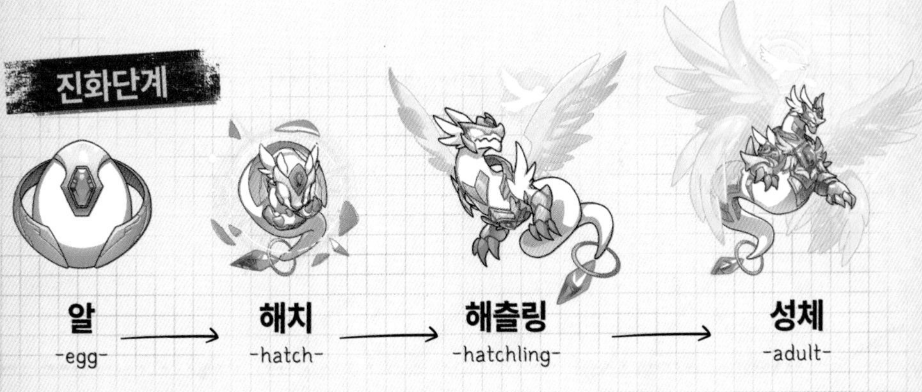

게임 정보

◈ 성격1(90%) | 신중한

◈ 성격2(10%) | 똑똑한

◈ 성별 |  

◈ 획득처 | 지하성채

◈ 도감 배지 |

◈ 성체 100보유 배지 | 

◈ 드래곤 돌보기 수치 ◈

씻기	88%	놀기	44%
자체발광	68%	기도하기	32%
잠자기	53%	먹기	20%

◈ 드래곤 성격 결정 수치 ◈

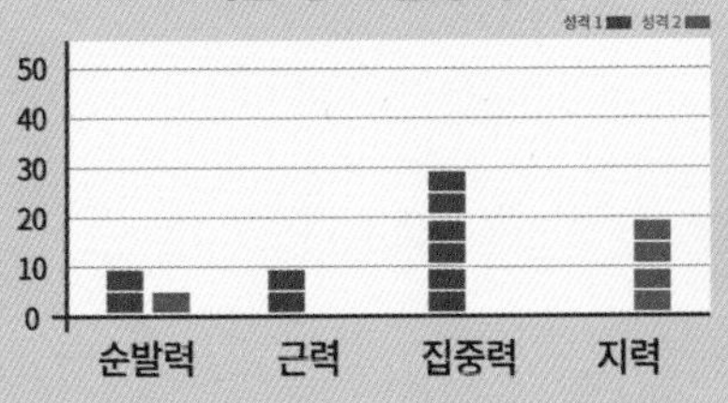

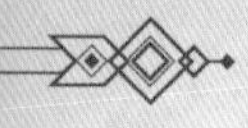

Granos

그라노스

이 알은 신성한 기운이 느껴진다.

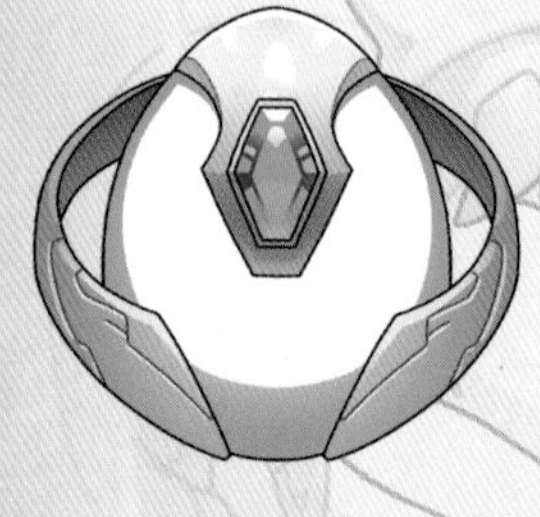

알

신성한 기운이 느껴지는 알이다.

푸른 보석과 황금 고리에서 신성한 분위기가 피어오른다. 가까이 있으면 따스한 분위기가 느껴지면서 마음속에 있던 걱정들이 싹 날아가는 듯하다. 황금 고리는 공중에 떠 있어 종종 그 자리에서 빙빙 돌아가기도 한다. 아무리 고리를 건드려도 바닥으로 떨어지지 않는다.

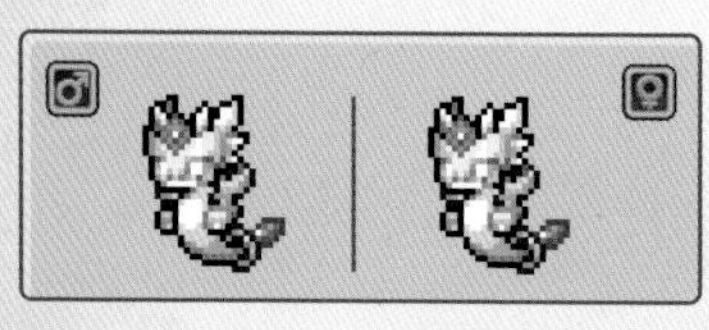

해치

해치 때부터 어둠에서 밝게 빛난다.

잔잔한 빛이 알껍데기 위에서 피어오르다가, 자신을 이끌어 줄 수 있다고 판단한 존재 앞에서 사방으로 빛을 내뿜으며 부화한다. 그라노스는 태어날 때부터 신성한 빛으로 어둠을 밀어내야 하는 임무를 지녀, 어둠에서 더 활발히 움직인다. 매우 밝아 마치 작은 태양이 있는 것처럼 느껴진다.

해츨링

해치 때와는 달리 하얀 매와 함께한다.

하얀 매가 그라노스의 주변을 맴돌고 있다. 황금 갑옷을 입은 그라노스의 곁을 절대로 떠나지 않는다. 하얀 매에 대해 궁금한 자들이 그라노스에게 물어 돌아온 답변에 따르면, 매가 정령이 되기 전, 자신의 유일한 친구였다고 한다. 매는 항상 그라노스의 명령을 기다리고 있다.

성체

그라노스는 두 쌍의 완전한 날개로 비행하며 신성한 빛을 세상에 가져온다.

자신이 인정한 테이머 앞에서만 비로소 완전한 날개를 편다. 그리고 테이머와 함께 어둠을 잠재우기 위해 밤에 주로 활동한다. 그라노스의 빛 앞에서는 모든 어둠이 무릎을 꿇게 된다. 태초의 악마를 물리친 빛은 사악함과 어두움을 거뜬히 이겨낸다.

Daros

다로스

다로스는 기억을 기록하며 살아간다.
낮이나 밤이나 푸른빛을 내며 보이는 것과 보이지 않는 것을 몸속에 담는다.
바닥에서 느껴지는 흙의 질감부터 시작하여, 새들의 지저귐, 아름다운 꽃에서 나는 탐스러운 꽃향기, 자몽을 한 입 씹으면 온 입안 곳곳에 퍼지는 신맛, 다른 드래곤과 테이머들의 스쳐 지나감에서 느껴지는 피부까지, 모두.
에자녹의 수호을 맡은 다로스는 제 역할을 하기 위해 열심히 두 다리를 움직인다. 언젠가 또 닥쳐올 어둠의 힘이 도래하여 혹여나 모든 것이 사라지게 될 위기에 처했을 때, 자신의 전부를 희생하여 모두의 기억과 모두가 기억하고 있던 것을 되살릴 수 있는 그 사명을 이루기 위하여.

드래곤 이름	학명	먹이	평균 키
다로스	Memoria Conservatio	자몽	3.8~4.1m
속성	**체형**	**타입**	**평균 몸무게**
땅	드레이크	기억 드래곤	400~420kg

진화단계

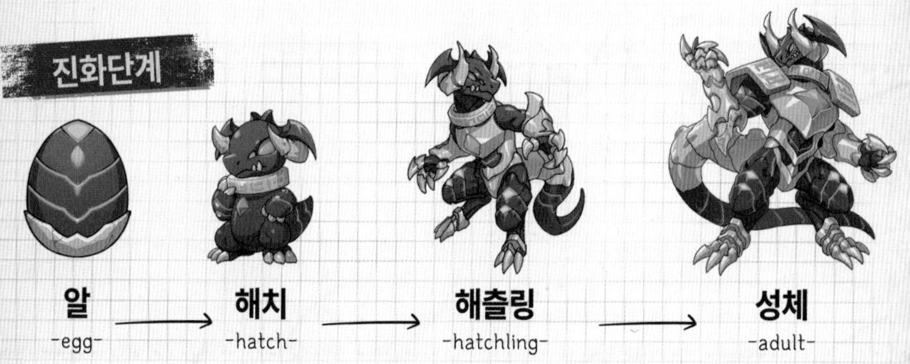

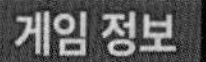

게임 정보

◈ 성격1(90%) | 냉정한

◈ 성격2(10%) | 신중한

◈ 성별 |  

◈ 획득처 | 지하성채

◈ 도감 배지 |

◈ 성체 100보유 배지 |

◈ 드래곤 돌보기 수치 ◈

명상	87%	먹기	44%
분석하기	64%	씻기	33%
잠자기	54%	놀기	22%

◈ 드래곤 성격 결정 수치 ◈

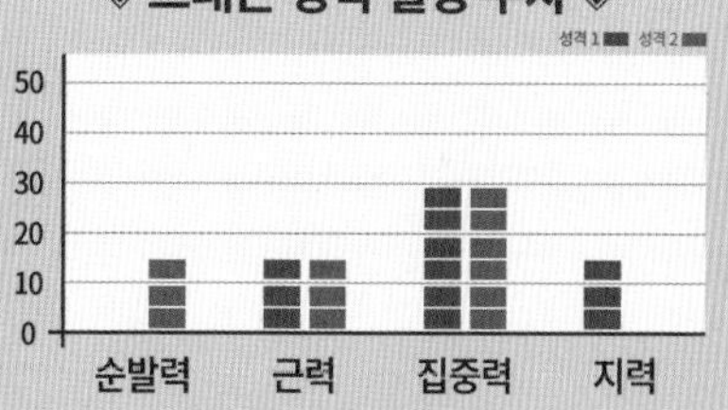

Daros

다로스

DVC 정보 이 알은 기억이 담겨있다.

알

기억이 담겨있는 알이다.

뚜렷하게 새겨진 푸른 빛은 천천히 빛났다가 사그라든다. 이는 알 속의 다로스가 알 바깥에서 들리고 느끼는 것을 모두 기록하기 위해 저장하고 있음을 의미한다. 알 위에 손을 대면 그동안 다로스가 기록해 두었던 기억이 눈 앞에 펼쳐진다.

해치

해치 때부터 목에 고대 문자가 새겨진 고리를 두르고 있다. 목을 완전히 감싸고 있는 거대한 금빛 고리 위에는 푸른빛 고대 문자로 '모든 것을 기억하는 자'라고 새겨져있다. 다로스는 눈앞이 잘 보이지 않으나, 기억의 신인 에자녹의 힘으로 청각, 후각, 미각, 촉각의 네 가지 감각이 뚜렷하다. 이 감각들로 느껴지는 모든 것을 체내에 기록한다. 기록된 것은 기억에 저장되어 비로소 기억의 힘이 되고, 그 힘을 통해 앞을 보는데, 해치 때의 다로스는 모든 것을 기억할 수는 있으나 정리와 분류에는 서툴러, 기억의 힘이 모두 활성화되진 못한다. 그래서 많이 돌아다니지 않고, 가만히 앉아 주변을 느끼는 데에 집중한다.

해츨링

해치 때와는 달리 해츨링 시기에는 두 발로 걸어 다니며 모든 것을 직접 느끼고 만진다. 모든 것을 직접 경험해야 정확하게 기록되고, 기억으로 남는다고 생각한다. 그래서 금빛 갑옷을 온몸에 두른 채 두 발로 걸어 다닌다. 두 발을 손처럼 사용해 사물을 직접 만지고 있는 다로스의 모습을 종종 발견할 수 있다. 이처럼 무언갈 기록하는 행위를 할 때면 갑옷 중앙의 보석이 밝게 빛난다. 기억의 힘은 갑옷에도 영향을 미친다. 다로스가 더 많이 기록하고, 더 많이 기억할수록, 체내에 모인 기억의 힘은 많아지고, 이 힘은 갑옷의 내구성과 방어력을 강화한다.

성체

기억의 힘으로 신과 세상을 수호한다.

모든 것을 기록하여 기억의 힘으로 환산한 성체 다로스는 완전한 기억의 힘, 거대한 덩치에서 나오는 압도적인 힘으로 적으로부터 세상을 보호한다. 신의 힘으로 제작된 갑옷은 평범한 공격을 모두 튕겨내며, 갑옷에 기억의 힘까지 더해지면 막강한 힘을 갖는다. 기억의 힘이 충전되기 시작하면, 불빛이 선명하게 들어온다. 충분히 충전됐다고 생각하면, 다로스는 뿔을 앞으로 내밀며 세차게 돌진해 공격한다. 이 힘으로 맞은 상대는 다로스를 이길 수 없다. 이미 부딪힌 순간부터 다로스는 적에 대한 모든 것을 파악했기 때문이다.

Bagma

바그마

침입자로 인해 불타버린 숲을 보며 '자연의 딸' 바그마는 비통함을 감추지 못했다.
바그마는 침입자로 인해 불타버린 숲을 되살리기 위해 흡수했던 모든 요정의 빛을 바쳤다. 하체와 날개를 이룬 꽃이 시들어버릴 만큼 열심히 자연을 보살핀 바그마는 더 이상 움직일 수 없었다.
바그마를 이루고 있는 자연은 바그마를 살아 숨 쉬게 해주는 존재였다.
그래서 바그마는 자신이 죽더라도 숲이 살아나길 바랐다.
살아난 숲에서 자연과 함께할 수 있다면 더 이상 바랄 게 없었다.
불타버린 숲은 결국 바그마의 희생으로 살아났다.
살아난 숲에는 흰 꽃이 하나 피었는데, 환생한 바그마가 꽃이 되었다는 이야기가 있다.

드래곤 이름	학명	먹이	평균 키
바그마	Naias Draco	포도	3.0~3.5m
속성	**체형**	**타입**	**평균 몸무게**
빛	드라코	요정 드래곤	180~230kg

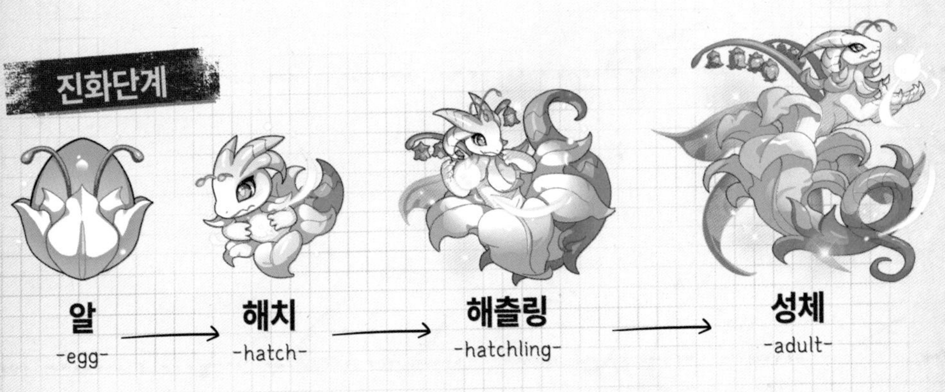

게임 정보

- ◈ **성격1(90%)** | 온순한
- ◈ **성격2(10%)** | 차분한
- ◈ **성별** |  
- ◈ **획득처** | 지하성채
- ◈ **도감 배지** |
- ◈ **성체 100보유 배지** | 

◈ 드래곤 돌보기 수치 ◈

씨앗심기	93%	놀기	37%
씻기	76%	잠자기	19%
먹기	53%	불지르기	-11%

◈ 드래곤 성격 결정 수치 ◈

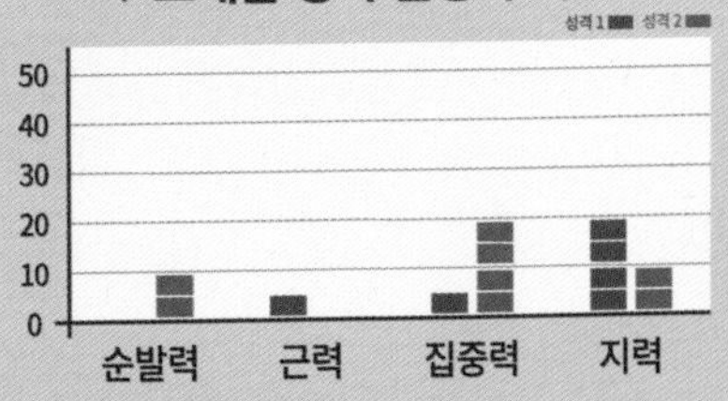

Bagma

바그마

DVC 정보  이 알은 매력적인 향이 느껴진다.

알

매력적인 향이 느껴지는 알이다. 요정의 숲에서 볼 수 있는 흰 꽃을 닮았다. 흰 꽃봉오리가 밑 부분을 감싸며 보호한다. 빛이 잔잔하게 돌고 있어 주변을 밝힌다. 알 근처에 있으면 신비하고 따뜻한 분위기가 느껴진다. 요정의 숲에 알을 두면, 빛을 따라 더듬이가 움직이는 걸 볼 수 있다.

해치

해치 때부터 자연을 돌아다니며 요정의 빛을 모은다.

요정의 빛은 치료가 필요한 자연에게 사용한다. 보랏빛 더듬이로 자연의 소리를 들을 수 있어 치료가 필요한 자연을 어렵지 않게 찾을 수 있다. 요정의 빛을 탐하는 자가 나타나면 꽃잎으로 요정의 빛을 숨긴다. 비와 바람에 약하기 때문에 동굴이나 나무 구멍, 땅속에서 주로 생활한다.

해츨링

해치 때와는 달리 해츨링 시기에는 방울꽃이 달린 날개로 비행한다. 꽃이 돋아난 아름다운 날개로 숲의 이곳저곳을 돌아다닌다. 숲에 침입자가 있지는 않은지 감시하고, 침입자가 숲을 훼손한다면 손으로 빛을 모아 발사한다. 완전한 힘은 아니어서, 주사에 맞은 듯 따끔한 정도의 고통이 느껴진다고 한다.

성체

바그마는 요정의 빛으로 매서운 빛의 파장을 불러온다.

밤이나 낮이나 자연을 보호하기 위해 잠도 자지 않는다. 갖고 있는 요정의 빛이 에너지가 되어 기운을 항상 넘치게 한다. 요정의 빛으로 뒤덮인 바그마는 잘 지치지 않고 다치더라도 빠르게 회복된다. 완전체가 된 요정의 빛으로 빛의 파장을 불러온다. 손으로 빛의 구체를 만들어 단숨에 날아가 적을 관통한다. 바그마가 적으로 간주한 대상은 인정사정없이 모든 형체가 소멸된다.

Griffar

그리파르

"넌 뭐야! 다가오지 마!"
혼돈의 틈새에서 태어난 그리파르가 불꽃에게 말했다.
그리파르가 어떤 힘을 써도 불꽃은 떨어지지 않았다.
"난 영험한 불꽃이야! 네가 깨어나길 얼마나 기다렸는지 몰라. 너는 우리에게 선택받았어!"
"내가 선택받았다고?"
영험한 불꽃은 활활 타오르며 말을 이어갔다.
"맞아! 우리와 함께한다면 세상의 악한 기운을 소멸시킬 수 있을 거야!"
영험한 불꽃은 말을 끝냄과 동시에, 그리파르의 몸을 휘감으며 불꽃 갑옷이 되었다.
"어때! 더 강해진 것 같지 않아?"
"무엇이든 태워버리거나 막을 수 있겠어!"
그리파르의 말에 영험한 불꽃은 거칠게 타오르며 그리파르에게 말했다.
"이제부터 우린 혼돈의 틈새의 수문장이 되는 거야. 사악한 기운들을 없애러 움직이자, 그리파르!"

드래곤 이름	학명	먹이	평균 키
그리파르	Monile Vapor	닭다리	2.6~2.8m
속성	**체형**	**타입**	**평균 몸무게**
불, 꿈	드라코	환상 드래곤	200~250kg

게임 정보

◈ 성격1(90%) | 냉정한

◈ 성격2(10%) | 대담한

◈ 성별 |  

◈ 획득처 | 혼돈의 틈새

◈ 도감 배지 | 

◈ 성체 100보유 배지 |

◈ 드래곤 돌보기 수치 ◈

불지르기	89%	놀기	33%
잠자기	72%	씻기	23%
먹기	59%	함정파기	-20%

◈ 드래곤 성격 결정 수치 ◈

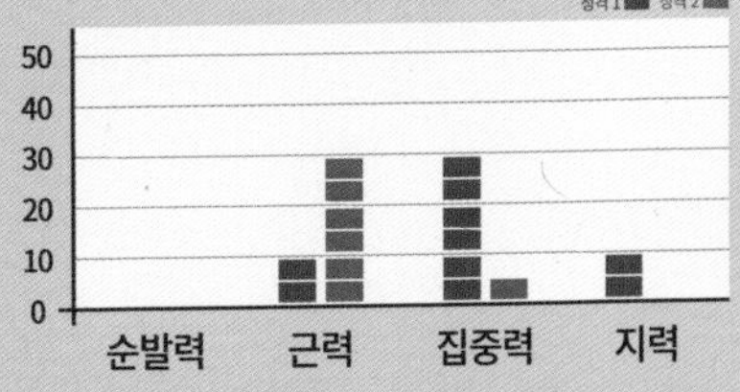

Griffar

그리파르

DVC 정보  이 알은 불꽃에 둘러싸여 있다.

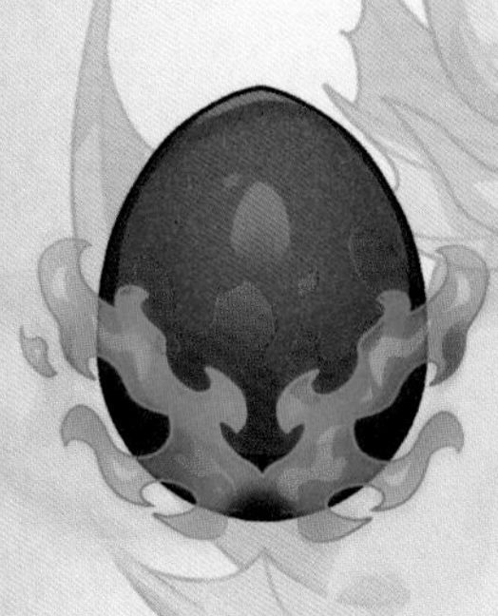

알

불꽃에 둘러싸인 알이다. 금속처럼 차갑고 매끄러운 알껍데기 위에 에메랄드빛으로 빛나는 불꽃들이 자리하고 있다. 마치 불꽃이 알을 보호해 주는 것처럼 보인다. 불꽃은 뜨겁지 않고 따뜻하기 때문에 만져도 아무 일도 일어나지 않는다. 그러나 알을 가져가려고 하면 온도가 달라진다.

해치

해치 때는 자신의 불꽃을 제어하지 못한다. 그리파르가 알에서 부화한 이후 불꽃은 그리파르와 항상 함께한다. 그러나 그리파르는 이 불꽃을 두려워하고 제어하지 못한다. 불꽃을 떼어내고 싶어 달아나는 모습도 보인다. 불꽃은 멀어지는 것 같다가도 금세 다시 가까워진다. 불꽃의 목소리가 들릴 때면 날개로 귀를 틀어막지만 소용없다. 불꽃의 목소리는 멈추지 않는다.

해츨링

해치 때와는 달리 불꽃을 자유자재로 제어할 수 있다.
불꽃이 자신을 보호해 주려는 것을 깨달은 그리파르는 불꽃을 제어해 보려고 노력한다. 불꽃을 통해 악한 기운을 감지하고 악한 자들로부터의 위협을 막을 수 있게 되었다. 불꽃은 악한 자들의 위협이 다가올 때, 그리파르의 몸을 감싸 갑옷이 되어 준다.

성체

자신이 태우고자 하는 것을 불꽃으로 소멸시킨다. 불꽃과 완전히 하나가 된 그리파르는 불꽃으로 태우고자 하는 모든 것을 불사를 수 있다. 주변에 불꽃을 맴돌게 하여 아무도 접근하지 못하게 만들거나, 혼돈의 틈새를 정찰하기 위해 불꽃을 생성하여 날려 보낸다. 특히 악한 마음을 소멸시키며, 악한 이가 이 불꽃에 닿으면 순식간에 선한 쪽으로 돌아선다고 한다. 불꽃은 무한으로 생성할 수 있다.

Valefor

발레포르

혼돈의 틈새에서 나고 자란 발레포르는 답답한 틈새를 벗어나고 싶어 했다.
그러나 혼돈의 틈새 입구는 수문장인 그리파르가 지키고 있었다.
발레포르는 그리파르가 좋아하는 퍼플튤립을 한가득 내밀었다.
하지만 그리파르의 표정은 어둡기만 했다.
"그리파르, 내가 널 도와 악한 자들을 소멸시켜 줄 테니 제발 나가게 해줘."
발레포르가 사정했다.
그리파르는 어깨를 으쓱하며 어이없는 표정을 지어 보이더니, 아무 말 없이 불꽃 속으로 모습을 감춰버렸다.
다른 계략조차 죄다 물거품이 되어버리자 발레포르는 포기 일보 직전에 놓였다.
그러던 중 봉인되어 있는 다크닉스가 눈에 들어왔고, 발레포르의 머릿속은 다시 엄청난 계략으로 가득 차기 시작했다.
그리파르보다 강력한 존재를 자신의 편으로 만들 생각이었다.

드래곤 이름	학명	먹이	평균 키
발레포르	Chaos Pernicies	퍼플튤립	2.7~2.9m
속성	**체형**	**타입**	**평균 몸무게**
꿈, 불	드라코	혼돈 드래곤	280~330kg

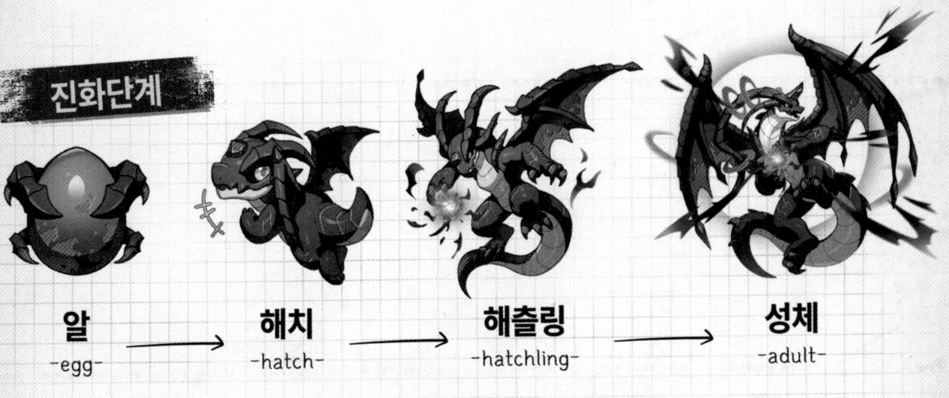

게임 정보

◈ 성격1(90%) | 고집 있는

◈ 성격2(10%) | 변덕쟁이

◈ 성별 | ♂ ♀

◈ 획득처 | 혼돈의 틈새

◈ 도감 배지 |

◈ 성체 100보유 배지 |

◈ 드래곤 돌보기 수치 ◈

분노하기	93%	잠자기	37%
놀기	76%	씻기	19%
먹기	53%	훈육하기	-11%

◈ 드래곤 성격 결정 수치 ◈

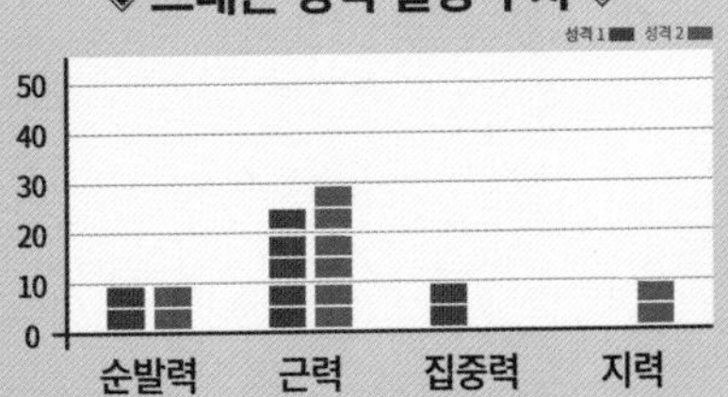

Valefor

발레포르

DVC 정보  **이 알은 혼돈을 일으키고자 한다.**

알

혼돈을 일으키고자 하는 알이다. 이 알이 근처에 있으면 감정이 마구 뒤섞여 혼란스러운 느낌이 든다. 테이머가 혼란스러워할수록 발레포르의 부화는 빨라진다. 분홍색 문양은 네 다리로 알 껍질을 긁으며 고뇌한 흔적이다. 부화가 시작되기 전에 알 껍질이 분홍색으로 뒤덮인다.

해치

해치 때부터 상대를 어떻게 혼돈에 빠트릴지 생각한다.

온 세상을 혼돈에 빠트리기 위해 머릿속은 항상 다양한 계략들로 가득 차 있다. 도움이 필요한 자를 발견하면 은밀하게 다가가 자신의 계략을 펼친다. 제안을 받을지 말지는 본인의 자유이지만, 발레포르가 말을 거는 이유는 혼돈에 빠트리기 위함인 것을 항상 기억해야 한다.

해츨링

해치 때와는 달리 혼돈을 일으키는 힘을 모은다. 생명체에게 악한 기운을 풍긴 뒤, 기운에 완벽히 물든 자들의 분노와 증오를 흡수하여 그것으로 혼돈을 일으키는 힘을 만들어 낸다. 그러나 심성이 착한 자들은 발레포르의 악한 기운이 통하지 않으므로, 그들의 곁에서는 멀어진다.

성체

혼돈의 힘으로 온 세상을 혼돈에 빠트리려고 한다. 혼돈의 틈새에서 제일 간사하고 악한 존재다. 보이지 않는 곳에서 은밀하게 목표를 바라보고 접근하여 달콤한 말을 내뱉은 뒤, 혼돈을 야기한다. 목표를 달성하면 자신은 유유히 모습을 감춰버린다. 가끔 자신의 달콤한 말에 속아 넘어가지 않는 이들도 있지만, 혼돈으로 물든 세상을 염원하고 있어 쉽게 포기하지 않는다.

Sealed Darknix

봉인된 다크닉스

발레포르는 혼돈의 틈새에서 봉인의 사슬을 감은 채 분노하고 있는 다크닉스를 혼돈의 틈새 수문장인 그리파르에게 데리고 갔다.
"저 드래곤이 바로 그리파르야! 이곳에 봉인된 놈들의 사념을 소멸시켜서 나갈 생각을 하지 못하도록 만드는 게 저 드래곤의 능력이지."
"내 앞을 가로막는 자는 어떤 능력이든 소용없다!"
다크닉스는 봉인의 사슬과 봉인석으로 그리파르를 공격하기 시작했다.
그리파르는 불꽃으로 다크닉스의 공격을 막으려 했지만 불꽃은 봉인석에 흡수되어버렸다.
결국 그리파르는 봉인의 사슬에 휘감겨, 봉인석에 결박 당하고 말았다.
발레포르는 그리파르의 불꽃이 소멸되어 가는 것을 보며 크게 비웃었다.
"이 세상에 혼돈을 불러일으켜 주마!"
"나의 어둠으로 사대신룡 모두를 봉인한다면 세상은 혼돈 그 자체가 될 것이다!"
발레포르는 사악한 미소를 띄우며 봉인된 다크닉스의 뒤를 따라 어둠 속으로 모습을 감추었다.

드래곤 이름	학명	먹이	평균 키
봉인된 다크닉스	Sigillatus Nox	어둠의 멜론	2.9~3.1m
속성	**체형**	**타입**	**평균 몸무게**
어둠	드라코	어둠 드래곤	330~380kg

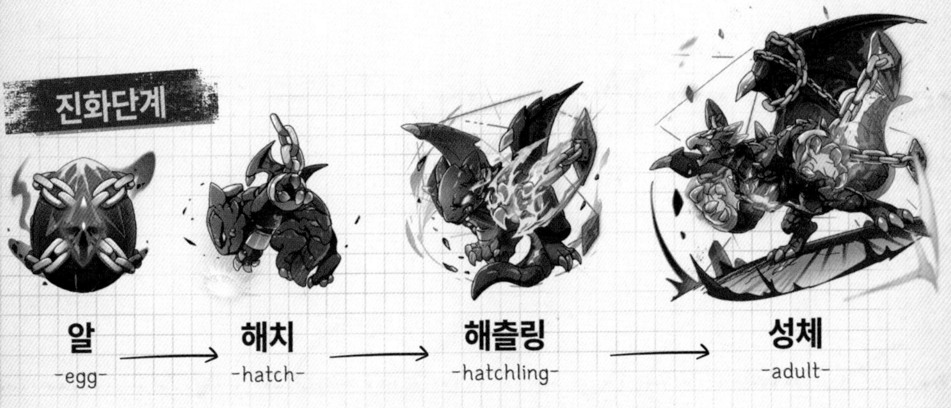

게임 정보

◈ 성격1(90%) | 성급한

◈ 성격2(10%) | 대담한

◈ 성별 | ♂ ♀

◈ 획득처 | 혼돈의 틈새

◈ 도감 배지 |

◈ 성체 100보유 배지 |

◈ 드래곤 돌보기 수치 ◈

용트림하기	89%	먹기	39%
분노하기	67%	씻기	29%
잠자기	51%	놀기	18%

◈ 드래곤 성격 결정 수치 ◈

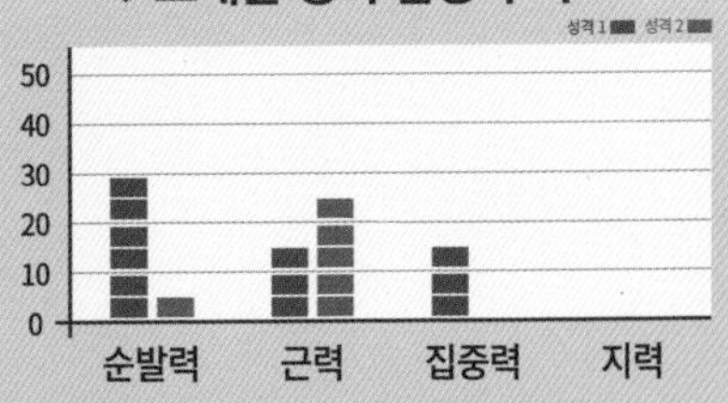

Sealed Darknix

봉인된 다크닉스

DVC 정보  이 알은 봉인의 사슬로 묶여있다.

알

봉인의 사슬로 묶여있는 알이다. 사대신룡에 의해 혼돈의 틈새에 봉인된 다크닉스의 알이다. 알의 중앙에는 봉인석이 자리 잡고 있으며 주변으로 봉인의 사슬이 감겨있다. 알을 감고 있는 봉인의 사슬은 종종 어둠의 기운에 의해 요동치며, 다크닉스의 힘을 억제시킨다. 알 주변으로 다크닉스의 분노가 담긴 어둠의 기운이 피어오른다.

해치

해치 때부터 봉인된 채 어둠의 힘을 키운다.

알을 깨고 나온 다크닉스는 온몸에 봉인의 사슬을 두른 채 모습을 드러낸다. 봉인의 사슬로 인해 어둠의 힘을 분출하지 못하고 제어 당한다. 포효를 통해 내면의 응축된 분노와 증오를 표출한다. 빛을 볼 때마다 부정적인 감정이 더욱 강렬해진다.

봉인의 사슬에서 벗어나기 위해 발버둥 친 흔적이 온몸에 남아있다.

해츨링

해치 때와는 달리 어둠의 힘이 강해진다.

어둠의 힘을 축적한 다크닉스는 온몸에 힘을 모아 봉인의 사슬을 파괴하고자 한다. 자신을 봉인한 사대신룡들을 저주하면서 온 힘을 다하지만, 봉인의 사슬은 부서질 기미도 보이지 않는다. 그러나 다크닉스는 포기하지 않고 매일 어둠의 힘을 모으고 있다.

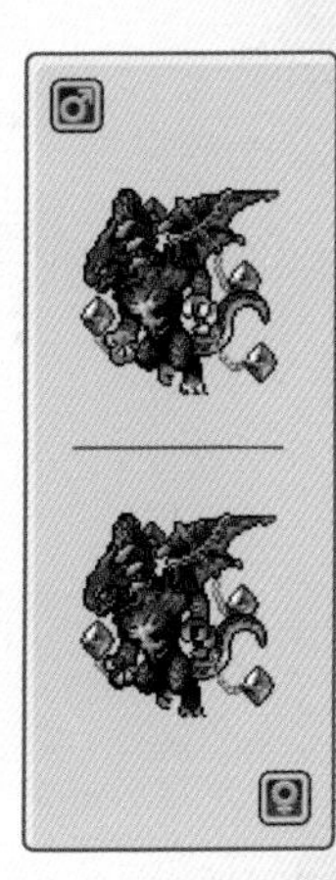

성체

더는 봉인석과 봉인의 사슬로 다크닉스의 힘을 제어할 수 없다.

다크닉스를 결박시킨 봉인석과 봉인의 사슬은 다크닉스의 어둠의 힘을 견디지 못했다. 결국 다크닉스는 봉인석과 봉인의 사슬을 자신의 것으로 만들어 제어할 수 있게 된다. 붉은빛을 띠는 봉인석은 다크닉스가 원하는 만큼 힘을 증폭시켜 주거나 상대를 봉인시켜 버렸다. 다크닉스를 결박하던 봉인의 사슬은 이제 다크닉스를 가로막는 모든 존재를 결박하여 힘을 빼앗는다. 다크닉스가 조종하는 봉인의 사슬은 한 번 결박되면 절대 빠져나올 수 없다.

Diyona

디요나

한 드래곤 테이머가 흰 쪽지가 붙은 알 하나를 남긴 채 사라졌다.
'이 드래곤을 잘 부탁해요.'
남편이 가족을 버리고 드래곤을 택했다고 생각한 부인은 알을 어두운 지하에 방치했다.
알에서 아빠를 느낀 아이는 몰래 지하로 내려가 알을 보살펴주곤 했다.
그날도 아이는 알을 돌보기 위해 지하로 내려가고 있었다.
그런데 그만 발을 헛디디며 곤두박질칠 위기에 놓였다. 그때, 알에서 드래곤이 깨어났다.
아이의 상처를 확인한 드래곤은 깃털을 뽑아 다친 아이의 다리를 고쳐주었다.
"순수한 마음을 가진 자가 돌보아 준 덕분에 축복의 의식을 치를 수 있는 조건이 갖춰졌어요."
디요나는 눈부신 광채를 공중에 흩뿌렸다. 디요나의 수많은 깃털은 인간의 형체를 만들더니 사라졌다. 깃털이 있던 자리에는 한 남성이 서있었다. 아이의 아빠였다.
디요나의 축복의 의식이란 소중한 가족을 돌려주는 것이었다.
"고맙다, 디요나. 너는 정말로, 우리 가족의 축복이다!"

드래곤 이름	학명	먹이	평균 키
디요나	Votum Penna	포도	2.3~2.8m
속성	체형	타입	평균 몸무게
빛	드라코	축복 드래곤	110~140kg

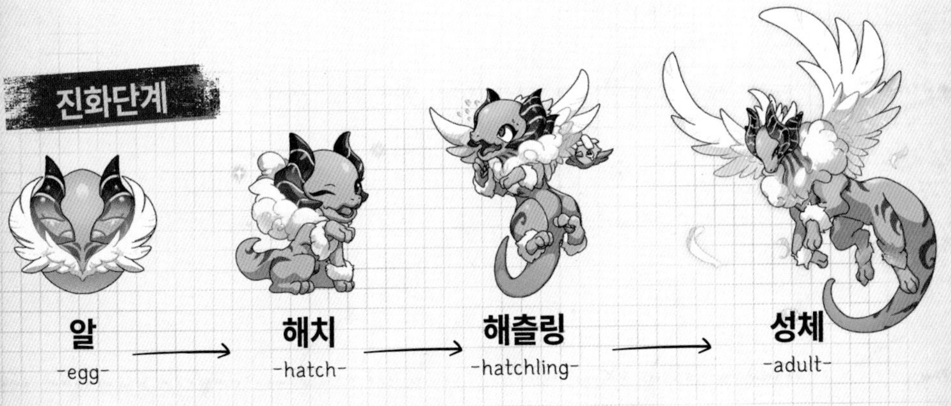

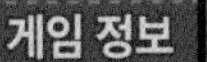

◈ 성격1(90%) | 온순한

◈ 성격2(10%) | 차분한

◈ 성별 | 

◈ 획득처

| 앨범 점수

◈ 도감 배지 |

◈ 성체 100보유 배지 | 

◈ 드래곤 돌보기 수치 ◈

빗질하기	90%	먹기	40%
자체발광	60%	씻기	30%
놀기	50%	잠자기	20%

◈ 드래곤 성격 결정 수치 ◈

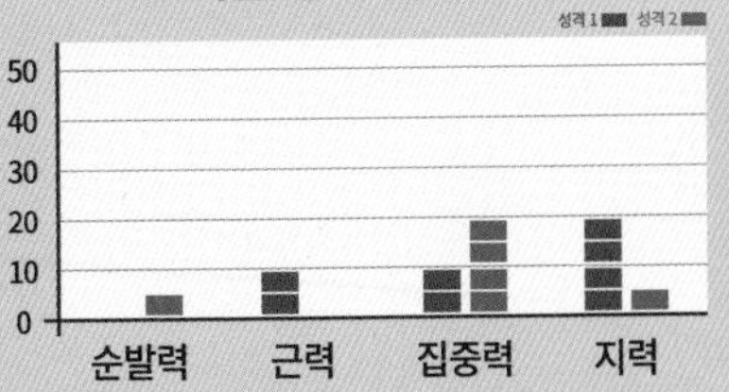

Diyona

디요나

DVC 정보  **이 알은 금색 깃털이 달려있다.**

알

금색 깃털이 달린 알이다. 햇빛 아래에 두면 빛을 받아 반짝거린다. 따뜻하고 밝은 분위기를 자아낸다. 계속 바라보고 있으면 마음이 편안해지는 기분마저 든다. 알을 감싸고 있는 깃털은 천사의 깃털처럼 부드러우며, 알에서는 어디서도 느껴본 적 없는 촉감을 느낄 수 있다.

해치

해치 때부터 금색 깃털을 소중히 한다.

깃털이 가슴에서부터 자라난다. 목을 덮는 형태로 자라나 마치 목도리를 두른 것 같다. 걸을 때마다 깃털이 아름답게 흔들려 바라보고 싶게끔 만든다. 자신의 깃털을 손으로 소중히 다듬고, 자랑스럽게 여긴다. 목화솜 같은 깃털을 상처에 갖다 대면 금방 피가 멎는다. 깃털을 얻고자 할 때에는 반드시 정중하게 깃털을 요청해야 한다. 마음대로 뽑은 깃털에서는 치유의 효과를 얻을 수 없다.

해츨링

해치 때와는 달리 금색 깃털 때문에 곤란해한다.

디요나의 깃털은 치유의 힘만 지녔을 뿐인데, 깃털만 있으면 기분이 좋아지고 상처가 순식간에 치유돼, 축복의 깃털이라는 소문이 나고 말았다. 디요나는 소문을 듣고 찾아온 드래곤들의 질문에 답하기 위해 땀을 삘삘 흘리고 어쩔 줄 몰라 하는 모습을 보인다. 질문을 피하고자 재빨리 도망을 치기도 한다. 예상외로 소문이 점점 커지자, 인적이 붐비는 낮에는 모습을 드러내지 않으려고 한다. 소문 때문에 쫓아다니는 이들이 부담스럽게 여겨지기 때문이다.

성체

금색 깃털로 아픈 이들을 치유한다.

아픈 이들을 치유하기 위해 오랜 시간을 비행한다. 깃털에 담긴 신비한 힘은 디요나가 치유의 의지만 있다면 지치지 않고 어디든 날아다닐 수 있도록 도와준다. 거친 전투가 일어나는 곳에도 용기 있게 착륙하여 깃털을 내어주고, 자신의 깃털처럼 부드럽고 따뜻한 말로 내면의 상처를 입은 이들을 감싸안아 준다. 디요나의 깃털을 상처에 붙이면 어떠한 상처든 감쪽같이 없어지고, 가슴에 지니고 다니면 내면의 상처가 치유된다고 알려져 있다. 디요나의 금색 깃털은 위협이 클수록 위력이 커진다. 누군가를 소멸시킬 정도의 위협이 다가온다면 디요나의 날개는 커다란 방벽으로 모습을 바꾼다. 금색 깃털로 된 날개에 닿은 위협적인 공격은 속수무책으로 녹아 없어진다.

Mystictiny

미스틱티니

미스틱티니는 신비로운 분위기를 자아내는 랜턴을 발견한다. 그것은 고대의 유물이었다.
"마녀에게서 길러진 드래곤이구만?"
랜턴에서 팔과 다리가 튀어나왔고, 미스틱티니는 깜짝 놀라 뒤로 자빠졌다.
"강해지고 싶어 하는군. 그렇지? 마력은 약하지만 가능성은 있어 보여."
"누, 누가 약하다는 거야!"
램프는 미스틱티니의 반응을 보고 배꼽을 잡으며 웃음을 터트렸다.
"내가 가진 지식과 마법, 그리고 고대의 힘을 모두 네게 전수해 줄게."
램프는 자신의 몸에 달린 손잡이를 흔들었다. 미스틱티니는 조심스러웠다.
'이 고대의 유물이 나에게 마법을 가르쳐 준다고?'
"나도 예전엔 마법사였거든. 지식과 경험을 전수하는 것은 내 존재 이유 중 하나야. 좋아! 앞으로 날 '램'이라고 부르도록 해!"
램프는 자신의 몸을 탁탁 털며, 신비로운 빛을 내뿜었다.
"자, 시작해 볼까!"

드래곤 이름	학명	먹이	평균 키
미스틱티니	Magia Draco	마력	1.1~1.3m
속성	**체형**	**타입**	**평균 몸무게**
바람, 꿈	드라코	마력 드래곤	30~38kg

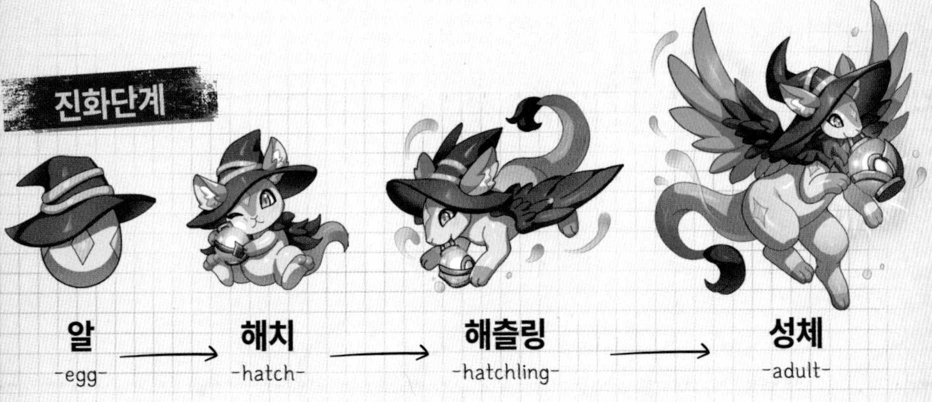

게임 정보

◆ **성격1(90%)** | 똑똑한

◆ **성격2(10%)** | 덜렁대는

◆ **성별** |

◆ **획득처** | 앨범 점수

◆ **도감 배지** | 

◆ **성체 100보유 배지** |

◆ 드래곤 돌보기 수치 ◆

만들기	89%	먹기	34%
놀기	78%	씻기	22%
장난치기	59%	잠자기	8%

◆ 드래곤 성격 결정 수치 ◆

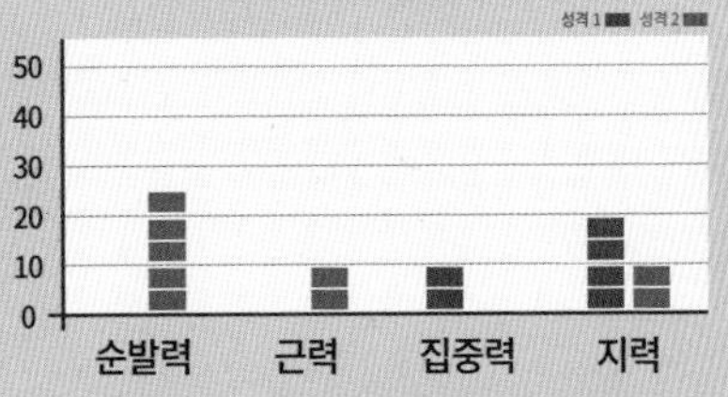

Mystictiny

미스틱티니

DVC 정보  **이 알은 마녀의 모자를 쓰고 있다.**

알

마녀의 마법 모자를 쓴 알이다.

마법 모자는 알 상태에선 벗겨지지 않는다. 바람이 불어도, 모자를 잡아당겨도 알에 딱 달라붙어서 떨어지지 않는다. 표면이 거칠거칠한 알은 매우 차갑다. 주황색 보석만이 매끄럽고 따뜻하다. 오래 만지고 있으면 작은 고동이 느껴진다.

해치

해치 때부터 랜턴을 끌어안고 있다.

소량의 마력이 담겨있는 랜턴인지라 그 누구에게도 뺏기지 않으려고 한다. 종종 자신의 모자 속에 숨겨두기도 한다. 랜턴의 불빛이 약해지면 마력이 약해진 게 아닐까 불안해한다. 그러나 랜턴의 밝기와 마력은 전혀 상관이 없다. 무엇보다 랜턴에 들어있는 마력을 사용하지 못한다. 하지만 언젠가 사용하게 될 것임을 본능적으로 알고 있다. 망토 같은 깃털은 날개로서의 역할을 제대로 수행하지 못한다. 대신 모자로 바람을 타고 이동한다.

해츨링

해치 때와는 달리 몸집이 조금 커지고 마력을 사용한다. 랜턴을 들고 다니거나 물고 있으며, 귀나 몸통이 비교적 커진 것을 볼 수 있다. 커진 귀 덕분에 먼 곳의 소리까지 들을 수 있게 됐다. 성장한 미스틱티니는 다양한 마력을 다루는데 능숙해진다. 진화가 가까워질수록 몸의 무늬는 선명해진다.

성체

다른 드래곤에 비해 크기는 작지만 어려서부터 마력을 쓸 수 있다.

마녀의 실험으로 탄생한 것으로 알려져 있으며 대부분 오래된 집 혹은 폐가에서 모습을 드러낸다. 특히 인간의 흔적이 남아있는 집에서 숨어 산다. 미스틱티니의 힘의 원천은 램프의 기운이며, 램프로부터 마법을 발현 시킨다. 램프에는 보통 마력을 저장한다. 램프를 들고 있으면, 마력의 기운이 흐르는 것을 볼 수 있다. 혹은 이제껏 발견하지 못한 신비로운 오브젝트나 마법 책을 발견하기도 한다. 마력으로 빛나는 미스틱티니의 램프는 절대로 꺼지지 않는다. 호기심이 많은 성격이라 가끔 엉터리 마법을 부리기도 한다. 이 때문에 드래곤의 모습이 변하는 등 큰 소동이 일어나기도 한다. 그러나 미스틱티니는 체구가 작고, 빠른 날갯짓을 할 수 있어 소동이 일어난 상황에서 재빨리 사라진다.

Libro Dragon

리브로 드래곤

리브로 드래곤은 드래곤 도감을 완벽하게 기록한 성실한 테이머 앞에 모습을 드러내는 아주 특별한 드래곤이다. 드래곤 도감의 모든 지식과 정보, 테이머의 노력과 열정이 결합된 형태가 바로 리브로 드래곤이다. 테이머들은 리브로 드래곤의 총명한 두뇌 때문에 종종 골치 아파한다.
광장에 모인 사람들 사이에서 불필요한 소문이 퍼져나갔다.
리브로 드래곤이 "내 테이머가 싫어하는 사람은…" 하며 내뱉은 이야기가 온 천지에 퍼진 것이다.
혹시 나를 싫어하는 게 아닐까 자신을 돌아본 사람도 있었고, 재미있는 소문이라며 웃음꽃을 피우는 사람들도 있었다.
소문은 결국 테이머의 귀에 들어갔고, 테이머는 웃으며 리브로 드래곤의 뒤에서 슬쩍 나타났다.
"리브로 드래곤, 우리 얘기 좀 할까?"
리브로 드래곤은 뒤에서 심상치 않은 아우라를 느꼈다.
당분간 책은 못 읽겠구나 싶었다.

드래곤 이름	학명	먹이	평균 키
리브로 드래곤	Circulatorius Memoriale	스타후르츠	1.1~1.3m
속성	**체형**	**타입**	**평균 몸무게**
꿈	드레이크	기록 드래곤	30~38kg

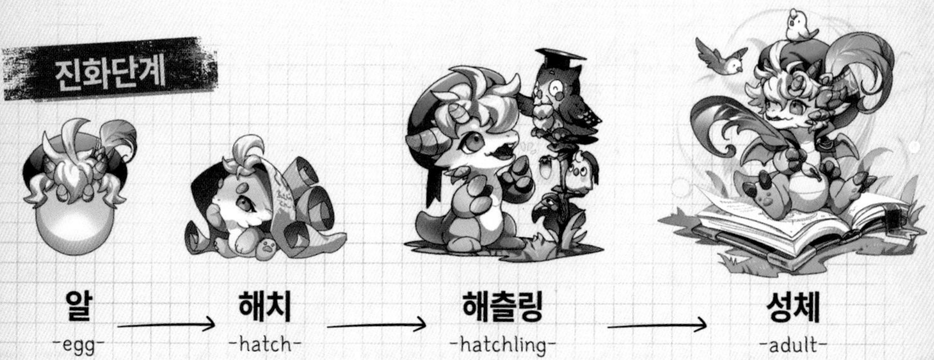

게임 정보

◈ 성격1(90%) | 똑똑한

◈ 성격2(10%) | 천진난만한

◈ 성별 |

◈ 획득처 | 앨범 점수

◈ 도감 배지 |

◈ 성체 100보유 배지 |

◈ 드래곤 돌보기 수치 ◈

독서하기	97%	씻기	32%
놀기	76%	잠자기	17%
먹기	57%	분노하기	-24%

◈ 드래곤 성격 결정 수치 ◈

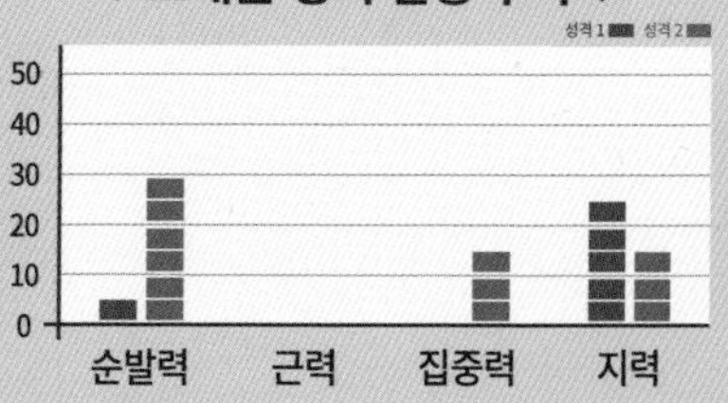

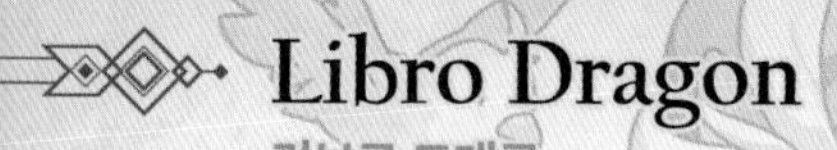

Libro Dragon

리브로 드래곤

DVC 정보  이 알은 깃털이 달린 모자를 쓰고 있다.

알

깃털이 달린 모자를 쓰고 있는 알이다. 깃털이 달린 초록 모자는 기록하는 드래곤으로 명받은 드래곤만 쓸 수 있는 모자라고 알려져 있다. 알 속에서부터 기록을 하고 있는지, 귀를 가져다 대면 펜촉으로 종이를 긁는 소리가 들린다. 캐러멜처럼 말랑거리는 알 바닥에 손을 가져다 대면 샘솟는 호기심을 느낄 수 있다.

해치

해치 때부터 언제나 책과 함께한다. 책과 떨어지는 법이 없다. 보이지 않는다 싶으면 양피지 사이나 무성하게 쌓인 책더미 속에 있다. 책더미 속에서 잠들어 있을 때도 많다. 밥을 먹을 때도, 씻을 때도, 놀 때도, 곁에는 항상 책이 함께 있다. 그 때문인지 리브로 드래곤에게서는 항상 종이 냄새와 잉크 냄새가 난다. 가끔 털 사이에서 책벌레가 발견되기도 한다. 리브로 드래곤이 책을 읽지 않을 때에는 생각에 잠겨 있을 때이다. 이땐 무슨 말을 걸어도 대답하지 않는다.

해츨링

해치 때와는 달리 궁금증을 해결하기 위해 이곳저곳을 돌아다닌다. 바닥에 떨어진 돌 하나에도 관심을 가질 정도로 세상에 펼쳐진 모든 것들에 관심을 갖는다. 눈 앞에 무언가 있으면 손으로 들어서 그것을 관찰한 뒤, 하루의 절반을 의문에 휩싸여 보낸다. 그리고 생각한 것을 모두 책에 적는다. 오랜 시간이 걸려도 의문이 풀리지 않는다면 드래곤과 테이머를 가리지 않고 말을 건다. 리브로 드래곤에게 한 번 붙잡히면 하루를 같이 보낼 각오를 해야 한다.

성체

세상에 보이는 모든 것을 책에 기록하며 항상 의문을 가진다.

지금까지 보고 느낀 것들에 대해 상세히 기록을 남긴다. 겉으로 보기에 리브로 드래곤이 지니고 있는 책은 한 권인데, 머리에 쓰고 있는 기록자의 모자는 신비한 기운을 담고 있어, 매우 작아 보이지만 놀랍게도 속은 깊어 그 안에 책을 담아둔다. 리브로 드래곤에게 친절히 부탁하면 보여줄지도 모른다.

특히 자연에 관심이 많다. 리브로 드래곤은 대부분 기록하거나 책을 읽을 때 숲속에 있는다. 작은 동물과 대화할 수 있는 능력도 있어 주변에는 새들이 모여있기도 하다.

Adela

아델라

드래곤을 만들던 디트는 바르티온의 조언에 따라 드래곤에 마공학 회로를 넣기로 마음먹는다.
디트는 바르티온이 시키는 대로 마공학의 회로를 만드는 바르티온의 옆에서 소원을 빌었다.
'세상의 불의를 사라지게 하는 정의의 드래곤이 되게 해주세요.'
바르티온의 마법으로 마공학 회로가 완성되자, 디트는 다시 드래곤 제작에 착수했다.
마공학 회로를 넣기 위해 언어 회로는 포기할 수밖에 없었다.
말을 닮은 드래곤 '아델라'는 오랜 시간 끝에 완벽한 모습을 갖추었다.
아델라는 디트에게 다가가 얼굴을 옷에 비볐다.
"이 녀석, 기분이 좋은가 봅니다."
그런데 갑자기 아델라의 온몸이 더욱 밝게 빛나더니, 아델라가 크게 콧김을 내쉬기 시작했다.
"불의를 감지한 모양입니다. 이 녀석과 함께 세상을 구하는 데 힘을 보태야겠어요."
아델라의 등 위에 디트는 몸을 실었다.
그렇게 디트는 자신이 만든 드래곤의 테이머가 되어, 불의가 없는 세상을 만들기 위해 나아갔다.

드래곤 이름	학명	먹이	평균 키
아델라	Faber Ferrum	기름	3.1~3.4m
속성	**체형**	**타입**	**평균 몸무게**
땅	드라코	병기 드래곤	190~230kg

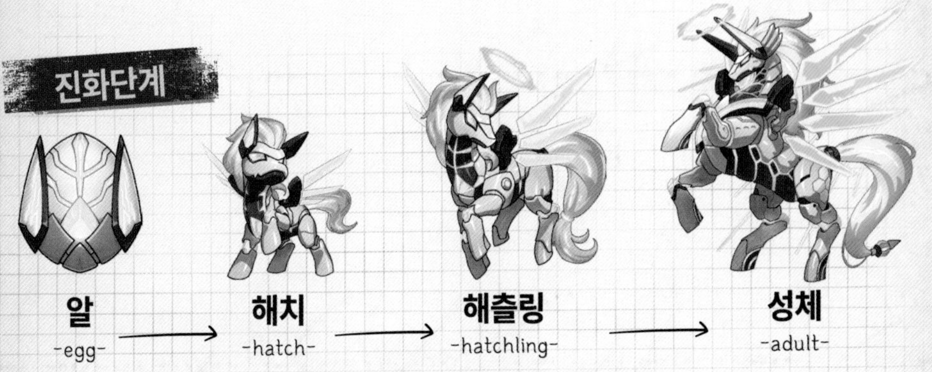

게임 정보

◈ **성격1(90%)** | **대담한**

◈ **성격2(10%)** | **차분한**

◈ **성별** |

◈ **획득처**

| **앨범 점수**

◈ **도감 배지** |

◈ **성체 100보유 배지** | 

◈ 드래곤 돌보기 수치 ◈

분석하기	92%	놀기	53%
먹기	73%	잠자기	22%
씻기	64%	함정파기	-15%

◈ 드래곤 성격 결정 수치 ◈

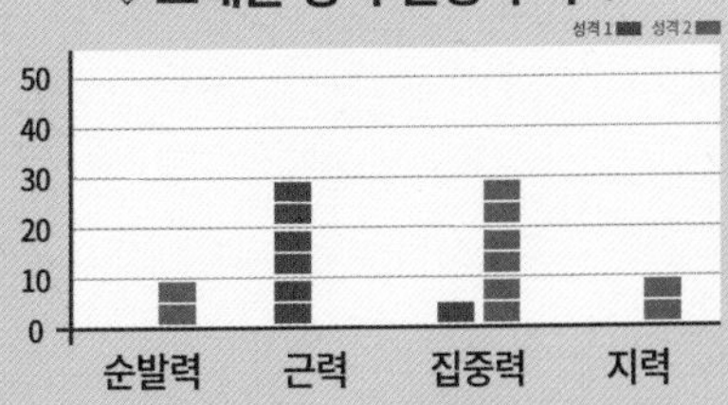

Adela

아델라

DVC 정보  이 알은 노란빛을 낸다.

알

노란빛이 나는 알이다.

디트가 이 세상에 불의라는 단어가 사라지길 바라는 염원을 담아 만들었다. 자신을 만든 주인을 닮아, 알에서부터 불의라는 어둠을 물리치기 위해 항상 눈 부신 빛을 내뿜고 있다.

해치

해치 때부터 불의를 감지한다.

신경이 발달하고, 몸에 내장된 센서로 주변 상황을 파악한다. 행성의 반대편에서 일어나는 불의까지도 감지할 수 있도록 디트가 설계 해놓았다고 한다. 머리 양옆의 센서로부터 신호를 전달받고, 그 신호를 따라서 날아간다. 디트의 말로는 행성의 반대편까지도 감지할 수 있다곤 하지만 멀어지면 멀어질수록 불안정해지면서 정확성이 떨어진다. 그럼에도 아델라는 불의가 일어나는 지점을 찾으려고 애를 쓴다.

해츨링

해치 때와는 달리 불의를 소멸한다.

불의의 기운이 느껴지는 지점에 도달하여 밝은 빛을 내뿜는다. 정의에 어긋나는 행위를 하는 이들은 아델라의 눈에서는 어둠에 휩싸인 모습으로 보인다고 한다. 아델라는 그런 이들에게 다가가 온몸에서 빛을 밝게 내뿜으며 소멸시킨다.

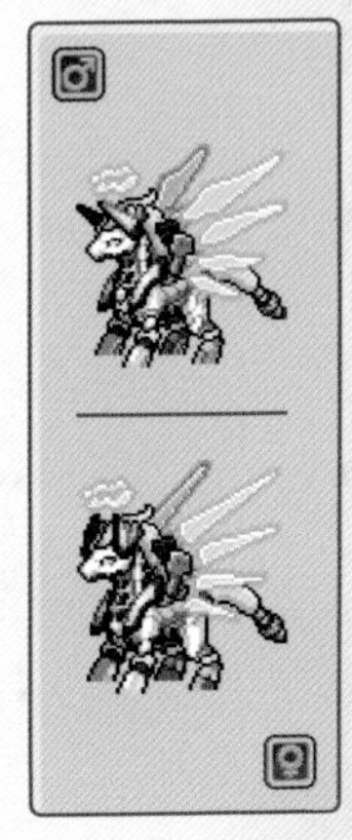

성체

넘치는 정의감이 항상 함께하고 있다. 정의의 빛을 내뿜으며 불의가 느껴지는 곳이라면 세차게 발길질하며 달려 나간다. 자신을 만든 사람인 디트를 닮아서인지 불의 앞에서 화를 참지 못하는 모습을 보인다. 화가 난 아델라는 두 앞발을 높이 치켜세우며 정의의 발길질을 한다. 아델라의 몸은 모두 단단한 철갑으로 되어있고, 뛰어난 대장장이와 지혜로운 사서의 힘이 합쳐져 만들어졌기 때문에 아델라의 발길질에 한 번 맞으면 상상을 초월할 고통을 겪게 될지도 모른다.

말을 할 수 없다. 마공학 회로를 넣는 대신, 언어 회로를 제외시키는 선택을 택했다.

그래서 발로 글을 쓰거나 몸을 움직여 소통한다. 기분이 좋을 때는 발굽으로 그림을 그려주기도 한다.

Frankenstein Dragon

프랑켄슈타곤

마공학자인 닥터 프랑켄슈타인은 드래곤의 파편과 마법의 주문, 드래곤의 정기를 이용해 새로운 드래곤을 만들어낸다.
닥터 프랑켄슈타인은 그렇게 만들어진 드래곤을 자신의 이름을 따 프랑켄슈타곤이라고 불렀다.
실험실 거울을 통해 자신의 모습을 본 프랑켄슈타곤은 울며 실험실 밖으로 뛰쳐나갔다.
사람들은 프랑켄슈타곤을 보며 비명을 지르거나 공격을 했다.
"미안하다, 미안해! 내 이상만 생각하느라 너의 고통을 헤아리지 못했어."
닥터 프랑켄슈타인은 프랑켄슈타곤을 쓰다듬으며 연신 미안함을 표현했다.
프랑켄슈타곤은 닥터 프랑켄슈타인을 껴안아 주었다.
힘을 조절하지 못한 프랑켄슈타곤은 닥터 프랑켄슈타인의 팔을 그만 부러뜨리고 말았다.
닥터 프랑켄슈타인은 고통을 호소하며 프랑켄슈타곤을 피해 도망쳤고 프랑켄슈타곤은 또다시 슬픔에 잠겼다.

드래곤 이름	학명	먹이	평균 키
프랑켄슈타곤	Manufactus Caput	퍼플튤립	2.8~3.1m
속성	체형	타입	평균 몸무게
어둠	드라코	실험체 드래곤	300~330kg

진화단계

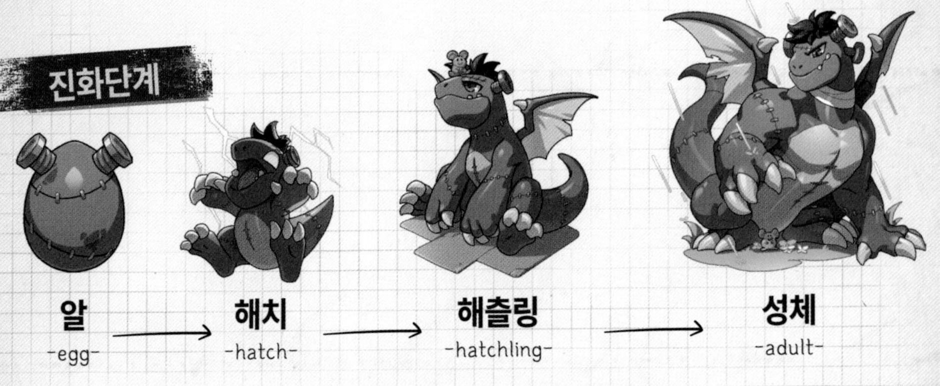

게임 정보

◈ 성격1(90%) | 온순한

◈ 성격2(10%) | 노력하는

◈ 성별 |

◈ 획득처

| 앨범 점수

◈ 도감 배지 | 

◈ 성체 100보유 배지 |

◈ 드래곤 돌보기 수치 ◈

가스분출	97%	놀기	32%
잠자기	76%	씻기	17%
먹기	57%	안아주기	-24%

◈ 드래곤 성격 결정 수치 ◈

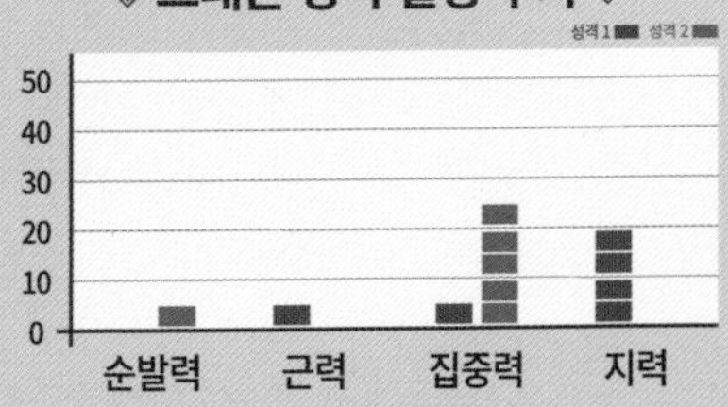

Frankenstein Dragon

프랑켄슈타곤

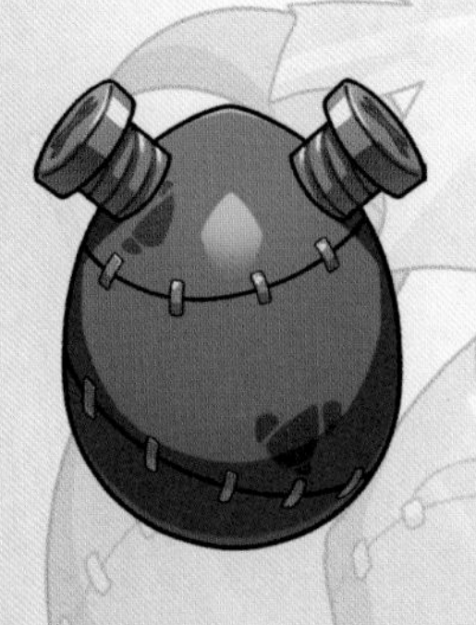

DVC 정보  이 알은 나사가 달려있다.

알

나사가 달린 알이다.

실험의 흔적이 남아있는 알 위에 커다란 나사 두 개가 박혀있다. 나사를 어떻게 돌리냐에 따라 알의 상태가 달라진다. 나사가 들어가도록 돌리면 알이 깨지거나 아파할 수 있다. 수많은 실험을 거쳐 탄생한 알이기 때문에 알 껍데기가 약해 조심히 다뤄야 한다.

해치

해치 때부터 많은 상처와 아픔을 느낀다.

마공학자 닥터 프랑켄슈타인의 수많은 실험을 거쳐 탄생하였다. 그러나 너무 많은 실험과 실패로 인해 흉측한 모습으로 세상에 나타났고, 해치 때 이러한 자신의 모습과 상처 속에서 고통을 느낀다. 흐르는 물에 비친 자신의 모습을 보며 자신의 존재에 대해 생각한다.

해츨링

해치 때와는 달리 고통과 아픔을 크게 느끼지 않는다.
자신의 흉측한 모습을 드러내고 싶지 않은 프랑켄슈타곤은 밤이나 낮이나 어둠에서 생활한다. 아무것도 보이지 않는 어두운 공간의 동물들은 프랑켄슈타곤의 모습을 보고 겁을 먹긴커녕 아랑곳하지 않고 프랑켄슈타곤을 웃게 만든다. 프랑켄슈타곤은 어둠에서 살아가는 동물들을 통해 자신의 상처와 고통을 치료받으며 점점 긍정적인 생각을 하게 되었다.
자신의 상처를 보듬어 준 동물들을 프랑켄슈타곤은 소중히 여기며 사랑으로 그들을 돌본다.

성체

무서운 겉모습과는 달리 작은 호의에도 고마워하며 생명을 소중히 여기는 따뜻한 마음을 가진 드래곤이다.
특히 어둠 속에서 생활하는 쥐들은 프랑켄슈타곤의 가장 친한 동료이자 친구다.
프랑켄슈타곤의 나사를 풀면 치즈와 같은 냄새가 풍긴다. 쥐들은 이러한 프랑켄슈타곤의 냄새에 끌리기도 한다. 말보다는 행동으로 자신의 감정을 표현한다. 수많은 실험으로 인해 말을 잘하지 못한다.
눈물이 많아 사소한 것에도 울 때가 많다. 자신이 아끼고 소중히 여기던 쥐들이 쥐약을 먹고 죽은 날 땅이 울릴 정도로 흐느끼며 울었다는 소문이 있다. 의외로 겁이 많다. 특히 실험실에서 들리는 소리에 민감하게 반응한다. 자신의 상처에서 고통을 느끼기도 한다.

Dark God Dragon

어둠의 고대신룡

어둠의 고대신룡은 아침마다 동이 트는 태양을 보며 모든 빛을 소멸시키고 싶다 소망했다.
아주 작은 빛이라도, 힘없는 생명에게 희망을 안겨 주는 건, 이 세계에는 불필요한 일이라 판단했기 때문이다.
어둠의 고대신룡은 세상을 돌아다니며 모든 생명에게 어둠을 불러일으켰다.
어둠의 기운은 세상에 만연하게 되었고, 결국 모든 생명에게 불안을 안겨주었다.
나약한 존재라는 깨달음, 언제 죽임당할지도 모른다는 초조함은 결국 서로를 좀먹기 시작했다.
불안에 휩싸인 생명들은 싸움을 반복하게 되었다.
이는 어둠의 고대신룡이 바란 강인한 자를 가리는 전쟁의 형태가 되었다.
어둠의 고대신룡은 보다 많은 어둠이 필요했다.
이 세상의 모든 존재를 강인하게 만들기 위해선 아직 남아 있는 한줄기 빛을 처단해야만 했다.
어둠의 고대신룡은 자신과 뜻이 맞는 동료를 찾아 여행을 떠났다.
세상의 모든 빛을 처단하고, 어둠의 세상으로 만들기 위한 첫 번째 여정의 시작이었다.

드래곤 이름	학명	먹이	평균 키
어둠의 고대신룡	Nox Custos	어둠의 멜론	3.3~3.5m
속성	**체형**	**타입**	**평균 몸무게**
어둠	드라코	어둠 드래곤	250~330kg

진화단계

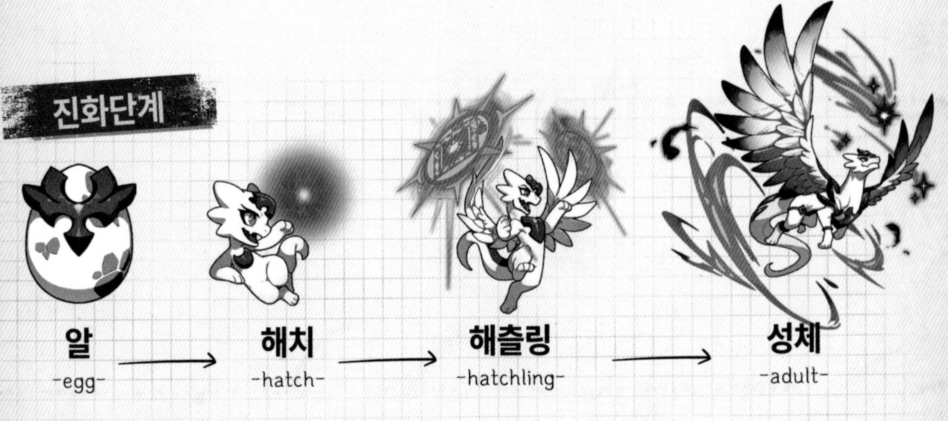

게임 정보

◈ **성격1(90%)** | ???

◈ **성격2(10%)** | ???

◈ **성별** | 

◈ **획득처** | 에브리아

◈ **도감 배지** |

◈ **성체 100보유 배지** |

*훈련을 하지 않았다면 성격이 미지의 성격으로 고정됩니다.
*훈련을 진행하여 노력치가 변경되었다면 에브리아에서 획득한 1세대 드래곤은 특수 성격이 나오지 않았을 때 기본 성격이 신비의 성격으로 고정됩니다.

◈ 드래곤 돌보기 수치 ◈

분노하기	89%	씻기	33%
잠자기	72%	먹기	23%
놀기	59%	명상	-20%

◈ 기본 노력치 ◈

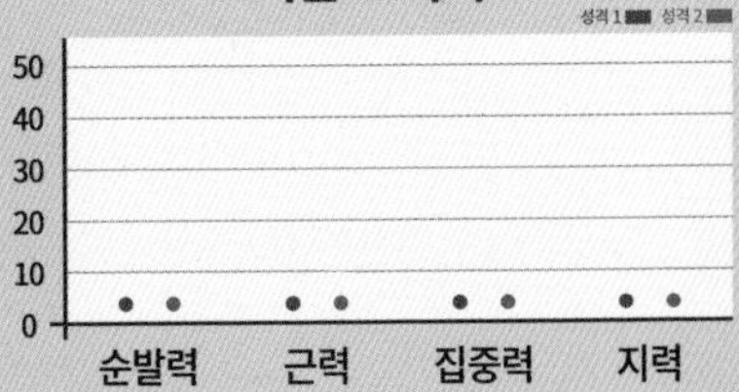

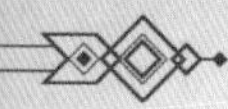

Dark God Dragon

어둠의 고대신룡

DVC 정보  이 알은 어둠의 점이 있다.

알

점박이 무늬는 어둠의 기운을 품고 있다. 어둠의 기운은 부정적 감정에 빠져들게 만들기 때문에 점박이 무늬를 조심해야 한다. 다른 부위 또한 만지지 않는 것이 좋은데, 알 자체가 심장이 얼어붙을 만큼 차갑기 때문이다. 알 껍질은 생각보다 얇다.

해치

해치 때부터 이마 위와 가슴, 꼬리 부분의 단단한 장식이 박혀있다. 빛을 몰아내는 기운이 강해 어둠의 고대신룡 주변은 언제나 어둠의 기운이 가득하다. 위협을 받으면 어둠의 기운을 한 곳으로 모은다. 어둠의 기운에 사로잡히면 어둠에 갇혀 순간 앞이 보이지 않게 된다. 이때를 노려 공격하기보다는 몸을 피하는 편이다. 이마에 박힌 단단한 장식으로 들이받아 상대의 체온을 급격히 떨어뜨릴 때도 있다.

해츨링

해치 때와는 달리 해츨링 시기에는 날개가 생겨나고 이마 위 장식이 커진다. 어깨에 돋아난 장식에서는 어둠의 기운이 느껴진다. 해치 때와는 달리 어둠을 조절할 수 있어 눈에 띄는 빛은 전부 몰아내려 하는 성질이 있다.

성체

어둠의 고대신룡의 왕관은 큰 힘을 빌려준다. 왕관은 어둠의 힘을 담고 있는 것으로 추정되며 더욱 어둠과 가깝게 닿아있을 수 있도록 도와주는 역할을 한다. 대부분의 드래곤들이 어둠의 고대신룡이 가진 왕관의 힘을 탐내지만, 어둠의 고대신룡이 아니면 왕관의 힘은 나타나지 않는다. 어둠의 고대신룡이 가진 왕관을 쓰는 순간 어둠에 잠식될 가능성이 높으니 도전하지 않는 것이 좋다.

Dark Lightning Dragon

어둠의 번개고룡

"이곳은 너의 땅인가?"
어둠의 번개고룡이 만난 건, 어둠의 고대신룡이었다.
어둠의 고대신룡이 머무는 땅에는 나약한 생명이라곤 없었다.
강인한 생명들 사이, 승리하지 못한 낙오자만 있을 뿐이었다.
최후의 승자를 가릴 때까지 생명들은 서로를 원망하며 불안한 감정의 전투를 이어나갔다.
"네가 바라던 세상이 바로 이런 모습 아니었나?"
어둠의 번개고룡은 이것이 자신이 원하는 세상이었다는 것을 인정하면서 두려워했다.
"나와 함께 빛을 섬멸하고 어둠의 땅을 만드는 게 어떤가?"
어둠의 고대신룡의 말에 어둠의 번개고룡의 심장이 세차게 뛰기 시작했다.
다크 번개를 내려칠 때처럼 점차 고조되는 감정에 어둠의 번개고룡은 고개를 끄덕였다.
"이 선택이 틀리지 않았다는 걸 보여주마!"
어둠의 번개고룡이 자신만만하게 답변하였다.

드래곤 이름	학명	먹이	평균 키
어둠의 번개고룡	·Nox Lightning	퍼플튤립	2.7~3.1m
속성	**체형**	**타입**	**평균 몸무게**
어둠, 번개	드라코	번개 드래곤	120~170kg

진화단계

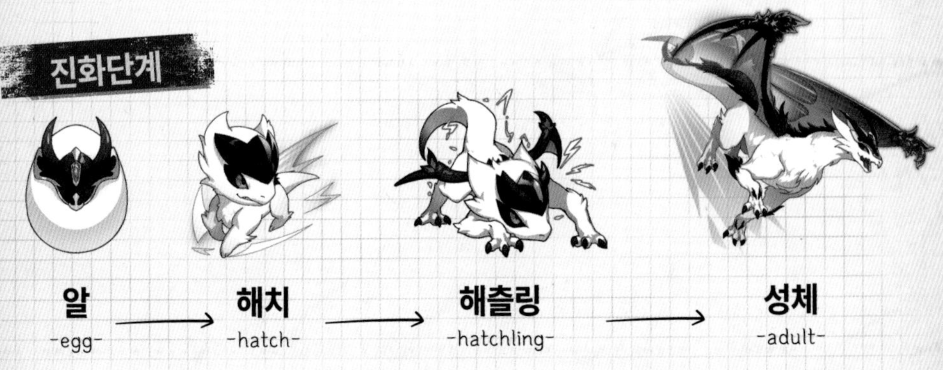

게임 정보

◈ **성격1(90%)** | ???

◈ **성격2(10%)** | ???

◈ **성별** | 

◈ **획득처** | 에브리아

◈ **도감 배지** |

◈ **성체 100보유 배지** |

*훈련을 하지 않았다면 성격이 미지의 성격으로 고정됩니다.
*훈련을 진행하여 노력치가 변경되었다면 에브리아에서 획득한 1세대 드래곤은 특수 성격이 나오지 않았을 때 기본 성격이 신비의 성격으로 고정됩니다.

◈ 드래곤 돌보기 수치 ◈

광속비행	89%	씻기	33%
잠자기	72%	놀기	23%
먹기	59%	충전하기	-20%

◈ 기본 노력치 ◈

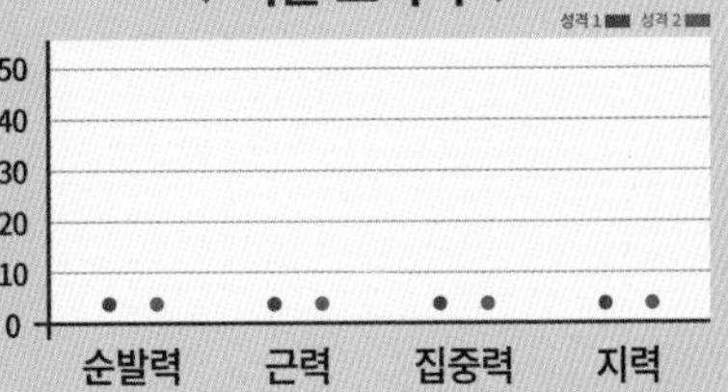

Dark Lightning Dragon

어둠의 번개고룡

DVC 정보

이 알의 번개 모양은
어둠의 힘이 깃들어 있다.

알

다크 번개의 힘을 가지고 있는 알이다. 흐르는 다크 번개는 스스로를 보호하려는 의미이자 동시에 알을 가지고 갈 테이머의 용기를 평가한다. 가벼운 정전기도 이기지 못하는 자는 어둠의 번개고룡의 알을 가져갈 자격이 주어지지 않는다.

해치

부화 후 해치 때는 날개가 없다. 다크 번개의 능력을 아직 사용하지 못한다. 정전기 수준의 전기를 일으킬 정도이다. 부드럽고 촘촘한 털이 강력한 정전기를 발생시키는 데 도움을 준다. 정전기로 약한 동물들을 사냥하거나 해치 드래곤을 괴롭히곤 한다. 날개가 없지만 번개처럼 빠른 속도로 달리기 때문에 도망치는 어둠의 번개고룡을 잡기란 어렵다. 습한 곳을 싫어하며 어두운 곳을 좋아한다.

해츨링

해치 때와는 달리 해츨링 시기에는 날개가 생겨 날렵하게 움직인다. 빛보단 느리지만 빠른 속도로 뛰어다닐 수 있을 만큼 다리 또한 발달한다. 몸 주변으로는 전류가 흐르는데, 이 전류에 닿는 생명들은 어둠의 기운에 잠식되어 폭력적인 성향을 보이기도 한다.

성체

어둠의 번개고룡 주변에는 일정한 전류가 흐른다. 이 전류는 단번에 몸을 경직시킬 정도이기 때문에 어둠의 번개고룡은 함부로 만지지 않는 것이 좋다. 일정 거리 이상 접근하게 되면 다크 번개를 내려쳐 다가오지 말라 경고하기도 한다. 다른 드래곤들과는 잘 교류하지 않는 경향이 있다. 자신보다 약한 자를 무시하는 성격으로 자신에게 말을 거는 드래곤들에게 다크 번개의 힘을 사용하는 등 굉장히 자비 없는 드래곤이기도 하다. 다크 번개의 경우 오로지 빛을 없애는 데 사용하거나 약한 자들을 놀리기 위해 사용한다. 그렇기 때문에 선한 의지를 가진 빛 드래곤들은 어둠의 번개고룡이 내려치는 다크 번개의 힘에 잠식되지 않도록 피해 다니는 경우가 많다.

Snow Frost Dragon

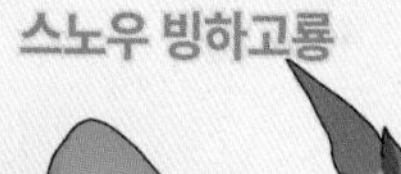

사람이 느낄 수 있는 혹한의 추위를 겪을 수 있는 땅.
심장마저 얼어붙을 정도로 매서운 바람이 부는 빙결의 땅은 '죽음의 땅'이라 불리기도 하였다.
스노우 빙하고룡은 빙결의 땅을 찾은 이들을 절망으로 내몰았다.
불 속성 드래곤에겐 다시는 불을 피울 수 없는 수치, 번개 속성 드래곤에겐 번개조차 나올 수 없는 패배감, 꿈 드래곤에겐 영원한 기상 등을 선사하였다.
시간이 흐를수록 빙결의 땅을 찾는 이가 줄어들자 스노우 빙하고룡은 지루해하며, 주변의 살아있는 생명을 찾아다녔다.
스노우 빙하고룡이 머물거나 걷는 길은 전부 얼어붙었기 때문에 생명을 발견하기 쉽지 않았다.
스노우 빙하고룡은 빙결의 땅을 넓히고자 결심했다.
찾아오는 이가 없다면 모든 이를 빙결의 땅에 머물게 하면 해결될 일이었다.
'온 세상이 빙결의 땅으로 변하면 되겠군!'

드래곤 이름	학명	먹이	평균 키
스노우 빙하고룡	Nox Acer	어둠의 멜론	3.5~3.8m
속성	**체형**	**타입**	**평균 몸무게**
어둠, 물	드라코	얼음 드래곤	400~450kg

게임 정보

◈ **성격1(90%)** | ???

◈ **성격2(10%)** | ???

◈ **성별** | ♂ ♀

◈ **획득처** | 에브리아

◈ **도감 배지** |

◈ **성체 100보유 배지** |

*훈련을 하지 않았다면 성격이 미지의 성격으로 고정됩니다.
*훈련을 진행하여 노력치가 변경되었다면 에브리아에서 획득한 1세대 드래곤은 특수 성격이 나오지 않았을 때 기본 성격이 신비의 성격으로 고정됩니다.

◈ 드래곤 돌보기 수치 ◈

명상	92%	놀기	53%
먹기	73%	씻기	22%
잠자기	64%	얼리기	-15%

◈ 기본 노력치 ◈

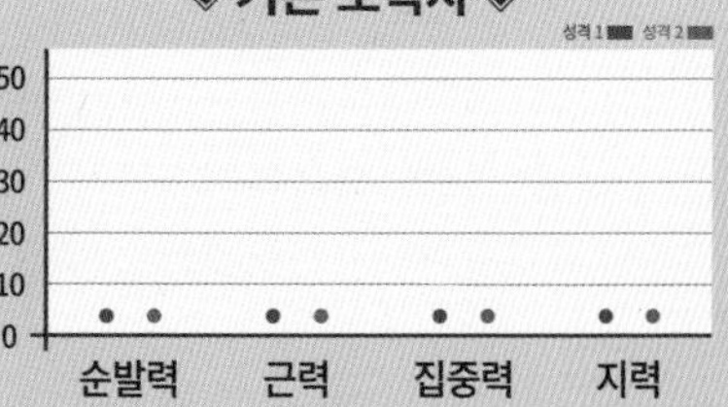

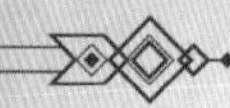

Snow Frost Dragon

스노우 빙하고룡

DVC 정보  이 알은 냉기가 감돈다.

알

모든 존재를 얼려버릴 정도로 차가운 냉기를 지닌 알이다. 항시 차가운 기운을 뿜어대고 있으며 맨손으로 만지는 경우 동상에 걸린다. 스노우 빙하고룡의 알은 따뜻한 곳에 두면 바로 부화에 실패하니 온도가 낮은 장소를 유지해야만 한다.

해치

해치 때부터 몸 군데군데에 얼음을 달고 부화한다. 갓 부화한 스노우 빙하고룡은 해치 때부터 얼음을 다루는 능력이 뛰어나다. 눈을 내리거나 물건을 얼리는 등 여러 가지 실험을 통해 실력을 단련한다. 꼬리에 맺혀있는 얼음 결정은 돌처럼 단단하다. 따라서 위협을 느끼면 꼬리부터 휘두른다. 날카로운 얼음조각을 생성해 던지기도 한다. 함박눈처럼 포근해 보이는 털은 쓰다듬으면 손이 꽁꽁 얼어버릴 만큼 차갑다.

해츨링

해치 때와는 달리 해츨링 시기에는 녹지 않는 얼음 날개가 생긴다. 꼬리의 끝과 몸 주변에는 얼음 결정이 더욱 돋아난다. 스노우 빙하고룡이 지나간 자리는 한파가 몰아치며 눈이 내린다. 해츨링 때는 눈을 잘 조절하지 못해 주변을 전부 얼려버리기도 한다.

성체

뜨거운 여름이나 큰 불길 근처도 견딜 수는 있으나 평소보다 기운이 없어지고 행동이 느려진다. 하지만 더위 때문에 목숨을 잃는 일은 일어나지 않는다.

일반 드래곤들이 견디지 못하는 추위조차도 스노우 빙하고룡에게는 살기 좋은 터전이 된다. 스노우 빙하고룡의 몸은 어떠한 더위에도 녹지 않는 비늘이 감싸고 있는데, 이는 스노우 비늘이라 불리기도 한다. 스노우 비늘의 경우 스노우 빙하고룡이 더위를 견딜 수 있게 해주는 역할로 알려져 있다.

스노우 빙하고룡 몸에 붙은 얼음은 무척 위험하다. 심장이 얼어붙을 정도로 차가운 얼음은 평범한 생명이 먹는 순간 심장은 물론 감정까지 모두 얼어붙는다. 특히 불 속성 드래곤들이 스노우 빙하고룡의 얼음을 먹는 경우 다시는 불씨를 살릴 수 없는 존재로 살아가야만 한다.

Maniacal Power Dragon

광기의 파워 드래곤

'강한 힘만이 살아남을 수 있다.'
정체 모를 소리가 속삭일 때마다 파워 드래곤은 괴로워하며 커다란 바위를 향해 돌진했다.
파워 드래곤과 부딪친 바위는 순식간에 산산조각 났다.
'너는 모든 존재를 파괴할 운명.'
파워 드래곤은 소리에 대한 생각을 떨쳐내고자 단단해 보이는 모든 곳에 돌진했다.
하지만 생각을 하지 않으려고 할수록 정체 모를 소리는 선명해져만 갔다.
강인한 힘과 분노는 정체 모를 소리를 없애겠다는 집착으로 이어졌다.
'오직 힘만이 날 소멸시킬 수 있다. 모든 존재를 소멸하라.'
파워 드래곤은 그 어떤 소리도 듣고 싶지 않았다.
어둠이 내린 땅 위, 파워 드래곤은 눈앞의 모든 존재를 죽음으로 이끌어가고 있었다.
'더 많은 존재의 죽음을!'
"더 많은 존재의 죽음을!"

드래곤 이름	학명	먹이	평균 키
광기의 파워 드래곤	Bacchans Sumo	파오파오 열매	4.5~5.5m
속성	**체형**	**타입**	**평균 몸무게**
어둠, 땅	드라코	힘 드래곤	600~800kg

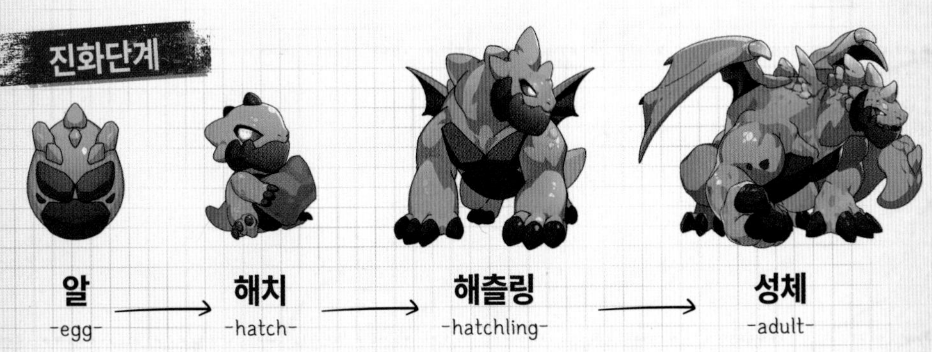

게임 정보

◈ **성격1(90%)** | ???

◈ **성격2(10%)** | ???

◈ **성별** | 

◈ **획득처** | 에브리아

◈ **도감 배지** |

◈ **성체 100보유 배지** |

*훈련을 하지 않았다면 성격이 미지의 성격으로 고정됩니다.

*훈련을 진행하여 노력치가 변경되었다면 에브리아에서 획득한 1세대 드래곤은 특수 성격이 나오지 않았을 때 기본 성격이 신비의 성격으로 고정됩니다.

◈ 드래곤 돌보기 수치 ◈

펀치펀치	93%	먹기	37%
씻기	76%	잠자기	19%
놀기	53%	운동하기	-11%

◈ 기본 노력치 ◈

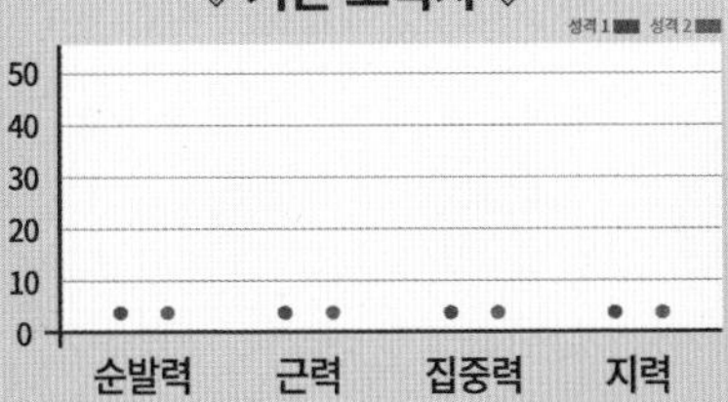

Maniacal Power Dragon

광기의 파워 드래곤

DVC 정보

이 알은 매우 거친 힘이 잠식되어 있다.

알

매우 거친 힘이 잠식된 알이다. 알 표면에 손을 대면 격동이 느껴진다. 격동은 알의 부화 때까지 멈추지 않는다. 부화 시에는 엄청난 격동을 일으키는데, 그 힘이 지진을 일으킬 만큼 강력하다. 알 껍질은 드래곤이 어떻게 알을 부수고 나왔는지 의아할 만큼, 어떤 충격에도 부서지지 않는다. 오직 광기의 파워 드래곤만이 광기의 파워 드래곤 알을 부술 수 있다.

해치

해치 때부터 강한 턱으로 드래곤을 물기도 한다. 자신의 강함이 어느 정도인지 시험하고 싶어 여러 곳을 돌아다닌다. 다이아몬드까지 깨트릴 정도로 턱 힘이 강하다. 강인한 힘 때문에 정신이 잠식되는 과정을 부정하기 위해 벽이나 바위 등에 자신의 머리를 부딪치기도 한다. 그때마다 어김없이 벽과 바위가 부서지며, 때론 산사태가 일어나기도 한다.

해츨링

해치 때와는 달리 해츨링 시기에는 힘을 조절하지 않는다. 더욱 강인한 힘에 잠식되어 승리를 제외한 모든 것은 의미 없다 생각한다. 자신과 대결할 상대를 찾아 시비를 거는 경우가 많으며 힘을 과시하고 싶어 크게 포효하기도 한다.

성체

대부분의 광기의 파워 드래곤은 난폭한 성격으로 자신의 힘을 과시한다. 여러 드래곤과 힘 대결을 펼치며 자신의 강함을 입증하곤 한다. 공격적인 힘이 뛰어난 만큼 몸 또한 강한 충격에 견딜 수 있을 정도로 단단하다. 그중 턱이 가장 발달해 있으며 한입에 깨물지 못하는 것이 없다. 목이 두꺼운 만큼 목소리의 힘도 강해 내지르는 소리만으로도 주변을 압도할 수 있을 정도다.
잠식된 힘은 광기의 파워 드래곤의 정신뿐만 아니라 육체까지 지배한다. 강한 자만이 이 세상을 지배할 수 있다는 믿음을 가지고 있으며 이를 실행하기 위해 드래곤의 우위를 차지하려 한다. 승리를 위해서라면 어떠한 수단과 방법을 가리지 않을 정도로 승리와 강인한 힘에 심취해 있다.

Light Darknix

빛의 다크닉스

인적이 드문 산 위, 다크닉스는 동이 트는 모습을 지켜봤다.
모습을 감추었던 동물들이 빛을 보며 활동을 시작했다.
빛에 안심하는 생명들을 지켜보며 다크닉스는 깨달았다.
'만연한 어둠은 결국 모두를 죽음으로 이끌 것이다. 이곳에는 빛이 필요해.'
깨달음을 얻은 다크닉스에게 옅지만 선명한 빛이 내려왔다.
빛은 점차 다크닉스의 심장을 지배하더니 다크닉스에게 강렬한 힘을 안겨주었다.
빛의 힘을 얻은 다크닉스는 처음으로 따뜻함을 느낄 수 있었다.
편안하고 다정한 온기는 다크닉스를 빛으로 인도하였다.
'이 세상에 필요한 것은 죽음이 아닌 삶이다.'
빛의 다크닉스는 어둠으로 가득한 이곳을 구원하고자 마음먹었다.
어둠으로부터 구원하기 위해서는 가장 강한 힘, 어둠의 사대신룡을 만나야만 했다.

드래곤 이름	학명	먹이	평균 키
빛의 다크닉스	Novus Lux	멜론	2.9~3.1m
속성	**체형**	**타입**	**평균 몸무게**
빛	드라코	빛 드래곤	300~350kg

진화단계

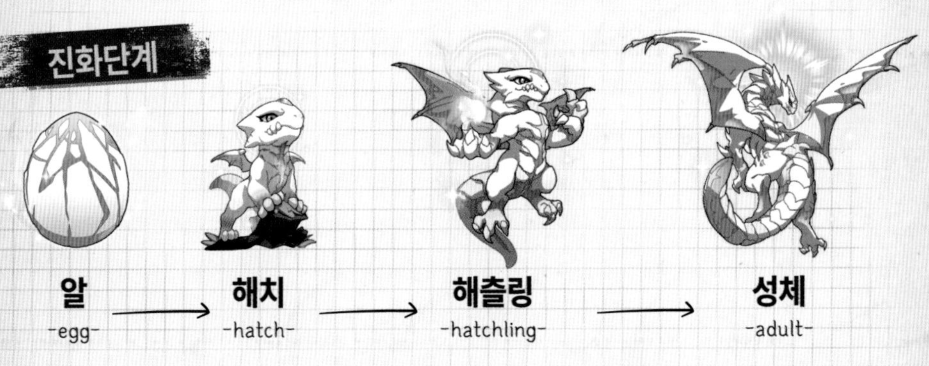

게임 정보

◈ **성격1(90%)** | ???

◈ **성격2(10%)** | ???

◈ **성별** | 

◈ **획득처** | 인연도감 보상

◈ **도감 배지** |

◈ **성체 100보유 배지** | 

*훈련을 하지 않았다면 성격이 미지의 성격으로 고정됩니다.
*훈련을 진행하여 노력치가 변경되었다면 에브리아에서 획득한 1세대 드래곤은 특수 성격이 나오지 않았을 때 기본 성격이 신비의 성격으로 고정됩니다.

◈ 드래곤 돌보기 수치 ◈

명상	93%	잠자기	39%
먹기	61%	놀기	29%
씻기	49%	분노하기	17%

◈ 기본 노력치 ◈

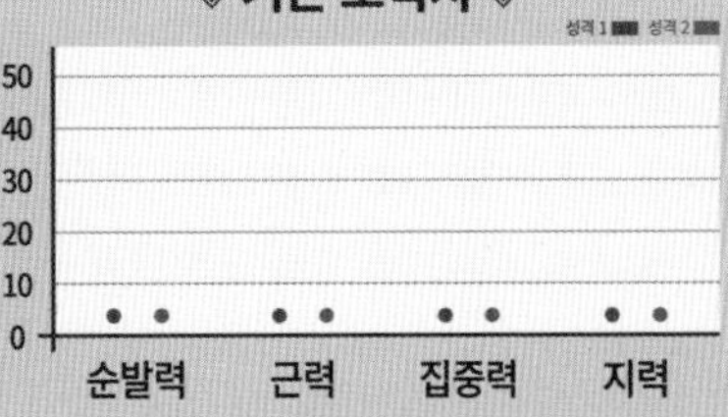

Light Darknix

빛의 다크닉스

DVC 정보  이 알의 빛은 강한 힘을 발산한다.

알

강한 빛의 힘이 담긴 알이다. 빛이 있는 곳에 서식하며 선한 의지를 이어나가고 있다. 알에서 흘러나오는 따뜻하고 다정한 기운을 느끼고 찾아온 동물들이 알 주변에서 낮잠을 자는 모습을 종종 목격할 수 있다. 용암처럼 뜨거운 물질이 흘러내린 흔적이 있지만, 만져보면 뜨겁지 않고 따뜻하다.

해치

해치 때부터 빛의 본능이 어마어마하다.

아무리 작은 동물들이라도 다정히 대하며 어둠에서부터 빛으로 인도하고자 한다. 턱 끝에서부터 시작되어 가슴을 타고 흐르는 빛줄기가 어둠이 다가오지 못하게 막아주고 있다. 생명을 소중히 여겨 먼저 공격하는 법이 없다. 빛을 퍼뜨려 자신의 몸과 지켜야 할 생명들을 방어할 뿐이다.

해츨링

해치 때와는 달리 해츨링 시기에는 꼬리와 날개가 몸체에 비해 커진다. 여타 다른 빛 드래곤들과 차원이 다른 분위기를 풍긴다. 꼬리 끝에서 빛이 뿜어져 나오기 시작하여 주변 어둠을 빛으로 집어삼킨다.

성체

본능적으로 빛에 이끌리는 드래곤이다. 빛이 있는 곳이라면 자신의 힘을 더욱 증폭시킬 수 있다. 환한 낮에는 여러 드래곤들의 조력자로 활약하거나 도움이 필요한 이들을 도우며 시간을 보내기도 한다. 밤이 되면 빛이 필요한 자들을 찾거나 자신의 빛으로 약한 존재들을 안심시켜 준다.
성체가 되면 빛이 필요한 자들의 기운을 느낄 수 있다. 어둠을 몰아낼 수 있는 능력이 향상돼 어두운 곳일수록 더욱 밝은 빛을 발산하기도 한다. 자신의 주변에 다가오는 이들에게 다정한 빛을 느껴 안심을 준다.
빛의 다크닉스가 가진 날개는 빛이 소용돌이치는 모양이다. 빛의 다크닉스의 선행에 따라 모습이 바뀌기도 한다. 깊은 선행이나 의지를 가진 빛의 다크닉스의 경우 더욱 환한 날개를 가진다고 전해진다.

Pure White Fides

순백의 피데스

"빛의 다크닉스, 네가 원하는 빛은 어떤 거지?"
순백의 피데스의 물음에 빛의 다크닉스는 쓰러진 몬스터들을 해치며 빛과 함께 나아갔다.
"죽음이 아닌 삶을 가져오는 빛이다."
더 이상 죽음을 목격하지 않는 것이 순백의 피데스가 꿈꾸는 이상이었다.
빛의 다크닉스의 대답으로 신뢰가 생긴 피데스는 함께 하고 싶다는 뜻을 전했다.
"그렇다면 너의 힘을 시험해 봐야겠다."
빛의 다크닉스가 날개를 펼쳤다. 날갯짓에서 느껴지는 빛의 기운이 순식간에 숲을 채웠다.
순백의 피데스는 힘을 모아 할 수 있는 만큼 많은 벼락들을 몸에서 내뿜었다.
빛의 다크닉스는 싸움을 통해 빛을 향한 강한 의지를 확인하였고, 순백의 피데스와 함께하기로 하였다.

드래곤 이름	학명	먹이	평균 키
순백의 피데스	Illustris Fides	포도	2.5~2.9m
속성	**체형**	**타입**	**평균 몸무게**
빛, 번개	드라코	번개 드래곤	170~250kg

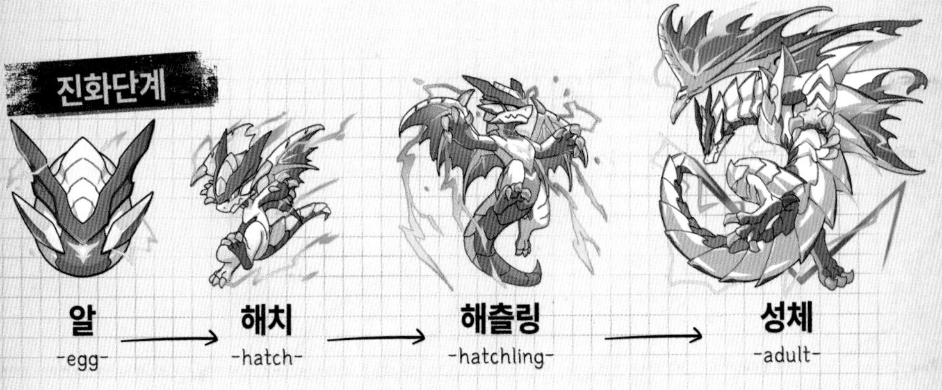

게임 정보

◈ **성격1(90%)** | ???

◈ **성격2(10%)** | ???

◈ **성별** | 

◈ **획득처** | 에브리아

◈ **도감 배지** |

◈ **성체 100보유 배지** |

*훈련을 하지 않았다면 성격이 미지의 성격으로 고정됩니다.
*훈련을 진행하여 노력치가 변경되었다면 에브리아에서 획득한 1세대 드래곤은 특수 성격이 나오지 않았을 때 기본 성격이 신비의 성격으로 고정됩니다.

◈ 드래곤 돌보기 수치 ◈

충전하기	83%	놀기	39%
잠자기	71%	자체발광	27%
씻기	51%	먹기	17%

◈ 기본 노력치 ◈

성격 1 성격 2

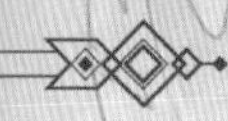

Pure White Fides

순백의 피데스

DVC 정보  이 알은 벼락을 뿜어낸다.

알

벼락을 뿜어내고 있는 알이다. 알 주변에는 언제나 벼락이 맴돌고 있다. 순백의 피데스 알이 생성하는 벼락은 눈에 보일 정도로 선명하다. 부화에 가까워질수록 벼락이 치는 횟수가 늘어난다. 솟아있는 분홍색 뿔로 벼락을 흡수하기도 한다. 이 벼락 때문에 순백의 피데스 알 주변은 항상 밝은 편이다. 감전되고 싶지 않다면 만지지 않는 편이 좋다.

해치

해치 때부터 쉴 새 없이 벼락을 내뿜으며 비행한다.

항상 온몸에 벼락을 두른 채 비행한다. 순백의 피데스가 내뿜는 벼락 때문에 하늘의 생명체나 드래곤들의 날개, 꼬리의 일부분이 타버리곤 한다. 밤낮을 가리지 않고 비행하는 해치 순백의 피데스 때문에 잠에 들지 못하는 이들이 많다. 낮으로 착각할 만큼 밝은 벼락을 만들어내는 것을 목표로 삼고 있다.

해츨링

해치 때와는 달리 빛의 벼락을 내려친다.
어둠에 물들어 가는 세상과 생명체들을 가만두지 못한다. 그리하여 어둠을 물리치기 위해 빛의 벼락을 내려친다. 빛의 벼락에 맞으면 어둠이 태워진다. 해치 때와 마찬가지로 쉬지 않고 날아다닌다. 자신이 바라는 빛의 세상을 위해 함께할 드래곤을 찾고 있다.

성체

빛처럼 매우 밝은 벼락을 내려치는 드래곤이다.
순백의 피데스의 벼락은 빛처럼 새하얗기에 맨눈으로는 보기 어렵다. 근처에 빛의 벼락이 닿기만 하더라도 시야가 마비되고 타들어갈 정도의 뜨거움이 느껴진다.
밤낮을 가리지 않고 활동한다. 환한 낮에도 어둠에 물든 자들을 불사르기 위해 돌아다닌다.
순백의 피데스의 경우 모두에게 싸움을 걸고 다니는 경우가 많다. 싸움에서 나오는 긴장감과 흥분으로 더 많은 벼락을 만들 수 있으며, 그 벼락을 몸 안에 비축한다. 주변에 돌고 있는 벼락들이 순백의 피데스의 강함을 확인할 수 있는 기준 중 하나이다.

Dreamer Obex

몽상가 오벡스

빛의 기운을 느낀 몬스터들이 빛의 다크닉스에게 달려들었다.
몽상가 오벡스는 수없이 많은 공간을 공중에 창조한 뒤 몬스터들을 가두어 소멸시켰다.
"고맙군. 너의 상상으로 창조되는 공간들이라면 충분히 어둠을 몰아낼 수 있을 것이다."
"이렇게 어둠의 상처가 많은데도 싸우려 들다니... 넌 도대체 어떤 이상을 품고 있는 거지?"
빛의 다크닉스는 몽상가 오벡스의 말에 어딘가로 향하려는 듯했다.
"나는 만연한 어둠이 생명을 죽음으로 이끄는 것을 지켜보았다. 이 세상에는 빛이 필요하다."
빛의 다크닉스는 몽상가 오벡스에게 빛의 기운을 선사했다.
몽상가 오벡스는 따뜻함과 사랑을 갖고 있는 빛을 흡수함으로써 자신이 강해지고 있다는 것을 느꼈다. 그렇게 몽상가 오벡스는 빛의 다크닉스를 쫓아가기로 결심했다.

드래곤 이름	학명	먹이	평균 키
몽상가 오벡스	Somnium Concordia	멜론	1.4~1.7m
속성	체형	타입	평균 몸무게
빛, 강철	드라코	공간 드래곤	50~70kg

게임 정보

◈ 성격1(90%) | ???

◈ 성격2(10%) | ???

◈ 성별 | ♂ ♀

◈ 획득처 | 에브리아

◈ 도감 배지 |

◈ 성체 100보유 배지 |

*훈련을 하지 않았다면 성격이 미지의 성격으로 고정됩니다.
*훈련을 진행하여 노력치가 변경되었다면 에브리아에서 획득한 1세대 드래곤은 특수 성격이 나오지 않았을 때 기본 성격이 신비의 성격으로 고정됩니다.

◈ 드래곤 돌보기 수치 ◈

분석하기	93%	잠자기	43%
만들기	67%	놀기	27%
먹기	56%	씻기	16%

◈ 기본 노력치 ◈

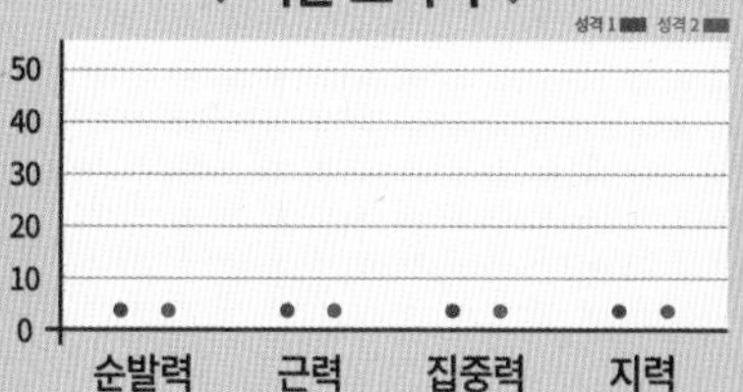

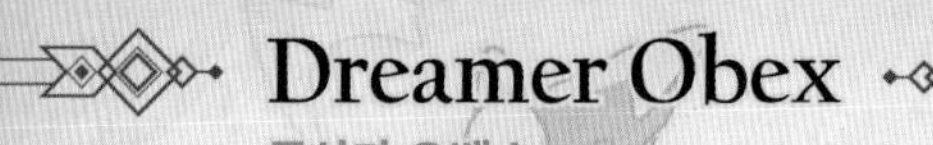

Dreamer Obex

몽상가 오벡스

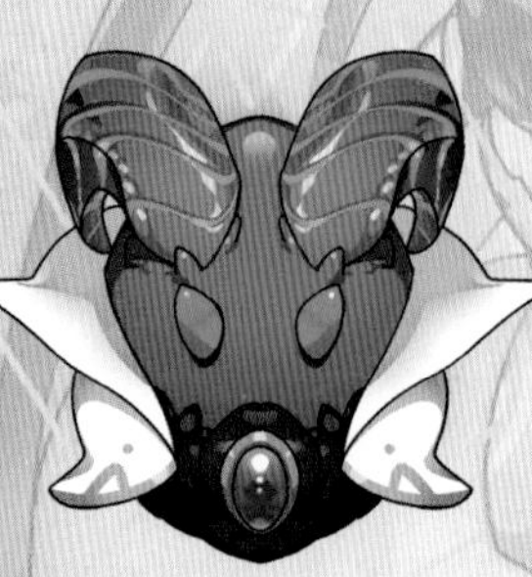

DVC 정보  **이 알은 상상의 공간을 생성하려 한다.**

알

상상의 공간을 생성하려는 알이다.
알 주변으로 형형색색의 공간이 보인다. 공간은 계속 색이나 모양을 바꾼다. 오벡스의 상태에 따라 다양한 공간이 목격된다.

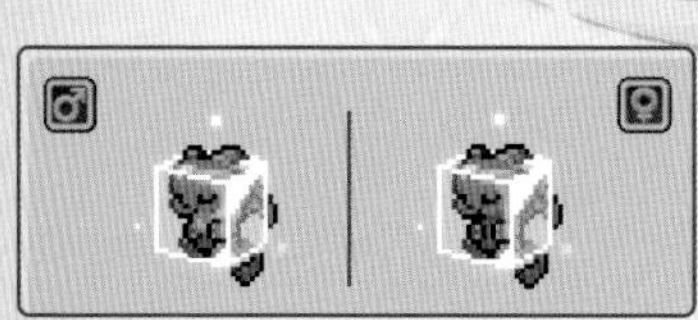

해치

해치 때부터 예술적인 공간을 창조할 수 있다. 예술적인 공간은 매우 다양한 색깔과 크기로 만들어진다. 필요에 따라 알맞은 공간을 창조한다. 더 예술적인 공간을 창조하기 위해 사색에 잠기기도 한다. 꽃을 심어 공간을 직접 꾸미기도 한다. 달콤한 꽃향기를 맡은 벌과 나비가 오벡스의 공간으로 들어가지 못하고 자꾸 벽에 부딪치는 모습을 종종 목격할 수 있다.

해츨링

해치 때와는 달리 창조한 공간을 자랑한다.
공간에 갇혀있다기보다는 앞에 나서서 자신이 만든 공간을 보여준다. 몽상가 오벡스가 만들어 낸 공간에 관심을 가지면 앞에 세워두고 한참을 이야기할지도 모른다.

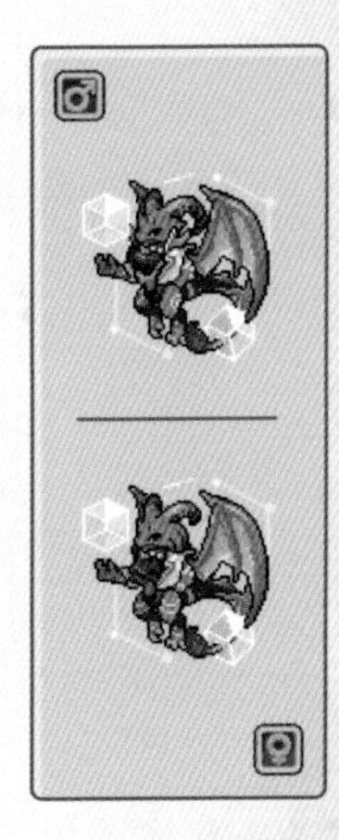

성체

무궁무진한 공간을 만들어 내는 드래곤이다.
몽상가 오벡스가 만드는 공간은 무궁무진하다. 몽상가 오벡스의 명령에 따라 색과 크기, 기운과 압력이 자유자재로 바뀐다. 자신의 공간을 예술적인 공간이라고 소개하며 상대를 현혹한 뒤, 그 공간에서 나오지 못하게 만든다. 공간을 한 곳에 합쳐낸 뒤 적에게 던지거나, 형형색색의 공간으로 적의 정신을 혼란스럽게 만들기도 한다. 자신의 공간을 예술적으로 만들기 위해 시간을 보내는 경우가 많다. 매우 예민한 성격으로 자신이 상상하고 있을 때 방해받는 것을 싫어한다.

Nightmare Lucio

악몽의 루시오

악몽의 루시오는 환몽에 빠진 드래곤들을 지켜보며 만족스러운 미소를 지었다.
악몽 속에서 헤엄치는 드래곤들의 모습은 아주 신나는 볼거리였다.
빛의 다크닉스가 자신의 앞에 섰을 때, 악몽의 루시오는 처음으로 미소를 거두었다.
희망, 승리, 평온과 같은 긍정적인 감정이 담긴 빛이 환몽을 물러가게 했기 때문이었다.
빛의 다크닉스는 따뜻한 빛을 선사하며 악몽의 루시오를 찾은 이유를 설명했다.
"이 빛이 느껴지는가? 이 세상은 어둠이 아닌 빛으로 가득 차게 될 것이다. 그 세상을 만들기 위해서 네 힘이 필요하다."
빛을 느낀 악몽의 루시오는 생명만이 가득한 세상을 머릿속에 그려내기 시작했다.
머릿속에서 그려지는 이 세상이 현실에 나타날 수 있는 것일까.
빛의 승리를 꿈꾸는 자가 만들어갈 세상에 호기심이 피어나기 시작했다.

드래곤 이름	학명	먹이	평균 키
악몽의 루시오	Insomnium Dolor	스타후르츠	2.6~3.3m
속성	체형	타입	평균 몸무게
빛, 꿈	코아틸	환몽 드래곤	110~160kg

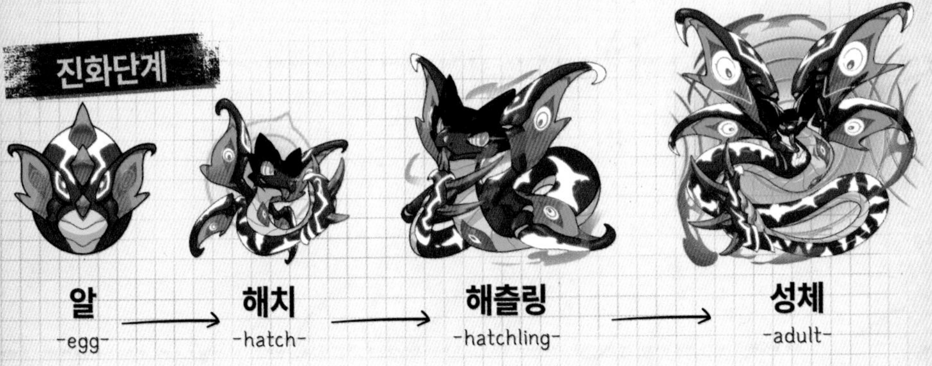

게임 정보

◈ 성격1(90%) | ???

◈ 성격2(10%) | ???

◈ 성별 | 

◈ 획득처 | 에브리아

◈ 도감 배지 |

◈ 성체 100보유 배지 |

*훈련을 하지 않았다면 성격이 미지의 성격으로 고정됩니다.
*훈련을 진행하여 노력치가 변경되었다면 에브리아에서 획득한 1세대 드래곤은 특수 성격이 나오지 않았을 때 기본 성격이 신비의 성격으로 고정됩니다.

◈ 드래곤 돌보기 수치 ◈

혼자두기	97%	씻기	32%
놀기	76%	잠자기	17%
먹기	57%	장난치기	-24%

◈ 기본 노력치 ◈

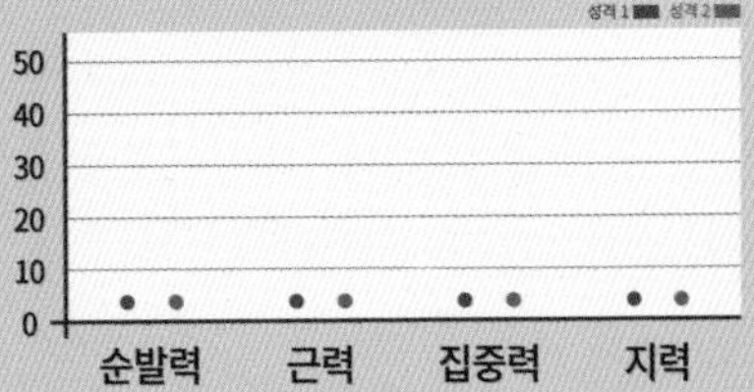

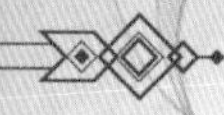

Nightmare Lucio

악몽의 루시오

DVC 정보  이 알은 환몽을 선사한다.

알

환몽을 선사하는 알이다. 알 주변에는 기이한 울음소리가 끊이질 않는다. 알껍데기에는 소량의 독이 묻어있다. 독을 만지면 환몽에 시달리게 되므로 주의하는 것이 좋다. 알 주변에서 다양한 색채의 무늬가 발견된다. 알의 지느러미에서 시작된 무늬로 추정된다.

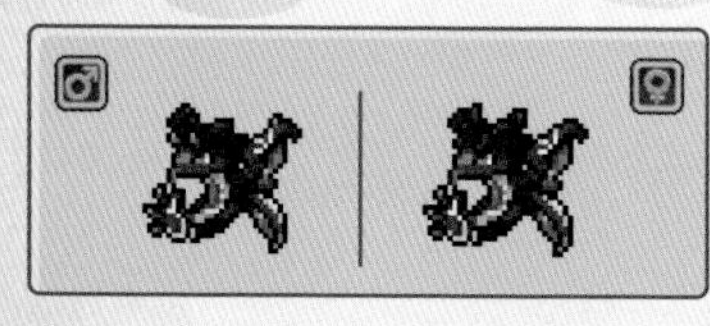

해치

해치 때는 환몽의 힘을 신중히 사용한다. 악몽의 루시오의 독은 체내에 매우 소량만 생성되며 오랜 시간이 걸려서야 다시 생겨난다. 독의 양이 적기에 환몽의 힘을 신중히 사용하는 편이다. 환몽의 시간은 그리 길지 않지만 현실과 꿈이 구분되지 않을 만큼 선명하기 때문에, 악몽의 루시오를 찾는 이들이 많다. 등부터 꼬리, 날개까지 펼쳐져 있는 빛나는 줄무늬는 독을 품고 있다는 일종의 경고다.

해츨링

해치 때와는 달리 환몽의 힘을 자주 사용한다.
서서히 독을 사용하는 데에 능숙해지며 환몽의 힘을 거침없이 사용하기 시작한다. 보이는 생명체마다 환몽의 힘을 선사한다. 소량의 독으로 선사되는 환몽의 시간은 매우 길다. 환몽을 겪으며 괴로워하는 이들의 모습을 보면서 만족감을 느낀다.

성체

강력한 독으로 환몽을 선사하기 위해 항상 깨어있는 드래곤이다.
평소에는 뱀과 같은 형태로 똬리를 튼 채 생활한다. 두 눈을 뜬 채 주변을 지켜보는 모습을 흔히 볼 수 있다. 이는 환몽을 선사하기 위함이다. 악몽의 루시오는 환몽에 빠져 혼란스러워하는 이들의 모습을 보는 걸 즐기기 때문에, 눈앞에 나약한 생명체가 보이면 기이한 울음소리를 내며 환몽을 선사한다. 악몽의 루시오가 선사하는 환몽에 한 번 휩쓸리면 빠져나오기 힘들기 때문에, 드래곤들이 두려워한다. 독을 퍼뜨린 뒤 환몽을 보여준다. 악몽의 루시오의 독은 소량이더라도 강렬하다. 이 환몽은 너무나 실감 나기에 현실과 구분하기 힘들며, 자칫하다간 환몽 속을 영원히 헤맬 수도 있다. 환몽 상태에서 벗어나는 유일한 방법은 환몽에서 악몽의 루시오를 찾는 것인데, 환몽에서 빠져나온 이들은 거의 없기에 진실인지는 알 수 없다.

Remorseful Florea

연민의 플로레

잠이 들려는 순간, 연민의 플로레의 눈앞이 강렬한 빛으로 번쩍였다.
이어서 어둠이 나타났고, 빛과 어둠에서 나타난 두 마리의 드래곤이 충돌하기 시작했다.
연민의 플로레가 눈을 떴을 때는 엄청난 광채를 내뿜는 빛의 다크닉스가 보였다.
"내 기억의 일부분을 본 모양이군. 너의 도움이 필요해서 찾아왔다. 논을 알고 있나?"
"논의 기억 속에는 선을 흡수하여 악의 심연을 만들고자 하는 이상만이 자리하고 있습니다."
연민의 플로레는 다시 한번 빛의 다크닉스의 기억을 들여다보았다.
빛의 다크닉스의 기억에서 연민의 플로레는 증오, 폭력, 슬픔, 두려움을 몰아내고 사랑, 평화, 기쁨 그리고 용기를 가져오려는 의지를 느낄 수 있었다.
연민의 플로레는 빛으로 뒤덮인 기억을 들여다보며, 빛의 다크닉스의 곁에서 신이 들어줄 손을 지켜보리라 결심했다.

드래곤 이름	학명	먹이	평균 키
연민의 플로레	Pathos Devotio	포도	2.7~3.2m
속성	**체형**	**타입**	**평균 몸무게**
빛, 땅	와이번	회상 드래곤	190~220kg

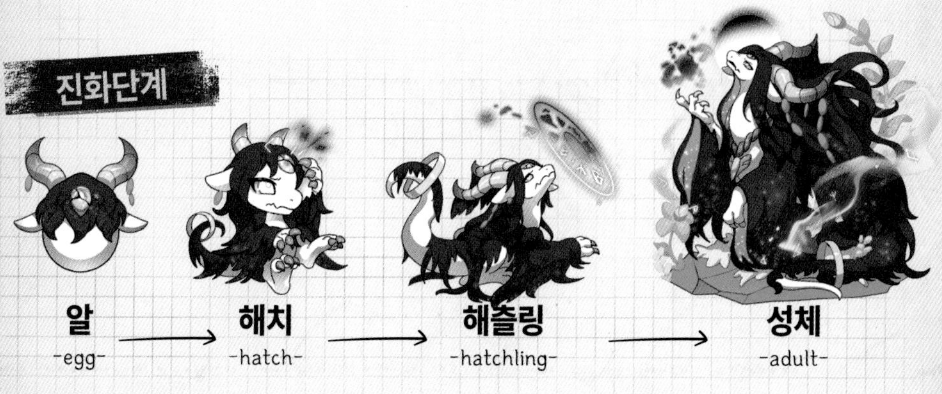

게임 정보

◈ **성격1(90%)** | ???

◈ **성격2(10%)** | ???

◈ **성별** | ♂ 

◈ **획득처** | 에브리아

◈ **도감 배지** |

◈ **성체 100보유 배지** |

*훈련을 하지 않았다면 성격이 미지의 성격으로 고정됩니다.
*훈련을 진행하여 노력치가 변경되었다면 에브리아에서 획득한 1세대 드래곤은 특수 성격이 나오지 않았을 때 기본 성격이 신비의 성격으로 고정됩니다.

◈ 드래곤 돌보기 수치 ◈

명상	92%	씻기	53%
놀기	73%	잠자기	22%
먹기	64%	빗질하기	-15%

◈ 기본 노력치 ◈

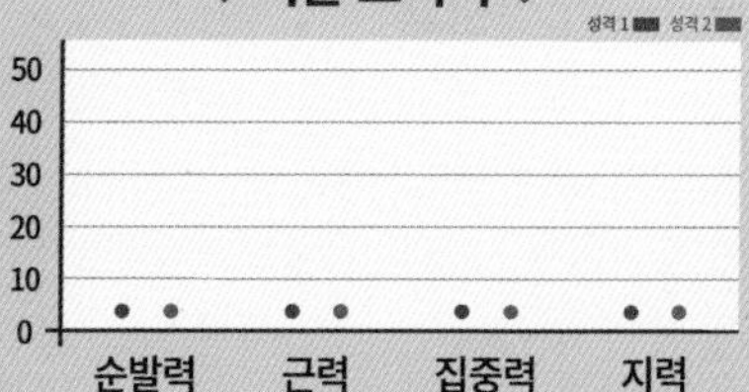

Remorseful Florea

연민의 플로레

DVC 정보  이 알은 기억을 본다.

알

기억을 보는 알이다. 추억이나 그리움이 들어있는 기억을 보고 있다. 알을 덮고 있는 머리카락에서 떨어진 빛에 닿으면 아련한 감정을 느낄 수 있다. 연민의 플로레의 부화를 지켜본 이들은 특별한 기억과 관련된 환영을 목격하기도 한다. 알 껍질은 세 번째 눈과 같은 모양으로 갈라진다.

해치

해치 때부터 자연과 우주의 요소에 집착한다.

세 번째 눈이라 불리는 보석과 함께 부화했으나 부화하는 도중 능력을 상실하였다. 상실감에 휩싸인 연민의 플로레는 자연과 더불어 우주에서 흘러나오는 힘을 갖길 원한다. 크고 강력한 우주의 힘과 강제로 연결하려다 보니 힘들어하는 모습을 보이기도 한다. 그러나 좀처럼 집착을 버리지 못하며 힘의 흡수를 계속한다. 세 번째 눈에서 느껴지는 통증을 가라앉히기 위해 자주 긁곤 한다.

해츨링

해치 때와는 달리 기억을 살펴볼 수 있다.
두 눈으로 상대의 기억을 읽는다. 상대가 간직해 온 기억들을 읽고, 살펴보며 조언을 내어준다. 연민의 플로레가 보는 기억은 매우 뚜렷하다. 항상 깨어 있으면서 문제가 생긴 자들이 다가오면 연민을 느껴 기억을 통해 도와주려고 한다.

성체

다른 생명의 기억을 보면서 조언을 주는 드래곤이다. 자연과 더불어 우주의 힘까지 흡수하여 강해진 연민의 플로레의 주변으로는 많은 생명체들이 조언을 얻고자 찾아간다.
연민의 플로레가 주는 조언은 아주 정확하다. 하지만 조언이 잘 들어맞는다고 해서 무조건 좋은 것은 아니다. 연민의 플로레의 힘은 우주의 모든 요소에서 나온다. 우주의 요소는 힘을 증폭시켜 주지만 반대로 큰 부작용을 가져온다. 연민의 플로레는 상대의 기억을 뚜렷하고 모두 들여다보는 대신, 상대의 기억에 집착하기 시작한다. 기억에 집착하면서 상대의 삶에 개입하여, 그것을 마구잡이로 조종한다.

Pure Evil Non

순수악 논

악의 심연을 만들어서 카데스가 다시 시작할 수 있는 세상을 만드는 것이 순수악 논의 유일한 목적이자 목표였다.
악의 심연을 창조해 내기 위해서는 아모르의 드래곤들부터 해결해야 했다.
순수악 논은 어둠의 고대신룡과 빛의 다크닉스를 찾아 돌아다녔고, 기이한 기운이 흐르는 알리티아 행성을 찾았다.
순수악 논은 알리티아 행성을 삼키고 그 속에 침투하여 선을 모두 악으로 바꿔내리라 결심하였다.
그러나 빛의 다크닉스와 어둠의 고대신룡의 기운이 합쳐진 기이한 기운이 순수악 논을 방해하고 있었다. 순수악 논은 다른 은하와 선을 흡수하는 행위를 통해 자신의 힘을 비축하기 시작했다.
수많은 드래곤들의 탄생으로 알리티아의 기운은 이미 불안해져 있었다.
순수악 논은 자신이 만들어낸 세계에서 힘을 비축하며 종말의 때를 기다리고 있다.

드래곤 이름	학명	먹이	평균 키
순수악 논	Purus Tenebrarum	스타후르츠	2.9~3.7m
속성	**체형**	**타입**	**평균 몸무게**
어둠	코아틸	어둠 드래곤	200~280kg

진화단계

게임 정보

◈ **성격1(90%)** I ???

◈ **성격2(10%)** I ???

◈ **성별** I 

◈ **획득처** I 인연도감 보상

◈ **도감 배지** I

◈ **성체 100보유 배지** I

*훈련을 하지 않았다면 성격이 미지의 성격으로 고정됩니다.
*훈련을 진행하여 노력치가 변경되었다면 에브리아에서 획득한 1세대 드래곤은 특수 성격이 나오지 않았을 때 기본 성격이 신비의 성격으로 고정됩니다.

◈ 드래곤 돌보기 수치 ◈

분해하기	81%	씻기	45%
분석하기	69%	잠자기	28%
먹기	45%	놀기	17%

◈ 기본 노력치 ◈

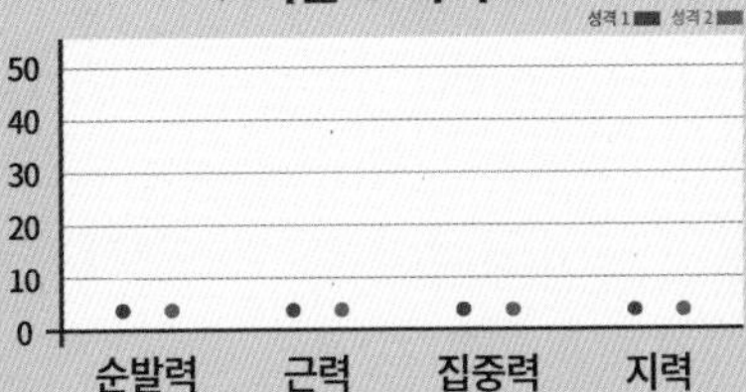

Pure Evil Non

순수악 논

DVC 정보  이 알은 자신만의 세계를 만들어내려고 한다.

알

자신만의 세계를 만들어내려고 하는 알이다.

알 주변에 있던 물건들이 자석에 이끌리듯 끌려간 뒤 모습을 감추는 현상이 목격된다. 주변에 공허처럼 깊고 어두운 공간을 만들어낸다. 많은 것들을 흡수할수록 그 공간은 드래곤이나 인간이 들어갈 수 있을 정도로 커진다. 그 공간은 순수악 논이 만들어내려는 자신만의 세계이며, 그곳으로 흡수되면 살아서 나올 수 없다.

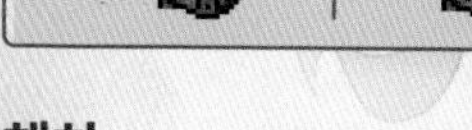

해치

해치 때부터 이성을 제어하는 눈으로 선함을 판단한다. 몸에 달린 눈이 떠지면서 상대의 마음을 들여다본다. 선한 마음이 보이면 선을 빨아들인 뒤 자신의 것으로 만든다. 체내에 들어가 악으로 바뀐 선은 순수악 논의 힘의 원천이 된다. 악한 마음은 흡수하지 않고 키워나갈 수 있도록 돕는다. 순수악 논에게 선한 마음을 뺏기지 않으려면 눈을 마주치지 않는 게 좋다.

해츨링

해치 때와는 달리 상대의 선한 마음을 빼내어 악하게 만든다. 선한 자들을 악하게 만들기 시작한다. 선한 이들의 마음을 보면 자신이 거두었던 악의 기운을 꺼내 선에 주입한다.
자신만의 세계인 악의 심연을 만들어내는 날을 꿈꾸며, 계속해서 선을 세상에서 소멸시키고 악만이 남도록 만든다.

성체

모든 선을 악으로 만들어 버리는 드래곤이다.
악만이 존재하는 세계인 악의 심연에서 주로 생활하며 세상의 모든 선을 흡수하여 악만을 남긴다. 순수악 논의 세계로 흡수된 것들은 영원히 악의 심연을 떠돌면서 세상을 혼돈에 빠트릴 준비를 한다. 선을 흡수할 때면 작은 빛들이 순수악 논에게 이끌리는 것을 볼 수 있다. 순수악 논이 만들어낸 세계에서는 온 우주의 악이 소용돌이치고 있으며 꺼림칙한 소리가 들려온다. 이마에 달린 눈이 선함을 감지하면, 몸에 명령을 내린 뒤, 여덟 개의 손으로 상대를 제압한다. 순수악 논에게 사로 잡힌 선한 육체는 악의 기운에 물들어 순수악 논의 명령만 듣는 악의 육체가 되어 살아간다.

Star Ace

스타에이스

유타칸에는 몇십 년 동안 드래곤과 교류한 나이 지긋한 드래곤 마스터가 있었다.
드래곤을 대하는 마음이 어린이처럼 순수하고 친절하기로 소문이 난 드래곤 마스터였다.
어느 날, 스타에이스가 그의 앞에 나타나 고개를 숙였다.
"우주에서는 당신처럼 착한 마음씨를 가진 이가 필요해."
드래곤 마스터는 자신보다 더 뛰어나고 재능 있는 젊은 테이머들이 많다며 거절했지만, 스타에이스는 물러나지 않았다.
"아직도 우주에서 울부짖음이 들리고 있어. 너도 알게 될 거야. 지켜야 할 곳이 많다는 걸 말이야."
스타에이스가 냉철한 어조로 담담하게 말했다.
드래곤 마스터는 더 이상 스타에이스의 말을 거절할 수 없었다.
드래곤 마스터가 등 위에 오르자 스타에이스는 천구의로 우주로 통하는 길을 열었다.
그리고 날개를 펼치자 순식간에 우주로 빨려 들어갔다.
이 둘은 우주를 수호한 최초의 테이머이자 스타에이스라고 알려져 있다.

드래곤 이름	학명	먹이	평균 키
스타에이스	Astrum Custos	포도	3.0~3.5m
속성	**체형**	**타입**	**평균 몸무게**
빛	드라코	수호 드래곤	280~300kg

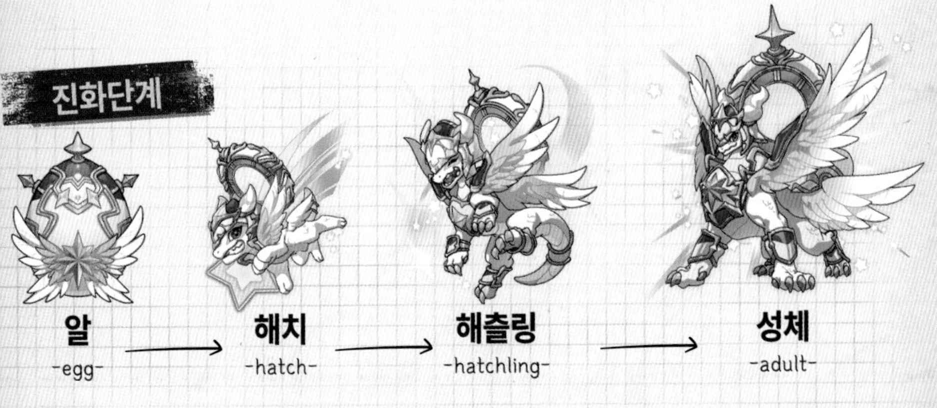

게임 정보

- ◈ **성격1(90%)** | 차분한
- ◈ **성격2(10%)** | 고집 있는
- ◈ **성별** |
- ◈ **획득처** | 설화
- ◈ **도감 배지** |
- ◈ **성체 100보유 배지** | 

◈ 드래곤 돌보기 수치 ◈

자체발광	93%	씻기	37%
놀기	62%	먹기	37%
광속비행	50%	잠자기	21%

◈ 드래곤 성격 결정 수치 ◈

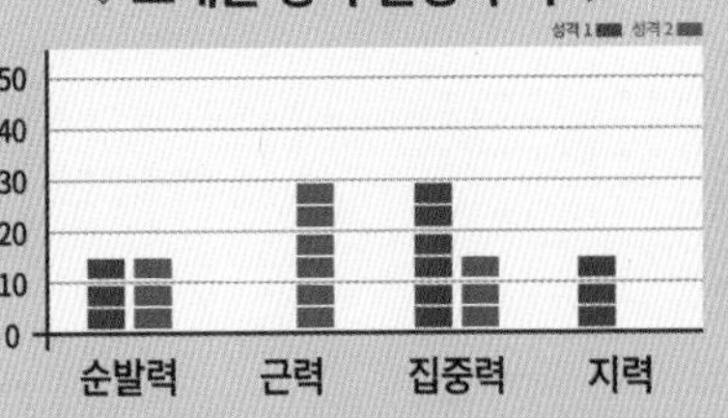

Star Ace

스타에이스

이 알은 찬란한 수호자의 갑옷을 입고 있다.

알

찬란한 수호자의 갑옷을 입고 있는 알이다. 별의 수호자를 상징하는 화려한 갑옷을 입었다. 그 아래에는 커다란 별 모양 브로치가 있다. 어떤 경우에도 갑옷은 알에서 떨어지지 않는다. 별이 가득한 밤하늘 아래에 두면 브로치에서 빛이 난다.

해치

해치 때부터 별과 행성의 상태를 확인한다.

천구의를 항상 갖고 있다. 천구의는 스타에이스가 우주를 수호하는 데에 빠져선 안 되는 물건이다. 천구의를 통해서 자신이 관장하는 온 우주의 별과 행성의 상태를 확인한다. 원하는 우주 어디든 내다볼 수 있다고 한다. 우주를 지켜보기 위해 쪽잠을 자며 항상 진지하고 냉철한 표정으로 우주를 바라보고 있다. 스타에이스가 인정한 테이머도 함께 천구의를 들여다볼 수 있다. 광활한 우주를 바라보면서 행성이나 별 이야기를 하는 것도 즐긴다. 스타에이스는 우주에 대해 모르는 것이 없어 우주에 대한 궁금증이 있다면 무엇이든 물어도 좋다.

해츨링

우주로 가는 길을 열어 날아간다.

천구의로 우주를 바라보다가 적의 공격을 받거나 도움이 필요한 행성이 있으면 그곳으로 향한다. 해치 때는 길을 열 만한 힘이 없어 너무 먼 곳은 가지 못했으나, 해츨링 시기에는 어느 정도 힘이 모여 원하는 곳으로 길을 열 수 있다. 천구의에게 말하거나, 마음속으로 희망하면 천구의가 길을 열어준다. 스타에이스는 우주에서도 중력의 영향을 받지 않으면서, 안정감과 속도감 있는 비행이 가능하다.

별빛처럼 찬란하게 빛나며 우주에 찾아온 어둠을 물리친다.

성체의 스타에이스는 온몸을 별처럼 환하게 밝힐 수 있다. 스타에이스가 내뿜는 빛은 매우 뜨겁고 밝아 화상과 실명을 가져온다. 또한 어둠 속성의 생명체들에게 매우 치명적인 공격이다. 오랜 시간 유타칸을 수호한 테이머와 함께 우주의 어둠을 물리친다. 어둠 속성의 생명체들에게는 해로운 빛이지만, 스타에이스가 인정한 테이머에게는 보호나 치유의 빛으로 다가간다. 천구의는 우주를 들여다볼 수 있을 뿐만 아니라, 무기로도 사용된다. 공 모양의 에너지 탄이나, 별빛 레이저가 발사된다. 혹은 우주에 떠다니는 소행성을 끌어다가 원하는 곳에 떨어트릴 수 있다.

Patroa

패트로아

에메랄드 스네이크는 평생 함께 할 대상을 찾아다녔지만, 어떤 알도 에메랄드 스네이크의 온기에 반응하지 않았다. 딱 하나, 패트로아만이 에메랄드 스네이크에게 반응했다.
에메랄드 스네이크가 몸을 감싸자 패트로아가 불꽃을 태웠다.
패트로아는 에메랄드 스네이크를 통해 살아가는 법을 배웠다.
에메랄드 스네이크처럼 망설이지 않고 적극적으로 도움이 필요한 자들을 도왔다.
패트로아는 에메랄드 스네이크와 함께 도움을 주는 순간을 즐겼다.
그렇게 둘은 둘도 없는 친구이자 스승과 제자가 되었다.

드래곤 이름	학명	먹이	평균 키
패트로아	Anguis Tutela	불당근	3.8~4.1m
속성	**체형**	**타입**	**평균 몸무게**
불	드라코	화염 드래곤	320~380kg

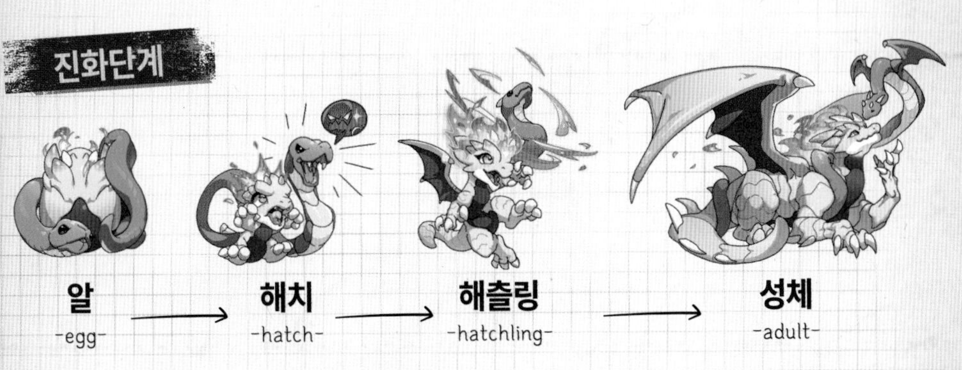

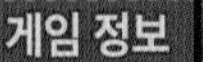

◈ 성격1(90%) | 천진난만한

◈ 성격2(10%) | 노력하는

◈ 성별 |

◈ 획득처 | 설화

◈ 도감 배지 |

◈ 성체 100보유 배지 | 

◈ 드래곤 돌보기 수치 ◈

칭찬하기	93%	잠자기	43%
먹기	67%	씻기	27%
놀기	56%	혼자두기	16%

◈ 드래곤 성격 결정 수치 ◈

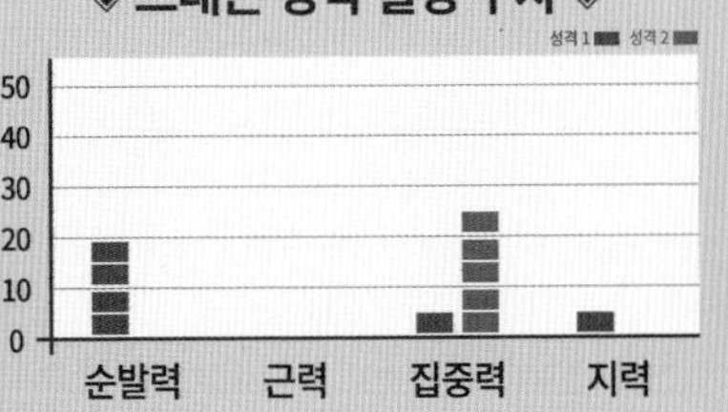

Patroa

패트로아

DVC 정보  이 알은 에메랄드 스네이크가 감싸고 있다.

알

에메랄드 스네이크가 감싸고 있는 알이다. 에메랄드 스네이크는 비늘이 타들어가는 것 같은 열기를 견디면서까지 패트로아의 알을 지켜낸다. 패트로아의 알에 손을 대면 에메랄드 스네이크가 달려들기 때문에 만질 수 없다. 부화가 다가오면 에메랄드 스네이크가 패트로아의 알을 옥죄어 깨뜨린다.

해치

해치 때부터 에메랄드 스네이크와 함께 사냥을 연습한다.

알 때와 마찬가지로 몸에 에메랄드 스네이크를 감고 있다. 에메랄드 스네이크는 패트로아의 비늘 사이를 오가며 호흡을 맞춘다. 해치 시기에는 패트로아보다 에메랄드 스네이크의 힘이 훨씬 강하다. 위협을 느끼면 에메랄드 스네이크가 패트로아의 불꽃을 휘감아 돌진한다.

해츨링

해치 때와는 달리 진화한 해츨링은 금빛 날개가 생겨난다. 몸의 가시가 매우 커지며 에메랄드 드래곤과 본격적인 훈련을 시작한다. 화염을 능숙하게 다루기 위해 훈련하는 경우가 많으며 여러 지역을 모험하는 것을 즐긴다.

성체

갑옷과 같은 비늘은 매우 크고 단단하다. 비늘 자체가 매우 두꺼운 형태로 되어있으며 거친 촉감이다. 겉과는 달리 비늘 안쪽은 미끄러운 촉감이며 에메랄드 스네이크가 오가기 편하도록 진화한 것으로 추측된다.

몸 전체를 두른 가시는 뼈와 같이 단단한 재질로 이루어져 있다. 독이 있지는 않으나 그 끝이 매우 날카로워 스치기만 하여도 깊은 상처가 난다. 패트로아의 가시 때문에 생긴 상처는 쉽게 낫지 않으며 상처가 아물 때까지 피부가 타들어가는 느낌이라 알려져 있다.

대부분의 패트로아는 에메랄드 스네이크와의 훈련을 좋아하며 여러 지역을 탐험하는 것을 선호한다. 호기심이 가득한 성격으로 궁금한 걸 참을 수 없어한다. 에메랄드 스네이크는 패트로아를 여전히 해치 드래곤 정도로 생각하여 전투 시 자신이 먼저 나서는 경우 또한 비일비재하다.

Maloden

말로단

한 테이머는 작은 섬과 같은 말로단의 등에서 농사를 지었다.
그가 함께 생활하는 동물들을 잡아먹자 말로단은 자신의 등에 암석을 꽂았다.
테이머는 그대로 바닥으로 떨어져 다시는 말로단의 등에 오르지 못했다.
말로단은 자신의 등에 탄 이들을 신경 쓰지 않지만, 그 농부처럼 무분별한 사냥이나 싸움을 일으키면 강력한 처벌을 내렸다.

드래곤 이름	학명	먹이	평균 키
말로단	Grandis Draco	광석	6.8~8.5m
속성	체형	타입	평균 몸무게
어둠	드라코	초 거대 드래곤	680~800kg

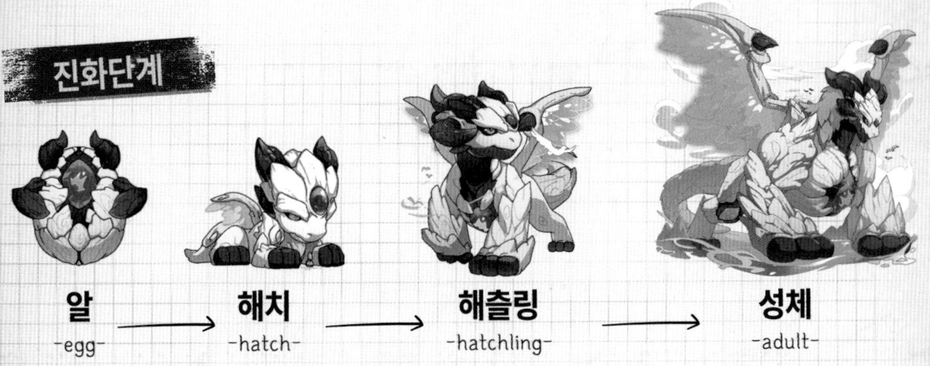

게임 정보

◈ 성격1(90%) | 냉정한

◈ 성격2(10%) | 대담한

◈ 성별 | ♂ ♀

◈ 획득처 | 설화

◈ 도감 배지 | 

◈ 성체 100보유 배지 |

◈ 드래곤 돌보기 수치 ◈

혼자두기	93%	놀기	37%
잠자기	62%	먹기	37%
씻기	50%	장난치기	21%

◈ 드래곤 성격 결정 수치 ◈

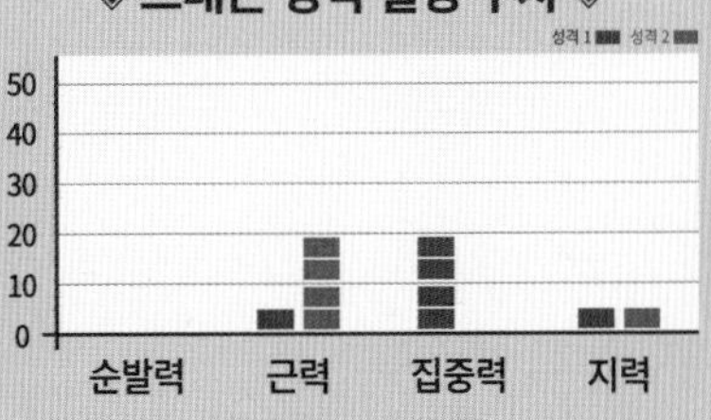

Maloden

말로단

DVC 정보 이 알은 무척 거대하고 뿔이 있다.

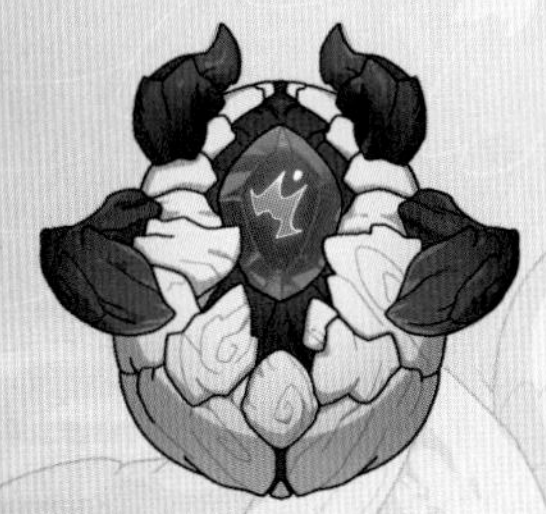

알

일반적인 드래곤들의 알보다 훨씬 큰 크기다. 알은 함부로 가지고 가는 자가 없을 정도이며 대부분 암석에 붙은 채 발견된다. 떼어내기 어려워 그대로 둔 뒤 해치 상태의 말로단을 기다리는 이들도 존재한다. 알의 겉면은 매우 거칠어 맨손으로 만졌다간 살이 벗겨질 정도다. 알은 매우 차가우며 이 때문에 더위를 피하는 동물들의 휴식처가 되기도 한다.

해치

해치 때부터 작은 날개를 가지고 있다. 작은 날개로는 말로단의 거대한 몸을 겨우 띄울 수 있다. 날개의 깃털은 쓰다듬어도 만져지지 않는다. 해치 말로단은 동물들이 다가와도 먹이로 삼거나 사냥하지 않는다. 오히려 휴식처가 되어준다. 날지 못하는 동물들을 태우고 하늘을 날아다니며 세상을 구경시켜줄 때도 있다. 이마의 보석으로 작은 움직임까지 포착할 수 있다. 이를 통해 바위처럼 무거운 앞발로 곤충이나 작은 동물들을 밟는 일이 없도록 주의하고 있다.

해츨링

해치 때보다 날개와 뿔이 더욱 커지며 가슴의 보석이 단단히 자리 잡는다. 몸이 커질수록 말로단의 주변에 머무는 동물의 수도 늘어난다. 해츨링 상태의 말로단은 자신의 주변에 폐를 끼치지 않기 위해 아주 조심스럽게 움직인다. 큰 몸과는 달리 발소리가 매우 작으며 큰 발톱으로만 이동한다. 이마의 보석을 통해 자신의 발 근처를 살필 수 있다.

성체

거대한 대륙과 같은 크기다. 말로단의 등은 동물들이 서식하는 경우가 많다.

거의 움직이지 않는 편이지만 움직일 때면 아주 천천히 걸음을 옮긴다고 알려져 있다. 등에 서식하는 동물들을 날개로 감싸며 하늘을 나는 경우 또한 존재한다. 날개를 펼치지 않아도 하늘을 날 수 있으며 자신의 움직임보다는 동물들을 먼저 생각한다.

몸 크기가 거대한 대륙과 같아 바위와 나무 같은 것이 몸에 붙어 있다. 말로단의 등 위는 항상 좋은 날씨가 이어지며 먹을 것이 떨어질 걱정이 없다고 기록되어 있다. 작은 새와 같은 동물들이 이곳에 머물기도 한다.

Centura

센투라

수많은 드래곤이 모이는 만큼 라테아에도 싸움이 끊이지 않았다.
영원을 얻은 드래곤들은 시비를 걸거나 다투며 세월을 보냈다.
그들의 한심한 모습에 센투라는 분노를 금치 못했다.
"어째서 이 낙원에서 싸움을 계속하려 하는가!"
라테아의 드래곤들은 모두 센투라를 주목하였다.
"이곳에서조차 싸움을 멈출 수 없다면 남은 건 죽음을 반복하는 것뿐이다!"
그럼에도 무의미한 싸움이 계속되자 센투라는 아프리트 군단을 호출했다.
아프리트 군단은 교감을 통해 라테아의 질서를 구축하였고, 센투라는 혼란을 야기하는 드래곤을 힘으로 제압하였다.
그 결과 라테아에 평화가 찾아왔고, 라테아의 드래곤들은 센투라를 라테아의 왕으로 받아들였다.

드래곤 이름	학명	먹이	평균 키
센투라	Ardor Rex	스타후르츠	4.5~5.1m
속성	**체형**	**타입**	**평균 몸무게**
바람, 꿈	드라코	화염 드래곤	400~430kg

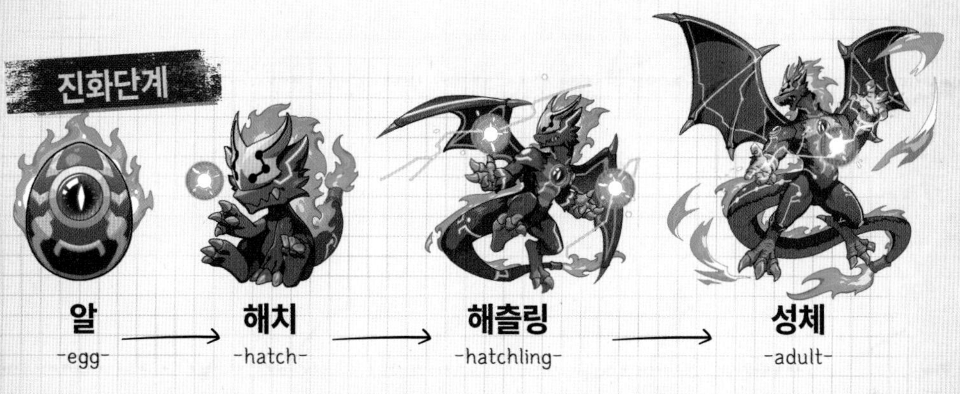

◈ 성격1(90%) | 신중한

◈ 성격2(10%) | 고집 있는

◈ 성별 |

◈ 획득처 | 설화

◈ 도감 배지 |

◈ 성체 100보유 배지 | 

◈ 드래곤 돌보기 수치 ◈

용트림하기	91%	먹기	42%
운동하기	63%	놀기	31%
씻기	52%	잠자기	20%

◈ 드래곤 성격 결정 수치 ◈

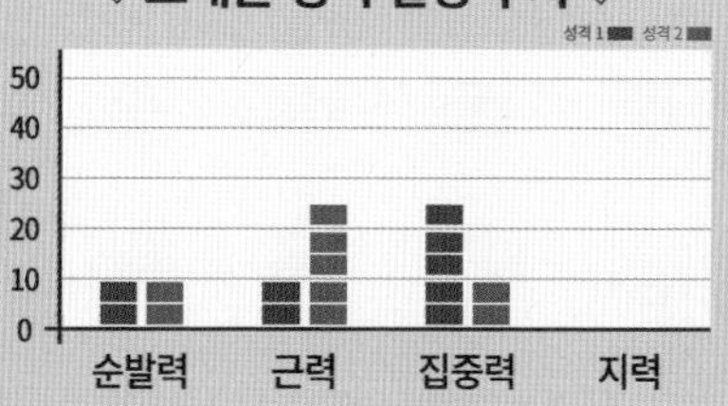

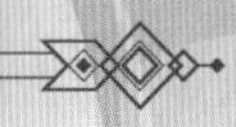

Centura

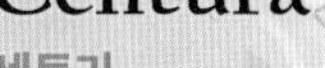

센투라

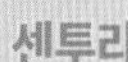

DVC 정보  이 알은 푸른 화염에 갇혀있다.

알

푸른 화염에 갇힌 알이다. 푸른 화염은 꺼지지 않으며 중앙의 눈은 감기지 않는다. 알 주변을 감시하고 있는 눈은 부화가 시작될 때 감는다고 알려진다. 화염과 달리 알은 매우 차갑다. 단단한 알은 어떤 충격에도 깨지지 않는다. 알을 만지려 하면 화염이 높게 치솟는다.

해치

해치 때부터 푸른 화염이 갈기를 감싼다. 실제로 만지면 따뜻한 정도의 온도다. 금빛 장식이 생겨나며, 얼굴에 붙은 가면은 떨어지지 않는다. 앞을 보기 어려운지 걸어 다니면서 벽에 몸을 자주 부딪친다. 위협을 느끼면 화염의 빛을 모아 상대를 공격한다. 화염의 빛에 닿으면 뜨거운 불길 속에 뛰어든 것처럼 고통스러우나 실제로 화상을 입진 않는다.

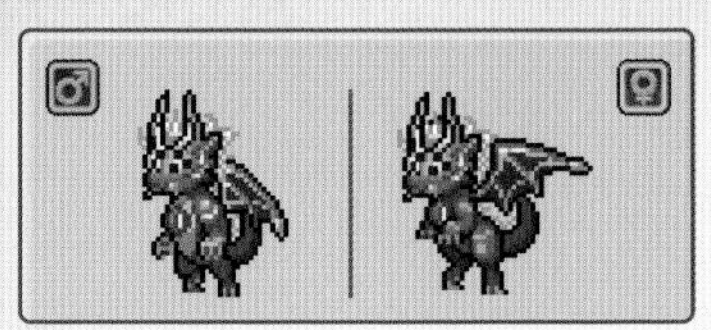

해츨링

해치 때와는 달리 해츨링 시기에는 가슴의 눈이 생긴다. 두발로 걷는데 능숙해지며 불꽃은 매우 뜨거워진다. 가슴의 눈을 이리저리 움직이며 시야를 확보하는 데 사용한다. 날개를 사용하여 능숙하게 날 수 있으며 두 발로 걷는 것도 무리 없다. 자신의 힘을 이용한 공격을 만들어 낼 수 있다.

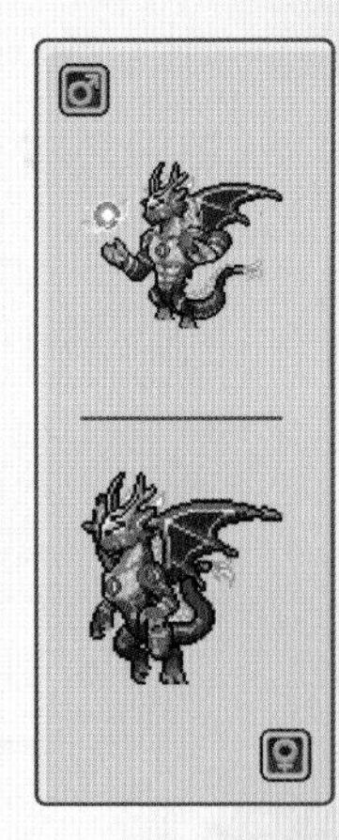

성체

화염의 군단 아프리트들과 함께 오랜 시간 드래곤의 성역 라테아를 지켜온 것으로 알려져 있다. 라테아의 힘을 빌린 금빛 장식은 무언가를 지키고자 할 때 더욱 빛난다. 푸른 화염으로 라테아의 침입자들을 처단한 것으로 알려져 있다. 대부분의 센투라는 정의롭고 단호한 성격이다. 특히 무언가를 지키고자 할 때 가장 강한 힘을 내는 것으로 알려져 있으며 라테아를 자신의 고향처럼 생각하기도 한다.

Artemis

아르테미스

달의 여신의 이름을 부여받은 아르테미스는 꿈의 여신인 샌즈를 수호한다.
두 여신을 섬기는 아르테미스의 희생정신은 따라갈 자가 없다.
'자, 나의 날개가 있으면 모두 나을 거예요.'
아르테미스는 날개를 뽑아 상처 입은 자에게 내려주곤 한다.
달빛의 힘을 일부 소실하게 된다는 것을 알면서도 아르테미스는 거리낌 없이 자신을 내어준다.
어둠에 물든 자에게는 정화의 달빛을 선사한다.
'순결한 달빛이여! 부정한 심장을 노려라!'
세상의 조화를 위해 아르테미스는 생명을 해치며 세상을 어지럽게 만드는, 목숨을 끊어 마땅한 자에게까지 자비를 베푸는 모습을 보인다.

드래곤 이름	학명	먹이	평균 키
아르테미스	Luna Patrona	포도	1.5~2.0m
속성	**체형**	**타입**	**평균 몸무게**
빛	드라코	달빛 드래곤	180~230kg

진화단계

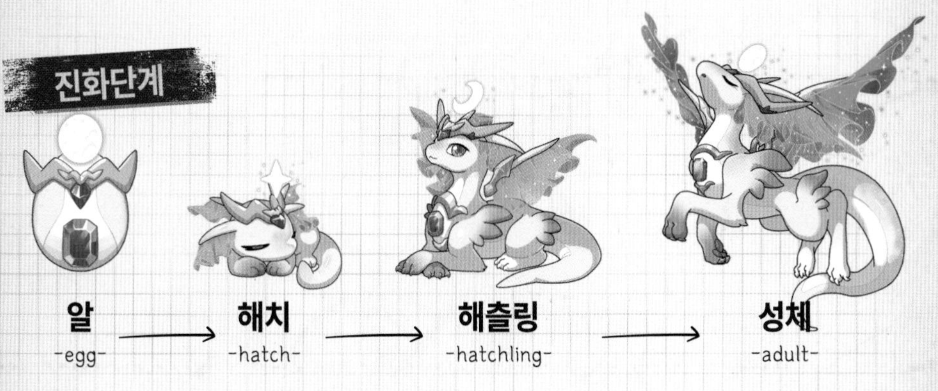

게임 정보

◈ 성격1(90%) | 온순한

◈ 성격2(10%) | 차분한

◈ 성별 |

◈ 획득처 | 설화

◈ 도감 배지 | 

◈ 성체 100보유 배지 |

◈ 드래곤 돌보기 수치 ◈

기도하기	91%	잠자기	42%
씻기	63%	놀기	31%
자체발광	52%	먹기	20%

◈ 드래곤 성격 결정 수치 ◈

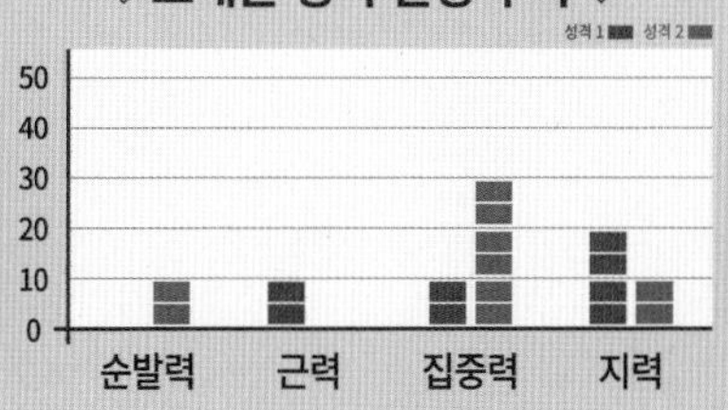

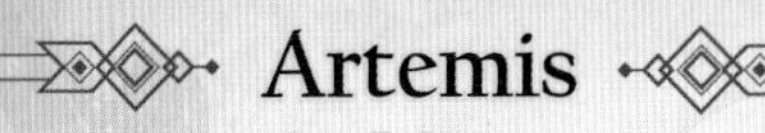

Artemis

아르테미스

DVC 정보  이 알은 빛나는 왕관을 쓰고 있다.

알

빛나는 왕관을 쓴 알이다.

여신을 상징하는 왕관이 놓여있다. 왕관 위에는 작은 별이 떠 있는데, 아르테미스가 갖고 있는 힘의 수치이자 성장 정도를 의미한다. 달빛 아래에 두면 부화가 빨라지며, 어두운 곳에 두면 병이 들고 부화하지 못한다.

해치

해치 때부터 달빛의 기운을 모은다.

항상 달빛의 아래에 있으며 달빛을 흡수한다. 달빛을 흡수할 때, 날개가 커튼처럼 부드럽게 휘날린다. 밤에 숲이나 산을 거니는 모습을 볼 수 있다. 달빛의 기운을 모으는 아르테미스의 주변에는 강한 빛이 돌고 있어 어둠의 손길이 닿지 못한다.

해츨링

달빛 아래에서 사냥을 나선다.

능력을 사용할 수 있게 되어 본격적인 사냥을 하기 시작한다. 강한 달빛으로 눈을 멀게 한 뒤, 공중으로 날아 달빛으로 만들어진 화살을 쏜다. 함께 사냥을 나서면 긴밀한 관계를 맺을 수 있다. 아르테미스가 인정한 자에게만 달빛의 가호를 내려준다.

성체

달빛으로 세상의 어둠을 정화한다.

달빛을 활용하여 사악한 적을 제거하기도 하지만, 다친 자를 일으켜 세우고, 악한 자를 선한 자로 바꾼다. 아르테미스의 날개와 온몸에 달린 달빛 커튼이 치료제로 쓰인다. 달빛 커튼을 다친 곳에 두르면 말끔하게 낫는다. 악한 기운에 완전히 물들지 않았다면, 악한 자를 선한 쪽으로 이끌어준다. 악으로 물든 심장에 달빛을 스며들게 하여, 선한 심장을 갖게 한다.

Azak

아자크

공간의 신 구드라는 어둠의 세력이 다시 세상에 모습을 드러내리라 생각했다. 그는 그때 빛의 세력이 승리할 수 있도록, 특별한 힘을 가진 아자크라는 이름의 드래곤을 창조하기 시작했다.

마공학의 힘으로 허기를 느끼지 않으며 치료 없이 스스로 회복이 가능한 아자크는 보나 마나 이 시대 최고의 무기가 될 것이었다.

구드라는 바로 이 점 때문에 창조를 멈추었다.

'아자크를 손에 넣으려고 전쟁을 일으킬 수도 있겠어.'

고민하던 구드라는 아자크 창조 일지를 나누어 대륙 곳곳에 숨겨두었다. 평화를 간절히 염원하는 자만이 아자크 창조 일지를 찾을 수 있고, 아자크 창조 일지를 하나로 합칠 수 있었다.

구드라는 마지막 창조 일지를 숨기며 생각했다.

'세상의 평화가 계속되어 아무도 아자크 창조 일지를 찾지 않기를….'

드래곤 이름	학명	먹이	평균 키
아자크	Praescientiae Custos	마력	3.0~3.5m
속성	**체형**	**타입**	**평균 몸무게**
어둠, 강철	드라코	마공학 드래곤	500~510kg

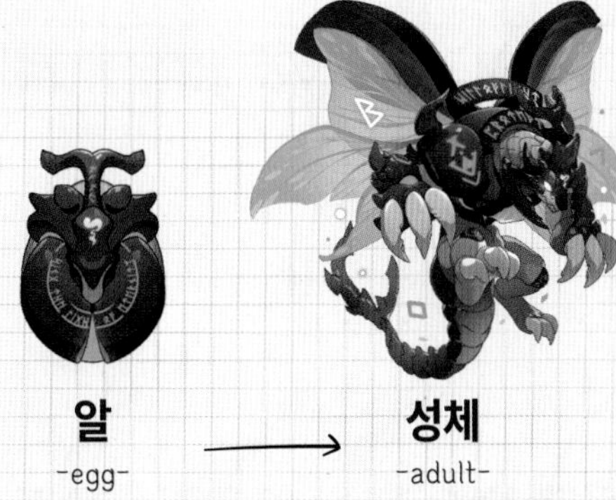

알 -egg- → **성체** -adult-

게임 정보

- ◈ 성격1(90%) | 신중한
- ◈ 성격2(10%) | 똑똑한
- ◈ 성별 | ♂ ♀
- ◈ 획득처 | 설화
- ◈ 도감 배지 |
- ◈ 성체 100보유 배지 | 

◈ 드래곤 돌보기 수치 ◈

분석하기	92%	놀기	53%
만들기	73%	잠자기	22%
씻기	64%	먹기	-15%

◈ 드래곤 성격 결정 수치 ◈

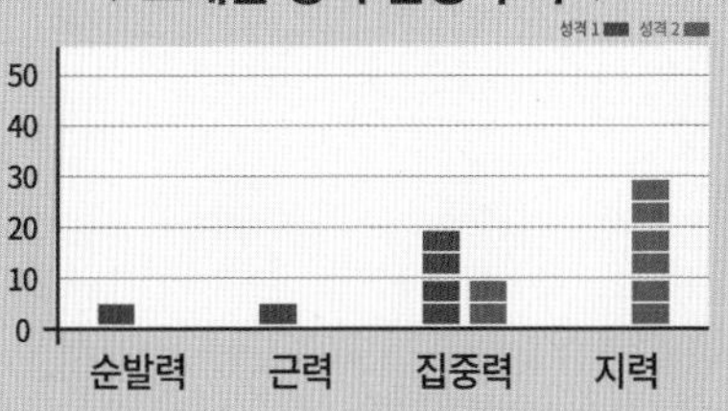

Azak
아자크

아자크의 설화

티아 대륙, 미하임 공국과 가까운 곳에 자리 잡은 마공학 협회 어느 지역에는, 하늘 위로 높게 솟은 시계탑이 있었다.
그 시계탑은 시간이 멈췄을 정도로 오래되었는데, 그 안에 남자 하나가 숨어 살고 있었다.
그는 창밖 멀리, 흐릿하게 보이는 미하임 공국을 바라보며 말했다.

“어디서부터 이 모든 것이 잘못되었을까.”

남자의 목소리에는 지난날 공국을 위해 몸 바쳐 일했던 과거의 후회가 담겨있었다.
공국에는 자신이 알고 있던 모습이 단 하나도 남아있지 않았다.
이제는 그저 끊임없는 전쟁과 파괴의 무대만 남아있을 뿐이었다.
후회와 탄식에 잠식되어 있던 남성은, 자신의 오래된 마공학 연구실의 문을 바라보았다.
먼지가 잔뜩 낀 문처럼, 남자의 머릿속도 과거와 고향의 생각들로 가득했다.

수일은 수개월이 되고, 수개월은 수년이 흘러 남성은 어느새 백발의 힘없는 노인이 되었다.
노인의 고향은 수단과 방법을 가리지 않고 무분별하게 주변국을 공격하여 영토를 넓혀갔다.
노인은 달라지지 않는 고향을 생각하기만 하면 일상처럼 한숨만을 내쉬었고, 자신의 굽은 허리를 짚으며 굳게 잠긴 연구실 문으로 고개를 돌렸다.
그러다 무엇인가 생각난 듯, 거침없이 그 앞으로 걸어가 손잡이를 잡았다.
연구실 안쪽에서 느껴지는 무언가가, 자신을 일으켜 세우고 있었다.

“마지막이 될지라도… 내가 시작할 수 있다면...!”

먼지가 쌓인 문을 열고 안으로 들어서자, 오랜 시간 동안 잊혀졌던 기억들이 그를 반기기 시작했다.
그리고 그 기억들을 토대로 마지막 역작이 될지도 모를 무언가를 밤새도록 만들어 내었다.
푸른빛의 신비로운 문양이 그려진, 단단한 드래곤의 알.
노인은 알의 중심부에 문양을 새기는 것으로 마무리했다.
노인이 알에 속삭이자, 마공학으로 만들어진 알에는 생명이 깃들기 시작했다.

“평화로운 세상을 위해 날개를 펼쳐다오, 그것이 네가 태어난 진정한 목적이다.”

노인은 자신이 가진 모든 기력과 평화의 메시지를 아낌없이 알에 전달했다.
기력이 다해 더 이상 침대에서 움직이지 못하게 되었을 때도 멈추지 않았다.
그의 꺾이지 않는 마음과 영혼이 있었기에, 노인은 마지막 숨을 거두는 순간까지도 손에서 알을 놓지 않았다.
결국 그가 세상을 떠난 후, 무너져가는 시계탑 속에서는 푸른빛이 새어 나왔고, 거대한 갑주를 입은 드래곤, 아자크가 모습을 드러냈다.
아자크는 잔해를 털고 날개를 활짝 펼치며 하늘로 날아올랐다.

“중심에 서서 평화의 시대를 이끌리라.”

아자크는 자신의 결의를 하늘에 외치고, 그 결의를 현실로 만들기 위하여 어느 곳을 향해 빠르게 날아갔다.

DVC 정보  이 알에는 큰 집게가 달려있다.

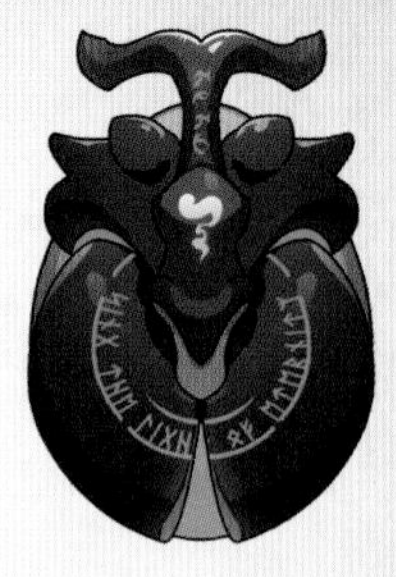

알

알 위쪽에는 집게 뿔이 있고, 아랫부분은 두꺼운 날개가 감싸고 있다.
신비로운 빛의 문양을 가지고 있다. 아마도 마공학의 영향으로 보인다.
알 상태에서도 이 빛의 문양에서 빛이 난다.
밝고 빛날수록 건강한 아자크라고 한다.

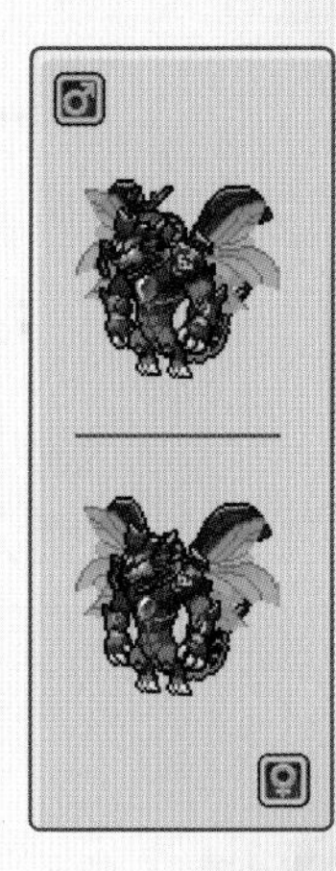

성체

꼬리에 날카로운 집게가 달려있다. 집게 입과 뿔, 꼬리로 공격한다.
단단한 한 쌍의 날개와 얇은 피막같은 세 쌍의 날개가 푸른색으로 빛이 나고, 눈 또한 빛나 어둠 속에서도 잘 볼 수 있다. 네발의 우람한 발톱들이 아자크의 위용을 실감하게 한다.
아자크 머리의 뿔은 상대를 공격하는 데 사용하기도 하지만 일부 마공학 지식을 담고 있다 전해진다. 마공학 지식을 많이 습득한 아자크일수록 머리의 뿔이 길다고 한다. 마공학 도구가 필요한 드래곤들이나 테이머들은 아자크 머리의 뿔을 보며 어느 정도의 지식을 가지고 있는지 가늠할 수 있다.

Abyssedge

어비스 엣지

심해를 오가는 물고기와 상어, 드래곤은 언제나 긴장 상태다. 큰 파도처럼 재빠르게 달려드는 어비스 엣지를 주의해야 하기 때문이다. 어비스 엣지와 함께 무리를 이룬 물고기, 상어는 언제나 강한 상대를 노려 습격한다. 어비스 엣지와 사냥하는 상어와 물고기는 자신의 몸집보다 큰 상대를 두려워하지 않는다. 이러한 어비스 엣지는 영역 확장 욕구가 강하여 다른 어비스 엣지를 공격하기도 한다. 강한 자만이 많은 심해의 영역을 누릴 수 있기에, 어비스 엣지는 자신의 물고기와 상어 집단을 무한히 늘리려고 한다.

드래곤 이름	학명	먹이	평균 키
어비스 엣지	Gurges Dux	피라냐	4.1~4.9m
속성	**체형**	**타입**	**평균 몸무게**
물	드레이크	상어 드래곤	500~580kg

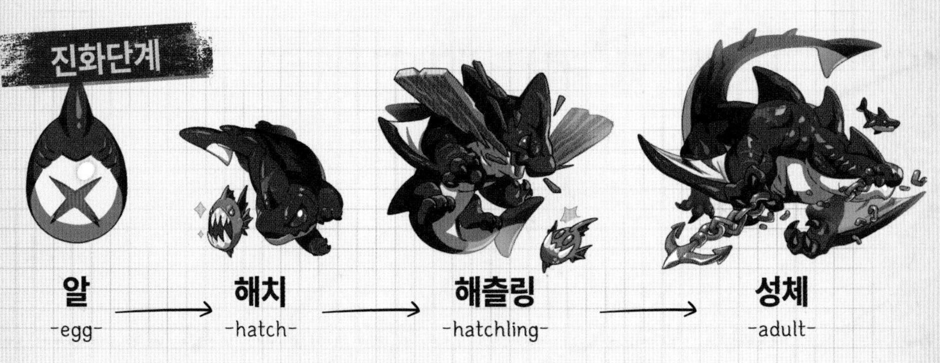

게임 정보

◈ **성격1(90%)** | 냉정한

◈ **성격2(10%)** | 고집 있는

◈ **성별** | ♂ ♀

◈ **획득처** | 설화

◈ **도감 배지** |

◈ **성체 100보유 배지** | 

◈ 드래곤 돌보기 수치 ◈

잠수하기	93%	놀기	39%
씻기	61%	먹기	29%
펀치펀치	49%	잠자기	17%

◈ 드래곤 성격 결정 수치 ◈

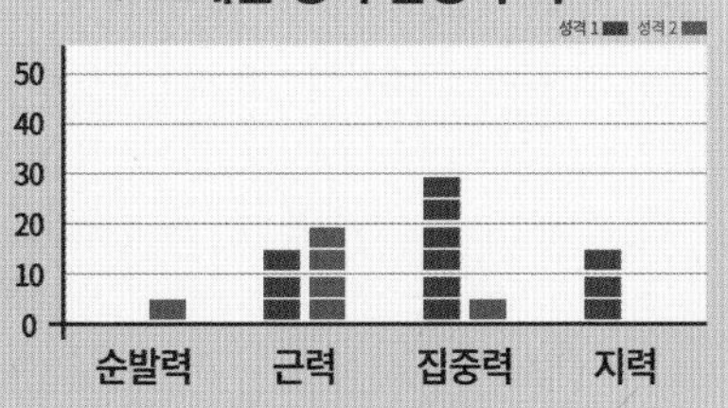

Abyssedge

어비스 엣지

DVC 정보

이 알은 칼날 같은 지느러미를 가지고 있다.

알

칼날 같은 지느러미를 가진 알이다.

지느러미는 뾰족한 데다 날카롭기까지 하기 때문에 주의하지 않으면 손을 베일 수 있다. 습한 피부는 매우 미끈거린다. 수분이 없는 환경에서는 부화하지 않는다. 부화는 알 가운데 빨간 상처에서부터 시작된다.

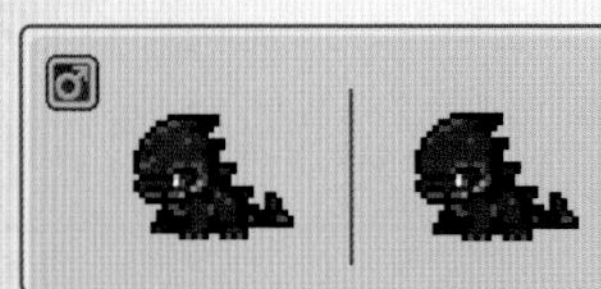

해치

해치 때부터 심해 깊은 곳에서 수영하는 걸 좋아한다.

사냥을 즐기는 것과 동시에 작은 물고기들을 괴롭히며 시간을 보내기도 한다. 날카로운 이빨을 가진 물고기들을 앞세워 겁을 주고 다니기도 한다. 힘을 실은 앞발로 물고기를 내리쳐 기절시키는 사냥 방법을 좋아한다. 물 밖으로 모습을 잘 드러내지 않으며 깊은 심해 탐험을 즐기는 경우가 많다.

해츨링

해치 때와는 달리 해츨링 시기에는 무는 힘이 매우 강해진다. 작은 물고기 사냥을 시시해하며 큰 상어나 드래곤을 사냥하기도 한다. 자신의 힘을 과시하기 위해 드래곤의 뒤를 쫓는 경우도 있다. 재빠른 속도로 헤엄쳐 드래곤의 날개나 꼬리를 물기도 한다.

성체

심해의 칼날이라 불리는 만큼 물속 생명체들의 기피 대상이다.

어비스 엣지가 머무는 심해 깊은 곳은 물고기들이 접근하지 않을 정도다. 어비스 엣지가 사냥할 때는 재빠른 꼬리로 헤엄치며 사냥감을 찾는데 이때 강렬한 이빨을 이용하여 상대를 한 번에 제압한다.

어비스 엣지의 경우 같은 품종 끼리는 무리 지어 생활하는 경우가 없다. 드래곤의 침입 자체에 굉장히 예민하게 반응하며 해치 시절부터 독립적으로 생활한다. 다만 드래곤이 아닌 강한 바다 생물과는 무리를 이루기도 한다. 이는 자신의 사냥을 돕기 위한 도구로 바다 생물들을 이용하기 위함이다.

Elderly Dragon

엘더 드래곤

"스승님, 오늘도 왔습니다!"
스마트 드래곤이 엘더 드래곤을 찾았다.
정식 제자가 아닌데도 엘더 드래곤은 스마트 드래곤을 내치지 않았다.
질문하는 양이 다른 드래곤 보다 많긴 하지만, 그만큼 신비롭고 재미있는 것들도 많이 들고 왔기 때문이었다. 스마트 드래곤과 엘더 드래곤의 토론은 언제나 늦은 밤까지 계속되었다.
"스승님, 드디어 궁금증이 풀렸어요!"
"나는 널 제자로 받아들인 적이 없다니까. 오늘도 늦게 자게 생겼구나."
스마트 드래곤은 감사의 의미로 고개를 숙였다.
엘더 드래곤은 작별하고 멀어지는 스마트 드래곤을 지켜보았다.
스마트 드래곤이 사라져 보이지 않을 때쯤, 엘더 드래곤은 젊은 말동무가 하나쯤은 있어 다행이라고 생각했다.

드래곤 이름	학명	먹이	평균 키
엘더 드래곤	Instructus Draco	멜론	5.2~6.0m
속성	**체형**	**타입**	**평균 몸무게**
빛	드라코	지식 드래곤	260~320kg

진화단계

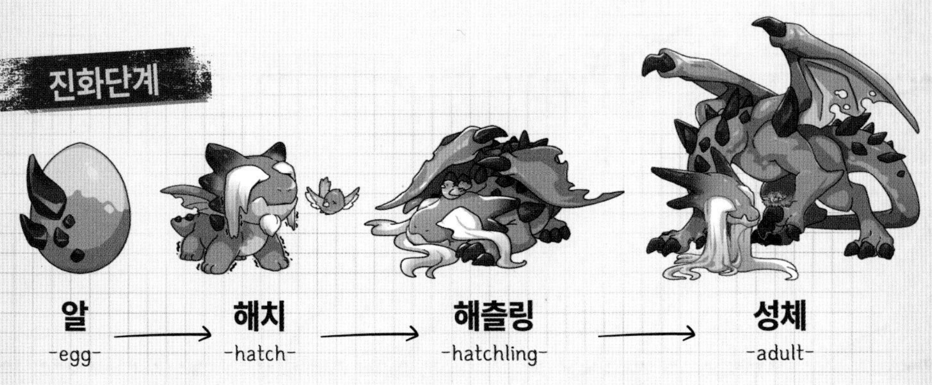

게임 정보

- ◈ 성격1(90%) | 차분한
- ◈ 성격2(10%) | 고집 있는
- ◈ 성별 |
- ◈ 획득처 | 설화
- ◈ 도감 배지 |
- ◈ 성체 100보유 배지 |

◈ 드래곤 돌보기 수치 ◈

잠자기	91%	독서하기	38%
명상	61%	씻기	27%
먹기	48%	놀기	27%

◈ 드래곤 성격 결정 수치 ◈

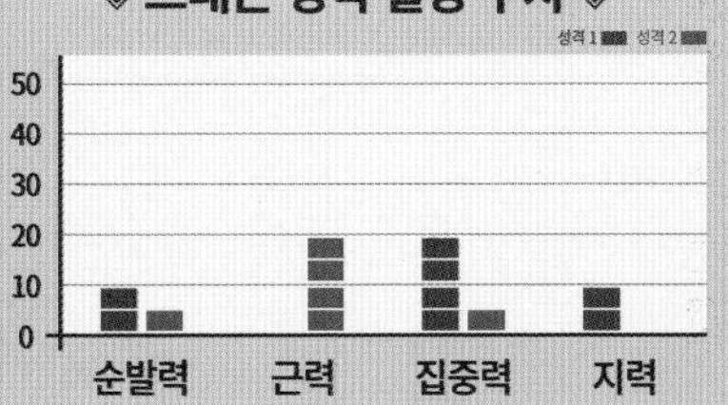

Elderly Dragon

엘더 드래곤

DVC 정보  이 알은 세월이 느껴진다.

알

세월이 느껴지는 알이다.

알의 표면은 오래돼서 빛바랜 색을 띤다. 알껍데기 위에 붙은 검은 뿔들은 접착력이 약해 금방 떨어진다. 떨어진 것을 크게 신경 쓰지 않지만 떨어진 채로 오래 놔두면 뿔을 붙여달라고 다가온다.

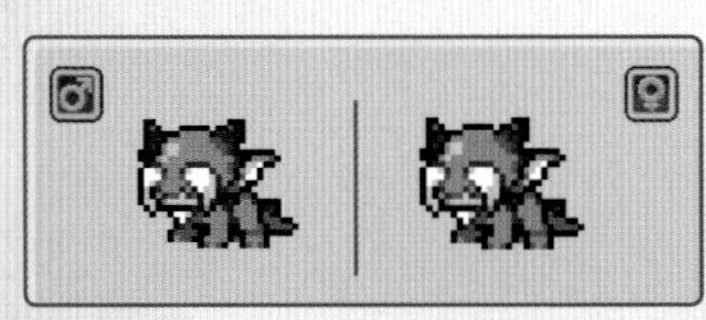

해치

해치 때부터 움직임이 적다. 거의 움직이지 않으며 제자리에 있는 경우가 대부분이다.

걸을 때에도, 비행할 때에도 매우 느리다. 때문에 직접 움직이려 하기보다는 테이머를 뚫어지게 바라보며 옮겨달라는 신호를 보낸다. 말은 하지 않고서 요구를 하는 경우가 많아 눈치 있게 엘더 드래곤을 돌봐줘야 한다. 쉴 새 없이 조잘거리는 새들을 좋아한다. 폭포처럼 흘러내린 눈썹 때문에 앞이 잘 보이지 않는 엘더 드래곤을 위해 새들이 길을 안내해 주기도 한다.

해츨링

해박한 지식으로 도움을 준다.
해치 때부터 책을 읽어왔기에 많은 지식을 갖고 있다.
가만히 있다가도 곤경에 처한 드래곤이나 테이머를 보면
책의 구절을 인용하여 도움을 준다. 도움이 필요한 상황이 아닌데도 뜬금없이 구절을 말해주기도 한다.
어떻게 받아들일지는 듣는 이의 자유다.

성체

긴 세월을 살아왔기에 지혜가 넘친다.
아이들을 불러서 책을 읽어주거나 젊은 드래곤이나 테이머가 지혜롭게 살아갈 수 있도록 지식을 나누어준다. 삶의 지혜가 가득하니 어리석은 행동 혹은 말을 하는 경우가 거의 없다. 잘난 척까지는 아니지만 조금 과할 정도로 지식을 나누어주는 것을 볼 수도 있다. 많은 드래곤들이 제자가 되길 청하고, 엘더 드래곤은 그들을 제자로 받아들이기도 하는데, 특히 스마트 드래곤이 엘더 드래곤을 귀찮게 한다고 한다.

Catsgon

캣츠곤

재활용을 위해 모아둔 상자에서 고양이가 머문 흔적이 발견되었다.
엘피스 마을 사람들은 고양이를 위해 밥과 간식을 준비하였다.
고양이의 흔적이 발견된 이후, 아주 늦은 밤마다 방울 소리가 들렸다.
마을 사람들은 고양이의 방울 소리인가 추측할 뿐이었다. 고양이를 본 사람은 없었다.
어느 날, 마을 입구에서 몬스터가 쓰러진 채 발견되었다.
몬스터의 몸에는 날카로운 발톱으로 낸듯한 상처가 가득했다.
이를 본 마을 사람들은 고양이가 자신들을 지켜주었다고 생각했다.
직접 고양이에게 감사함을 표하고 싶었던 사람들은 늦은 밤까지 고양이 상자 앞을 지켰다.
그때, 캣츠곤이 나타나 마을 사람들을 반겨주었다.
고양이의 정체를 확인한 마을 사람들은 늦은 밤 울리는 방울 소리에도 안심하며 잠이 들었다.

드래곤 이름	학명	먹이	평균 키
캣츠곤	Catus Draco	육포	1.7~2.3m
속성	**체형**	**타입**	**평균 몸무게**
어둠	드라코	고양이 드래곤	70~100kg

진화단계

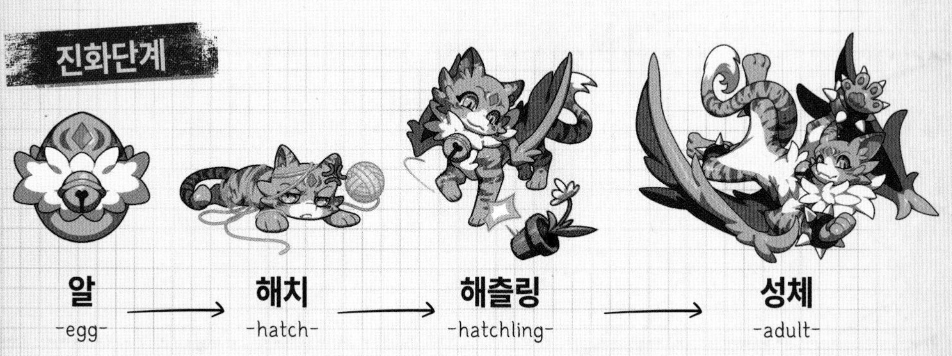

게임 정보

◈ **성격1(90%)** | 눈치 빠른

◈ **성격2(10%)** | 변덕쟁이

◈ **성별** | ♂ ♀

◈ **획득처** | 설화

◈ **도감 배지** |

◈ **성체 100보유 배지** |

◈ 드래곤 돌보기 수치 ◈

잠자기	91%	놀기	42%
궁디팡팡	63%	산책하기	31%
먹기	52%	씻기	20%

◈ 드래곤 성격 결정 수치 ◈

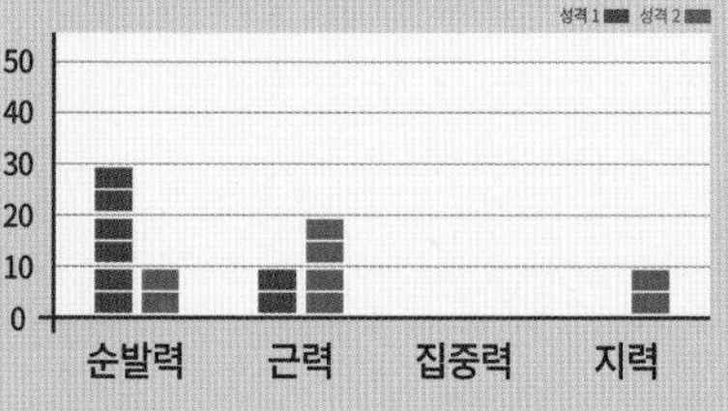

Catsgon

캣츠곤

DVC 정보

이 알은 작은 방울이 달려있다.

알

작은 방울 소리가 나는 알이다. 매우 부드러운 털에 둘러싸여 있으며 털을 건들 때마다 방울에서 작은 소리가 난다. 어두운 밤이 되면 작은 방울이 격하게 흔들리며 시끄러운 소리를 낸다. 잠을 이룰 수 없을 정도다. 방울은 부화가 시작되면 움직임을 멈춘다.

해치

해치 때부터 귀가 매우 예민하다. 아주 먼 소리까지 들을 수 있으며 자신이 생각하기에 안전하다고 느껴지는 공간을 찾아다닌다. 걸을 때마다 방울이 작은 울림소리를 낸다. 발톱은 잘 관리하지 못해 날카로울 때가 많다. 안아주거나 쓰다듬어 주는 걸 좋아하며 식욕이 왕성해 자주 작은 동물 사냥한다.

해츨링

해치 때와는 달리 해츨링 시기에는 몸에 부드러운 털이 생겨난다. 부드러운 털은 캣츠곤의 몸을 감싸며 체온 유지에 도움을 준다. 걸을 때마다 방울 소리가 나는 건 여전하지만 해치 때보다 크게 울리지는 않는다. 여전히 사람을 따르고 좋아하지만 자주 장소를 바꾸며 여행하는 걸 즐긴다. 하루 대부분을 낮잠을 자는데 시간을 보내 해치 때보다는 모습을 보기 어렵다.

성체

해치와 해츨링 시기에는 방울에서 소리가 나지만 성체로 진화 시 아무런 소리가 나지 않는다.
이는 진화를 거치며 성체 캣츠곤이 스스로 방울 소리를 조절할 수 있게 된 것으로 추측된다. 성체 캣츠곤이 방울을 울릴 때면 악령이 나타나는 경우가 많다. 이는 캣츠곤의 방울 소리에 악령을 끌어당기는 힘이 있기 때문으로 알려진다.
캣츠곤의 털은 대체로 부드러운 촉감을 가지고 있다.
스스로 그루밍하는 성질이 있어 털을 핥는 모습을 목격할 수 있다. 털이 엉켜있는 캣츠곤의 경우 하늘을 날 때 속도가 떨어지는 경우가 있어 주의하는 것이 좋다.

Teddy Dragon

테디 드래곤

테디 드래곤은 당당한 걸음으로 인형 같은 귀여운 모습을 뽐냈다.
테디 드래곤의 외모를 칭찬하는 목소리가 끊이질 않았다.
테디 드래곤은 우쭐한 마음을 숨기며 귀여운 모습만 보여주었다.
"테디! 여기 좀 봐줘!"
누군가의 부름에 뒤를 돌았을 때였다.
테디 드래곤은 바람 빠진 풍선처럼 몸이 가라앉는 기분을 느꼈다.
테디 드래곤은 다리에 들어있던 솜이 모조리 빠져나간 것을 발견했다.
뒤를 돌아보니 걸어온 길마다 솜이 송송 놓여있었다.
사람들은 테디 드래곤에게 솜을 모아주었고, 부끄러운 테디 드래곤은 붉은 얼굴로 바느질을 했다.

드래곤 이름	학명	먹이	평균 키
테디 드래곤	Morosus Pupa	멜론	1.5~1.8m
속성	체형	타입	평균 몸무게
꿈	드라코	인형 드래곤	100~130kg

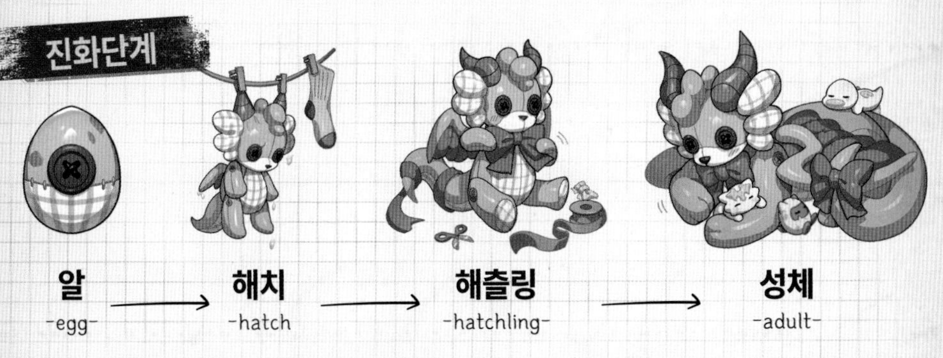

게임 정보

◈ 성격1(90%) | 천진난만한

◈ 성격2(10%) | 온순한

◈ 성별 | ♂ ♀

◈ 획득처 | 설화

◈ 도감 배지 |

◈ 성체 100보유 배지 |

◈ 드래곤 돌보기 수치 ◈

꾸며주기	89%	잠자기	33%
씻기	72%	먹기	23%
놀기	59%	불지르기	-20%

◈ 드래곤 성격 결정 수치 ◈

성격 1 성격 2

50
40
30
20
10
0

순발력 근력 집중력 지력

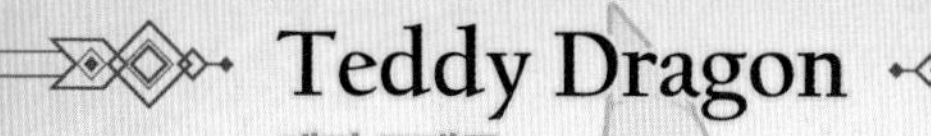

Teddy Dragon

테디 드래곤

DVC 정보 이 알은 단추가 달려있다.

알

단추가 달린 알이다.

정 중앙에 큰 갈색 단추가 달려있다. 테디의 상태에 따라서 꿰매진 정도가 달라진다. 평소에는 실로 단단하게 고정되어 있어 거의 움직이지 않는다. 상태가 좋지 못하면 단추가 바닥으로 떨어지기 일보 직전의 상태에 놓인다.

해치

해치 때부터 솜에 예민하다.

테디 드래곤의 피부는 천과 천이 실로 이어진 형태이다. 워낙 돌아다니는 것을 좋아하여 종종 천 사이가 벌어지는데, 벌어진 곳으로 솜이 빠져 나오기 때문에 뜯어진 부분은 바로 바느질을 해줘야 하며, 솜도 채워야 한다. 일주일에 한 번 이상은 솜을 비워내고 갈아야 한다. 솜에 곰팡이가 슬거나 죽는 것을 막기 위해서이다. 솜을 갈아줄 때는 너무 부족해도 넘쳐도 안 된다. 솜은 테디 드래곤의 생명이자 귀여운 외관의 비결이므로 테디 드래곤이 제일 많이 신경 쓰는 부분이다.

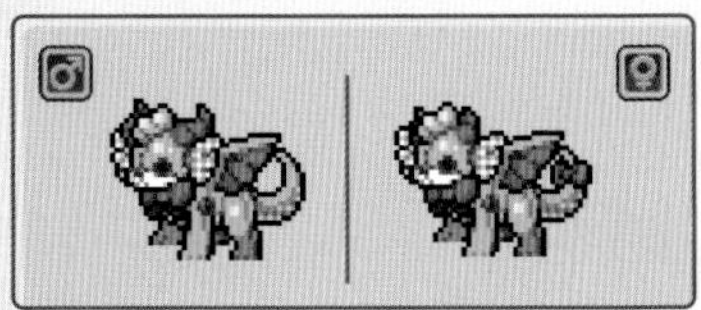

해츨링

까칠한 성격을 갖고 있어 테이머를 당황하게 한다. 솜이나 바느질에 신경 써주지 않으면 금방 까칠해진다. 살짝 삐뚤어진 리본에도 화를 낸다. 귀엽다고 데려왔다가 테디 드래곤의 성격에 당황한 테이머들의 제보가 들려온다. 테디 드래곤의 요구를 완벽하게 들어준다면 귀여운 인형의 애교를 볼 수 있을 것이다.

성체

귀엽지만 까칠하기도 하여 매력적인 인형 드래곤으로 인기가 많다.
테디 드래곤의 외관은 어디를 가도 견줄 수 없는 귀여움을 갖고 있지만, 이를 유지하기 위해 까칠하게 군다. 그러나 까칠한 모습도 볼에 홍조를 띠거나 눈매를 사납게 하는 것에서 그칠 뿐이기에 일부러 함께 하는 테이머도 있다. 완벽주의자 같지만, 은근히 헛똑똑이처럼 행동하여 반전 매력을 선사한다.

Totem Dragon

토템 드래곤

소원이 모이는 곳에서 태어난 토템 드래곤은 사람들의 소원을 경청하는 버릇이 있다.
소원을 이루어줄 수는 없지만, 마음을 평온하게 만드는 시원한 바람을 불어줄 수는 있다.
원주민들의 소원에서 태어난 토템 드래곤은 마을의 안전을 지켜주는 수호신으로 평생을 보내기도 한다.
수호신 이름에 걸맞게 토템 드래곤은 모두가 떠나더라도 마을의 터를 끝까지 지킨다.

드래곤 이름	학명	먹이	평균 키
토템 드래곤	Totem Sphragitis	단풍잎	2.3~2.9m
속성	체형	타입	평균 몸무게
바람	드라코	소원 드래곤	250~290kg

진화단계

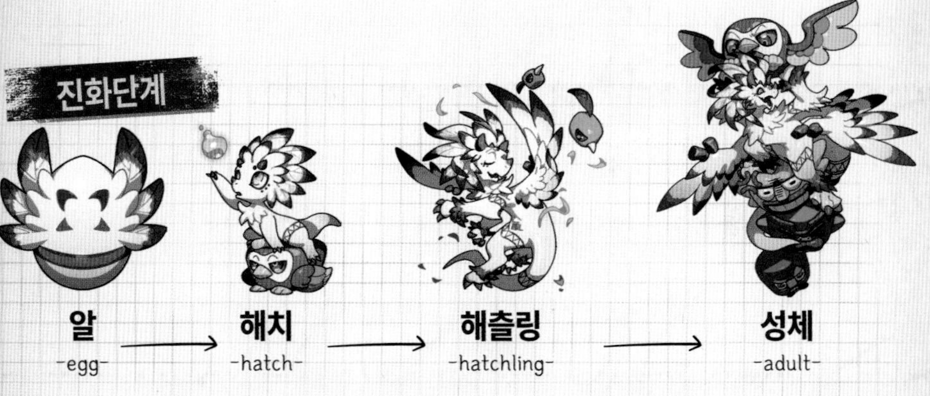

게임 정보

◈ 성격1(90%) | 신중한

◈ 성격2(10%) | 차분한

◈ 성별 | ♂ ♀

◈ 획득처 | 설화

◈ 도감 배지 | 

◈ 성체 100보유 배지 |

◈ 드래곤 돌보기 수치 ◈

꾸며주기	93%	놀기	39%
씻기	61%	잠자기	29%
운세보기	49%	먹기	17%

◈ 드래곤 성격 결정 수치 ◈

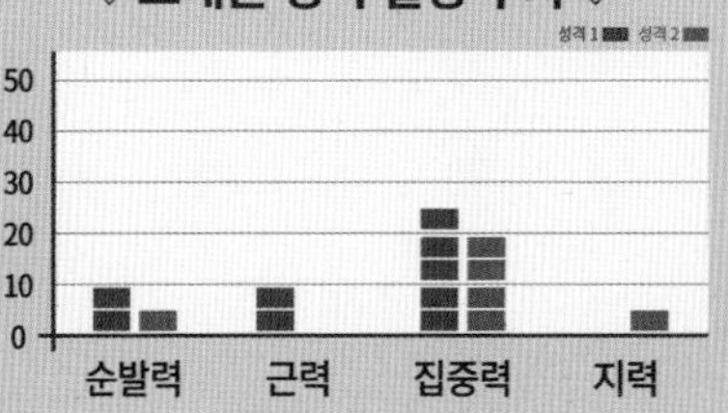

Totem Dragon

토템 드래곤

DVC 정보  이 알은 매우 날카로운 깃털이 꽂혀있다.

알

매우 날카로운 깃털이 꽂힌 알이다. 가까이 다가갈수록 알에 꽂힌 깃털이 벌어지며 주변을 경계한다. 부화가 임박하면 위를 향하고 있는 깃털이 아래를 향한다. 깃털이 일으키는 바람을 맞으면 마음이 평온해진다고 알려져 있다. 소원이 모이는 곳에서 주로 발견된다.

해치

해치 때부터 소원을 비는 사람을 찾을 수 있다. 소원의 기운은 강력하게 느끼며 몸을 움직이는 경우가 많다. 대부분의 해치 토템 드래곤은 목적지 없이 여러 곳을 돌아다닌다. 다른 드래곤이나 사냥에는 큰 관심을 보이지 않는다. 오직 소원에만 관심을 보인다. 소원을 빌고 있는 사람을 만나면 부엉이처럼 생긴 토템 위에 가부좌를 틀고 앉아 소원에 귀를 기울인다. 소원을 이루어주는 능력은 없는 것으로 알려져 있다.

해츨링

해치 때와는 달리 해츨링 시기에는 하늘을 날아다니며 소원을 찾는다. 말수가 적어지며 다른 드래곤들과는 말을 잘 하지 않는다. 오로지 토템 드래곤끼리 소통하며 더 강한 소원을 찾아 움직인다. 여러 소원을 들을 수 있는데 사람뿐만 아니라 드래곤의 소원까지도 들을 수 있게 된다.

성체

무리 지어 생활하기도 하는 드래곤이다.

주로 높은 산 정상을 오가며 자신의 생활터를 만든 뒤 사람들의 소원을 듣고 떠나기를 반복한다. 이는 더욱 간절한 소원이 있는 쪽으로 몸을 움직이는 본능에 가깝다고 한다.

온몸에 생겨나는 문신은 알에서부터 영향을 받아 성장하는 것으로 연구되었다. 토템 드래곤이 가장 큰 영향을 받은 상대에 따라 문신의 위치나 모양이 변경된다. 토템 드래곤의 문신은 피부에 새겨있어 새 비늘이 돋아나도 그 자리만은 문신 형태로 복구된다고 한다.

토템 드래곤이 일으키는 날갯짓에선 때론 사람들의 목소리가 들려오기도 한다. 이는 토템 드래곤에게 소원을 비는 이들의 목소리로 알려진다.

테이머 암즈

자신이 부화시킨 드래곤을 담을 수 있고 언제든 불러낼 수 있으며, 테이머 자신을 지킬 수 있는 무기이다. 테이머마다 무기의 형태는 칼, 활, 창, 지팡이, 나침반 등 다양한 형태로 만들어진다.

Chapter.03

DRAGON

교배종 / 보상 드래곤
이달의 알 드래곤 / 방랑상인 드래곤

거들테일 드래곤 / 고대주니어 / 엔젤주니어 / 글라오네 / 기린 / 논
앙그라 / 에슈 / 스카이랜서 / 백룡 / 흑룡 / 개틀링곤 / 가이안 / 그라치아
닌자 드래곤 / 라키온 / 레오벡터 / 루포 / 마가 / 말덱 / 멜로우 / 쉴로시 / 스쿠룸
스트라 / 아그나드 / 오쿠러스 / 깨비곤 / 솔루카니스 / 락샤사 / 스텔스 드래곤
엔젤캣 / 플루모스 / 강강 / 술래 / 아바돈 / 좀비 드래곤 / 팡팡

Girdle Tail Dragon

거들테일 드래곤

순수 혈통을 가진 도마뱀 드래곤들은 거들테일 드래곤을 두려워하였다.
크레스티드 드래곤과 스킨크 드래곤, 두 드래곤의 장점을 모두 가지고 있는 것이 조화가 아닌 위협일지도 모른다고 생각했기 때문이다.
순수 혈통을 가진 도마뱀 드래곤들은 거들테일 드래곤을 도마뱀 왕국의 중심지와 멀리 떨어진 곳에서 생활하라며 내쫓았다. 거들테일 드래곤은 도마뱀 왕국 외곽에서 점차 세력을 키워나갔다.
세월이 흐르며 거들테일 드래곤의 장점은 도마뱀 왕국에 위협이 아닌 발전을 가져다주었다.
그러나 순수 혈통 드래곤들은 거들테일 드래곤이 위협을 넘어 도마뱀 왕국의 파국을 불러올 것이라고 생각했다.
그렇게 거들테일 드래곤을 주축으로 한 세력과 순수 혈통만을 고집하는 드래곤 세력이 대립하게 되었다.

드래곤 이름	학명	먹이	평균 키
거들테일 드래곤	Tegmen Lacerta	단풍잎	1.6~2.1m
속성	**체형**	**타입**	**평균 몸무게**
강철	드라코	도마뱀 드래곤	60~100kg

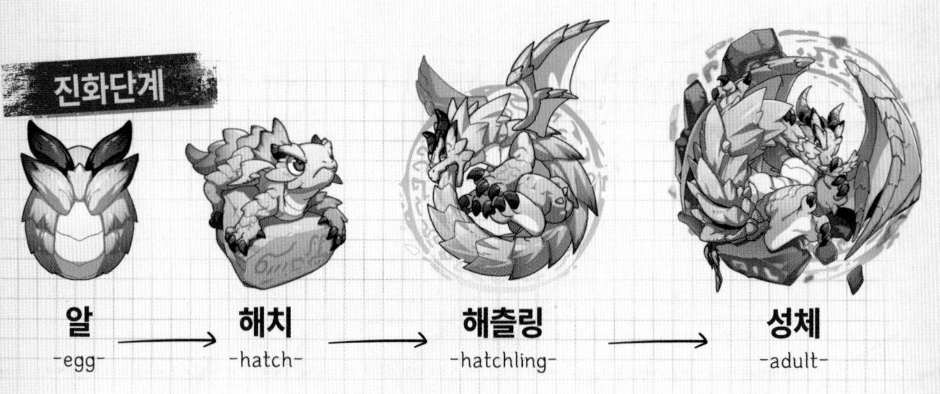

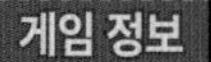

게임 정보

◈ 성격1(90%) | 대담한

◈ 성격2(10%) | 덜렁대는

◈ 성별 |

◈ 획득처 | 교배

◈ 도감 배지 |

◈ 성체 100보유 배지 |

◈ 드래곤 돌보기 수치 ◈

긁어주기	87%	잠자기	42%
흙 털기	63%	먹기	32%
놀기	53%	씻기	18%

◈ 드래곤 성격 결정 수치 ◈

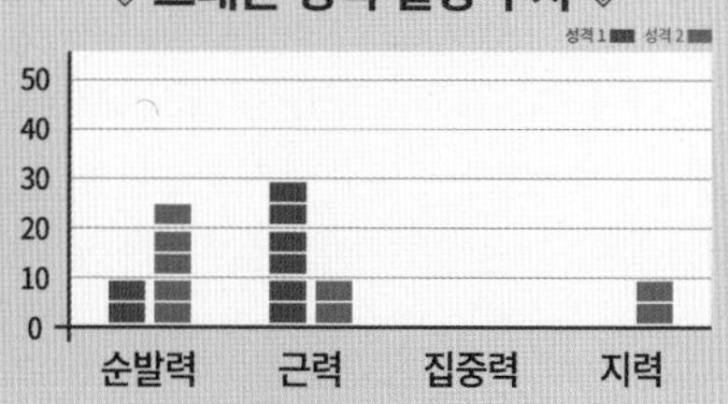

Girdle Tail Dragon

거들테일 드래곤

DVC 정보  이 알의 꼬리는 둥글게 말려있다.

알

비늘이 둥글게 말린 알이다. 부화 시 둥근 비늘이 펴지며 해치 형태로 변한다. 비늘의 촉감은 굳은 모래를 만질 때와 비슷하며, 짙은 색의 뿔의 촉감은 바위를 만질 때와 비슷하다. 가죽 느낌이 나는 상아색 부분에서 유일하게 온기를 느낄 수 있다. 커다란 바위 주변에서 주로 발견된다.

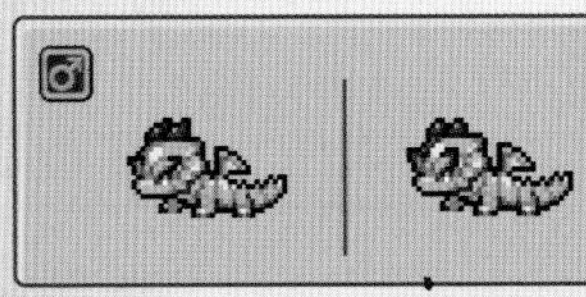

해치

해치 때부터 바위 위를 좋아한다. 바위에 누워 잠을 자거나 발톱을 가는 등 시간을 보낸다. 바위처럼 단단하고 날카로운 발톱으로 바위에 그림을 새겨 넣기도 한다. 빤히 지나다니는 사람을 지켜보기도 한다. 위협을 느끼면 재빠르게 바위 틈으로 도망친다. 모래밭에 있을 경우 모래와 비슷한 색의 비늘을 납작하게 눕혀 모래로 은신하기도 한다. 발톱을 휘둘러 상대를 공격하기도 한다.

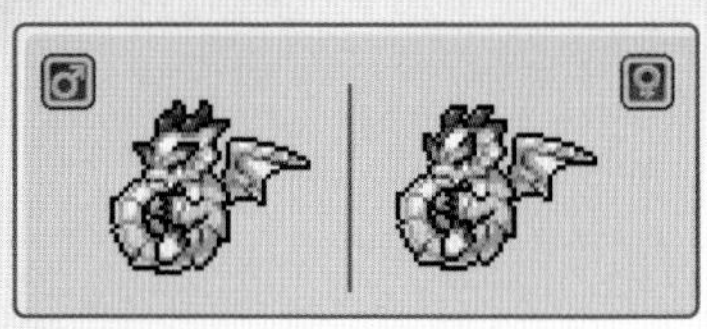

해츨링

해치 때와는 달리 해츨링 시기에는 훨씬 조심스럽게 행동한다. 여전히 바위 위를 좋아하지만 위협을 느낄 경우 꼬리를 물어 몸을 둥글게 만든다. 무리를 지어 행동하는 경우가 많다.

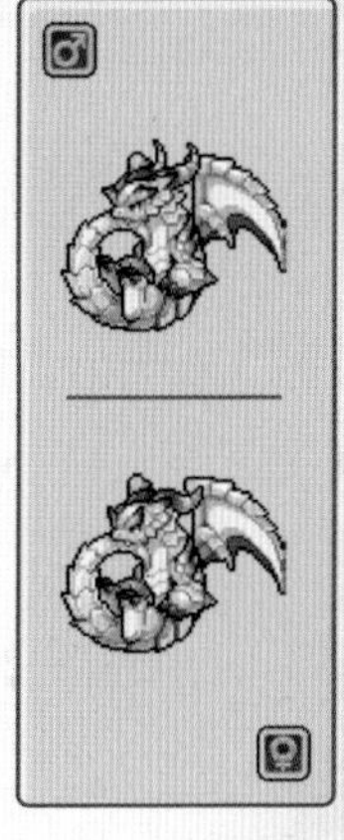

성체

적이 나타나면 꼬리를 물어 몸을 둥글게 말아 보호한다. 둥근 형태로 몸을 말게 되는 경우 비늘은 강철보다 단단한 정도로 강화된다. 둥근 몸을 이용하여 매우 빠른 속도로 구르는 등 땅 위를 빠르게 움직일 수 있다. 둥근 몸과 함께 날개를 이용하여 몸 전체를 감싸 가시 돋은 바위처럼 위장하기도 한다.

주로 바위에 앉아 시간을 보내는 경우가 많다. 다른 드래곤을 관찰하며 시간을 보내는데 이때 자신의 구역을 침범하는 자를 용서하지 않는다. 단단한 발톱으로 재빠르게 침입자를 움켜쥔 뒤 구역에서 밀어내는 등 영역을 매우 중요시하는 드래곤이다. 거들테일 드래곤의 발톱은 바위를 파괴할 정도의 힘을 가지고 있다.

God Jr

고대주니어

빛의 훈련을 받거나 테이머를 통해 훈련한 고대주니어만이 온전한 빛의 힘을 사용할 수 있다.
대부분의 고대주니어는 자신이 가진 힘에 만족하지만 고대신룡의 빛을 본 고대주니어는 본능적으로 빛의 훈련에 이끌린다.
고대신룡에 비하지는 못하지만 고대주니어가 가진 빛의 힘 또한 매우 강력하다.
큰 빛을 경험한 고대 주니어일수록 잠재된 힘을 끌어내고 싶어 한다.
고대주니어의 빛은 고대신룡보다 조금 더 따스하게 감싸는 느낌이다.
아주 미약하지만 축복의 힘을 가지고 있어 고대주니어의 빛을 받은 이들에게는 행운이 찾아오기도 한다. 자신의 빛을 수련하기 위해 고대신룡을 찾아 무리 지어 생활하는 경우도 있다.

드래곤 이름	학명	먹이	평균 키
고대주니어	Lux Fructus	멜론	2.8~3.1m
속성	**체형**	**타입**	**평균 몸무게**
빛	드라코	빛 드래곤	240~280kg

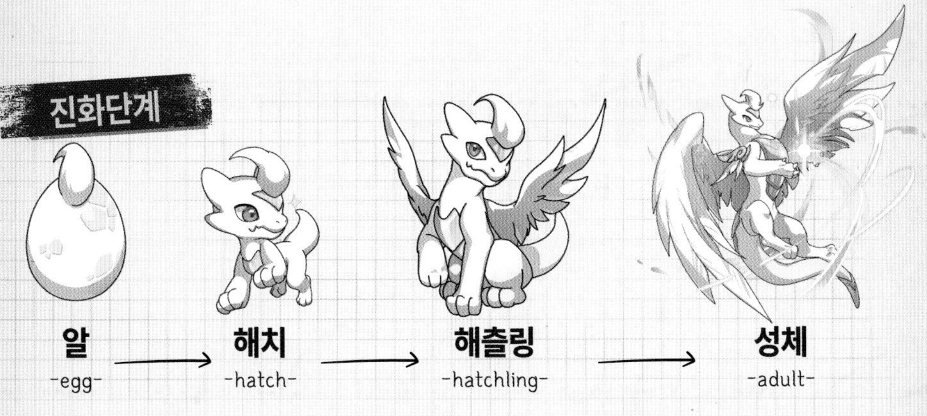

게임 정보

◈ 성격1(90%) | 용감한

◈ 성격2(10%) | 성급한

◈ 성별 | ♂

◈ 획득처 | 교배

◈ 도감 배지 | 

◈ 성체 100보유 배지 |

◈ 드래곤 돌보기 수치 ◈

칭찬하기	89%	먹기	38%
빗질하기	60%	잠자기	28%
놀기	50%	씻기	17%

◈ 드래곤 성격 결정 수치 ◈

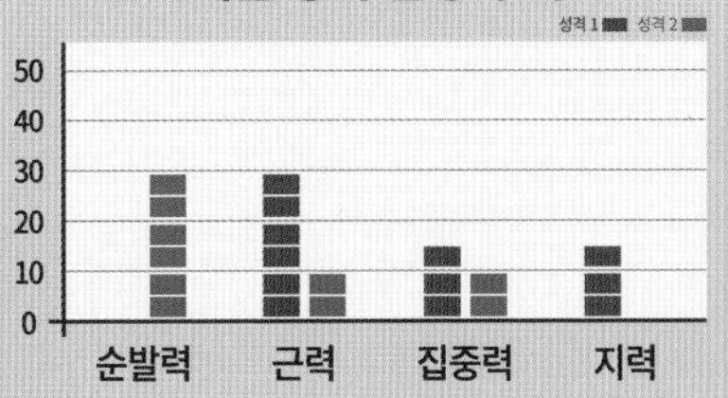

God Jr

고대주니어

DVC 정보  **이 알은 생크림 같은 뿔을 가지고 있다.**

알

알 중앙의 뿔은 기분에 따라 움직인다.

알의 표면을 만지면 부드러운 털의 촉감이 느껴진다. 알껍데기는 단단하여 흠집이 잘 나지 않는다. 알의 점박은 모두 다른 곳에 위치해 있으며 이는 햇빛을 많이 받은 부위에 발생한다고 알려져 있다.

해치

알 중앙의 뿔은 이마로 이동하여 부화한다.

등에 날개는 없지만 날개처럼 돋아난 작은 뼈가 존재한다. 햇빛을 좋아하여 대부분 야외에서 시간을 보내며 금빛 장식을 이용하여 빛을 모으려 노력한다. 아직 빛을 조절할 수 없지만 선한 행동을 할 때마다 고대주니어 주변으로 빛이 모인다. 더 많은 빛을 모으기 위해 도움이 필요한 곳을 찾아다닌다. 햇빛이 없는 어두운 날에는 기운 없이 누워있는 모습을 목격할 수 있다.

해츨링

해치 때와는 달리 등의 작은 뼈가 커져 날개로 변한다. 하늘을 날 수 있으며 뛰는 일보다는 날아다니는 일이 더욱 많아진다. 금빛 장식을 이용하여 빛을 생성하거나 이용하는 일에 조금은 능숙해진다. 아직 직접 빛을 낼 수는 없으나 기본적인 체력과 힘을 가지고 있다. 숲을 돌아다니며 다른 드래곤이나 동물들에게 장난을 치기도 한다.

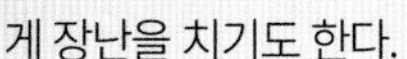

성체

천사와 닮은 날개는 몸을 덮을 수 있을 정도로 커진다. 고대신룡과 비슷한 생김새지만 전혀 다른 성격이다. 대부분의 고대주니어는 정의롭지만 철이 없고 자존심이 무척 세다. 주위를 돌아다니며 어두운 동굴에 자신의 빛을 쏘기도 한다. 어둠 드래곤들을 괴롭히며 시비를 거는 행동도 서슴지 않는다. 금빛 장식은 고대주니어의 몸 구석구석에 생겨난다. 빛을 조절하는데 능숙해지며 자신의 빛을 과시하고 싶어 하늘을 돌아다니곤 한다. 고대주니어가 지난 자리에는 옅은 빛이 남는다. 날개를 펼치면 흐린 지역이라도 고대주니어가 있는 곳은 환한 빛으로 맑은 상태를 유지한다.

Angel Jr

엔젤주니어

해치 때부터 함께 지낸 엔젤주니어와 고대주니어는 성체가 되어도 무리 지어 다닌다. 대부분의 엔젤주니어는 고대주니어를 챙겨주며 책임감을 느낀다고 알려져 있다. 해치 때부터 잦은 말썽을 일으키는 고대주니어의 곁에서 지낸 엔젤주니어는 자연스럽게 책임감을 학습한다. 엔젤주니어는 고대주니어의 사고를 수습하기 위해 축복을 내리는 경우가 많다. 엔젤주니어는 축복을 통해 자신의 힘을 단련하기 때문에, 고대주니어와 함께 다니는 엔젤주니어의 경우, 보다 강한 축복의 힘을 내릴 수 있게 된다.

드래곤 이름	학명	먹이	평균 키
엔젤주니어	Angelus Proles	멜론	2.5~2.9m
속성	체형	타입	평균 몸무게
빛	드라코	빛	120~160kg

진화단계

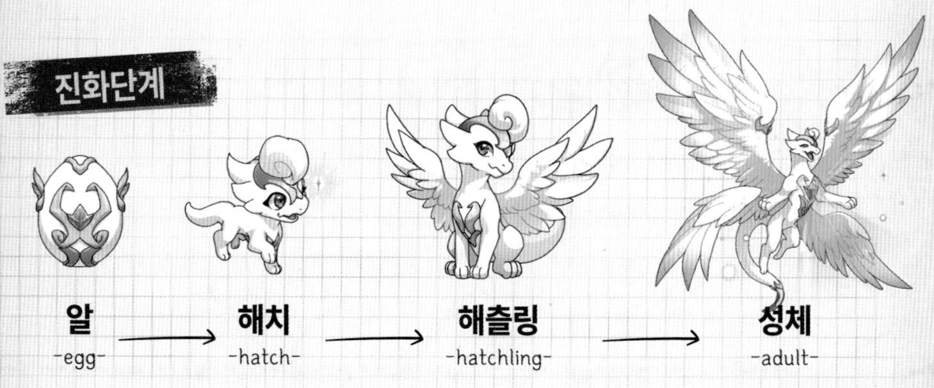

게임 정보

◈ 성격1(90%) | 차분한

◈ 성격2(10%) | 똑똑한

◈ 성별 |

◈ 획득처 | 교배

◈ 도감 배지 | 

◈ 성체 100보유 배지 |

◈ 드래곤 돌보기 수치 ◈

칭찬하기	91%	놀기	42%
빗질하기	63%	잠자기	31%
씻기	52%	먹기	20%

◈ 드래곤 성격 결정 수치 ◈

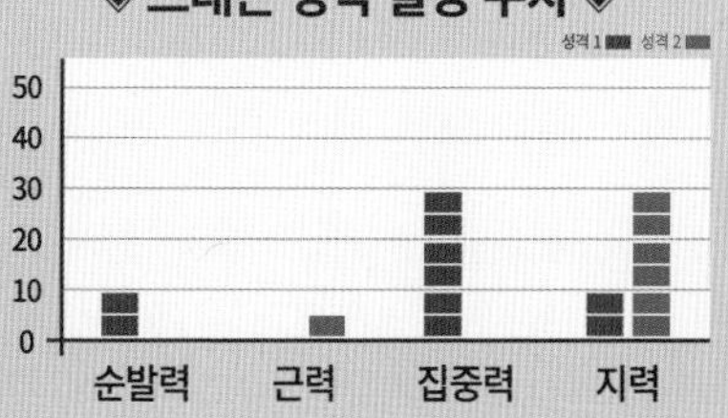

Angel Jr
엔젤주니어

DVC 정보  이 알은 작은 날개를 가지고 있다.

알

작은 날개가 기분에 따라 움직인다. 알 표면을 감싸고 있는 털은 무척 부드럽다. 바람을 쓰다듬는 것만 같다. 알껍데기는 매우 얇아 흠집이 잘 생기니 주의하는 것이 좋다. 일정한 햇빛을 받지 못한 알은 점점 어둡게 변한다. 햇볕이 내리쬐는 곳에 두면 부화가 빨라진다. 부화가 시작되면 날개가 날아오를 것처럼 빠르게 움직인다.

해치

날개는 없지만 등에 작은 뼈가 돋아난다. 주변을 돌아다니며 자신의 도움이 필요한 자들을 찾아다닌다. 알 중앙에 박혀있던 보석과 같은 색의 빛이 엔젤주니어를 도움이 필요한 곳으로 인도하기도 한다. 도움이 필요한 자를 찾으면 크게 울부짖어 성체의 엔젤 드래곤이나 엔젤주니어를 부른다. 뿔을 이용하여 길을 찾을 수 있으며 어두운 곳에서는 그 힘이 약해진다. 맑은 날, 햇빛이 가장 따뜻한 곳에서 자주 발견된다.

해츨링

해치 때와는 달리 등의 작은 뼈가 커져 날개로 변한다.
천사와 같이 풍성한 날개이지만 몸체보다는 작아 오랜 시간 날기는 힘들다. 더욱 오래 날기 위해 날개를 단련한다. 뿔의 능력을 온전히 사용할 수 있으며 성체의 도움이 아니더라도 작은 도움을 줄 수 있다.
자신의 힘을 나누어 상대를 치료하거나 빛을 이용하여 작은 상처를 낫게 한다.

성체

선행이 필요한 곳을 찾으며 고대주니어의 싸움을 말리기도 한다. 본능적으로 빛의 신전에 이끌리며 그곳에 자신의 알을 두고 가는 경우도 있다. 날개는 천사의 힘을 품고 있지만 엔젤보다 강하지는 않다.
금빛 장식은 엔젤주니어의 몸 구석구석에 생겨난다. 천사의 힘을 조절하는데 능숙해지며 자신의 도움이 필요한 자들을 찾기 위해 하늘을 돌아다니곤 한다. 뿔의 힘을 이용하지 않아도 엔젤주니어는 도움이 필요한 자들에게 향한다.

Glaone

글라오네

편지를 발견한 당신에게 우주를 지키는 합체 드래곤 '글라오네'에 대한 이야기를 들려드리고자 합니다.

글라오네의 탄생은 안타깝게도 비밀리에 두어야 했습니다.

이 이유를 설명하기 위해, 몇 가지 사실을 알려드리겠습니다.

글라오네는 하나의 드래곤이 아닙니다. 무려, 세 마리의 독립된 드래곤이 결합하여 하나가 된 합체 드래곤이죠. 세 드래곤의 마음이 진정으로 하나가 되어야만 탄생하는 드래곤입니다.

세 마리는 너무나 다르지만, 나의 연구를 통해 그들은 비로소 하나가 될 수 있었습니다.

글라오네가 세상에 나타나게 된다면 큰 혼란을 가져올 것입니다.

따라서 반드시 필요한 때에만 사용되어야 합니다.

이 편지를 읽는 자가 부디 현명하길 바랍니다. 내가 만난 미래의 기술자처럼 말이죠.

글라오네로 당신의 우주를 지킬 수 있기를 바랍니다.

드래곤 이름	학명	먹이	평균 키
글라오네	Incorporatio Draco	기름	4.0~4.3m
속성	**체형**	**타입**	**평균 몸무게**
빛, 땅	드라코	병기 드래곤	400~420kg

진화단계

◈ **성격1(90%)** | 똑똑한

◈ **성격2(10%)** | 용감한

◈ **성별** |  

◈ **획득처** | 인연도감 보상

◈ **도감 배지** |

◈ **성체 100보유 배지** |

◈ 드래곤 돌보기 수치 ◈

가스분출	93%	놀기	37%
씻기	76%	잠자기	19%
먹기	53%	분해하기	-11%

◈ 드래곤 성격 결정 수치 ◈

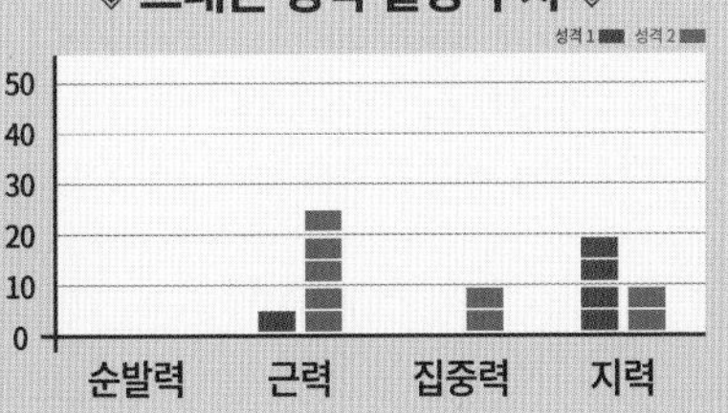

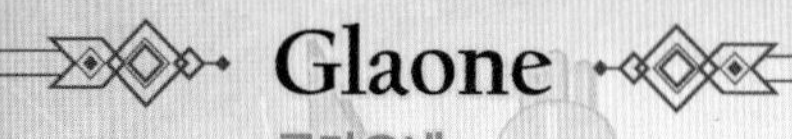

Glaone

글라오네

DVC 정보  **이 알은 합체되었다.**

알

합체된 알이다.

현자가 만든 세 드래곤, 개틀링곤, 레오벡터, 아그나드의 부위가 합쳐져 있는 드래곤 알이다. 몸통의 중앙에는 개틀링곤의 총이, 알의 표면은 레오벡터의 몸통, 알에 달린 뿔은 아그나드에게서 따왔다. 현자가 직접 만든 합체 알은 매우 견고하고, 튼튼하여 잘 부서지지 않는다.

해치

해치 때부터 세 드래곤의 힘을 조화롭게 합치려고 노력한다.

세 드래곤의 마음이 완전히 일치하기 전이기 때문에 완벽한 힘을 구사하지 못한다. 각자의 능력 개성이 너무나도 강하여, 세 드래곤은 서로 더 활약하려고 애를 쓴다. 그러다 보니 공격이 제멋대로 나가거나 실패하는 일이 빈번하다.

해츨링

해치 때와는 달리 세 드래곤의 힘이 발휘되기 시작한다.
오랜 훈련과 노력 끝에 세 드래곤의 힘을 조화롭게 합치기 시작한다. 실패보다도 성공 횟수가 많아졌다. 그러나 여전히 완벽한 조화를 이루기에는 턱없이 부족하다. 그럼에도 서로를 이해하고 협력할 수 있게 되면서, 세 가지 힘으로 만들 수 있는 전투 방식을 모색한다.

성체

고대의 현자가 만들어낸 세 드래곤의 힘이 합쳐져 비로소 궁극의 힘으로 발휘된다.
드디어 세 드래곤이 완벽하게 하나가 된 순간이 찾아온다. 고대 현자가 예상했던 대로, 비로소 궁극의 힘을 발휘한다. 각자의 개성과 능력을 보완하고, 하나가 되어 행성을 수호하는 힘을 손에 쥐었다. 그들은 행성과 우주를 수호하는 전설적인 존재로 거듭나, 공중을 가로지르고, 번개와 화염으로 적을 불태우며, 대지를 뒤흔든다. 글라오네의 힘은 행성에 사는 이들을 살렸으며, 행성에 사는 이들은 글라오네를 경외한다.

Kirin

기린

구름 위에서 사방신을 지켜보던 기린이 고개를 저었다.
“사방을 지켜야 하는 자들이 서로 싸우다니요! 사방에서 살아가는 생명체들이 어떻게 편히 지낼 수 있겠어요?”
사방신들은 기린의 말에 아무 말도 하지 못했다.
“청룡은 정도를 알고 말하도록 하세요. 주작, 지금 웃을 때가 아니에요. 힘이 전부가 아니라는 사실을 명심하세요. 백호는 스스로의 마음을 잘 다스려야 해요. 현무는 다른 이들을 배려하는 마음을 가져야 합니다.”
사방신들은 고개를 끄덕였다.
“여러분들의 마음이 하나로 모아지는 순간, 다시 나타날 겁니다. 제가 말한 것을 잊지 마세요.”
그날 이후, 기린은 사방을 다스리는 드래곤들의 모습을 더욱 유심히 지켜보았다.

드래곤 이름	학명	먹이	평균 키
기린	Mundanus Meoria	무지개 꽃	4.7~5.0m
속성	**체형**	**타입**	**평균 몸무게**
꿈, 바람	드라코	사신 드래곤	300~330kg

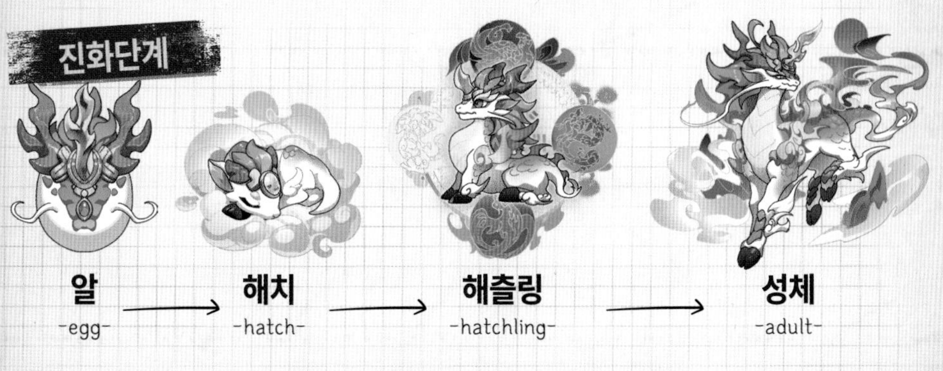

게임 정보

◈ **성격1(90%)** | 차분한

◈ **성격2(10%)** | 대담한

◈ **성별** | ♂ ♀

◈ **획득처** | 특수액션: 오방신 소환

◈ **도감 배지** |

◈ **성체 100보유 배지** | 

◈ 드래곤 돌보기 수치 ◈

운세보기	88%	놀기	41%
자체발광	62%	씻기	30%
잠자기	51%	먹기	18%

◈ 드래곤 성격 결정 수치 ◈

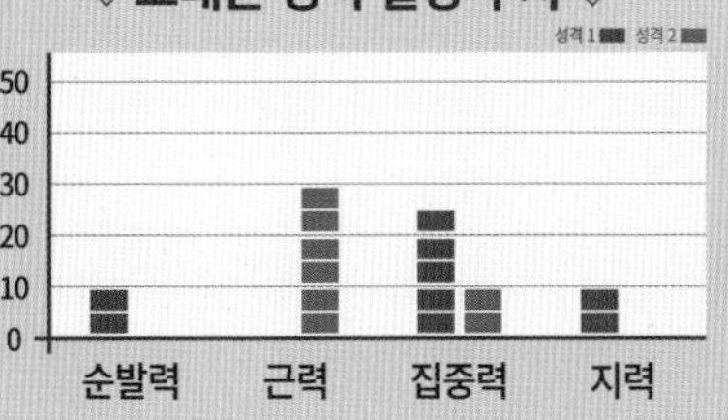

Kirin

기린

DVC 정보  **이 알은 황금색 뿔을 갖고 있다.**

알

황금색 뿔을 갖고 있는 알이다.

알의 윗부분에 황금 뿔이 솟아있다. 사방의 균형을 지켜주는 기린의 자애심을 상징한다. 이 뿔은 알에서부터 결코 떨어지지 않으며, 인정한 자 앞에서만 비로소 떨어진다고 전해진다.

해치

해치 때부터 사방신의 기운을 느낀다.

어릴 때의 기린은 매우 약하기 때문에 구름 위에 엎드려 잠을 자는 시간이 많다. 맑은 날에는 직접 구름을 만들어 깔고 자기도 한다. 위협을 느끼면 구름 속에 몸을 숨기곤 한다. 사방을 수호하는 드래곤과 연결되어 있어, 깊은 잠을 자는 와중에도 사방신의 소리를 들을 수 있다. 사방신이 위험에 처했다 느끼면 구름을 타고 찾아 나선다. 사방신은 기린의 말을 곧잘 따른다.

해츨링

진화한 해츨링은 사방신에게 문제가 생기면 구름을 타고 내려온다.

구름에서 휴식을 취하면 강해지며, 사방을 수호하는 드래곤들과 더 밀접하게 연결된다. 사방의 기운을 확실하게 느낄 수 있기에, 온몸에서 밝은 빛을 내뿜으며 구름을 타고 도움이 필요한 방향을 향해 날아간다.

성체

사방에 질서를 가져온다.

자신과 함께 질서를 가져올 테이머에게 황금 뿔 장신구를 내어준다. 기린의 황금 뿔을 얻은 테이머는 오래도록 기린과 함께 할 수 있다. 살상을 멀리하여 생명을 쉽게 죽이지 않고, 천적이라도 죽이지 않는다고 전해진다. 기린의 수명은 매우 긴 것으로 알려져 있다.

Non

논

태초의 은하만을 남긴 채, 카데스가 다시 시작할 수 있는 세상을 만드는 것이 논의 유일한 목적이자 목표였다. 목표를 실행하기 위해서는 아모르의 드래곤들부터 해결해야 했다.
논은 고대신룡과 다크닉스를 찾아 돌아다녔고, 기이한 기운이 흐르는 알리티아 행성을 찾았다.
논은 알리티아 행성의 일부를 은하 속으로 삼키려 하였다.
그런데 그 순간, 알리티아의 기이한 기운이 은하 속으로 침투하였다.
고대신룡과 다크닉스가 품고 있던 아모르의 기운이었다.
논은 자신의 힘을 비축하기 위해 공허의 심연을 찾아 움직였다.
공허의 심연은 아주 깊은 어둠, 그사이 불완전한 틈 사이를 뜻했다.
수많은 드래곤들의 탄생으로 알리티아의 기운은 이미 불안해져 있었다.
논은 쉽게 공허의 심연을 찾았고, 그곳에서 자신의 힘을 비축하며 종말의 때를 기다렸다.

드래곤 이름	학명	먹이	평균 키
논	Alis Tenebrarum	스타후르츠	2.9~3.7m
속성	**체형**	**타입**	**평균 몸무게**
어둠	코아틸	어둠 드래곤	200~280kg

게임 정보

◈ 성격1(90%) | 눈치 빠른

◈ 성격2(10%) | 냉정한

◈ 성별 | ♂ ♀

◈ 획득처 | 특수액션: 공허의 심연

◈ 도감 배지 | 

◈ 성체 100보유 배지 |

◈ 드래곤 돌보기 수치 ◈

물기	93%	혼자두기	39%
잠자기	61%	놀기	29%
먹기	49%	씻기	17%

◈ 드래곤 성격 결정 수치 ◈

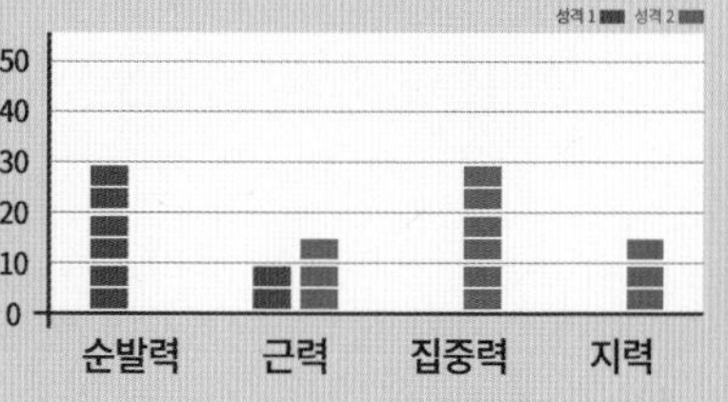

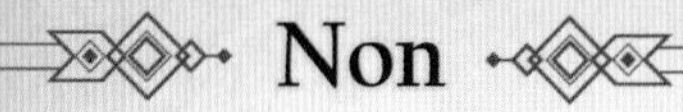

Non

논

이 알은 공허의 심연에서 발견된다.

알

공허의 심연에서 발견되는 알이다. 드넓은 은하 너머 혹은 그 사이, 불완전한 뒤틀림 속에서 탄생하는 것으로 추측된다. 알 자체는 어렵지 않게 발견할 수 있지만, 알을 얻고자 공허의 심연에 들어갔다간 살아나올 수 없다. 촉수 같은 지느러미가 알을 공허의 심연에 단단히 고정시키고 있다. 금빛 장식 또한 상당한 무게로 알을 들 수 없게 만든다. 따라서 공허의 심연에서 살아남더라도 논의 알은 가지고 나올 수 없다.

해치

해치 때부터 두 자아가 분리되어 있다. 몸 자체는 자유롭게 움직이나, 서로 원하는 방향이 달라 비행하다가도 멈춰 서는 경우가 종종 있다. 공허의 심연과 같은 뒤틀린 기운을 느끼기 위해 여러 곳을 돌아다닌다. 상단에 있는 자아는 이마에 달린 가늘게 뜬 눈으로 뒤틀린 기운을 찾으면, 하단에 있는 자아가 뒤틀린 기운을 흡수하여 힘을 비축한다. 위협을 느끼면 뒤틀린 기운으로 보호막을 만들어 일시적으로 몸을 숨긴다.

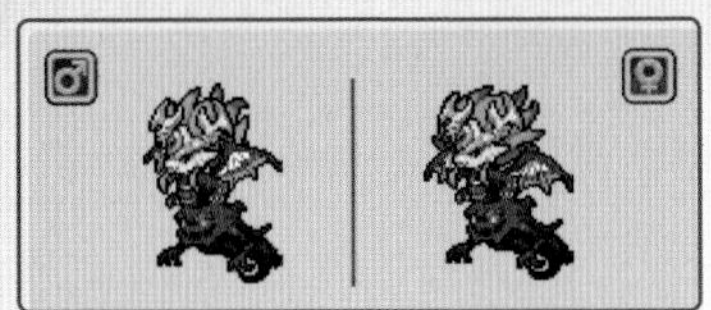

해츨링

해치 때와는 달리 해츨링 시기에는 은하를 열어 모든 것을 흡수하려 한다. 행성 하나를 파괴할 정도의 위력은 아니지만, 그 절반을 흡수할 수 있을 정도의 능력을 갖추고 있다. 아무것도 없는 공간에서 안정을 느끼며 주로 잠을 잔다. 두 자아가 서로에게 익숙해져 서로를 여러 방면으로 활용하여 전투를 펼치기도 한다.

성체

평소에는 어두운 곳에서 생활하며 움직이지 않는다. 주로 잠을 자는 경우가 많은데, 이때 논이 꾸는 꿈의 경우 수많은 은하를 떠도는 내용이라 알려진다. 텅 빈 은하를 떠도는 꿈을 통해 자신이 원하는 이상적인 세상을 반복한다. 꿈에서 깨어난 논은 주변의 모든 것을 자신이 만든 은하 속으로 흡수해버린다. 생명, 건물, 자연 등... 논의 은하 속으로 흡수된 것들은 모두 정처 없는 공허를 떠돌게 된다. 논이 은하를 열어 무엇이든 흡수하는 행위는 매우 고요하다. 은하를 열 때면 앞이 보이지 않을 정도로 눈 부신 빛이 생겨나는데, 빛이 사라진 이후에는 모든 것이 은하 안으로 사라졌다고 한다. 논의 은하는 블랙홀과 같은 형태로 되어 있는 것으로 추측되며 모든 것을 끌어들이는 힘이 매우 강하다고 한다.

Angra

앙그라

드래곤들의 왕 앙그라가 말했다.
“강인한 힘만이 드래곤의 전부다. 강한 힘을 원한다면 내게 복종하라!”
앙그라는 자신의 아래로 모인 수많은 드래곤에게 힘을 실어주었다.
강력한 힘을 가지게 된 드래곤들은 앙그라를 따르게 되었다.
“나의 힘이 아니었더라면 이리 강해지지 못했겠지. 나의 능력은 세상을 다스리기 충분하다.”
앙그라에게 충성을 다한 드래곤들의 외침이 울려 퍼졌다.
앙그라는 그들의 목소리를 들으며 자신이 드래곤의 왕이자, 세상을 지배할 운명을 가진 드래곤이라고 믿었다.

드래곤 이름	학명	먹이	평균 키
앙그라	Flatus Draco	유그드라실	4.5~5.1m
속성	**체형**	**타입**	**평균 몸무게**
바람	드라코	왕 드래곤	510~550kg

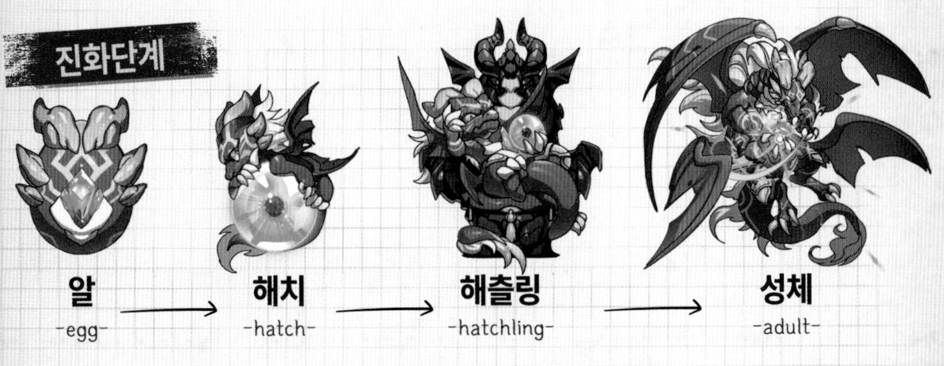

게임 정보

◈ **성격1(90%)** | **성급한**

◈ **성격2(10%)** | **고집 있는**

◈ **성별** | ♂ ♀

◈ **획득처** | **특수액션: 전투**

◈ **도감 배지** |

◈ **성체 100보유 배지** |

◈ 드래곤 돌보기 수치 ◈

바람불기	89%	먹기	34%
잠자기	78%	놀기	22%
운세보기	59%	씻기	8%

◈ 드래곤 성격 결정 수치 ◈

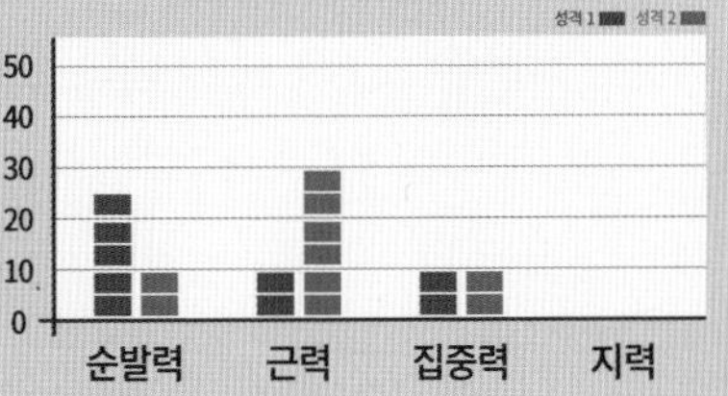

Angra

앙그라

DVC 정보 이 알은 신의 저주를 품고 있다.

알

신의 저주라 불리는 광물을 품고 있는 알이다. 매우 단단한 뿔은 어떤 자극에도 부러지지 않는다. 중앙에 위치한 광물을 만지면 특별한 힘을 얻을 수 있다. 하지만 앙그라의 알이 접근하려는 자들을 바람으로 밀어내고 있어 도통 광물을 만질 수가 없다. 바람이 불 때면 가슴의 광물이 반짝이며 빛난다.

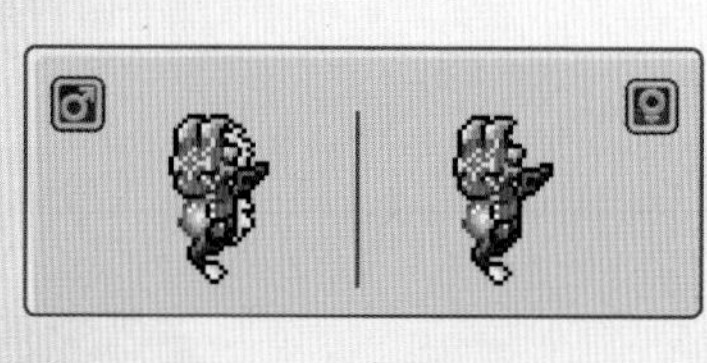

해치

해치 때부터 자신의 구에 힘을 축적한다. 항상 구를 끌어안고 있으며 손에서 놓는 일이 없다. 주변을 언제나 경계하며 자신을 해치려는 이들은 목숨을 걸어서라도 이기려 든다. 싸움에서 도망치지 않으며, 패배보다는 죽음을 선택할 정도로 오만하다. 구를 문질러 나오는 날카롭고 단단한 빛으로 상대를 찌르거나 베어내는 식으로 공격한다.

해츨링

해치 때보다 해츨링 시기에 앙그라의 힘은 주체할 수 없을 정도로 넘쳐난다. 구의 힘을 이용하여 드래곤들의 능력을 강화하고 충성을 약속받는다. 해츨링 때부터 많은 드래곤 무리를 이끄는 우두머리로 활약하기도 한다. 약한 드래곤은 무시하며 오직 강한 드래곤만이 세상을 이끌 존재라 생각한다.

성체

앙그라는 자신의 구에 깃든 힘으로 드래곤의 힘을 강화해 준다. 강인한 힘 대신 평생의 충성을 약속받으며 많은 드래곤들을 거느린다. 자신을 따르는 드래곤들의 힘을 관리하며 마음에 들지 않을 시 힘을 빼앗기도 한다.

앙그라가 감당할 수 없는 강인한 힘은 가슴의 광물 형태로 자리 잡는다. 본래라면 보석 모양으로 변해야 하는 형태였지만 오만한 마음 때문에 광물 자체가 뒤틀린 것으로 연구되었다. 이 때문에 앙그라 가슴의 광물은 신의 저주로도 불린다. 오만한 앙그라일수록 광물의 형태가 더욱 크고 선명하다.

Eshu

에슈

에슈는 보석 가게 주인뿐만 아니라 수많은 사람 사이에 둘러싸여 현란한 춤을 추고 있었다. 사람들이 한눈을 파는 사이 오리시아는 보석 가게를 포함한 모든 가게의 물건을 싹 쓸어 담았다. 에슈는 다음 곡을 위해 준비하겠다고 관객들을 속인 뒤, 오리시아의 위에 올라타 순식간에 사라졌다. 보석으로 가득 찬 자루를 본 에슈는 입꼬리를 위로 쭉 올렸다가 암울한 표정을 지었다.

"여기에도 없어. 꿈에서 본 보석이 없어! 이건 그저 무용지물이야!"

에슈는 오리시아가 훔친 보석들을 흩뿌리기 시작했다.

"그 보석을 찾아야 해, 오리시아!"

에슈의 꿈에 등장한 보석은 정말로 존재하는 것일까?

의문을 풀려면 여정을 멈추어선 안 된다.

드래곤 이름	학명	먹이	평균 키
에슈	Ludicer Animus	스타후르츠	1.1~1.4m
속성	**체형**	**타입**	**평균 몸무게**
번개	드레이크	괴도 드래곤	30~50kg

진화단계

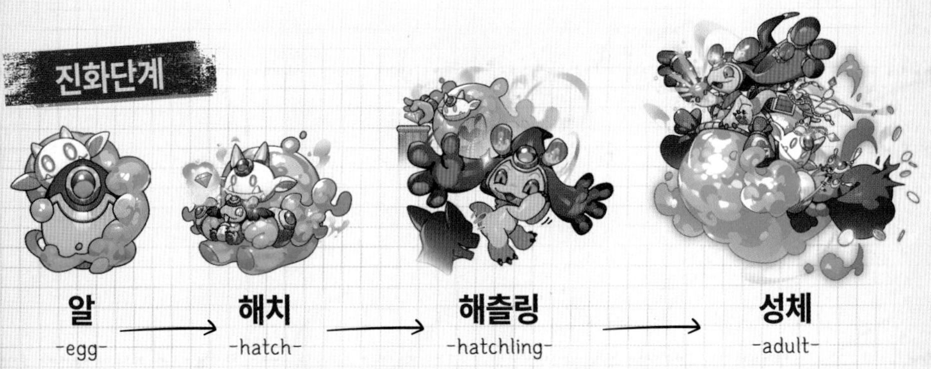

게임 정보

◈ 성격1(90%) | 천진난만한

◈ 성격2(10%) | 변덕쟁이

◈ 성별 | ♂ ♀

◈ 획득처 | 마일리지 샵

◈ 도감 배지 |

◈ 성체 100보유 배지 | 

◈ 드래곤 돌보기 수치 ◈

장난치기	93%	잠자기	43%
함정파기	67%	먹기	27%
놀기	56%	씻기	16%

◈ 드래곤 성격 결정 수치 ◈

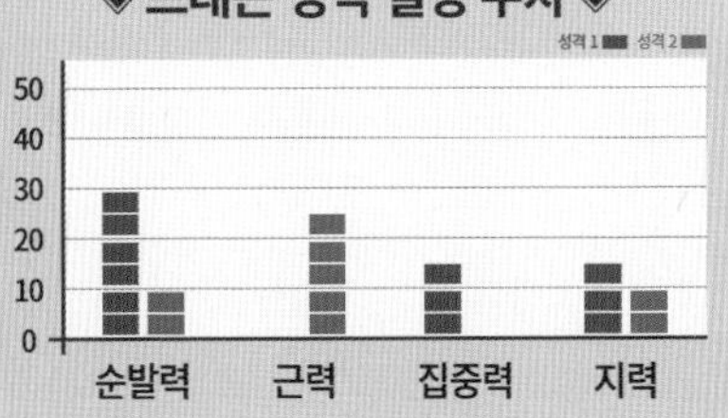

Eshu

에슈

DVC 정보 이 알은 괴도의 기운이 느껴진다.

알

괴도의 기운이 느껴지는 알이다. 알 주변을 서성이는 정령이 사라졌다 생겨나기를 반복한다. 알에 접근하려 하면 정령이 구름처럼 커진 몸속에 알을 숨긴다. 정령의 몸에 손을 넣으면 지니고 있던 물건들이 사라지므로 알도, 정령도 건드리지 않는 것이 좋다. 에슈의 알이 깨어난 자리에는 그동안 정령이 훔친 물건들이 늘어져 있는데, 보석이 붙은 반지나 팔찌, 목걸이 등은 찾아볼 수 없다.

해치

해치 때부터 어떤 보석을 훔칠지 고민하며 시간을 보낸다. 정령 오리시아와 함께 어떤 물건을 훔치면 좋을지 이야기하며 시간을 보내는 경우가 많다. 정령 오리시아가 착용하고 있는 장신구는 에슈가 알일 때 훔친 보석들로 만든 것이다. 에슈는 보석에 대한 꿈을 자주 꾸는데, 그럴 때면 에슈의 이마에 있는 보석이 빛을 낸다. 두려움을 느낀 에슈는 정령 오리시아의 몸속에 숨는다. 정령 오리시아는 에슈의 보석에는 관심을 보이지 않는다.

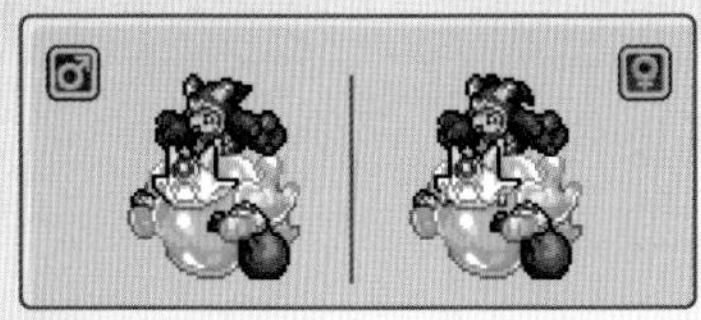

해츨링

해치 때와는 달리 해츨링 시기에는 보석을 직접 훔치기 시작한다. 가지고 싶은 보석이 생기면 정령과 함께 훔치기를 시도한다. 에슈가 춤을 추거나 노래를 불러 가게 주인의 시선을 끈 뒤 오리시아가 보석을 훔친다.

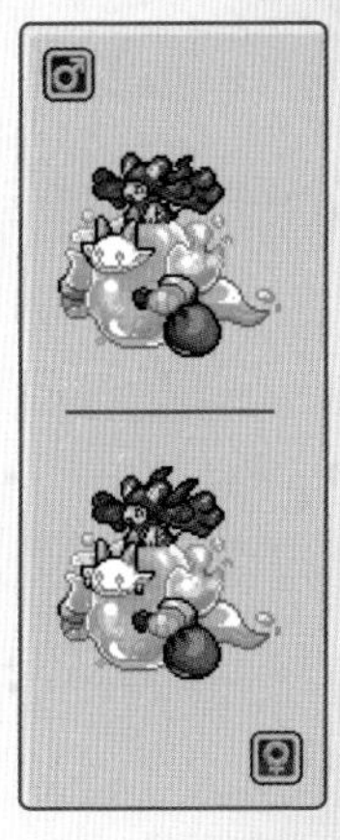

성체

에슈는 귀여운 외형과 현란한 말솜씨로 보는 이들을 현혹하는데 재능이 있다.

춤을 추거나 노래하는 일에도 뛰어나며 자신의 외모를 활용하여 상대를 현혹시킨 뒤 재빠른 속도로 도망친다. 에슈와 함께 다니는 정령 오리시아는 에슈가 태어났을 때부터 함께한 것으로 알려진다. 정령의 이름은 오직 에슈만이 알고 있으며 다른 이들에게 이름을 알려주지 않는다고 한다. 정령 오리시아와 에슈는 말하지 않아도 정신적으로 교감이 가능하다. 오리시아는 상대에게 환상을 보여주거나 형태를 변형시키는 등의 능력을 갖추고 있다. 이는 에슈가 위험에 빠졌을 때 도망갈 수 있도록 도와주는 능력 중 하나다.

이외에도 에슈의 생명이 위험해지면 힘이 몇 배나 강해지는 미스터리한 능력을 지니고 있다.

Sky Lancer

스카이랜서

"콜로세움은 명예로운 결투를 통해 자신의 진정한 가치를 증명하고자 하는 장소이다!"
연기가 걷히자 웅장한 자태를 뽐내며 창 위에 서 있는 스카이랜서의 모습이 선명하게 드러났다.
"경매는 콜로세움에서 빠질 수 없는 엄청난 이벤트라고! 이걸 봐, 사람들이 이렇게 많이 보러 왔잖아!"
사토스가 사람들을 가리키며 말했다.
스카이랜서는 땅에 박혀있던 자신의 창을 뽑아 기운을 모으기 시작했다.
창에 모인 기운은 큰 바람을 일으키더니 전기를 휘몰아치게 했다.
도망가지 못한 관중들과 근처에 있던 사토스는 스카이랜서의 힘에 휩쓸려 공중에 휘날렸다.
그날 이후 사토스는 경매를 없애고 콜로세움을 명예로운 드래곤 결투의 장으로 만들어 나갔다.

드래곤 이름	학명	먹이	평균 키
스카이랜서	Divus Telum	꽃게	3.5~3.8m
속성	체형	타입	평균 몸무게
강철, 바람	드라코	기사 드래곤	180~210kg

진화단계

게임 정보

◈ 성격1(90%) | 냉정한

◈ 성격2(10%) | 용감한

◈ 성별 |  

◈ 획득처 | 콜로세움 PVP보상

◈ 도감 배지 | 

◈ 성체 100보유 배지 | 

◈ 드래곤 돌보기 수치 ◈

광속비행	93%	놀기	43%
먹기	67%	씻기	27%
광택내기	56%	잠자기	16%

◈ 드래곤 성격 결정 수치 ◈

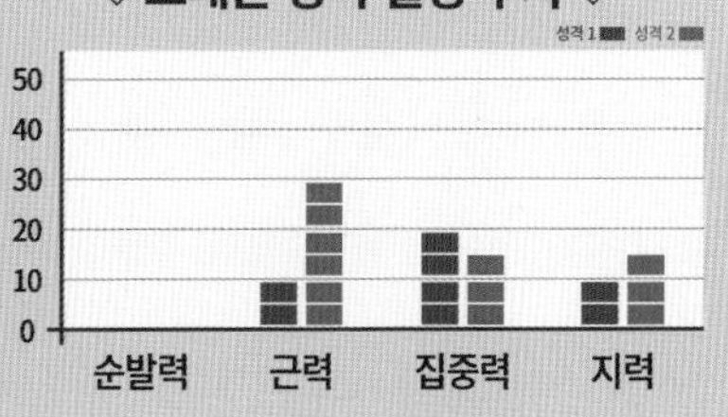

Sky Lancer

스카이랜서

DVC 정보  이 알은 기사의 투구를 쓰고 있다.

알

기사의 투구를 쓰고 있는 알이다. 은색 테가 둘러진 기사의 투구가 돋보인다. 투구 사이에서는 검은 뿔들이 있고, 그 뿔 위에서는 기사의 기운이 빛으로 발현되어 규칙적으로 빛나고 있다. 알 속에서부터 전투를 하고 싶어 하는 마음이 가득하여 가끔씩 알이 들썩이기도 한다.

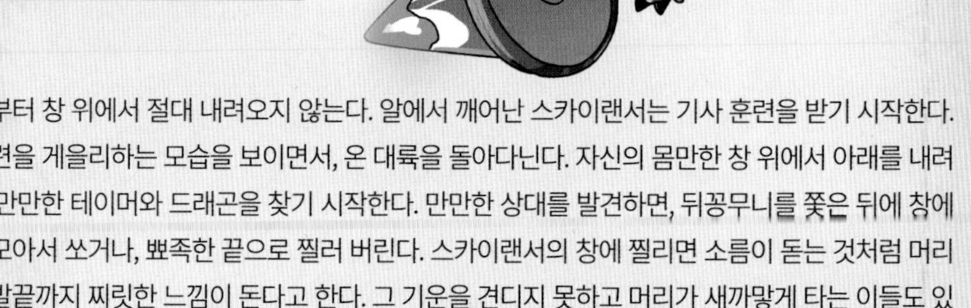

해치

해치 때부터 창 위에서 절대 내려오지 않는다. 알에서 깨어난 스카이랜서는 기사 훈련을 받기 시작한다. 종종 훈련을 게을리하는 모습을 보이면서, 온 대륙을 돌아다닌다. 자신의 몸만한 창 위에서 아래를 내려다보며, 만만한 테이머와 드래곤을 찾기 시작한다. 만만한 상대를 발견하면, 뒤꽁무니를 쫓은 뒤에 창에 기운을 모아서 쏘거나, 뾰족한 끝으로 찔러 버린다. 스카이랜서의 창에 찔리면 소름이 돋는 것처럼 머리서부터 발끝까지 찌릿한 느낌이 돈다고 한다. 그 기운을 견디지 못하고 머리가 새까맣게 타는 이들도 있다. 스카이랜서는 그들의 모습을 보며 비웃고, 혀를 작게 내민 뒤에 아주 빠른 속도로 줄행랑을 친다.

해츨링

해치 때와는 달리 꼬리로 창을 감으며 창과 하나가 된다.
고된 기사의 훈련을 거치며 성숙해진 스카이랜서는 창과 완벽히 하나가 되었다. 창으로 골탕 먹일 상대가 아닌, 자신과 싸울 상대를 찾아다닌다. 전투에 참여한 횟수와 승리 횟수에 따라 창의 크기와 모습이 달라진다고 전해진다. 그래서 더욱 열정적으로 전투에 참여하려고 애를 쓴다.

성체

창공의 힘이 담긴 창으로 적을 쓸어버린다. 스카이랜서는 완벽한 기사 드래곤으로 성장하였다. 매 전투에서 승리를 거머쥐기에 스카이랜서를 이길 자는 아무도 없다. 빠른 속도로 비행하면서, 하늘을 위협하는 적을 날렵하게 처치한다. 하늘을 비행하면서 창공의 기운을 모은다. 창공의 기운이 모이면, 창공의 힘을 발휘한다. 창공의 힘은 강력한 바람과 전기를 일으킬 수 있다. 그 힘으로 적들을 단숨에 가루로 만들어 버린다. 어떠한 궁지에 몰려도 신념이 꺾이지 않으며, 명예로운 승리를 거머쥔 자만이 스카이랜서와 함께할 수 있다. 드물게 콜로세움에 모습을 드러내 자신이 인정할 만한 테이머를 찾는다고 한다.

White Dragon

백룡

끊이지 않는 싸움으로 사람들의 증오가 깊어지고 있던 마을이 있었다.
마을 사람들은 눈만 마주치면 서로를 비난하고 헐뜯었으며, 육체적인 공격도 서슴지 않았다.
그들의 싸움은 안개로 인해 멈추기 시작했다.
희뿌연 안개가 빠르게 마을로 다가오고 있었다. 백룡의 안개였다.
백룡의 안개는 순식간에 마을을 집어삼켰다.
백룡의 안갯속에 갇힌 사람들은 어느 순간부터 싸움의 이유를 잊어버렸다.
그들 위로 내리는 비는 백룡의 눈물이었다.
백룡의 눈물을 맞은 사람들은 서로의 상처를 안타까워하며 서로를 보듬기 시작했다.

드래곤 이름	학명	먹이	평균 키
백룡	Candidus Draco	멜론	3.5~3.9m
속성	**체형**	**타입**	**평균 몸무게**
빛	드라코	희망 드래곤	250~310kg

진화단계

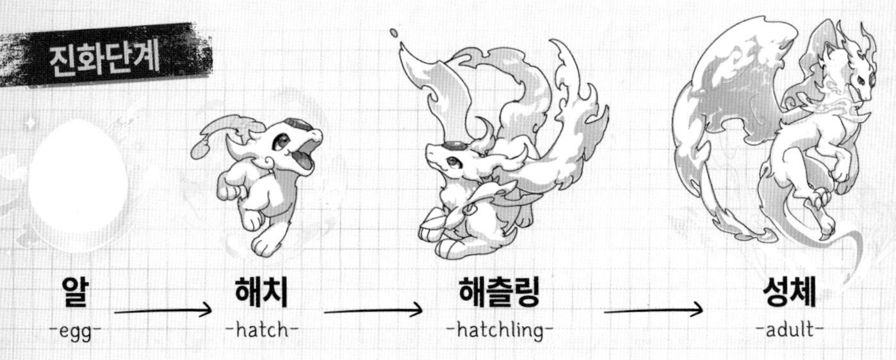

게임 정보

◈ **성격1(90%)** | **똑똑한**

◈ **성격2(10%)** | **온순한**

◈ **성별** |

◈ **획득처** | **업적 보상**

◈ **도감 배지** |

◈ **성체 100보유 배지** | 

◈ 드래곤 돌보기 수치 ◈

자체발광	88%	먹기	33%
놀기	70%	잠자기	23%
씻기	70%	혼자두기	10%

◈ 드래곤 성격 결정 수치 ◈

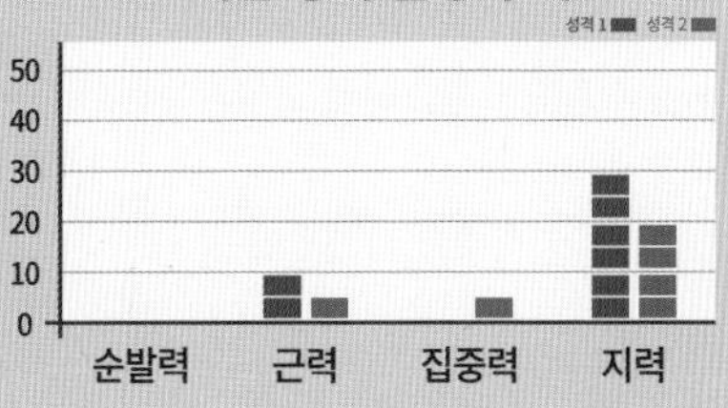

White Dragon

백룡

이 알의 주변은 환한 빛이 생긴다.

알

환한 낮에 발견된다. 밤에는 자신의 모습을 감추고 있으며 알 주변으로 환한 빛이 생겨난다. 밝은 곳에서만 서식하며 부화 또한 밝은 장소나 아침이 아니라면 쉽사리 알을 깨지 않는다. 어두운 곳에서 부화한 백룡은 금방 목숨을 잃을 가능성이 높다.

해치

알 때와는 달리 해치 상태에선 이마에 보석이 생겨난다. 호기심이 왕성하여 이곳저곳 돌아다니지만 어둠이 찾아오면 바로 잠들고 만다. 밤과 어둠을 구분하지 못해 어두운 곳만 보면 잠이 든다. 몸이 매우 가벼워 바람에도 뜰 정도다. 날개는 없지만 바람을 이용하여 돌아다니기도 한다. 백룡이 지나간 자리에는 빛처럼 밝은 아지랑이가 피어올라있다.

해츨링

해치 때와는 달리 바람과 같은 날개가 생겨난다. 날개는 바람이 불면 휘날리지만 언제나 날개의 형태를 갖추고 있다. 몸 전체가 구름과 같지만 자세히 들여다보면 조금 다른 색이다. 해츨링 때부터 보석의 힘을 능숙하게 다룰 수 있어 안개를 만들기도 한다.

성체

이마의 보석은 백룡이 빛에 동화되지 않도록 도와준다. 만약 보석을 잃더라도 충분한 햇빛을 받으면 다시 보석을 만들어 낼 수 있다. 보석은 백룡의 몸을 지켜주는 장비로도 이용된다.

Black Dragon

흑룡

묵을 곳 없는 여행자들이 어두운 동굴을 발견했다.
어두운 동굴에 들어가는 순간 연기가 눈앞을 가렸고, 여행자들은 기침하며 동굴을 나갔다.
그런데 그들은 동굴에 들어간 사실조차 기억하지 못했다.
그 동굴은 다름 아닌 흑룡이 있는 동굴이었다.
흑룡은 어두운 동굴에서 생활하며 사람들의 침입을 거부한다.
사람을 해치지 않지만 그렇다고 사람에게 호의적이지도 않다.
자신이 선택한 자만이 자신의 영역에 들어올 수 있도록 허락하는 까다로운 드래곤이다.

드래곤 이름	학명	먹이	평균 키
흑룡	Ater Draco	어둠의 멜론	3.1~3.7m
속성	**체형**	**타입**	**평균 몸무게**
어둠	드라코	암흑 드래곤	200~250kg

진화단계

게임 정보

◈ 성격1(90%) | 신중한

◈ 성격2(10%) | 냉정한

◈ 성별 | ♂

◈ 획득처 | 업적 보상

◈ 도감 배지 | 

◈ 성체 100보유 배지 | 

◈ 드래곤 돌보기 수치 ◈

혼자두기	89%	놀기	34%
잠자기	78%	씻기	22%
먹기	59%	자체발광	8%

◈ 드래곤 성격 결정 수치 ◈

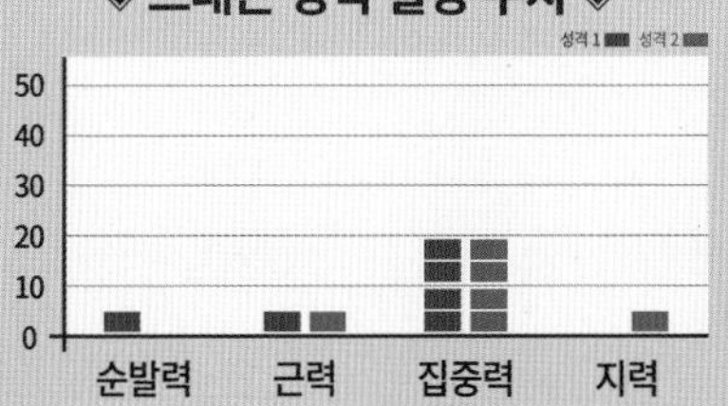

Black Dragon

흑룡

DVC 정보  이 알의 주변은 어두운 안개가 생긴다.

알

어두운 밤에 발견된다. 낮에는 자신의 모습을 감추고 있으며 흑룡의 주변으로 암흑 안개가 낀다. 암흑 속에서만 서식하며 부화 또한 어두운 장소나 밤이 아니라면 쉽사리 알을 깨지 않는다. 밝은 곳에서 부화한 흑룡은 아플 가능성이 높다.

해치

알 때와는 달리 해치로 진화하면 이마에 보석이 생겨난다. 보석은 흑룡의 형태를 유지해 주는 역할로 알려져 있다. 발톱은 연기와 같지만 매우 날카로워 잘못 건들면 피를 볼 수 있다. 흑룡에게 받은 상처는 다른 드래곤에게 받은 상처보다 깊어 잘 아물지 않는다. 해치 때는 돌아다니는 것을 싫어해 주로 한곳에 머물러 있다. 흑룡이 지나간 자리에는 밤처럼 어두운 연기가 피어올라있다

해츨링

해치 때와는 달리 바람과 같은 날개가 생겨난다. 날개는 바람이 불면 휘날리지만 언제나 날개의 형태를 갖추고 있다. 몸 전체가 먹구름과 같지만 쉽게 날아가진 않는다. 보석의 힘을 더욱 다룰 수 있게 되어 자신의 몸만 유지하는 것이 아닌 몸의 형태를 변형할 수도 있다.

성체

이마의 보석은 흑룡이 어둠 속에 동화되지 않도록 도와준다. 보석을 잃은 흑룡은 안개와 같이 순식간에 형체가 사라지고 만다. 보석은 흑룡의 의지에 따라 빛나거나 어두워지기도 한다.

Gatling-Gon

개틀링곤

전쟁에서 실시한 첫 번째 실험은 매우 성공적이었다. 적들은 개틀링곤의 위력에 혼비백산하며 뿔뿔이 흩어졌다.

두 번째 실험에서 다소 문제가 발생하였지만 큰 문제는 아니었다.

세 번째 실험은 개틀링곤의 방어막 테스트였다. 방어막이 제대로 작동하는지, 물리 공격을 얼마만큼 막아주는지에 대한 실험으로, 결과는 성공적이었다.

네 번째 실험에서 우려스러운 일이 벌어졌다. 과부하를 일으킨 개틀링곤이 아군, 적군 할 것 없이 무조건 공격을 실시한 것이다.

다섯 번째 실험에서 개틀링곤의 폭주를 막아줄 수 있는 방법을 찾게 되었다. 하지만 이 또한 임시방편일 뿐 언제 폭주할지 알 수 없었다.

개틀링곤의 설계 도면은 불태워 버렸다.

악한 자의 손에 넘어간다면 전쟁이 더욱 참혹해질 테니까.

드래곤 이름	학명	먹이	평균 키
개틀링곤	Sophus Ferrum	기름	1.8~2.2m
속성	**체형**	**타입**	**평균 몸무게**
빛	와이번	병기 드래곤	160~180kg

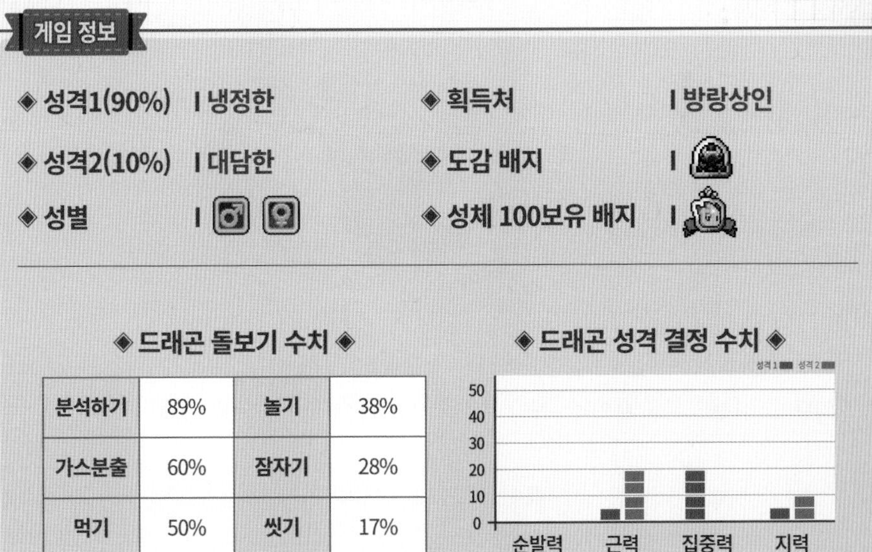

게임 정보

◈ 성격1(90%) | 냉정한

◈ 성격2(10%) | 대담한

◈ 성별 |

◈ 획득처 | 방랑상인

◈ 도감 배지 |

◈ 성체 100보유 배지 |

◈ 드래곤 돌보기 수치 ◈

분석하기	89%	놀기	38%
가스분출	60%	잠자기	28%
먹기	50%	씻기	17%

◈ 드래곤 성격 결정 수치 ◈

Gatling-Gon

개틀링곤

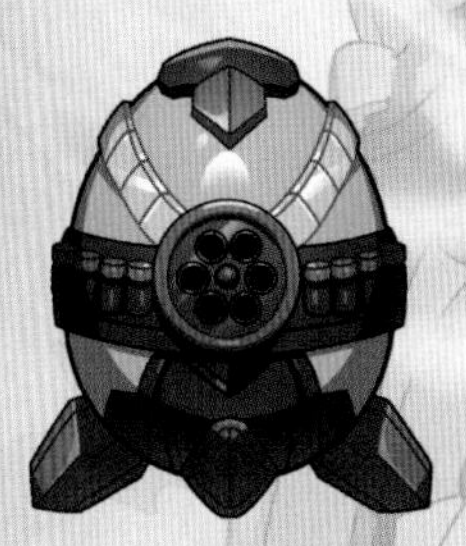

DVC 정보  이 알은 총이 달려있다.

알

총이 달린 알이다. 당장이라도 구멍에서 총알이 튀어나올 듯하다. 실제로 총알이 장전되어 있으므로 함부로 만지면 위험하다. 위협적인 손길과 상황이 느껴지면 즉각적으로 총알이 발사된다. 총알은 알이 부화할 때까지 끝없이 생성된다. 부화가 시작되면 상단에 닫혀있는 뿔이 벌어진다.

해치

해치 때부터 목표물을 포착한다. 전쟁 중 적의 위치를 파악하기 위해 날아다니다. 가슴에 달린 개틀링건에서 발사되는 총알은 한 발 한 발이 매우 위협적이다. 알이 갖고 있던 구멍의 개수보다 줄어들었지만, 총알의 크기가 커지면서 위력은 강해졌다. 뛰어난 분석 능력으로 상대가 지니고 있는 무기의 위력을 단번에 파악한다. 머릿속엔 공격력을 강화할 생각뿐이다.

해츨링

진화한 해츨링은 방어막을 전개한다.

개틀링곤은 강력한 공격뿐만 아니라 높은 방어력을 갖추고 있다. 상대가 물리적인 공격을 하면 손바닥에서 자신을 보호할 방어막을 전개한다. 방어막은 투명하지만 물리 공격에 있어선 단단한 방어력을 지니고 있다. 개틀링곤의 방어막은 자신뿐만 아니라 다른 이에게 전개하기도 한다. 하지만 자신을 보호하는 보호막의 유지 시간보다 짧다.

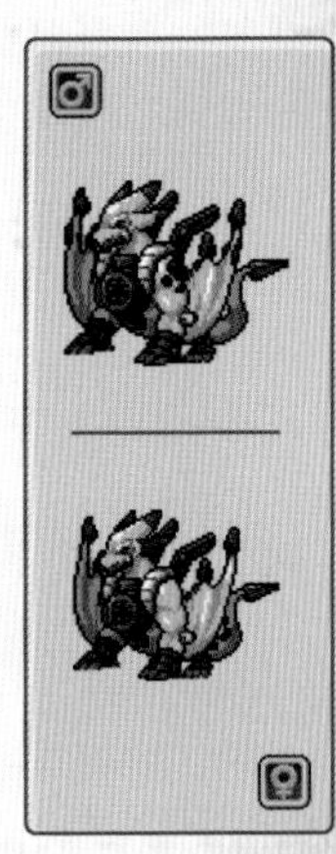

성체

방어막으로 모든 공격을 막아내며 목표물을 포착한 뒤 제거한다.

가슴에 달린 개틀링건에서 발사되는 속도가 상당히 빨라진다. 해츨링 때보다 사정거리가 길어지며 목표물을 포착할 수 있는 범위도 넓어진다. 총알은 개틀링곤이 스스로 만들어 내며 총알을 먹기도 한다. 과부하로 인해 폭주할 때가 있다. 폭주한 개틀링곤은 자신이 만든 총알이 떨어질 때까지 발사한다. 총알이 떨어지면 폭주 현상은 멈추고 재기불능 상태에 빠져버린다.

Gaian

가이안

오랜 친구여, 프뉴마에 영혼이 닿았는가?
아름다운 풍경과 황홀한 노래가 펼쳐지는 프뉴마에 도착한다면 딱 한 가지만 명심하게.
프뉴마에선 도망치는 것이 중요해.
나는 프뉴마에서 수많은 생명이 가이안에게 목숨을 잃는 걸 보았다네.
가이안이 커다란 발톱으로 움켜쥐는 순간은 몇 번을 보아도 공포스럽지.
날개가 부러져 땅으로 추락하는 거대한 드래곤을 보고 있으면 인간이 얼마나 나약한지 알 수 있어.
가이안의 눈에 띄기 전에 프뉴마를 가이드해 줄 음유시인을 찾거나 스스로 음유시인이 되게.
그러한 노력이 무색하지 않을 만큼 프뉴마는 영원한 안식처이자, 고귀한 영혼들이 머물고 있는 환상의 땅이라네.

드래곤 이름	학명	먹이	평균 키
가이안	Vagus Excubitor	햄	3.4~3.9m
속성	체형	타입	평균 몸무게
땅	드라코	파수꾼 드래곤	420~470kg

게임 정보

◈ 성격1(90%) | 대담한

◈ 성격2(10%) | 차분한

◈ 성별 | ♂ ♀

◈ 획득처 | 방랑상인

◈ 도감 배지 |

◈ 성체 100보유 배지 |

◈ 드래곤 돌보기 수치 ◈

흙 털기	87%	잠자기	42%
먹기	63%	씻기	32%
광속비행	53%	놀기	18%

◈ 드래곤 성격 결정 수치 ◈

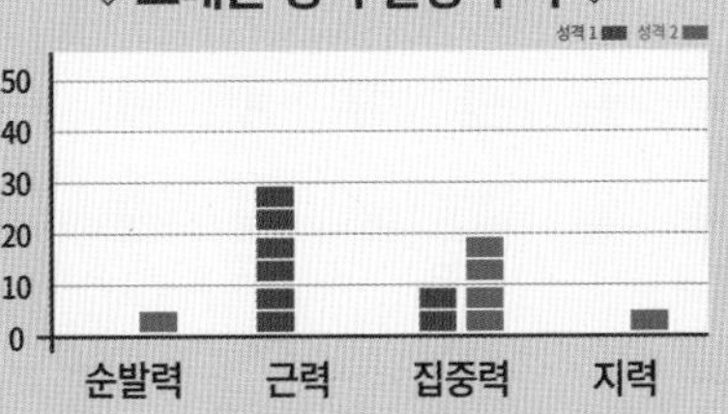

Gaian

가이안

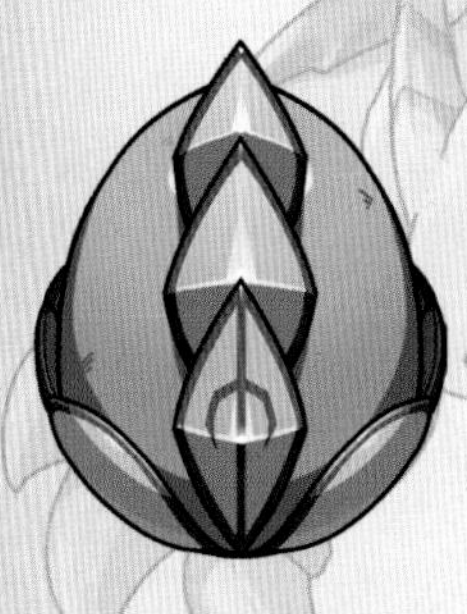

이 알은 부서지지 않는 비늘을 가지고 있다.

알

부서지지 않는 비늘을 가진 알이다. 알 표면은 강한 충격에도 흠집조차 나지 않는다. 땅의 기운을 좋아하여 부드러운 모래 위에 올려놓으면 빠른 속도로 부화하는 것으로 알려져 있다. 음악 감상을 좋아하는데, 어떤 음악을 들려주느냐에 따라 부화가 빨라지기도, 부화가 느려지기도 한다.

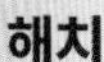

해치

해치 때부터 비늘을 단련한다. 거세게 뛰어 나무나 바위 등에 몸을 부딪치는 경우가 많다. 음유시인의 음악을 들으면서 리듬에 맞추어 단련하기도 한다. 수백만 번 부딪혀도 흠집이 나지 않을 만큼 단단한 비늘 때문에 제 자신조차 얼마만큼 단련했는지 가늠하지 못한다. 날개가 단단한 비늘을 뚫고 나오지 못해서 날지 못할까 봐 걱정하고 있다.

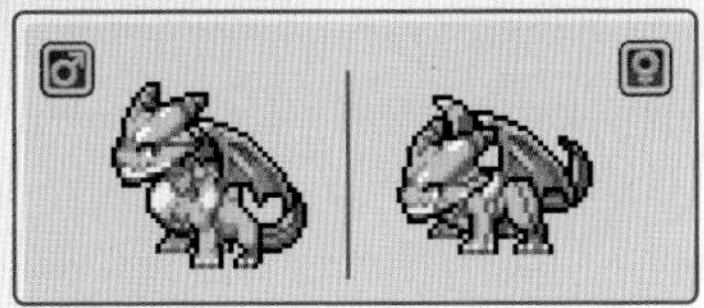

해츨링

해치 때와는 달리 해츨링 시기에는 강인한 힘으로 상대를 제압할 수 있다. 주로 발톱과 몸을 이용하는데 이 시기에 몸 사용이 능숙해진다. 부서지지 않는 비늘을 활용하는 법을 연구하며 상대에게 얕보이지 않도록 단련하는 걸 잊지 않는다.

성체

음유시인의 축복으로 부서지지 않는 비늘을 가지게 되었다. 고통을 느끼는 건 다른 드래곤들과 마찬가지지만, 비늘 자체는 망가지지 않아 겉으로 봤을 때는 상처 없는 모습을 유지한다. 오로지 프뉴마를 위해 탄생한 드래곤으로 음유시인이 상상한 완벽한 파수꾼의 모습이라 알려진다.

매우 강한 힘으로 프뉴마를 지키는데, 큰 앞발은 드래곤의 날개를 쉽게 으스러트릴 정도로 거세기에 덤비지 않는 것이 좋다. 앞발뿐만 아니라 꼬리, 비늘, 날카로운 날개까지 모든 힘이 뛰어난 드래곤이다. 앞발로 상대를 들어 올린 뒤 꼬리로 내치는 경우가 많다. 가이안의 꼬리에 맞아 생명을 유지하는 경우는 거의 없을 정도다.

낮에는 하늘을 돌아다니며 순찰하는 일이 잦지만, 밤이 되면 지상을 돌아다닌다. 가이안은 음유시인의 음악을 들으며 안정을 느끼고 힘을 충전하는 것으로 알려져 있다. 잠을 잘 때면 암석 주변을 찾아 날개를 둥글게 말고 잠을 청한다.

Gracia

그라치아

'참으로 아름다운 광경이다.'
광활하게 펼쳐진 숲을 보던 그라치아는 그리 생각했다.
생명의 돌을 탐내는 악의 드래곤은 언제나 파라디수스를 찾았다.
그들이 원하는 건 생명의 돌에 담긴 영생과 강인한 힘이었다.
그라치아가 생각하는 생명의 돌에 가치는 영생이나 강인한 힘 따위가 아니었다.
아름다운 자연과 척박한 땅에서도 드래곤들이 살아갈 수 있도록 무한한 생명력을 주는 것, 세계가 파괴되어도 드래곤들이 온전히 생태를 유지할 수 있게 도와주는 것이었다.

드래곤 이름	학명	먹이	평균 키
그라치아	Aqua Custos	메기슨	2.2~2.6m
속성	체형	타입	평균 몸무게
물	드레이크	수호 드래곤	210~250kg

진화단계

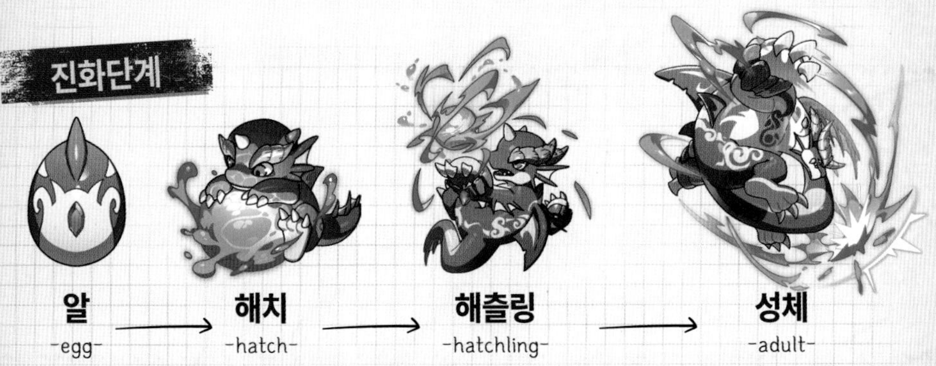

게임 정보

◈ 성격1(90%) | 용감한

◈ 성격2(10%) | 눈치 빠른

◈ 성별 | ♂ ♀

◈ 획득처 | 방랑상인

◈ 도감 배지 |

◈ 성체 100보유 배지 |

◈ 드래곤 돌보기 수치 ◈

물뿌리기	87%	먹기	44%
씻기	64%	놀기	33%
궁디팡팡	54%	잠자기	22%

◈ 드래곤 성격 결정 수치 ◈

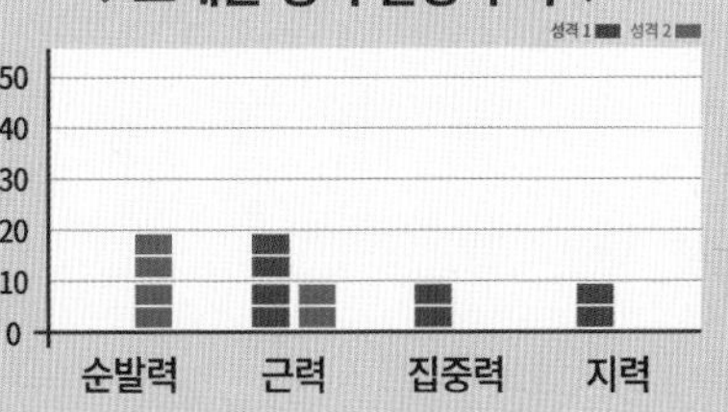

Gracia

그라치아

DVC 정보  **이 알은 매끄러운 피부로 호흡한다.**

알

알 표면으로 호흡하는 알이다. 물을 좋아하는 습성이 있어 물 주변에서 발견되는 경우가 많다. 알이 머문 자리에 물웅덩이가 생겨나기도 한다. 물속에 알을 넣으면 지느러미가 물결을 따라 움직이는 것을 볼 수 있다. 매끄러운 알은 단단하면서도 푹신하다. 따뜻한 곳보다 시원한 곳을 선호한다.

해치

해치 때부터 물을 만들 수 있다. 아직 물줄기를 조절하지 못해 만들어 낸 물을 마시거나 분수처럼 솟아오르는 물줄기를 구경하기만 한다. 물웅덩이를 만든 다음, 물고기를 집어넣고 헤엄치는 물고기를 바라보는 것을 좋아한다. 물웅덩이를 끌어안아 체온을 낮추기도 한다. 공격을 받으면 물줄기를 쏘아대기보다는 연못이나 호수, 바다에 있는 물을 끌어올려 퍼붓는다. 피부가 마르는 것을 싫어해 햇볕은 좋아하지 않는다.

해츨링

해치 때와는 달리 해츨링 시기에는 물줄기를 조절할 수 있다. 강한 수압을 이용하여 사냥하거나 몬스터를 표적 삼아 단련하기도 한다.

성체

강력한 물줄기처럼 굴하지 않는 의지를 가진 드래곤이다. 불리한 상황에서도 싸움을 포기하지 않으며 이기고자 하는 의지가 매우 강하다. 물의 힘을 사용할 때면 몸의 문양이 붉게 빛난다. 구 형태로 된 물을 여러 형태로 조절할 수 있어 매우 뛰어난 전투 능력을 자랑한다.

그라치아는 물뿐만 아니라 지상에서도 꽤 오랜 기간 버틸 수 있다. 피부 전체를 통해 호흡하는데, 그라치아가 크게 숨을 내쉴 때마다 주변으로 물줄기가 생겨난다. 그라치아가 생성한 물은 강한 햇볕에도 오랜 시간 마르지 않는다.

Ninja Dragon

닌자 드래곤

시간, 장소, 날짜. 그 어떤 정보도 알려진 것이 없다.
닌자 드래곤끼리도 집단에 대해 이야기하지 않는다.
닌자 드래곤은 자신이 계약한 스승이 누구인지, 어떤 조직에서 훈련받았는지 알리지 않는다.
더불어 자신과 같은 테이머 혹은 자신과 같은 집단에서 일하는 경우가 아니라면 친밀하게 지내지 않는다.
그런 닌자 드래곤이 유일하게 친밀하게 지내는 몬스터가 있다.
희망의 숲에서 종종 발견할 수 있는 닌자 사슴이다.
해츨링 시기의 닌자 드래곤은 어린 사슴에게 기술을 전수해 닌자 사슴으로 키워내기도 한다.
희망의 숲에 배정된 닌자 사슴은 닌자 드래곤의 임무를 돕는 등 닌자 드래곤과 우호적인 관계를 유지한다.

드래곤 이름	학명	먹이	평균 키
닌자 드래곤	Arcanus Umbra	퍼플튤립	1.7~2.2m
속성	**체형**	**타입**	**평균 몸무게**
어둠	드라코	닌자 드래곤	70~120kg

게임 정보

◈ **성격1(90%)** | **눈치 빠른**

◈ **성격2(10%)** | **신중한**

◈ **성별** | ♂ ♀

◈ **획득처** | **방랑상인**

◈ **도감 배지** | 

◈ **성체 100보유 배지** |

◈ 드래곤 돌보기 수치 ◈

함정파기	83%	잠자기	39%
펀치펀치	71%	씻기	27%
먹기	51%	놀기	17%

◈ 드래곤 성격 결정 수치 ◈

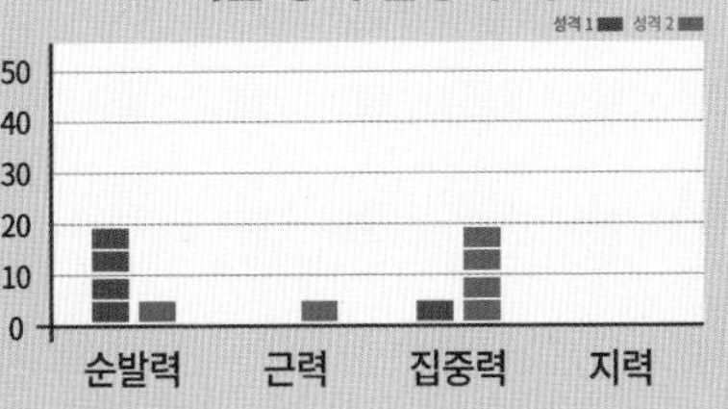

Ninja Dragon

닌자 드래곤

DVC 정보  이 알은 모습을 감추려 한다.

알

모습을 잘 드러내지 않는 알이다. 나무 사이나 그림자 주변에서 발견되는 등, 모습을 감추려 한 흔적이 엿보인다. 알을 단단히 감싸고 있는 천은 햇빛으로부터 알을 보호하고 있다. 천을 벗기려 하면 알 아래에서 불쑥 튀어나온 끈처럼 긴 천이 발목을 휘감아 넘어뜨린다. 손목을 묶어 움직이지 못하게 만들기도 한다.

해치

해치 때부터 소환술을 연습한다. 포착할 수 없는 빠른 속도로 움직이거나 작은 나무와 자신의 위치를 바꾸는 등 닌자와 같은 능력을 사용할 수 있다. 작은 수리검을 소환할 수도 있다. 수리검은 크기가 작은 만큼 빠른 속도로 적을 겨냥할 수 있다. 낮에는 주로 어두운 동굴에서 지내며, 나무에 수리검을 던지는 훈련을 한다. 밤이 되면 달빛 아래를 날아다니거나 뛰어다니는 등, 이동 속도를 높이는 훈련을 한다.

해츨링

해치 때와는 달리 해츨링 시기에는 기습에 특화된 기술을 연마한다. 단순한 소환술뿐만 아닌 독이 든 수리검이나 분신술 등을 사용할 수 있게 된다. 자신이 활약할 수 있는 집단 또는 테이머와 가장 많이 계약하는 시기다.

성체

기습과 은신에 능하며 상대의 약점을 간파하는데 매우 뛰어나다. 재빠른 속도와 가벼운 몸으로 아무 소리 내지 않고 비행 및 이동할 수 있다. 이동 시에는 발자국이 남지 않기 때문에 닌자 드래곤의 흔적을 찾기란 쉬운 일이 아니다. 지상에선 그 어떤 드래곤보다 빠른 것으로 알려져 있다.
정보 수집에 매우 특화되어 있기 때문에 예민한 드래곤으로도 알려져 있다. 예민한 청각 때문에 평소에는 천 등으로 귀를 가리고 돌아다니기도 한다. 휴식을 취할 때는 날개로 몸을 감싸는 경우가 많으며 혹시 모를 경우를 대비하여 주변에 함정을 파놓는 경우도 있다고 한다.

Lakion

라키온

"저 녀석을 잡아!"
한 테이머가 소리쳤다. 그가 가리키는 곳에는 몸체만 한 가방을 들고 있는 라키온이 있었다.
라키온은 장난꾸러기 같은 얼굴로 말했다.
"그러게, 상대를 봐가며 함정을 설치했어야지!"
테이머를 피해 무사히 아지트로 돌아온 라키온은 가방에서 테이머에게 훔친 함정을 꺼냈다.
생각보다 복잡한 함정이었다.
"멍청한 녀석은 아니었군!"
라키온은 복잡한 함정에 걸리지 않은 자신을 칭찬하며, 다른 이들에게 이 함정을 쓸 생각에 들떴다.

드래곤 이름	학명	먹이	평균 키
라키온	Onus Negotiator	신들린 호박	2.0~2.3m
속성	체형	타입	평균 몸무게
땅, 꿈	드레이크	보따리 드래곤	190~230kg

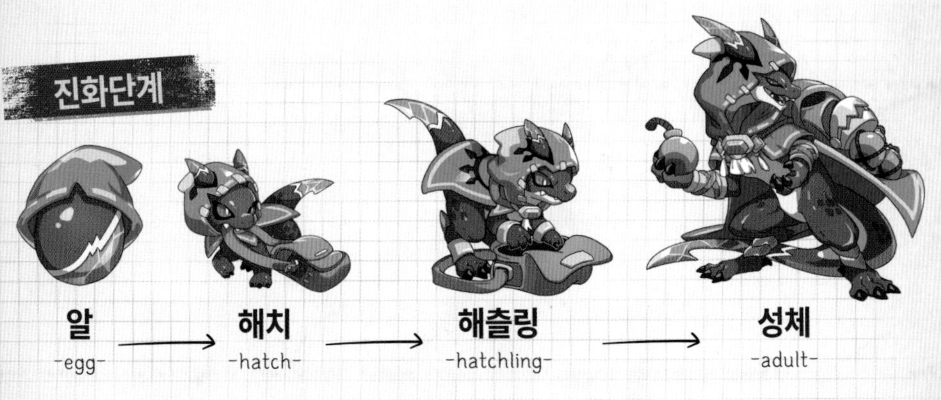

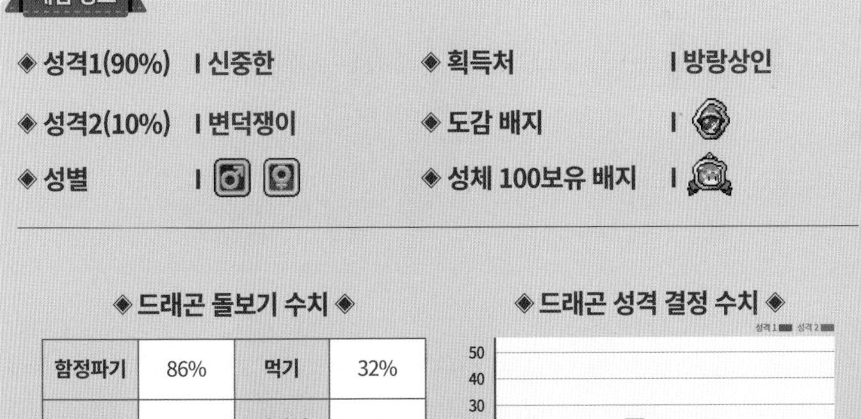

함정파기	86%	먹기	32%
놀기	86%	잠자기	17%
씻기	47%	사진찍기	6%

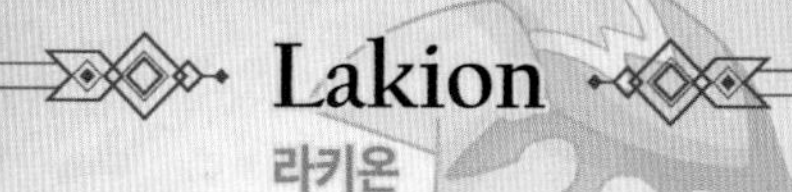

Lakion

라키온

DVC 정보  이 알은 후드를 뒤집어쓰고 있다.

알

후드를 뒤집어쓴 모습이다. 후드는 벗겨지지 않으며 알과 붙어 있는 형태다. 알의 부화가 다가오면 후드가 점점 내려와 라키온 알을 전부 가린다고 한다. 라키온 알은 후드의 안에서 부화를 진행하며 그 모습을 본 이들은 아무도 없다고 알려져 있다.

해치

해치 때부터 자신의 몸보다 큰 가방을 들고 다닌다. 가방 안에는 함정 도구가 가득하다. 직접 함정을 설치하고 동물들을 사냥하는 경우가 많다. 사냥한 동물은 식사로 먹거나 새로운 도구를 사기 위한 자금으로 거래하기도 한다. 함정 설치에 실패하여 다른 드래곤들에게 시비가 걸리면 재빠르게 도망친다. 잘 만든 함정을 발견하면 연구를 핑계로 슬쩍 가방에 넣기도 한다.

해츨링

해치 때와는 달리 해츨링 시기에는 꼬리가 매우 커진다. 그 끝은 단단하여 물건을 내려치거나 드래곤들과 싸울 때 사용된다. 도구를 이용하여 직접 함정을 만들기도 하지만 아직은 서툴러 실패하는 경우가 많다. 자신이 만든 함정에 빠지는 경우 또한 존재한다. 해치 때부터 빠르게 뛰는 데 익숙해져 다리가 발달하였다. 긴 다리는 빠르게 앞으로 치고 나갈 수 있다.

성체

언제나 후드를 쓰고 다니며 후드와 가방 안은 라키온의 도구가 가득하다. 라키온마다 모으는 도구의 종류가 다르지만 대부분 함정 설치를 위한 것이다. 라키온끼리 자신이 만든 함정을 교환하기도 하지만 친하게 지내지는 않는다.

누구보다 빠르게 도망칠 수 있는 다리는 달리기뿐만 아니라 상대를 떨치는데 유용하다. 자신에게 달려드는 상대를 발로 차거나 높이 뛰어올라 위기를 모면한다.

Leo Vector

레오벡터

현자는 두려움을 안겨줄 수 있도록 사자의 형태로 레오벡터를 만들었다.
첫 번째 실험에서 레오벡터는 실수하지 않았다. 사정거리는 개틀링곤보다 월등히 멀었고 총알이 뚫지 못하는 것마저 뚫어버리는 등 강력한 위력을 선보였다.
두 번째 실험은 전장에서 이루어졌다. 전쟁은 레오벡터의 승리로 끝났고, 사람들은 레오벡터를 전쟁터의 왕이라 불렀다.
세 번째 실험에서 레오벡터의 문제점을 발견했다. 승리에 희생이 뒤따른다는 것이었다.
현자의 힘으로 전쟁을 막을 수는 없었다. 희생도 막을 수는 없었다.
모두에게 안정을 가져다줄 새로운 병기 드래곤이 필요했다.
하지만 지금 현자의 지식으로는 만들어낼 수 없었다.

드래곤 이름	학명	먹이	평균 키
레오벡터	Sophus Ferus	전기	2.5~3.0m
속성	**체형**	**타입**	**평균 몸무게**
땅	드레이크	병기 드래곤	280~300kg

진화단계

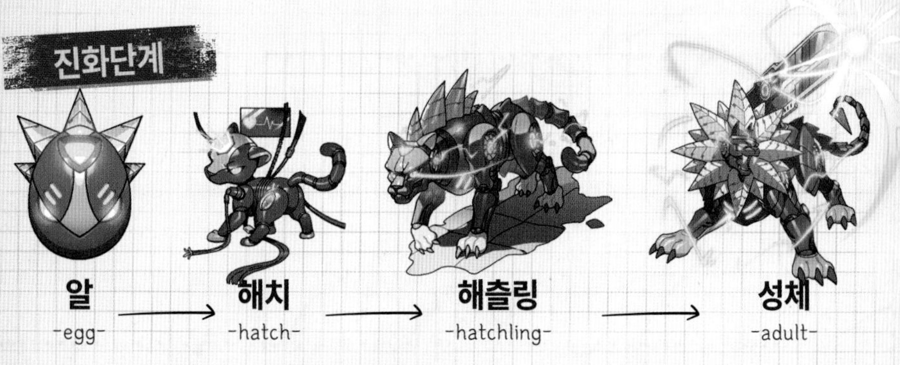

게임 정보

- ◈ 성격1(90%) | 똑똑한
- ◈ 성격2(10%) | 고집 있는
- ◈ 성별 | ♂ ♀
- ◈ 획득처 | 방랑상인
- ◈ 도감 배지 |
- ◈ 성체 100보유 배지 |

◈ 드래곤 돌보기 수치 ◈

충전하기	93%	먹기	39%
물기	61%	씻기	29%
잠자기	49%	놀기	17%

◈ 드래곤 성격 결정 수치 ◈

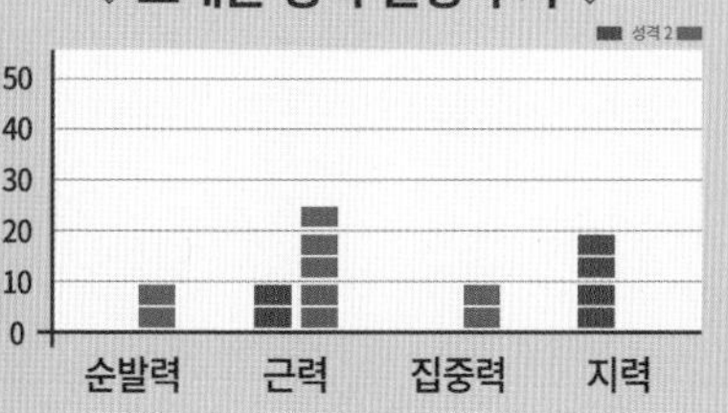

Leo Vector

레오벡터

DVC 정보  이 알은 충전을 하고 있다.

알

충전하고 있는 알이다. 근처에 있으면 전류를 흘려보낸다. 천둥 번개 치는 날에 데리고 나가면 스스로 번개를 흡수하여 자신의 에너지로 변환시킨다. 에너지가 부족하면 아가미처럼 생긴 틈에 채워진 불빛이 한 칸씩 줄어든다. 장시간 충전하면 과열되어 부화가 어려워지므로, 적절한 시간에 적당량 충전해야 한다.

해치

해치 때부터 적을 감지한다. 신경계가 발달하기 시작하여 주변에 발생하는 모든 움직임에 예민하다. 바닥에서 느껴지는 진동을 통해, 먼 곳에서 다가오는 생명체의 움직임까지 느낄 수 있다. 에너지가 부족하면 스스로 충전기를 찾아 에너지를 채운다. 간혹 전기가 필요한 자들에게 전력을 나누어주기도 한다. 충전하는 모습을 쳐다보는 것을 싫어하며, 위협을 느끼면 이마를 땅에 가져다 대고 강력한 전류를 흘려보낸다.

해츨링

진화한 해츨링은 전쟁에서 승리를 가져다준다.
강철 발톱과 이빨을 갖고 있으며 레오벡터의 주변에는 전류까지 흐르고 있어 접근이 쉽지 않다. 몸 안에는 핵연료가 들어있어 스스로 에너지를 생산할 수 있다. 이 특별한 힘 덕분에 전쟁에서 무찌르지 못하는 적이 없다.

성체

레이저포로 상당히 먼 거리의 적도 정밀 타격이 가능하다. 상대가 두려움을 느끼도록 사자의 외형을 하고 있다. 레오벡터가 포효를 내지르면 공기와 땅에 강한 파동이 일면서 전자기파가 퍼져나간다. 레이저포에 전자기파를 모아 발산하기도 한다. 전자기파에 노출된 상대는 감전되어 행동에 제약을 받게 된다. 개틀링곤보다 방어력 또한 강해졌으며 물리 공격뿐만 아니라 마법 공격도 막아낼 수 있는 튼튼한 몸체를 지녔다. 어린아이들에게는 절대 공격을 가하지 않으며 오히려 자신의 등에 올라타도록 한다고 알려져 있다. 개틀링곤의 단점들을 보완하기 위해 수백 번의 시도를 거쳐 탄생한 드래곤이다.

Rupo

루포

루포를 처음 발견한 테이머는 루포의 울부짖음에 소스라치게 놀랐다.
목소리에선 이상한 기운이 느껴졌고 루포의 주변으론 어둠의 기운이 가득했기 때문이다.
테이머는 루포에게서 도망치기 위해 살금살금 걸음을 걷기 시작했다.
이를 눈치챈 루포는 테이머의 앞을 가로막고 외쳤다.
"나와 같이 강한 존재가 있는 곳을 알고 있나? 모른다고 대답하면 죽음을 맛볼 것이다. 어서 안내해!"
겁먹은 테이머는 드래곤이 많은 산을 손짓한 뒤 도망쳤다.
다시는 이 산을 오르지 않으리라 다짐하며 산을 내려가는 테이머의 등 뒤로, 전투를 즐기는 루포의 웃음소리가 울려 퍼졌다.

드래곤 이름	학명	먹이	평균 키
루포	Adopertum Darco	어둠의 멜론	2.8~3.2m
속성	**체형**	**타입**	**평균 몸무게**
어둠의 멜론	드라코	신비 드래곤	300~420kg

게임 정보

◈ 성격1(90%) | 냉정한

◈ 성격2(10%) | 대담한

◈ 성별 |  

◈ 획득처 | 방랑상인

◈ 도감 배지 |

◈ 성체 100보유 배지 |

◈ 드래곤 돌보기 수치 ◈

운동하기	89%	잠자기	34%
분석하기	78%	놀기	22%
먹기	59%	씻기	8%

◈ 드래곤 성격 결정 수치 ◈

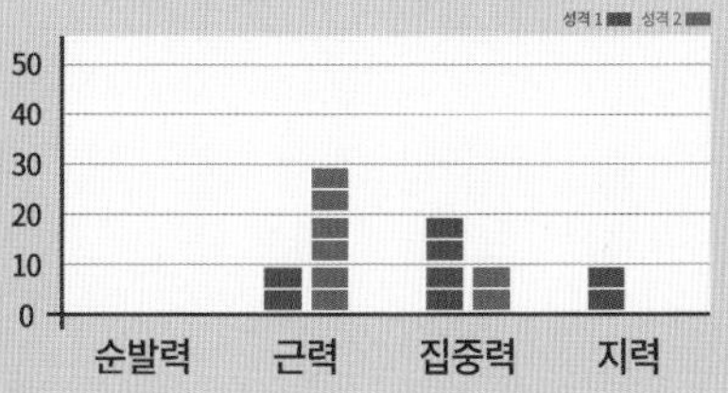

Rupo

루포

DVC 정보  이 알은 강철 뿔과 함께다.

알

강철 뿔이 달린 알이다. 강철 뿔이 알에 접근하는 자들로부터 알을 보호하고 있다. 성미가 급해 뿔로 알 껍질을 두드려 부화를 시도하곤 한다. 알의 상처는 이른 부화를 시도한 흔적이다. 어두운 곳을 좋아하기 때문에 빛을 밝히면 부화가 느려진다. 알 중앙에 있는 무늬를 쓰다듬으면 어둠이 연기처럼 밀려든다.

해치

해치 때부터 대결을 즐긴다. 스스로 필요한 힘을 연구하여 훈련한다. 주로 날개의 힘, 다리 힘을 기른다. 작은 동물을 사냥하는 시간을 즐긴다. 혼자 있는 것을 좋아하여 사람, 동물, 드래곤과 거리를 둔다. 경계심이 강해 접근하려 하면 황소처럼 뿔을 들이민다. 단단한 뿔에 맞으면 눈앞이 새까매진다. 정신을 잃은 게 아니라 어둠이 장악한 것뿐이니 다치지 않으려면 그때 빨리 도망가야 한다.

해츨링

해치 때와는 달리 해츨링 시기에는 거친 훈련을 즐긴다.
어둠의 힘을 담은 장식이 몸에 생겨나며 이를 이용해
어둠의 힘을 사용한다고 알려져 있다.

성체

승리를 위해서라면 어떤 짓이라도 할 수 있을 정도로 승부욕이 매우 강한 드래곤이다. 바람에 휘날리지 않을 정도로 단단한 갈기는 어둠의 기운을 담고 있다. 루포는 어둠의 기운을 이용하여 아무리 밝은 날이어도 상대를 어둠 속에 빠뜨려 당황시킨 뒤 전투를 시작하곤 한다.
승리에 집착하는 루포일수록 강한 드래곤의 기운에 이끌리는 것으로 알려져 있다. 대부분의 루포는 냉철한 성격으로 상황 판단력이 뛰어나다. 머리가 매우 좋은 드래곤 중 하나이며 이를 이용하여 전투를 좀 더 유리하게 이끈다.

Maga

마가

마가가 만들어낸 거센 돌풍 속에서 한 목소리가 들려왔다.
'비밀을 더럽히는 자여, 파라디수스를 지켜야 한다.'
울려 퍼지는 목소리를 들을 때마다 마가의 힘은 더욱 강해졌다.
파라디수스를 삼킬 만큼 거센 돌풍이 마가의 주변을 감싸고 침입자들을 경계했다.
마가의 돌풍에 휘말린 침입자 중 생존자가 있지만 파라디수스의 존재를 기억하지 못했다.
생명의 보석에 대한 욕망도 잊고, 두려운 바람의 존재만 기억하고 있었다.

드래곤 이름	학명	먹이	평균 키
마가	Ventus Custos	유그드라실	2.5~3.1m
속성	체형	타입	평균 몸무게
바람	드라코	수호 드래곤	300~350kg

진화단계

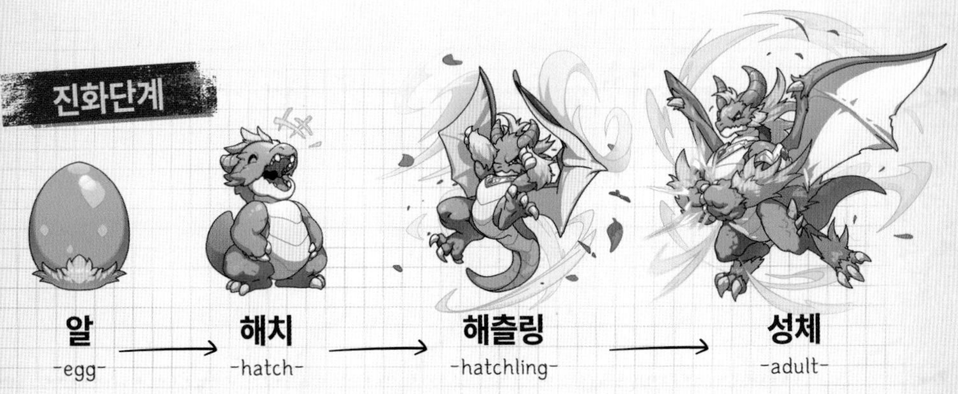

게임 정보

◈ 성격1(90%) | 천진난만한

◈ 성격2(10%) | 대담한

◈ 성별 |  

◈ 획득처 | 방랑상인

◈ 도감 배지 |

◈ 성체 100보유 배지 | 

◈ 드래곤 돌보기 수치 ◈

놀기	92%	먹기	38%
바람불기	61%	잠자기	28%
안아주기	49%	씻기	17%

◈ 드래곤 성격 결정 수치 ◈

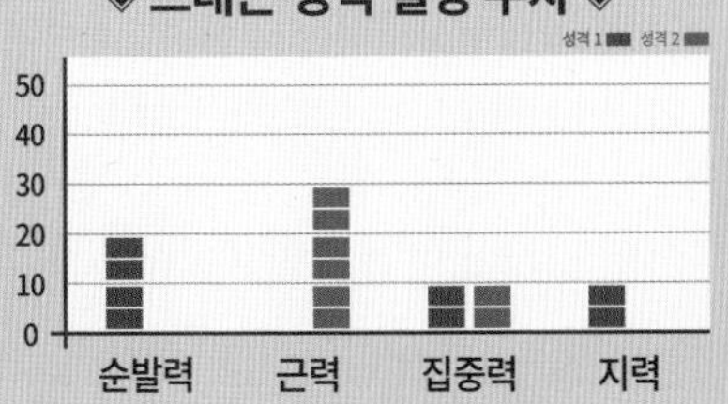

Maga

마가

DVC 정보  이 알은 거친 돌풍을 좋아한다.

알

거친 돌풍을 좋아하는 알이다. 생각보다 무거워 어떤 바람에도 흔들리지 않는다. 둥지처럼 알을 감싸고 있는 노란 털만이 바람에 휘날린다. 알에 귀를 가져다 대면 바람 소리를, 알을 흔들면 돌풍 소리를 들을 수 있다. 알을 끌어안으면 머리카락이 휘날릴 만큼 강한 바람을 느낄 수 있다. 푸른빛의 알은 차갑지 않고 시원하다.

해치

해치 때부터 바람을 매우 좋아한다. 돌 위나 푸른 초원에 누워 바람을 즐기는 등 여유롭게 시간을 보낸다. 재미있는 일이 생기면 바람에 호탕한 웃음소리를 담아 보내기도 한다. 몸이 무거운 데다 날개까지 없어 바람을 타고나는 것은 불가능하다. 강력한 입김으로 다른 이들을 공중으로 띄워 하늘을 나는 기분을 느끼게 해준다. 때문에 날고 싶어 하는 사람이나 날지 못하는 드래곤들이 마가를 자주 찾는다.

해츨링

해치 때와는 달리 해츨링 시기에는 거센 돌풍에 맞선다. 강한 바람에 뛰어들기도 하는 등 돌풍을 견디기 위해 훈련하는 경우가 많다.

성체

섬세한 바람보다는 거센 돌풍을 좋아하는 드래곤이다. 작은 손짓만으로도 돌풍을 일으킬 정도로 매우 강한 힘을 응축하고 있다. 하늘을 날 때면 큰 돌풍을 일으킨 뒤 그 속에 몸을 맡겨 날아다니곤 한다. 마가가 만들어 내는 돌풍은 큰 크기와는 달리 고요하고 빠른 속도다. 여러 개의 돌풍을 만들어 그사이를 재빠르게 비행하는 등 매우 전략적인 전술을 펼치는 드래곤이기도 하다. 지상에서 날개를 펼치면 마가의 주변으로 돌풍이 생겨나는데 이때의 바람은 매우 시원하다고 알려진다.

Maldek

말덱

생명에 무한한 호기심을 가진 말덱에게 흡수의 서는 더할 나위 없이 좋은 책이었다.
수많은 영혼을 흡수한 뒤 나중에 추억할 수 있는 책이라니. 이 얼마나 재미있는 책이란 말인가.
말덱은 여행을 통해 다양한 영혼을 흡수하였다.
흡수의 서에 빈 페이지가 채워질 때마다 스트라는 말덱을 찾아 그만두라며 호통쳤다.
말덱은 스트라를 피해 수많은 지역을 여행했다.
창공의 서편 아르카 대륙부터, 마공학 협회가 있는 로쿠스 대륙까지 오갔다.
그러던 중, 말덱은 쉴로시를 마주했다.
"너는 생명의 질서를 깨고 있다! 더는 흡수의 서를 이용하지 마!"
쉴로시의 분노에 말덱은 황급히 도망쳤다. 말덱이 도망친 곳은 알리티아의 어디인지 알 수 없으나, 그의 여행이 순탄치 않으리란 것은 확실했다.

드래곤 이름	학명	먹이	평균 키
말덱	Suctus Fortuna	파오파오 열매	1.7~2.3m
속성	**체형**	**타입**	**평균 몸무게**
땅	드레이크	땅 드래곤	60~120kg

진화단계

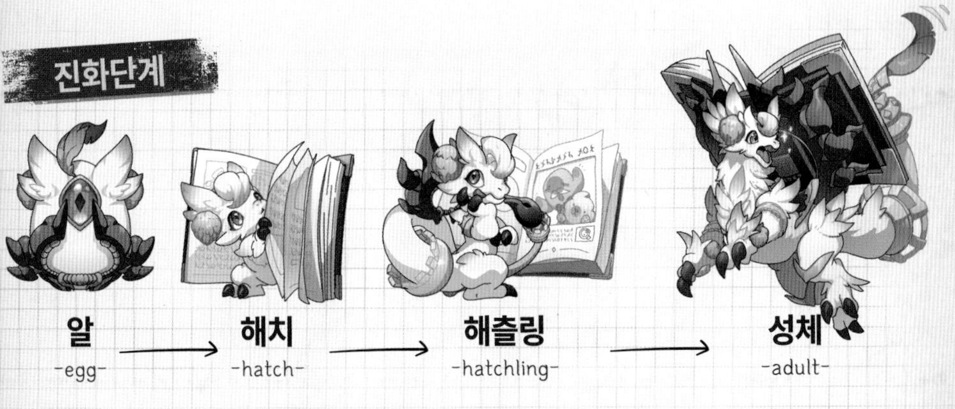

게임 정보

◈ 성격1(90%) | 촐랑대는

◈ 성격2(10%) | 덜렁대는

◈ 성별 | ♂

◈ 획득처 | 방랑상인

◈ 도감 배지 |

◈ 성체 100보유 배지 |

◈ 드래곤 돌보기 수치 ◈

여행하기	87%	먹기	45%
놀기	64%	혼자두기	36%
잠자기	54%	씻기	25%

◈ 드래곤 성격 결정 수치 ◈

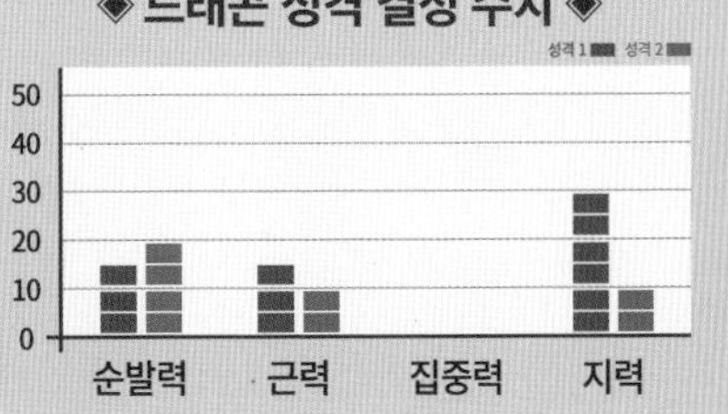

Maldek

말덱

DVC 정보  이 알은 흡수할 생명을 기다린다.

알

흡수할 생명을 기다리는 알이다. 알 중앙의 보석은 생명이 지날 때마다 붉게 빛나는데, 이는 흡수할 생명을 고르는 것으로 알려진다. 이 때문에 말덱의 알을 보관할 시 무분별한 흡수를 막기 위해 검은 천으로 보석 부분을 덮어두기도 한다. 보석 위에 꽂힌 깃털은 자주 움직이곤 하는데, 이는 말덱의 기분 상태에 따라 움직이는 것으로 알려진다.

해치

해치 때는 흡수의 서를 살펴보며 시간을 보낸다. 호기심이 많아 생명을 관찰하며 한 곳에 있기보다는 여러 지역을 돌아다니는 경우가 많다. 흡수의 서를 펼쳐 무엇을 흡수할 수 있거나, 흡수할 수 없는 것들을 찾는 등 흡수의 서에 대해 알아가며 시간을 보내는 경우가 많다. 스트라와 함께 있는 경우 흡수의 서와 방출의 서를 구경하기도 한다.

해츨링

해치 때와는 달리 해츨링 시기에는 흡수의 서를 사용할 수 있다. 관심이 있는 생명이나 물건을 흡수의 서 안에 보관하기도 한다. 다만 너무 무분별하게 흡수하는 터라 흡수의 서에 갇힌 생명 중 일부는 억울함을 호소하기도 한다. 억울함을 호소하는 생명들의 아우성은 고스란히 스트라의 귀에 들려 스트라를 곤란하게 만들기도 한다.

성체

인간, 드래곤, 동물, 식물, 물건 등 관심 있는 모든 것을 흡수의 서에 보관하고 싶어 한다. 이 때문에 말덱은 자신이 흡수한 것을 스트라가 방출하는 것을 못마땅해한다. 흡수의 서에 갇힌 생명의 소리는 오직 방출의 서를 지니고 있는 스트라만이 들을 수 있다. 말덱에게는 흡수의 서를 아무리 펼쳐 살펴보아도 생명의 소리는 들리지 않는다고 한다.

흡수하고 싶은 것을 발견하면 빠른 속도로 꼬리의 펜을 이용하여 흡수의 서에 그림을 그리거나 기록한다. 흡수의 서에 기록한 것은 어떤 힘으로도 흡수를 막을 수 없으며 흡수의 서에 보관된 물건이나 갇힌 생명은 방출의 서로 방출하지 않는다면 흡수의 서에서 빠져나갈 수 없다.

Mellow

멜로우

아르카 대륙에 닿기 전, 큰 폭풍이 휘몰아쳤고 비행정은 결국 산산조각이 나고 말았다.
"이봐! 아직 살아있는 거 맞아?"
멜로우들은 드론을 이용해 조종사를 옮기기 시작했다.
조종사는 여전히 비몽사몽인 상태였다. 이곳이 죽음의 문턱인지 분간할 수 없었다.
"사람들에게 우리 이야기 좀 잘해줘! 그래야 새로운 기계를 만들 수 있단 말이야."
"성능 실험을 하려면 넓은 땅은 허락받아야 한다니까. 사람들은 정말 피곤해."
조종사는 멜로우들의 소란에 겨우 눈을 떴다.
눈앞에 펼쳐진 건 천국이나 지옥 같은 죽음의 세상이 아닌 생명의 흔적이 가득한, 드넓은 창공 저편 아래 하나의 거대한 대륙이었다.
신비로운 땅이 어우러진 풍경을 본 조종사는 생각했다.
진정한 자유란 찾는 것이 아닌 이미 내 안에 감추어져 있었다는 것을 말이다.

드래곤 이름	학명	먹이	평균 키
멜로우	Caelestes Ventus	신들린 호박	1.7~2.3m
속성	체형	타입	평균 몸무게
바람	드라코	비행 드래곤	70~99kg

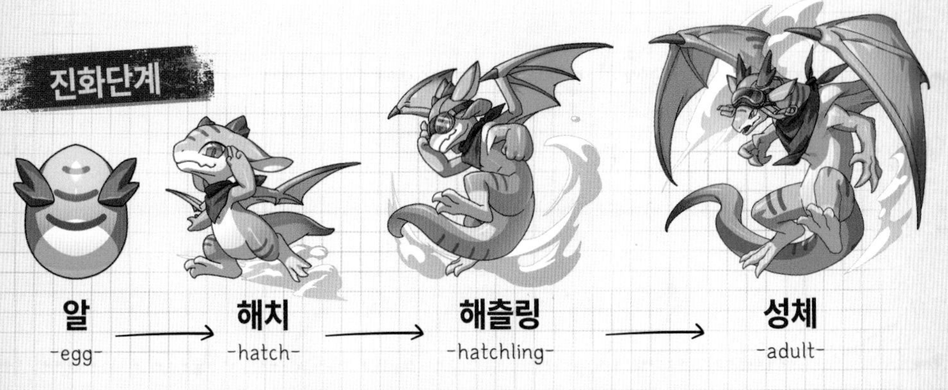

◈ 성격1(90%) | 덜렁대는

◈ 성격2(10%) | 똑똑한

◈ 성별 |

◈ 획득처 | 방랑상인

◈ 도감 배지 |

◈ 성체 100보유 배지 |

◈ 드래곤 돌보기 수치 ◈

분석하기	81%	놀기	45%
광속비행	69%	씻기	28%
잠자기	45%	먹기	17%

◈ 드래곤 성격 결정 수치 ◈

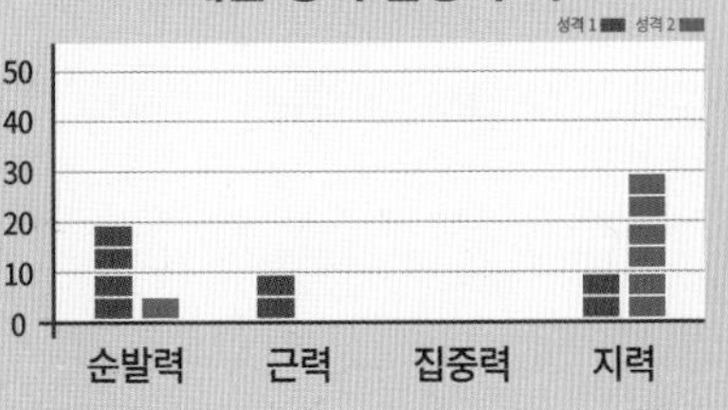

Mellow

멜로우

이 알은 창공을 날고 싶어 한다.

알

창공을 날고 싶어 하는 알이다. 바람이 부는 곳을 좋아한다. 바람이 잦은 고지대에 가져다 놓으면 부화가 빨라진다. 말랑거리는 알은 날아오를 것처럼 자꾸 튀어 오른다. 무거운 뿔은 알이 일정 높이 이상 올라가지 못하게 눌러주고 있다. 날 수 있는 생명체가 접근하면 줄무늬가 짙어진다.

해치

해치 때부터 비행 기계를 좋아한다. 조립이나 분해 등 여러 가지를 시도하지만 제대로 성공하는 경우는 드물다. 비행 경험을 토대로 비행 기계를 설계하기도 한다. 종종 마을에 내려와 설계도를 구현해 줄 사람을 찾아다닌다. 비행을 좋아하는 사람을 만나면 나는 즐거움에 대해 쉴 새 없이 떠들어댄다. 빨간 스카프는 파일럿에게 선물 받은 것으로, 언제 어디서나 착용하고 다닌다.

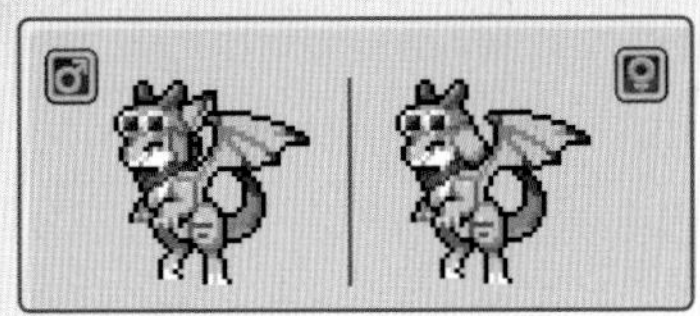

해츨링

해치 때와는 달리 해츨링 시기에는 고글을 이용한다. 드넓은 창공 너머를 비행하기에 고글은 필수다. 새로운 비행 기계를 만들며 시간을 보내기도 하는데 완성도가 그리 뛰어나지는 않다. 드넓은 하늘에서 갑자기 큰 폭발음이 들린다면 해츨링 멜로우의 비행 기계가 폭발한 흔적일지도 모른다.

성체

비행 기계 만드는 걸 좋아하여 테이머들 사이에서 기계 장인으로 불리기도 한다. 멜로우가 만드는 비행 기계는 드론과 같은 형태인데 전투에 활용하거나 비행에 이용하는 용도로 사용한다. 드론을 이용하여 창공을 나는 꿈을 실현시켜주며 아르카 대륙의 발전에 큰 힘이 되어주는 드래곤이기도 하다.

비행 기계를 만드는 시간 외에는 잠을 자는 경우가 많다. 거친 비행을 할 때와는 달리 태평한 모습으로 낮잠을 자는데, 날개로 몸을 덮는 경우가 많다. 하늘을 날 때면 고글을 쓰기도 하는데 이는 거센 바람에도 제대로 된 경로를 찾기 위함이다.

귀가 매우 밝은 드래곤 중 하나다. 소음에 예민하여 창공 저편에서도 기습에 발 빠르게 대처할 수 있다. 멜로우의 경우 홀로 창공을 날아다니거나 무리 지어 편대를 이루기도 한다. 무리 지어 다니는 멜로우의 경우 속도로 서열을 정하는데, 이때 우두머리에겐 특별한 스카프 장식이 붙기도 한다.

Slosi

쉴로시

순환의 서가 세상에 밝혀지자 마공학자들은 스스로 순환의 서 안에 들어가기를 자처하였다.
구드라는 생명들의 질서를 깰 수 없었기에 순환의 서를 봉인하고자 하였다.
구드라가 찾은 것은 봉인의 열쇠를 가지고 있는 쉴로시였다.
쉴로시는 구드라의 명에 따라 누구도 열 수 없도록 순환의 서를 봉인하였다.
“불안정한 기운 때문에 봉인이 풀린다면 쉴로시 자네가 다시 이 책을 봉인해 주게! 자네의 숨이 끊어질 때까지 지켜야 할 명일세.”
구드라는 순환의 서를 아주 깊은 지하에 봉인하였으나 불안정한 차원의 영향으로 봉인은 풀리게 되었고, 순환의 서는 각각 흡수의 서와 방출의 서로 나뉘어 말덱과 스트라의 품으로 떨어지고 말았다.
순환의 서의 봉인이 풀렸음을 감지한 쉴로시는 구드라의 명을 따르기 위해 둘로 나뉜 순환의 서를 찾아 나섰다.

드래곤 이름	학명	먹이	평균 키
쉴로시	Impero Fortuna	드래곤에그베리	2.1~2.6m
속성	체형	타입	평균 몸무게
꿈	드라코	봉인 드래곤	190~230kg

게임 정보

◈ **성격1(90%)** | 고집 있는

◈ **성격2(10%)** | 신중한

◈ **성별** | ♂ ♀

◈ **획득처** | 방랑상인

◈ **도감 배지** | 

◈ **성체 100보유 배지** |

◈ 드래곤 돌보기 수치 ◈

광속비행	88%	씻기	33%
먹기	70%	놀기	23%
장난치기	70%	잠자기	10%

◈ 드래곤 성격 결정 수치 ◈

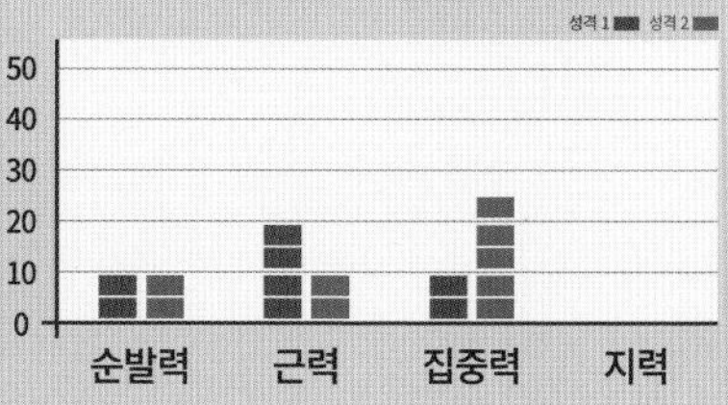

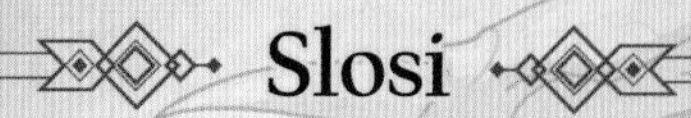

Slosi

쉴로시

이 알은 봉인의 열쇠를 지니고 있다.

알

봉인의 열쇠를 지닌 알이다. 열쇠와 자물쇠가 알 표면에 딱 달라붙어 있다. 부화가 가까워질수록 열쇠와 자물쇠가 점점 커지는데, 훗날 이것들은 쉴로시 고유의 물건이 된다. 자물쇠 구멍은 아래 걸려있는 열쇠와 딱 맞아 보인다. 열쇠로 자물쇠를 열면 바로 알을 부화시킬 수 있을 것만 같다. 하지만 아무리 잡아당겨도 열쇠는 떨어지지 않는다.

해치

해치 때는 자신이 지니고 있는 봉인의 열쇠를 통해 봉인할 책을 탐색한다. 구멍이 있는 책만 보면 봉인의 열쇠를 꽂아 본다. 봉인의 열쇠로 봉인할 수 있는 것과 봉인할 수 없는 것이 있다는 사실을 깨달은 이후, 신중하게 봉인의 열쇠를 사용한다. 봉인의 열쇠를 사용할 때마다 미미하지만 흡수의 서와 방출의 서를 감지할 수 있다. 봉인의 열쇠를 아주 소중히 생각해 잘 때도 끌어안고 잔다.

해츨링

해치 때와는 달리 해츨링 시기에는 봉인의 열쇠를 자유자재로 사용하여 다양한 책과 고서들을 봉인하고 열 수 있다. 봉인의 열쇠를 이용하여 책뿐만 아니라 공간을 봉인하거나 열 수도 있다. 해츨링 때부터 순환의 서를 느끼며 자신의 사명을 깨닫기 시작한다. 일부 테이머들은 쉴로시의 사명을 무시한 채 잠겨진 집 문을 열거나 자신의 물건을 담은 상자를 닫는 등으로 쉴로시의 능력을 사용하기도 한다. 쉴로시가 봉인한 것은 오직 쉴로시만이 풀 수 있다.

성체

부화와 동시에 봉인의 열쇠를 부여받는 드래곤이다. 봉인의 열쇠가 가진 힘은 진화 단계에 따라 점점 강해진다. 성체가 된 쉴로시는 순환의 서를 되찾는 사명에 충실한다. 이후부터 봉인의 열쇠를 통해 방출의 서와 흡수의 서를 지닌 스트라와 말덱을 찾아 여행을 떠나기도 한다. 쉴로시의 어깨에 달린 자물쇠의 경우 흡수의 서와 방출의 서를 하나로 합쳐 순환의 서를 되찾는 데에 사용한다고 전해진다. 순환의 서를 되찾은 쉴로시는 더는 봉인의 열쇠를 다른 곳에 사용할 수 없다. 만약 사명을 다하고 순환의 서를 되찾은 쉴로시가 승천하여 라테아로 갈 경우 순환의 서는 다시 방출의 서와 흡수의 서로 나누어진다. 순환의 서가 무엇이고 어떤 능력을 지녔는지, 순환의 서를 되찾아 사명을 다한 쉴로시는 다음으로 어떤 행동을 하는지 알려진 바가 없다.

Skoorum

스쿠룸

“침입자들이여, 성을 오르는 불꽃을 본 적 있나?”
파라디수스를 지키는 드래곤 중 하나가 외쳤다.
“아름다운 불꽃은 간절하게 하나의 보석을 지키기 위해 타오른다네. 분노가 만들어 낸 거대한 불의 장벽은 침입자를 모두 태워버리고, 재가 된 이들은 다음 생을 맞이할 수 없다고 알려져 있지.”
파라디수스 외벽을 타고 오른 불꽃은 그 누구의 침입도 허용하지 않는다는 듯이 불타오르기 시작했다.
“스쿠룸의 불의 장벽이 보이는가? 저 불길을 이길 수 있는 자만이 도전하라!”
뜨거운 불길을 느낀 침입자들은 모든 의욕을 상실하였다.
스쿠룸은 파라디수스 꼭대기에서 울부짖으며 침입자를 향해 경고하였다.
거대한 포효는 파라디수스 전체를 울리기 충분했다.

드래곤 이름	학명	먹이	평균 키
스쿠룸	Ignis Custos	햄	2.3~2.9m
속성	**체형**	**타입**	**평균 몸무게**
불	드라코	수호 드래곤	150~190kg

진화단계

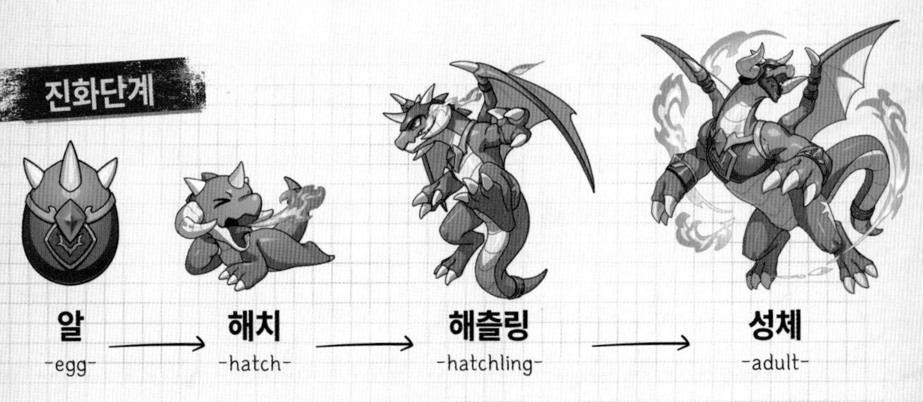

게임 정보

◈ **성격1(90%)** | 고집 있는

◈ **성격2(10%)** | 성급한

◈ **성별** |  

◈ **획득처** | 방랑상인

◈ **도감 배지** | 

◈ **성체 100보유 배지** | 

◈ 드래곤 돌보기 수치 ◈

펀치펀치	89%	잠자기	38%
용트림하기	60%	씻기	28%
먹기	50%	놀기	17%

◈ 드래곤 성격 결정 수치 ◈

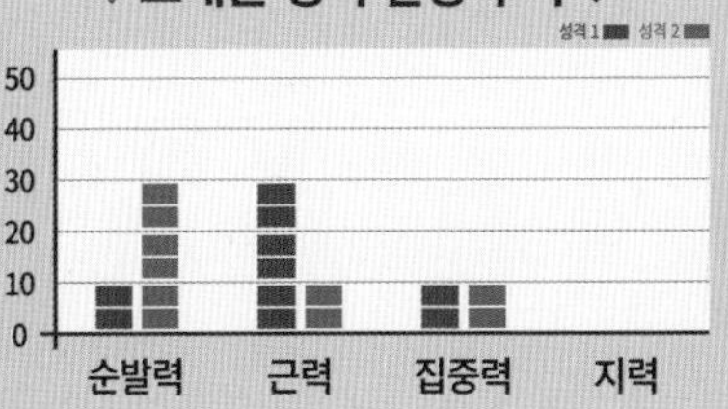

Skoorum

스쿠룸

DVC 정보  이 알은 불의 분노를 축적한다.

알

불의 분노를 축적하고 있는 알이다. 가까이 다가가면 작은 불길이 일기도 한다. 금색 뿔이 알에 접근할 수 없도록 막고 있다. 뿔이 달려있는 주황색 부분은 매우 뜨겁다고 알려져 있다. 참을성이 없어 항상 예상 부화시기보다 빨리 부화하며, 부화 시 귀를 먹먹하게 만드는 분노의 굉음을 내지른다.

해치

해치 때부터 불을 뿜을 수 있다. 분노하면 큰불을 만들 수 있지만 지속 시간은 길지 않다. 큰불을 오랜 시간 뿜어내기 위해 분노할 일을 찾아다니기도 한다. 화를 낼 때에도 불길을 내뿜는데, 작은 일에도 쉽게 화를 내므로 입에서 불길이 끊이는 때가 없다. 주황색 몸은 항상 뜨거운데, 불길을 생성할 때마다 체온이 올라가기 때문이다. 물을 싫어하며 불꽃이 금방 사그라드는 습한 곳도 싫어한다. 밝은 곳보다는 불길이 거세 보이는 어두운 곳을 선호한다.

해츨링

해치 때와는 달리 해츨링 시기에는 분노를 축적한다. 분노를 이용한 불 활용법을 깨우치는 경우가 많다. 더욱 큰불을 내고 싶은 스쿠룸은 시비를 거는 등 일부러 분노를 축적하기도 한다.

성체

분노의 힘을 축적한 스쿠룸일수록 거대한 불의 장벽을 만들어 낼 수 있다. 강한 불의 힘을 가지고 있는 것과 동시에 분노는 기폭제 역할을 한다. 주로 한곳에 서서 주변을 감시하곤 한다. 악의 없이 불을 뿜기도 하는 등 경계심이 매우 높다.

몸의 흉터는 뜨거운 불길을 견딘 증거와도 같다. 흉터 크기는 성장할수록 더욱 커지게 되는데 이는 스쿠룸의 열기가 빠져나가는 역할이기도 하다. 한 번 불을 뿜은 스쿠룸의 경우 몸 전체가 뜨거워지는데 날카로운 발톱 끝에서는 불꽃이 피어나기도 한다.

Strata

스트라

스트라는 말덱이 흡수의 서에 가두어 놓은 생명들을 각자가 원하는 곳으로 방출해 주었다.
생명들이 원하는 곳은 다양했다. 고향, 흡수되었던 장소, 가보고 싶었던 지역 등등.
스트라는 생명들의 바람에 따라 온 세상을 여행했다.
'난 말덱 옆으로 가야겠어. 날 흡수할 때 환호했던 만큼 패배감을 맛보게 해주지!'
다음 장소를 고민하는 스트라의 외침에 어느 한 생명이 작게 읊조렸다.
스트라는 생명이 가진 복수심을 느낄 수 있었다.
좌절, 분노, 수치, 두려움. 그 모든 것들이 말덱을 향하고 있었다.
스트라는 생명이 방출되기 전, 새로운 삶을 살기 위해선 복수심을 제거해야 한다 생각했다.
스트라의 손끝에서부터 퍼져나간 바람이 방출의 서에 닿자, 자그마한 검은 방울이 흩어졌다.
스트라는 검은 방울을 보며 안도의 한숨을 내쉬었다.
그 검은 방울이 바로 생명이 가진 짙은 복수심이었기 때문이다.

드래곤 이름	학명	먹이	평균 키
스트라	Conversio Fortuna	풀잎	1.8~2.5m
속성	체형	타입	평균 몸무게
바람	드라코	바람 드래곤	60~100kg

진화단계

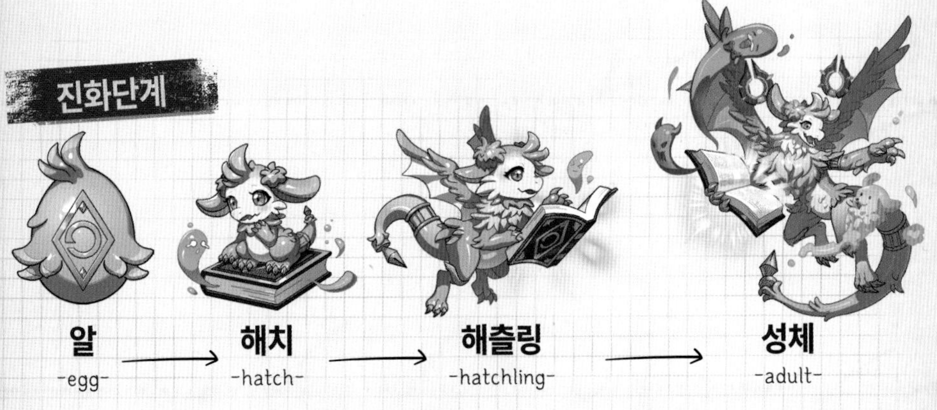

게임 정보

◈ 성격1(90%) | 온순함

◈ 성격2(10%) | 천진난만한

◈ 성별 |

◈ 획득처 | 방랑상인

◈ 도감 배지 | 

◈ 성체 100보유 배지 |

◈ 드래곤 돌보기 수치 ◈

꾸며주기	87%	놀기	44%
잠자기	64%	씻기	33%
안아주기	54%	먹기	22%

◈ 드래곤 성격 결정 수치 ◈

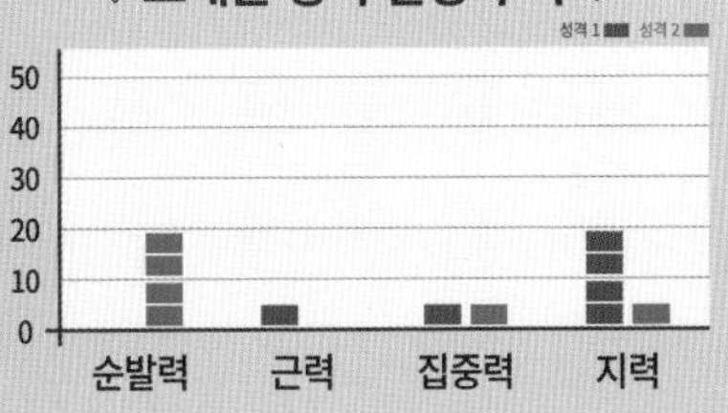

Strra

스트라

이 알은 생명의 자유를 꿈꾼다.

알

생명의 자유를 꿈꾸는 알이다. 수많은 생명이 알 주변에서 자유로움을 느낀다. 스트라의 알 주변을 맴돌고 자유를 느낀 생명들은 바로 여행을 떠난다. 이미 자유를 찾은 자들은 스트라의 알 옆에서 새로운 여행을 떠날 수 있는 용기를 얻곤 한다. 온기가 느껴지는 알은 부드럽고 포근하다.

해치

해치 때는 방출의 서를 살펴보며 시간을 보낸다.

하지만 방출의 서에 쓰인 내용을 이해하진 못한다. 동생 말덱과 함께 있는 경우 흡수의 서와 방출의 서를 함께 구경하기도 한다. 동생 말덱이 가둔 흡수의 서에 갇힌 영혼들을 안타깝게 생각한다. 방출의 서를 이용해 흡수의 서에 갇힌 영혼들을 꺼내어 줄 수 있는 방안이 없을까 고민한다.

해츨링

해치 때와는 달리 해츨링 시기에는 방출의 서를 읽고 내용을 이해할 수 있다. 여러 생명과 대화를 나누고 그들의 기운을 느끼며 교감한다. 방출의 서를 들고 여러 곳을 여행하면서 억압된 생명들을 풀어준다. 순수한 마음으로 풀어준 생명에 의해 피해를 보기도 한다.

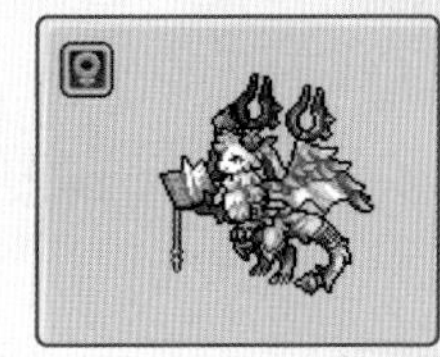

성체

스트라가 방출의 서를 사용해 흡수의 서에 갇힌 생명이 방출될 때면 산들바람이 불어온다. 이 산들바람은 스트라가 불어주는 바람으로 축복의 기운이 담겨 있다고 한다. 해당 바람을 느낀 생명은 축복의 기운을 받아 수십 년이 지나도 외로움을 느끼지 않는다는 이야기가 전해진다.

그러나 스트라가 방출한 생명 중 악한 마음을 지닌 생명은 축복의 기운을 저주의 기운으로 바꾸어 주변을 어둠으로 물들인다. 스트라의 무분별한 방출로 인해 무고한 희생을 당하는 생명들을 보며 저주의 기운을 사용하는 생명을 찾아 저주의 기운을 방출시킨다.

방출의 서를 사용하는 스트라의 능력은 흡수의 서에 갇힌 생명뿐 아니라 마음, 의지, 생각, 기운 등 형태가 보이지 않는 것도 방출시킬 수 있다. 다만 스트라는 방출의 서를 사용하는 순간, 그 생명과의 추억 또한 방출시켜 모두 잊어버린다. 방출당한 생명이 스트라에게 말을 걸면 스트라는 전혀 기억을 못 해 고마움을 표하려는 생명들은 당황하기도 한다.

Agnad

아그나드

미래의 마공학자 덕분에 현자는 병기 드래곤에 인간의 감정과 이성적 판단을 할 수 있는 인공지능을 넣을 수 있게 되었다.
미래의 기술자는 아그나드를 전쟁에 이용하고자 만든 것이 아닌 인류의 평화와 안정을 위해 만든 것이라며, 아그나드의 설계도와 함께 자신의 시대로 돌아갔다.
현자는 홀로 아그나드가 스스로 생각하는 '기계'인지, 스스로 생각하기에 인격을 지닌 '생명체'인지를 알아보는 실험을 진행했다.
데이터를 학습한 아그나드가 나에게 내뱉은 첫마디는 아래와 같았다.
"안녕, 나의 친구!"
아그나드는 현자를 친구라 생각했다.
'전쟁을 막고자 탄생시킨 드래곤이 나를 친구라 여기다니....'
현자는 전쟁의 참혹함 때문이 아니라 자신의 외로움을 달래줄 친구를 만들기 위해 드래곤을 만들고 있는 것일지도 모른다고 생각했다.

드래곤 이름	학명	먹이	평균 키
아그나드	Sophus Incorporo	전기	2.8~3.4m
속성	**체형**	**타입**	**평균 몸무게**
불	드라코	병기 드래곤	330~380kg

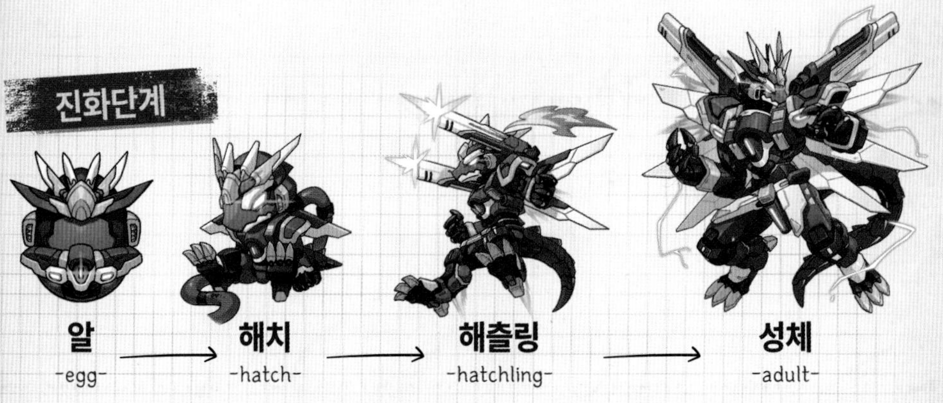

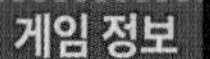

◈ **성격1(90%)** | **똑똑한**

◈ **성격2(10%)** | **차분한**

◈ **성별** | 

◈ **획득처** | **방랑상인**

◈ **도감 배지** | 

◈ **성체 100보유 배지** |

◈ 드래곤 돌보기 수치 ◈

쓰다듬기	89%	먹기	33%
씻기	72%	잠자기	23%
놀기	59%	혼자두기	-20%

◈ 드래곤 성격 결정 수치 ◈

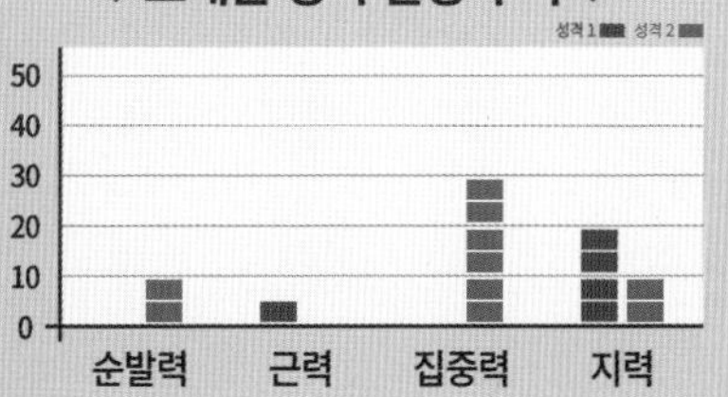

Agnad

아그나드

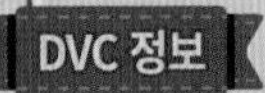

DVC 정보 이 알은 견고한 금속으로 되어 있다.

알

견고한 금속으로 된 알이다. 알 전체가 금속으로 뒤덮여 있다. 하나하나 계산된 것처럼 매우 정교하게 만들어져 있다. 상단에 달린 뿔로 소리의 울림을 느끼고, 소리를 분석할 수 있다. 분석된 정보는 데이터화되어 저장된다. 빛과 어둠, 온도의 영향을 받지 않는다.

해치

해치 때부터 에너지로 움직인다.

인간의 데이터를 기반으로 움직이기 때문에 마공학이 붙은 특수한 에너지가 필요해졌다. 주기적으로 마공학 에너지를 주입해야 한다. 에너지가 필요해질 때 즈음이면 직접 선을 끌어다가 자신에게 연결한다. 에너지를 충전하고 있을 때면 가만히 앉아 선명하게 빛나는 두 눈을 깜빡이고만 있는다. 데이터를 통해 인간과 교류하고 인간처럼 행동해 보려고 노력하지만, 데이터의 처리와 정리가 느려 힘들어하는 모습을 보인다.

해츨링

진화한 해츨링은 인간과 합동 공격을 한다.
데이터의 정리가 능숙해지면서 인간 사이에 조화롭게 섞인다. 아군과 적군을 정확히 구분하여 공격 시에 아군을 공격하는 오류가 나지 않는다. 인간의 행동과 감정을 이해할 수 있고 자신도 데이터를 기반으로 인간처럼 행동하니 인간과 조화롭게 섞인다. 인간의 말을 이해할 수 있는 아그나드는 아군을 등 뒤에 올려 함께 공격하는 등 다양한 공격 방식을 구사한다.

성체

인간과 소통할 수 있게 된 드래곤은 목표물을 정확하게 공격한다. 기계의 정확성에 인간의 고유한 특징까지 더해져 완벽한 병기가 됐다. 오류가 나는 법이 없고 정확하게 공격하며 고차원적인 생각이 가능해졌다. 공중전에서 우세한 모습을 보이며, 어깨에 달린 무기로 상대를 조준하여 폭탄이나 미사일을 발사한다.
감정의 활성화로 이성적인 판단이 가능하여 모든 명령을 수락하지 않는다. 고차원의 지식을 보유하고 있기 때문에 아그나드의 거절 사유는 반박할 수도 없으며, 설득하기도 어렵다. 인간과의 교류가 없으면 외로움을 느끼면서 감정적으로 판단을 내린다. 감정적인 판단은 곧 명령 불복종이나 임무 미이행 같은 행위로 이어지기도 한다.

Oculus

오쿠러스

오쿠러스는 드래곤을 만나 이야기를 나누었지만 연주를 듣는 것만큼 즐겁지는 않았다.
오쿠러스는 더 이상 들을 수 없는 음유시인의 연주를 떠올렸다.
그러던 어느 날, 이상한 소리가 들리기 시작했다.
'새로운 드래곤이라 기대되네. 여기가 소문의 프뉴마인가? 이상한 음악 소리가 들리는군.'
오쿠러스는 주위를 둘러보았지만 어떤 존재도 보이지 않았다.
그때 문득 음유시인이 했던 말이 떠올랐다.
'오쿠러스, 너에겐 곧 이 노래보다 황홀한 영혼의 목소리가 들려올 거야.'
오쿠러스가 음유시인의 말에 따라 영혼의 목소리에 집중하자 오쿠러스의 몸에 돋은 뿔이 푸른빛을 내기 시작했다.
훗날 성체가 된 오쿠러스는 음유시인의 음악을 부르며 고귀한 영혼을 인도했다.

드래곤 이름	학명	먹이	평균 키
속성	**체형**	**타입**	**평균 몸무게**

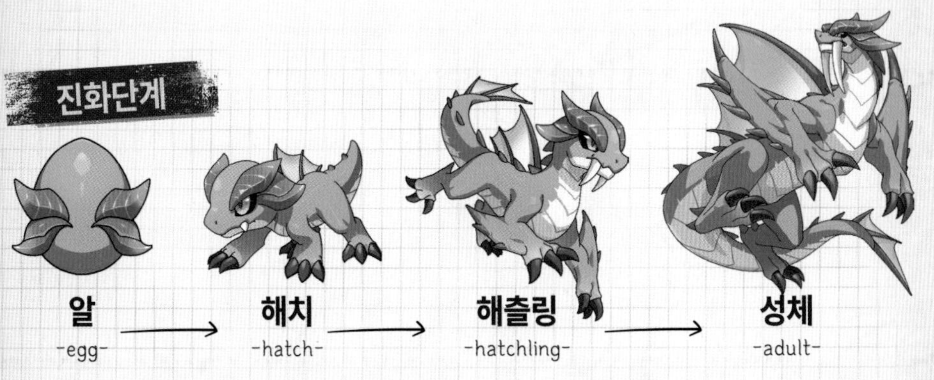

게임 정보

◈ **성격1(90%)** | 똑똑한

◈ **성격2(10%)** | 눈치 빠른

◈ **성별** | ♂ ♀

◈ **획득처** | 방랑상인

◈ **도감 배지** |

◈ **성체 100보유 배지** | 

◈ 드래곤 돌보기 수치 ◈

잠수하기	88%	놀기	41%
먹기	62%	씻기	30%
쓰다듬기	51%	잠자기	18%

◈ 드래곤 성격 결정 수치 ◈

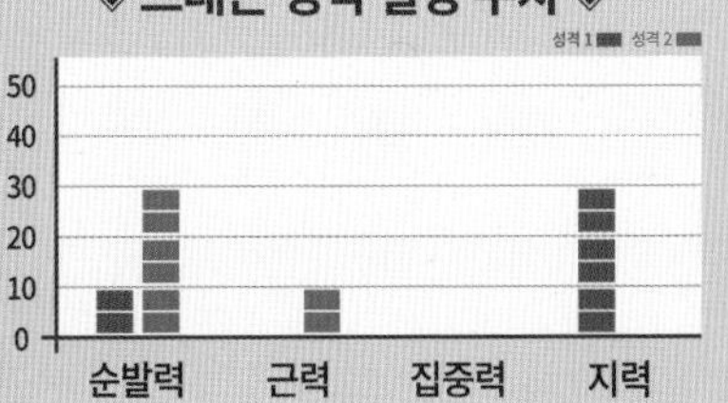

Oculus

오쿠러스

이 알은 본능적으로 영혼의 주변을 맴돈다.

알

영혼의 주변을 맴도는 알이다. 물속에서 발견되는 경우가 많으며, 주변에 알 수 없는 뼈 무덤이 발견될 때도 있다. 지느러미처럼 부드러워 보이는 뿔이 씰룩거리며 영혼을 감지한다. 차가운 알 껍질은 매우 얇아 작은 충격에도 갈라지곤 한다. 음악 소리를 들려주면 부화가 빨라진다.

해치

해치 때부터 날카로운 발톱을 이용한다. 더욱 빠른 속도로 헤엄치기 위해 등의 지느러미를 능숙하게 움직이려고 허리를 단련한다. 꼬리를 흔들며 영혼이 있는 곳을 찾아다닌다. 영혼을 감지하면 눕혀져 있던 뿔이 바짝 선다. 드래곤을 비롯한 다른 생명체들과 소통하는 것을 좋아하지만 홀로 시간을 보내는 것도 좋아한다. 홀로 시간을 보낼 때에는 주로 음악을 듣는다.

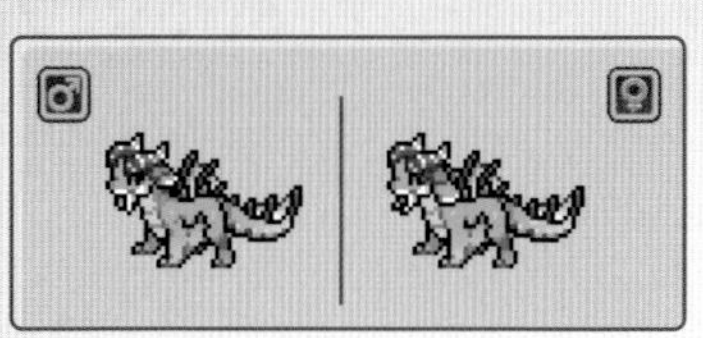

해츨링

해치 때와는 달리 해츨링 시기에는 영혼의 뿔을 통해 고귀한 영혼을 느낄 수 있다. 고귀한 영혼을 느낄 때면 뿔에서 푸른빛을 발산한다. 턱밑으로 자란 어금니를 자주 갈아준다.

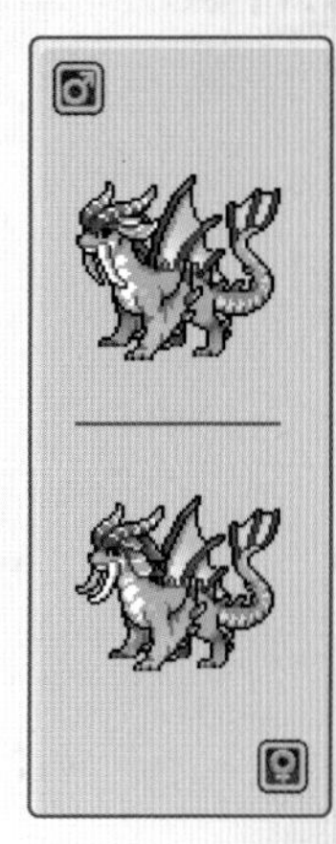

성체

음유시인의 축복으로 영혼의 뿔을 가지게 되었다. 영혼의 뿔은 고귀한 영혼만을 느낄 수 있다. 영혼의 뿔은 부러지지 않으며 오쿠러스의 진화와 함께 성장하거나 멈추는 등의 변화를 보이기도 한다.

처음 프뉴마에 도착한 음유시인이 프뉴마를 여행하며 느낀 유랑곡에서 탄생한 드래곤이다. 오쿠러스를 보고 있자면 음유시인의 음악이 흘러 프뉴마로 인도하는 느낌이 들게 된다고 전해진다.

지상에서도 빠르게 움직이지만 오쿠러스의 진정한 속도는 물에서 발휘된다. 날카로운 발톱과 섬세한 지느러미는 물살을 가르는 데 매우 특화되어 그 누구에게도 따라잡히지 않는다. 다리를 펼쳐 헤엄칠 때면 그 모습이 매우 위협적인 포식자 같아 모든 바다생물이 도망칠 정도라고 한다.

Goblin Dragon

깨비곤

마을 사람들은 몬스터의 습격을 막기 위해 도깨비방망이의 힘을 빌리기로 했다.
도깨비방망이를 들고 온 방랑상인은 마을 사람들에게 신신당부했다.
"어두운 밤, 도깨비방망이를 둔 곳을 절대 쳐다보면 안 된다해!"
어두운 밤이 찾아오자 마을 곳곳에는 푸른 도깨비불이 피어올랐다.
한 마을 사람이 호기심을 참지 못하고 창문을 열었다.
"으아아아악! 귀신이다!"
깨비곤을 본 사람이 소리쳤다.
큰 목소리에 화들짝 놀란 깨비곤은 도깨비방망이를 물고 마을에서 사라졌다.
도깨비불이 사라진 마을은 순식간에 어두워졌다.
깨비곤의 정체를 모르는 마을 사람들은 하늘에서 도깨비가 내려왔다고 추측할 뿐이었다.

드래곤 이름	학명	먹이	평균 키
깨비곤	Spectrum Exterminatio	멜론	1.6~2.0m
속성	체형	타입	평균 몸무게
빛	드라코	퇴마 드래곤	70~95kg

진화단계

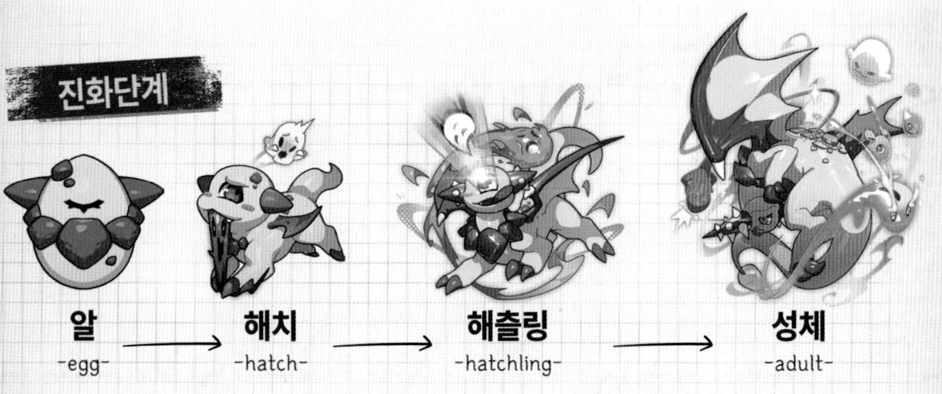

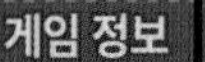

게임 정보

◈ 성격1(90%) | 천진난만한

◈ 성격2(10%) | 용감한

◈ 성별 | ♂ ♀

◈ 획득처 | 방랑상인

◈ 도감 배지 |

◈ 성체 100보유 배지 | 

◈ 드래곤 돌보기 수치 ◈

놀기	89%	꾸며주기	38%
궁디팡팡	60%	잠자기	28%
먹기	50%	씻기	17%

◈ 드래곤 성격 결정 수치 ◈

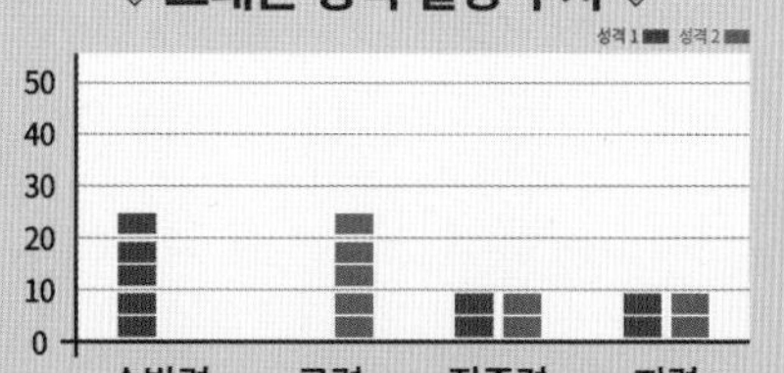

Goblin Dragon

깨비곤

DVC 정보 이 알은 잡귀를 느낄 수 있다.

알

잡귀와 마물을 느낄 수 있는 알이다. 주변에 해로운 존재가 나타나면 알 표면에 감겨있는 눈이 번쩍 떠진다. 눈동자는 해로운 존재를 끝까지 쫓는다. 밤이 되면 파란색 뿔에서 알 수 없는 빛이 흘러나온다. 어둠에 반응하는 것이 아니라 시간에 반응하는 것이기 때문에 주변을 어둡게 한다고 해서 빛이 나오진 않는다. 빛은 귀신을 쫓는다고 알려져 있다.

해치

해치 때부터 요술빔을 사용할 수 있다. 다만 해로운 잡귀와 마물을 제대로 구분하지 못한다. 식탐이 매우 강해 먹는 걸 좋아한다. 요술빔을 맞고 기절한 잡귀와 마물을 물어뜯기도 한다. 마물은 깨비곤의 이빨에 간지러워하지만 잡귀는 깨비곤의 이빨에 고통스러워한다. 잡귀의 비명 소리를 들은 후에야 깨비곤은 그것이 잡귀인지 마물인지 알아차린다. 깨비곤의 이빨 공격을 받은 잡귀는 갈기갈기 찢어진다. 먹는 만큼 강한 힘을 발휘하므로 잡귀를 쫓고 싶다면 간식을 두둑이 챙겨주는 것이 좋다.

해츨링

해치 때와는 달리 해츨링 시기에는 해로운 잡귀와 마물을 구분할 수 있다. 요술빔을 통해 귀신을 내쫓는 등 마을의 평화를 지킨다. 마을의 해로운 잡귀와 마물을 내쫓은 뒤엔 꼭 맛있는 간식을 찾는다.

성체

요술빔을 품은 눈은 어두운 밤에도 환히 볼 수 있는 시야를 가졌다. 잡귀와 마물을 전부 볼 수 있기 때문에 주변을 살피는 일이 잦다. 요술빔을 맞은 잡귀와 마물은 너무나 강한 빛 때문에 소멸되는 것으로 추측된다.

깨비곤은 선한 잡귀와 마물을 이용하여 정보원 역할을 부탁하기도 한다. 깨비곤을 많이 도와준 잡귀와 마물은 선한 마음을 가진 채 승천하는 경우도 있다고 한다.

Solucanis

솔루카니스

빛의 힘을 가진 드래곤들이 점차 어두워졌다.
자신이 가지고 있는 고유한 빛의 힘을 점점 잃고 무기력에 빠져들었다.
암흑세계의 존재들은 서로를 이유 없이 원망하고 싸우기 시작했다.
솔루카니스는 암흑세계에 재앙이 닥칠 것을 느끼고, 암흑세계의 신에게 이 사실을 알렸다.
암흑세계의 신은 생각했다.
"이 싸움을 멈추기 위해선 빛을 내는 해와 달이 필요하다."
신의 사자, 솔루카니스는 빛을 찾기 위한 명령을 받았다.
"충성스러운 솔루카니스여, 해와 달을 찾아와 재앙을 막아다오."
신의 명을 받은 솔루카니스는 하늘을 향해 짖으며 가장 빛나는 해와 달을 찾기 위한 여행을 시작하였다.

드래곤 이름	학명	먹이	평균 키
솔루카니스	Sidus Canis	멜론	3.1~3.8m
속성	**체형**	**타입**	**평균 몸무게**
빛	드라코	수호 드래곤	220~300kg

진화단계

게임 정보

◈ **성격1(90%)** | 대담한

◈ **성격2(10%)** | 성급한

◈ **성별** |  

◈ **획득처** | 2023년 5월 이달의 알

◈ **도감 배지** |

◈ **성체 100보유 배지** | 

◈ 드래곤 돌보기 수치 ◈

자체발광	88%	놀기	44%
잠자기	68%	씻기	32%
산책하기	53%	먹기	20%

◈ 드래곤 성격 결정 수치 ◈

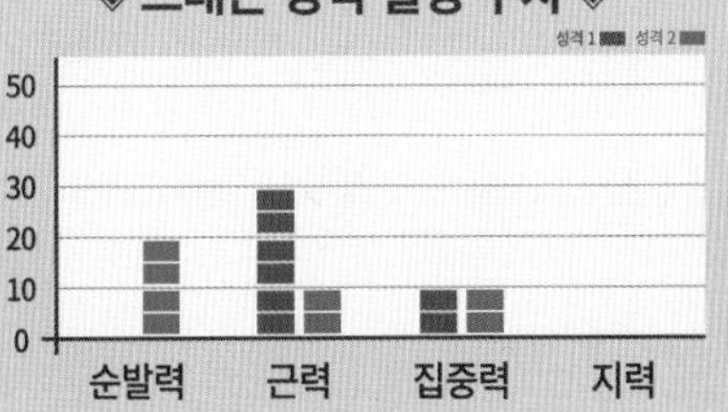

Solucanis

솔루카니스

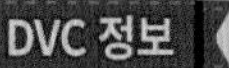

이 알은 욕심이 가득하다.

알

욕심이 많은 알이다. 해와 달이 가장 잘 보이는 위치를 좋아한다. 해가 뜨면 불꽃이 타오르고 달이 뜨면 푸른빛을 발산한다. 빛의 영향을 받아 평소보다 일찍 부화할 때도 있다. 알의 검은 부분은 뜨겁고, 푸른 부분은 차갑다. 두 곳 다 위험한 온도이므로 함부로 알을 만져선 안 된다.

해치

해치 때부터 해와 달을 잡기 위해 팔을 뻗는다. 고개를 젖히고 하늘을 바라보고 있을 때가 많은데, 하늘에 해나 달이 떠있기 때문이다. 뜨거운 해는 잘 잡지만, 차가운 달은 잘 잡지 못한다. 욕심이 많아 해도, 달도 놓치지 않으려고 한다. 탐을 내던 별빛도 결국 꼬리 속에 가두었다. 많은 빛을 받으면 졸음이 쏟아져 갑자기 잠드는 경우도 생긴다. 어둠 속에 데려다 놓으면 금방 일어나 해와 달을 찾아다닌다.

해츨링

해치 때와는 달리 해츨링 시기에는 빛나는 물건을 물고 도망치는 경우가 많다. 빛나는 물건이 사라지면 솔루카니스의 짓이라는 소문이 돌 정도다. 해와 달을 구분하기보다는 빛나는 것에 집착하는 시기다. 작은 재앙을 감지할 수 있어 테이머들을 도와주기도 한다.

성체

암흑세계에서는 신의 사자로 불렸다. 충성심이 매우 강한 드래곤이며 한 번 정한 목표는 놓치지 않는다. 특히 해와 달 아래에서는 한없이 강해지는 드래곤이기도 하다. 이는 솔루카니스의 피부가 빛에 이끌리기 때문이라 연구되었다. 불꽃과 같은 날개는 태양을, 어둠을 담은 꼬리는 달을 상징한다는 추측도 있다. 재앙을 거두는 힘이 있는 드래곤으로 자신의 몸을 희생하여 재앙을 막아낸다. 이때 자신의 몸을 해와 같이 한없이 불태우거나 달과 같이 차갑게 만든다. 재앙을 감지하는 능력이 뛰어나 일부 마을에서는 솔루카니스를 마을의 수호신으로 생각할 정도이다.

Solucanis

솔루카니스

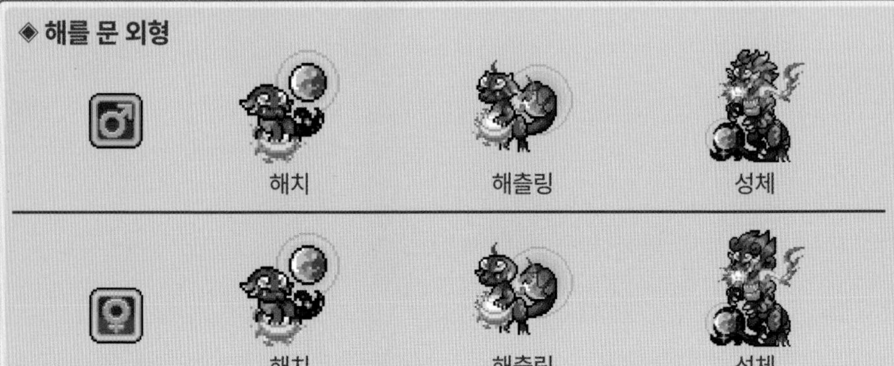

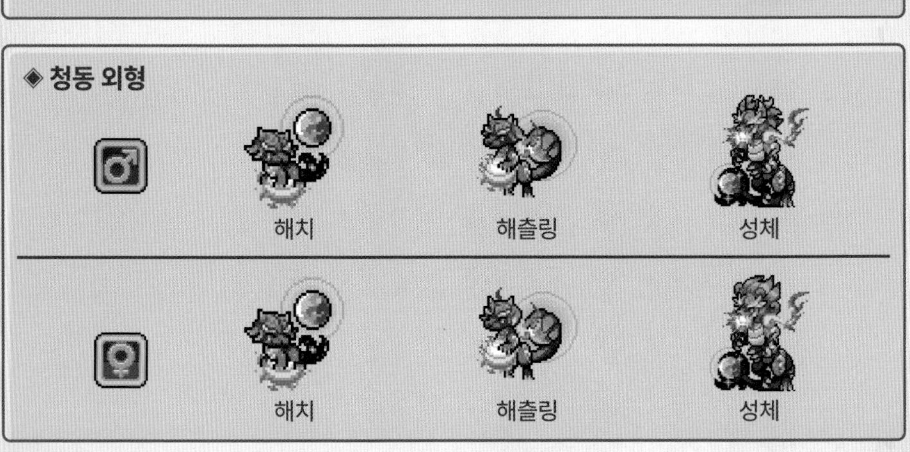

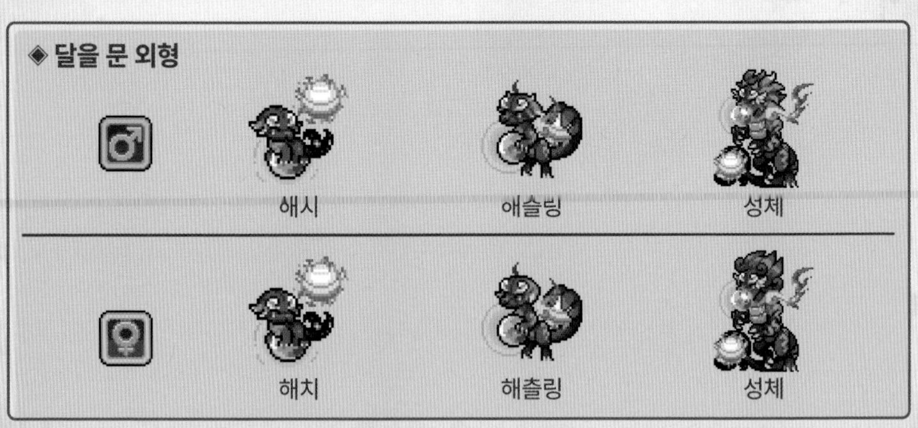

DVC 정보 암흑세계를 위해 만들어진 솔루카니스 동상.
해와 달은 언제나 빛나고 있다.

*5월 이달의 알 [솔루카니스] 관련 퀘스트를 통해 획득할 수 있는 설치물입니다.

Rakshasa

락샤사

심해를 헤엄치던 락샤사는 보석을 실은 선박에 꼬리를 휘감았다.
수많은 해적이 락샤사의 꼬리에 날카로운 창과 칼을 꽂았다.
그러나 락샤사의 단단한 비늘은 상처조차 나지 않았다.
해적들은 무기가 통하지 않자 바람 드래곤을 이용해 큰 태풍을 불러일으켰다.
골든 하인드 호는 드넓은 바다를 가르고 락샤사에게서 도망치는 데 성공했다.
"덩치만 큰 별것 아닌 드래곤이었군! 자, 이제 유타칸을 향해 나아가자!"
드레이크 선장과 해적들의 웃음소리가 고요한 바다에 울려 퍼졌다.
락샤사는 떠나는 선박을 지켜보다 심해로 헤엄쳐 내려가기 시작했다.
골든 하인드 호의 해적들이 모두 잠든 시간, 선박을 심해 깊은 곳으로 끌어내릴 계획이었다.

드래곤 이름	학명	먹이	평균 키
락샤사	Gurges Praedo	피라냐	3.1~3.5m
속성	체형	타입	평균 몸무게
어둠, 물	심해	심해 드래곤	300~400kg

진화단계

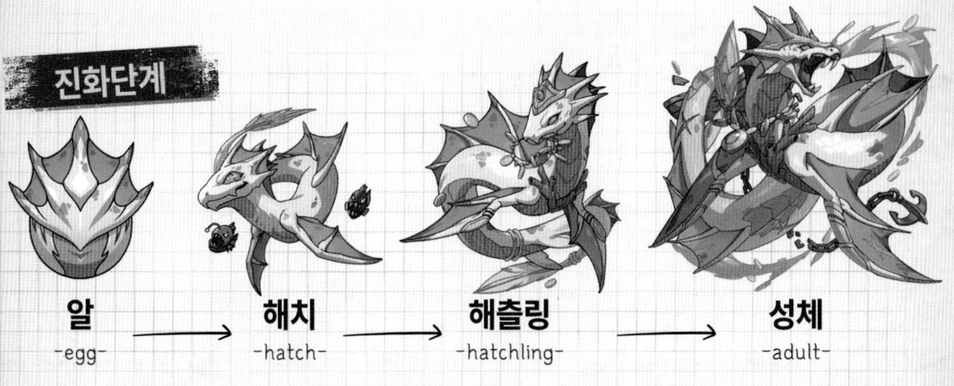

게임 정보

◈ 성격1(90%) | 눈치 빠른

◈ 성격2(10%) | 신중한

◈ 성별 | ♂ ♀

◈ 획득처 | 2023년 6월 이달의 알

◈ 도감 배지 | 

◈ 성체 100보유 배지 |

◈ 드래곤 돌보기 수치 ◈

잠수하기	81%	잠자기	45%
씻기	69%	먹기	28%
놀기	45%	물기	17%

◈ 드래곤 성격 결정 수치 ◈

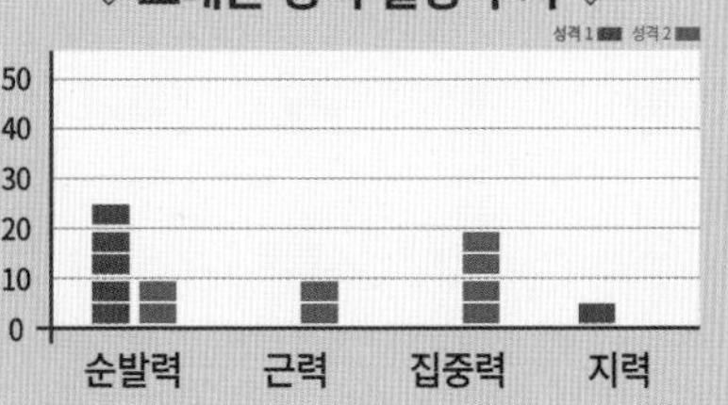

Rakshasa

이 알은 난파된 배 주변에서 발견된다.

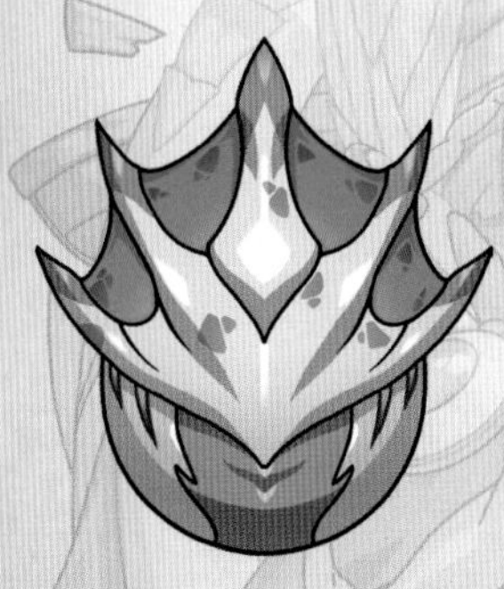

알

난파된 배 주변에서 발견되는 알이다. 물이 없으면 부화하지 않으며 항시 촉촉한 상태를 유지해야 한다. 물이 부족하면 지느러미가 갈라지기 시작한다. 지느러미는 뱃고동 소리에 반응한다. 뱃고동 소리가 가까워지면 지느러미가 부채처럼 벌어진다. 지느러미 아래 새어 나오고 있는 푸른빛으로 접근해 오는 자들의 움직임을 감지할 수 있다.

해치

해치 때부터 심해 깊은 곳까지 헤엄치는 걸 좋아한다. 반짝이는 걸 좋아하여 조개 같은 것들을 은신처에 모으기도 한다. 가라앉은 배의 갑판에서 시간을 보내는 것을 좋아한다. 사냥을 할 때면 꼬리를 이용한다. 꼬리로 물고기를 기절시킨 다음, 정신을 차리기 전에 집어삼킨다. 배 그림자가 보이면 수면 가까이 올라간다. 이마로 배 바닥을 쿵쿵 찧으며 물고기를 요구한다.

해츨링

해치 때와는 달리 해츨링 시기에는 꼬리를 이용한 사냥을 즐기기도 한다. 주로 작은 나룻배를 노려 약탈하는 경우도 있다.

성체

강인한 힘만이 세상을 구원하고 통제한다는 신념을 가진 '긴나라'의 드래곤인 만큼 매우 강한 힘을 자랑한다. 드넓은 바다를 헤엄치며 긴 꼬리로 배 전체를 휘감고 심해로 끌고 내려가는 걸 일삼는 드래곤이기도 하다. 가라앉은 배의 금품만을 약탈한 뒤 사라지는데 그 모습은 매우 재빠르다.
오랜 심해 생활로 물 위에서는 시야가 좋지 않다. 그렇기 때문에 지상에서 모습을 드러내는 경우가 거의 없는 드래곤이기도 하다. 일정 시간 이상 물에 닿지 않으면 피부 온도가 매우 빠르게 올라 지느러미가 찢어질 정도로 약해진다고 알려져 있다.

Rakshasa

락샤사

◆ 기본 외형

♂	 해치	 해츨링	 성체
 ♀	 해치	 해츨링	 성체

◆ 해양 외형

 ♂	 해치	 해츨링	 성체
♀	 해치	 해츨링	 성체

◆ 심해 외형

 ♂	 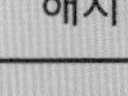 해치	 해츨링	 성체
♀	해치	 해츨링	 성체

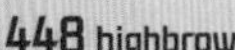

◈ 해저 외형

DVC 정보

금은보화를 탐내는 락샤사 동상.
배를 노리는 거센 파도는 언제나 휘몰아친다.

*6월 이달의 알 [락샤사] 관련 퀘스트를 통해 획득할 수 있는 설치물입니다.

Stealth Dragon

스텔스 드래곤

스텔스 드래곤은 기억의 가루를 이용하여 드래곤들의 기억을 조작하기 시작했다.
기억이 조작된 드래곤들은 싸움이 시작된 이유조차 잊어버리고, 무방비 상태로 공격당했다.
이를 본 기억의 신은 스텔스 드래곤에게 소멸할 것을 명하였다.
무분별하게 기억을 조작한 죄, 드래곤들을 죽음으로 내몰은 죄는 용서받을 수 없는 죄였다.
자루카와 다로스는 스텔스 드래곤이 기억의 신으로부터 도망칠 수 있도록 도와주었다.
그림자 세계에 도착한 스텔스 드래곤은 그림자 여신에게 그동안의 사정을 이야기하였다.
스텔스 드래곤의 이야기는 끝나지 않는 전쟁, 의미 없는 죽음으로 슬픔과 분노에 빠진 드래곤들의 이야기였다.
그림자 여신은 스텔스 드래곤의 마음에 감명받았고, 기억의 신으로부터 모습을 감출 수 있는 은신의 축복을 내려주었다.

드래곤 이름	학명	먹이	평균 키
스텔스 드래곤	Memoria Rego	스타후르츠	2.9~3.5m
속성	체형	타입	평균 몸무게
꿈, 물	드라코	기억 드래곤	250~290kg

진화단계

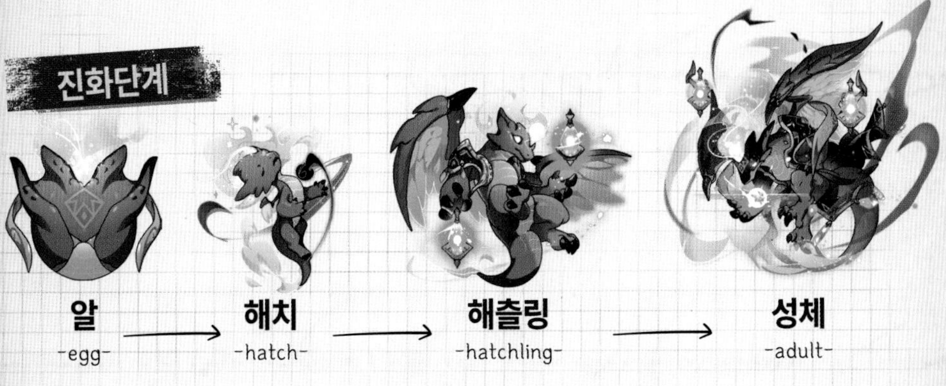

게임 정보

◈ 성격1(90%) | 변덕쟁이

◈ 성격2(10%) | 고집 있는

◈ 성별 | ♂ ♀

◈ 획득처 | 2023년 7월 이달의 알

◈ 도감 배지 |

◈ 성체 100보유 배지 | 

◈ 드래곤 돌보기 수치 ◈

명상	88%	놀기	44%
잠자기	68%	먹기	32%
자체발광	53%	씻기	20%

◈ 드래곤 성격 결정 수치 ◈

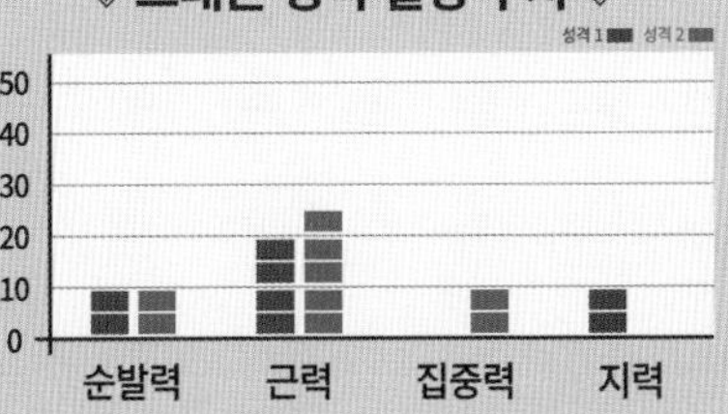

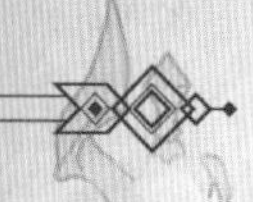

Stealth Dragon
스텔스 드래곤

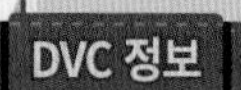

이 알은 기억의 가루를 품고 있다.

알

기억의 가루를 품고 있는 알이다. 부화가 다가올수록 더욱 많은 기억의 가루가 생겨난다. 어두운 밤에 더 밝게 빛나는 기억의 가루는 손으로 만질 수 없다. 스텔스 드래곤의 알은 기억의 가루를 잡으려는 상대의 기억을 엿본다. 상대의 기억에 따라 기억의 가루가 내는 빛의 색이 달라진다. 긍정적인 기억일수록 노란색에 가까운 빛을, 부정적인 기억일수록 푸른색에 가까운 빛을 띤다.

해치

해치 때부터 기억의 가루로 상대의 기억을 엿볼 수 있다. 적은 양이지만 상대의 기억을 흡수하기도 한다. 소문을 듣고 슬프거나 고통스러운 기억을 잊기 위해 스텔스 드래곤을 찾는 자들이 많다. 흡수할 수 있는 기억의 양이 정해져 있기 때문에 모든 사람의 기억을 흡수할 순 없다. 흡수한 기억은 스텔스 드래곤에게 힘이 되어주기도, 스텔스 드래곤의 힘을 빼앗아가기도 한다. 상대의 기억을 조작할 수도 있지만 그 효과가 그리 길지는 않다.

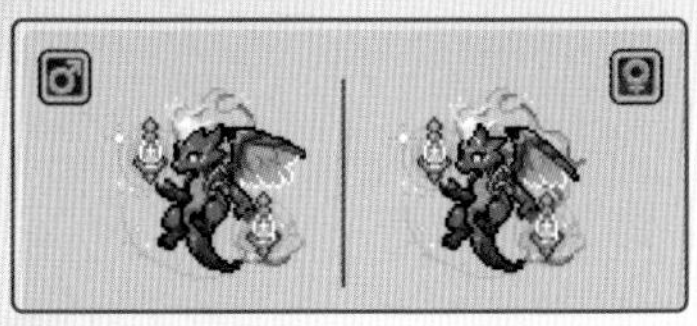

해츨링

해치 때와는 달리 해츨링 시기에는 수많은 기억의 가루를 저장한다. 저장한 기억의 가루를 이용해 자신과 타인의 기억을 조작하기도 한다. 해치 때보다는 능숙하게 기억을 조작할 수 있다.

성체

스텔스 드래곤이 가진 기억의 가루로 상대의 기억을 조작할 수 있다. 기억의 가루 양과 종류에 따라 능력을 발휘할 수 있는 범위와 깊이가 달라진다. 많은 기억의 가루를 보유한 스텔스 드래곤의 경우 마을, 혹은 한 종족 전체의 기억을 조작할 정도이다.

스텔스 드래곤은 기억의 신으로부터 누구보다 이타적이고 대의를 우선시하도록 명 받았다. 그래서 기억 조작 능력은 대의를 위해 사용하는 것 외에는 금지되어 있으며 자신의 감정, 상황을 위해 타인의 기억에 개입하는 행위 또한 금지되어 왔다. 하지만 금기 사항을 무시한 채 스텔스 드래곤은 능력을 사용하였고 기억의 신으로부터 소멸하라는 명을 받게 된다. 간신히 그림자 세계로 벗어난 스텔스 드래곤은 그림자 여신으로부터 은신의 축복을 받았고, 이후 더욱 뛰어난 능력을 갖게 되었다. 현재 스텔스 드래곤은 신출귀몰하여 미지의 존재처럼 여겨지고 있다.

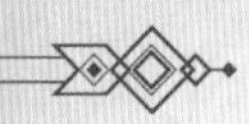

Stealth Dragon

스텔스 드래곤

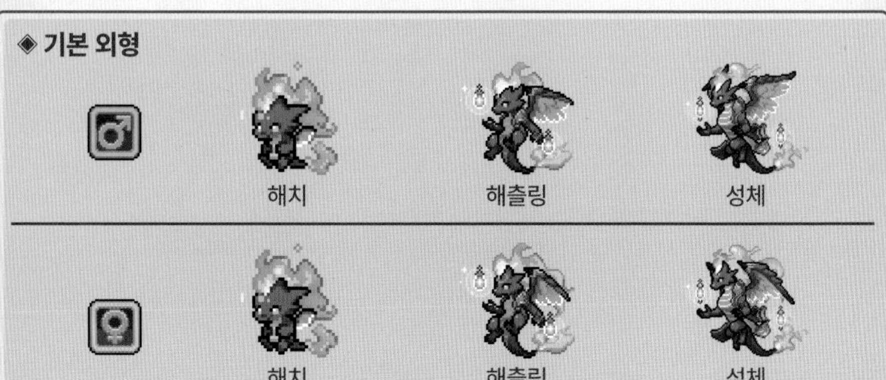

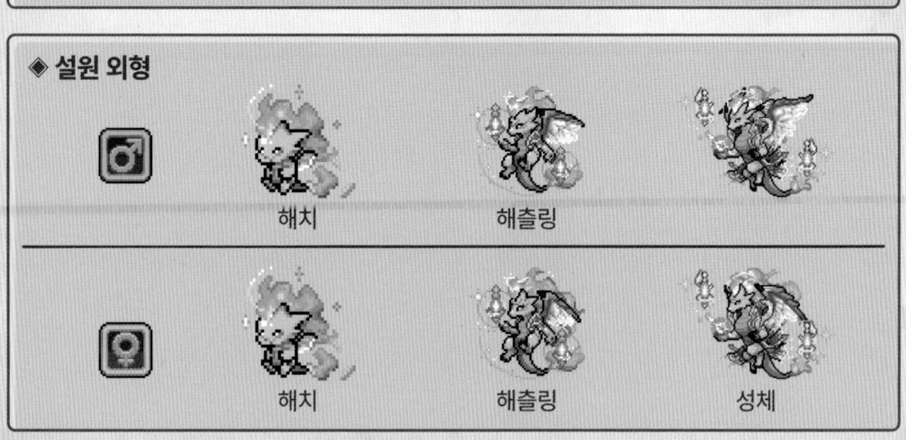

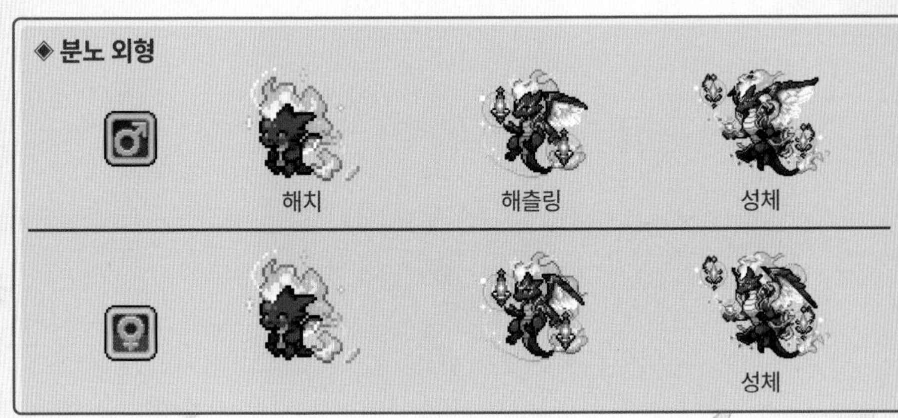

DVC 정보

기억의 가루가 반짝이는 스텔스 드래곤 동상.
여러 기억을 간직하고 있다.

*7월 이달의 알 [스텔스 드래곤] 관련 퀘스트를 통해 획득할 수 있는 설치물입니다.

Angel Cat

엔젤캣

해골의 형상, 붉게 빛나는 눈. 그는 지하성채의 주인 G스컬이었다.
G스컬이 고양이를 죽이려는 순간, 테이머가 G스컬을 공격하였다.
"얼른 도망쳐!"
테이머는 고양이를 향해 소리쳤다. 고양이는 테이머의 간절한 외침에도 도망치지 않았다.
괴로워하는 테이머를 놓아달라며 G스컬의 망토를 물고 늘어졌다.
고양이의 간절한 울음소리가 울려 퍼졌다.
'내게 드래곤의 힘만 있었더라면 테이머를 지켜줄 수 있었을 텐데.'
고양이의 간절한 바람이 희미해져 가던 순간, 눈이 부실 만큼 환한 빛이 고양이를 감쌌다.
고양이는 알 수 있었다. 그 빛은 운명의 신이라는 것을 말이다.
고양이는 운명의 신에 의해 드래곤으로 부활하였다.
"이젠 무슨 일이 있더라도 내가 너를 지켜 줄게!"

드래곤 이름	학명	먹이	평균 키
엔젤캣	Caelestis Catus	육포	0.6~1.1m
속성	**체형**	**타입**	**평균 몸무게**
빛, 바람	드라코	천사 드래곤	20~40kg

진화단계

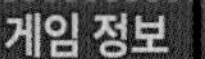

게임 정보

◆ 성격1(90%) | 온순함

◆ 성격2(10%) | 용감한

◆ 성별 |  

◆ 획득처 | 2023년 8월 이달의 알

◆ 도감 배지 |

◆ 성체 100보유 배지 | 

◆ 드래곤 돌보기 수치 ◆

빗질하기	89%	놀기	34%
잠자기	78%	먹기	22%
궁디팡팡	59%	씻기	8%

◆ 드래곤 성격 결정 수치 ◆

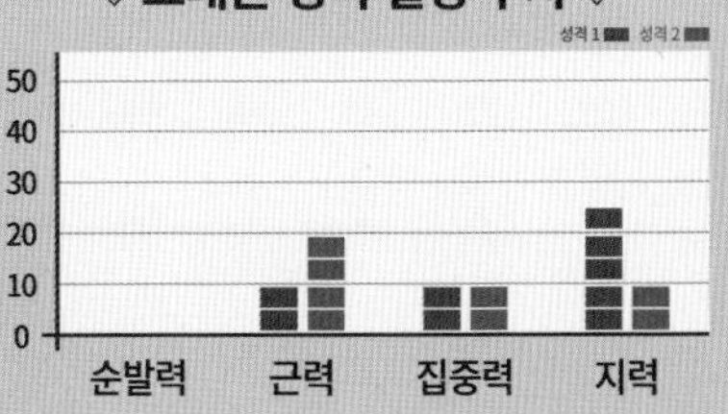

Angel Cat

엔젤캣

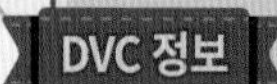

DVC 정보

이 알은 테이머를 지키고자 하는 의지가 느껴진다.

알

테이머를 지키고자 하는 의지가 강하게 느껴지는 알이다. 자연에서 발견되는 경우 대부분 테이머의 흔적을 간직하고 있다. 엔젤캣 알은 작은 소리에도 예민하게 반응한다. 귀를 움찔거리거나 접는 등, 소리에 따라 다른 반응을 보인다. 쓰다듬거나 긁어주는 것을 좋아하며, 간혹 방울소리가 들린다.

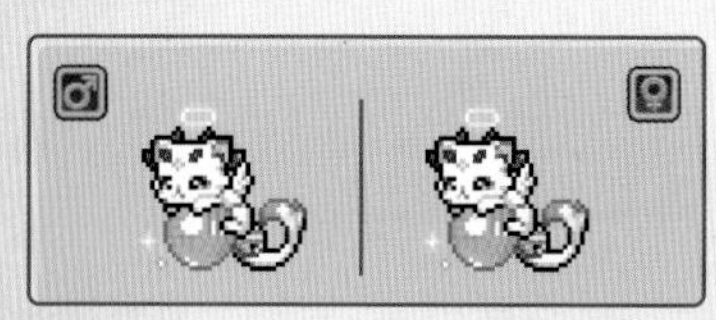

해치

해치 때부터 운명의 실타래를 가지고 장난친다. 엔젤캣이 험하게 가지고 놀아도 운명의 실타래는 꼬이지 않는다. 운명의 실타래가 가진 온전한 힘은 아직 사용할 수 없다. 테이머의 품에서 잠을 청하는 시간이 많다. 실제 고양이보다 더 오랜 시간 잠을 자 테이머들의 걱정을 사기도 한다. 꼬리에 달려있는 방울의 무게 때문에 오래 날지 못한다. 추운 곳을 싫어하며 따뜻한 곳을 좋아한다.

해츨링

해치 때와는 달리 해츨링 시기에는 테이머의 위험을 감지할 수 있다. 운명의 실타래를 통해 미래를 볼 수는 없지만 불안한 일이 일어날 것을 느낄 수 있게 된다. 테이머를 지키기 위해 그 주변에서 시간을 보내는 일이 많다.

성체

고양이 때의 습성이 남아 있어 낮잠을 자거나 그루밍하는 모습을 보이기도 한다. 평소에는 얌전한 드래곤이지만 테이머에게 누군가 다가오면 온몸의 털을 세워 경계하기도 한다. 자신이 수호하는 테이머의 위험을 감지하는 순간 방울이 울린다. 엔젤캣의 조용한 발소리는 적에게 자신의 위치를 알리지 않는 역할이기도 하다. 엔젤캣은 이러한 장점을 통해 적의 뒤로 접근하여 운명의 실타래를 이용해 제압하는 경우가 많다.

운명의 실타래로 휘감은 대상의 생각 상태, 짧지만 미래에 대한 운명을 느낄 수 있다. 운명의 실타래 형태에 따라 엔젤캣의 모습이 달라지며 능력 또한 차이가 있다. 수호하고자 하는 마음이 강한 엔젤캣일수록 보다 오랜 시간, 먼 미래에 대한 운명을 바라볼 수 있다.

Angel Cat
엔젤캣

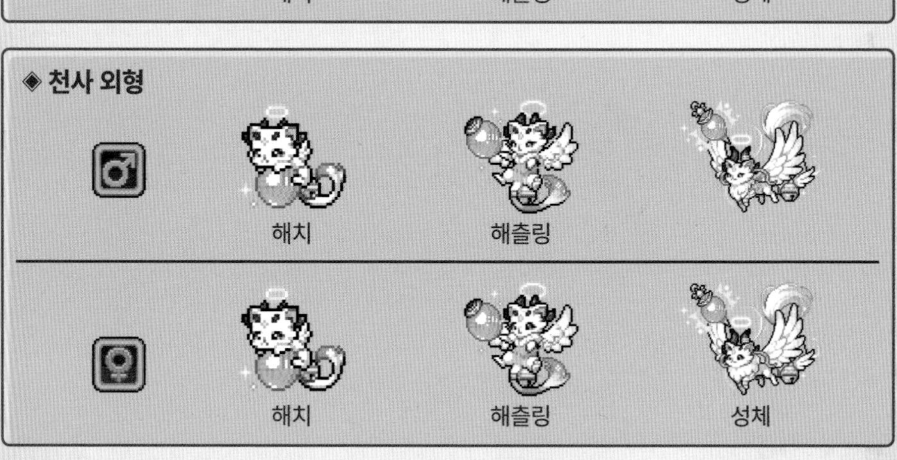

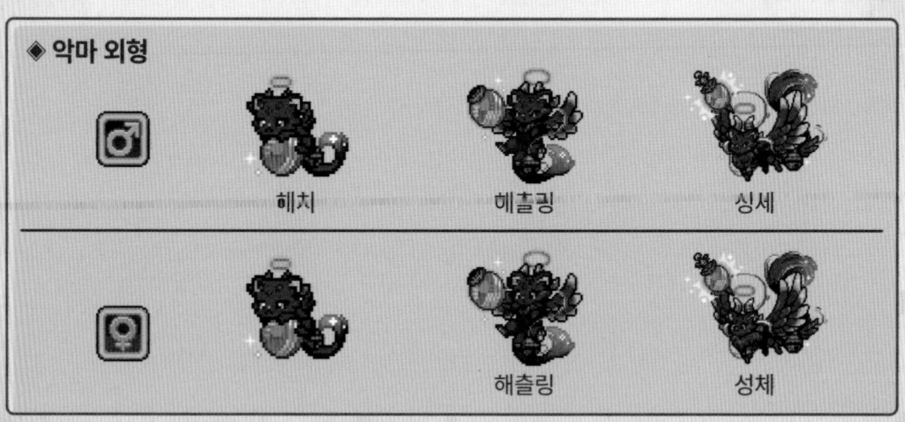

◈ 인형 옷 외형

◈ 시간 여행자 외형

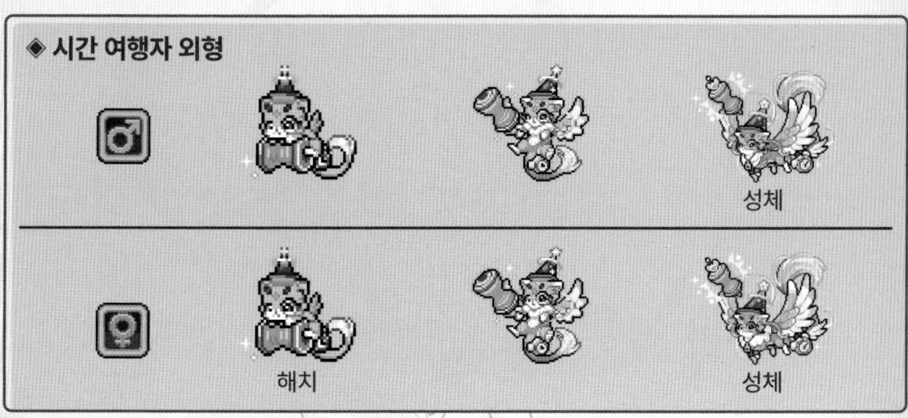

DVC 정보

테이머의 수호천사 엔젤캣 동상.
운명의 실타래로 장난을 치곤한다.

*8월 이달의 알 [엔젤캣] 관련 퀘스트를 통해 획득할 수 있는 설치물입니다.

Plumos

플루모스

시들어 가는 매화나무를 처음으로 발견한 것은 페어리 드래곤이었다.
페어리 드래곤은 매화나무를 향해 보호의 마법을 걸었다.
요정의 땅에서 처음 성장한 매화나무는 점차 꽃을 피웠다.
요정들은 더욱 많은 꽃을 보고 싶어 끝없는 생명의 힘을 나누어 주었고, 매화나무는 딱 한 봉오리의 매화만을 남긴 채 개화하였다.
꽃이 피지 않아 요정들의 걱정이 커져가고 있을 때, 드래곤들이 매화나무에 힘을 실어 주었다.
드래곤과 요정의 힘을 흡수한 순간, 매화나무는 한 봉오리의 매화가 아닌 드래곤 알을 피워냈다.
요정들은 이 알에서 태어난 드래곤을 플루모스라고 불렀다.
성체가 된 플루모스는 자신이 태어난 매화나무를 감싸 힘을 나누어 주었고, 플루모스의 힘을 나누어 받은 매화나무는 만개한 매화를 펼치며 이전처럼 요정의 땅의 유일한 매화나무로 자리 잡게 되었다.

드래곤 이름	학명	먹이	평균 키
플루모스	Dryas Flos	풀잎	3.5~3.9m
속성	**체형**	**타입**	**평균 몸무게**
땅, 물	아시안	꽃 드래곤	200~220kg

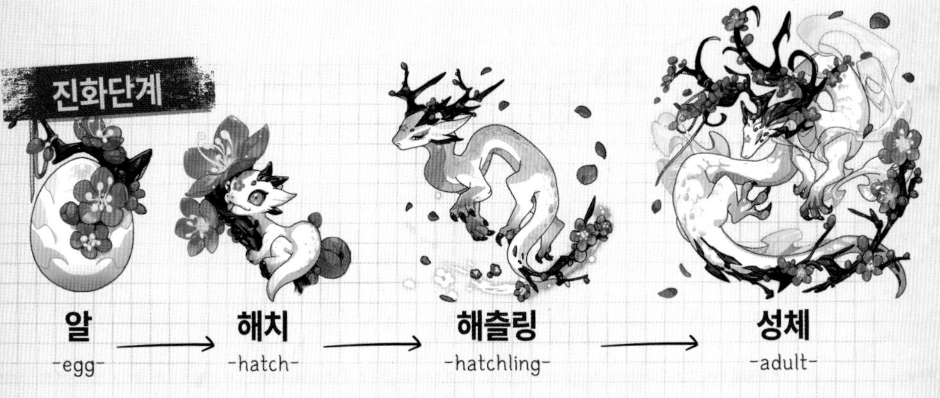

게임 정보

◈ **성격1(90%)** | 차분한

◈ **성격2(10%)** | 노력하는

◈ **성별** |  

◈ **획득처** | 2023년 9월 이달의 알

◈ **도감 배지** |

◈ **성체 100보유 배지** | 

◈ 드래곤 돌보기 수치 ◈

칭찬하기	91%	씻기	42%
씨앗심기	63%	먹기	31%
놀기	52%	잠자기	20%

◈ 드래곤 성격 결정 수치 ◈

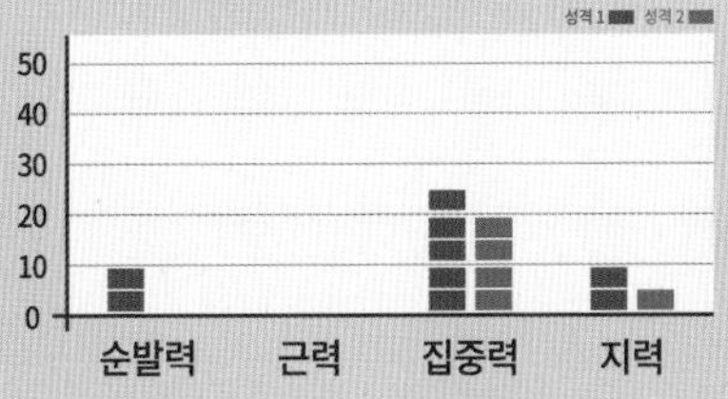

Plumos

플루모스

DVC 정보  이 알의 매화는 피어나고 있다.

알

매화가 피어난 알이다. 알껍데기를 뚫고 자란 매화나무는 알이 부화할 때까지 계속해서 성장한다. 매화나무를 훼손하면 플루모스의 알은 성장을 멈추고 부화하지 않는다. 꽃잎처럼 부드러워 보이지만 딱딱하다. 주변에 요정들이 자주 찾아든다. 때때로 매화나무 가지에서 낮잠을 자고 있는 요정을 목격할 수 있다.

해치

해치 때부터 매화나무에 붙어 생활한다. 부화 시 알 표면에 붙어 있던 매화나무를 끌어안으며 생활한다. 평소에는 화를 잘 내지 않으나 매화나무를 빼앗아 가면 발톱이나 꼬리로 상대를 공격한다. 잠을 잘 때에도 매화나무에서 떨어지지 않는다. 따라서 활동량이 매우 낮은 편이다. 벌과 나비 같은 곤충들, 요정들에게는 쉽게 매화꽃의 꿀을 내어준다. 피어날 기미가 보이지 않는 꽃봉오리를 안타까운 눈으로 쳐다본다.

해츨링

해치 때와는 달리 해츨링 시기에는 몸에 붙은 매화를 피어나게 할 수 있다. 플루모스의 몸에서 피어난 매화의 경우 생명의 기운을 가지고 있는데, 꽃잎이 땅에 떨어지는 순간 생명의 기운으로 자연물의 성장에 도움을 주는 역할을 한다. 성체에 비해 그리 많은 양은 아니지만 꽃을 피운 뒤 힘을 나누어주는 역할을 능숙히 해낼 수 있다.

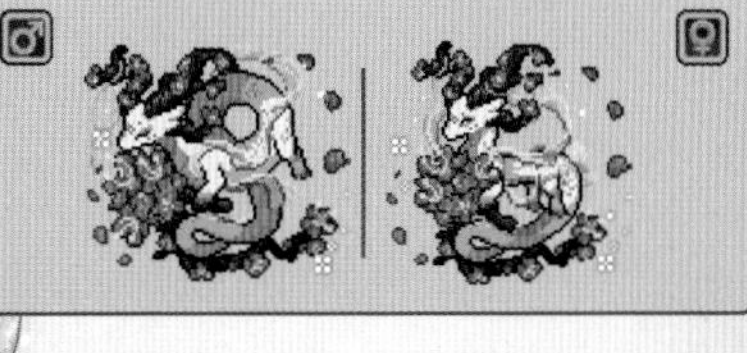

성체

요정의 땅, 프리코누 대륙에서 최초로 발견된 드래곤이다. 프리코누 대륙에서 목격된 이후 사계절이 뚜렷한 지역에서 발견된 기록이 있다.

계절의 변화에 매우 예민한 드래곤으로 알려져 있다. 사계절이 뚜렷한 지역에서는 플루모스의 몸에 피어난 매화의 변화를 볼 수 있을 정도라고 한다.

휴식을 취할 때면 긴 몸으로 매화나무를 감싼다. 플루모스가 몸을 감싼 매화나무의 경우 매우 빠른 성장을 하는데, 계절과 상관없이 매화를 피우기도 한다.

악한 마음으로 매화나무를 훼손하는 자를 발견하게 되면 기다란 몸과 꼬리를 이용하여 상대를 제압한 뒤, 매화나무에 사과하라 명한다. 이 모습이 매화나무를 지키는 수호신과 닮았다고 하여 일부 지역에선 '매화나무의 정령'으로 불리기도 한다.

Plumos

플루모스

◈ 기본 외형

♂

해치

해츨링

성체

♀

해치

해츨링

성체

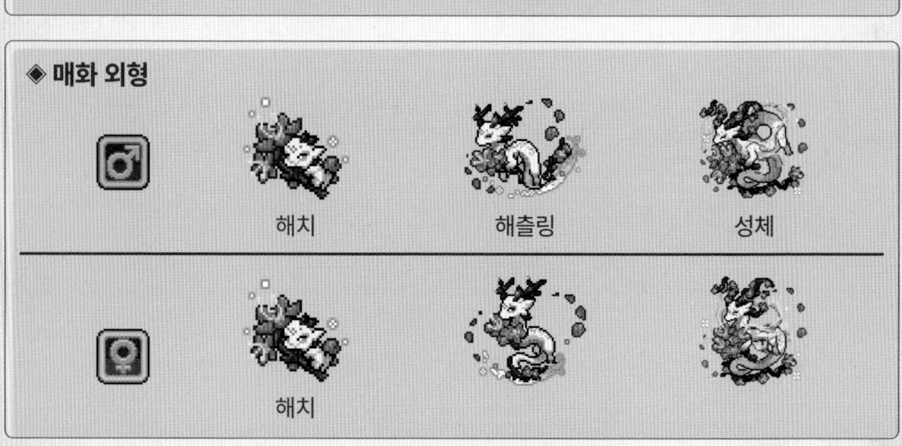

◈ 매화 외형

♂

해치

해츨링

성체

♀

해치

◈ 설중매 외형

♂

해치

해츨링

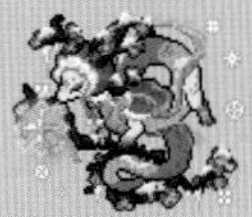
성체

♀

해치

해츨링

성체

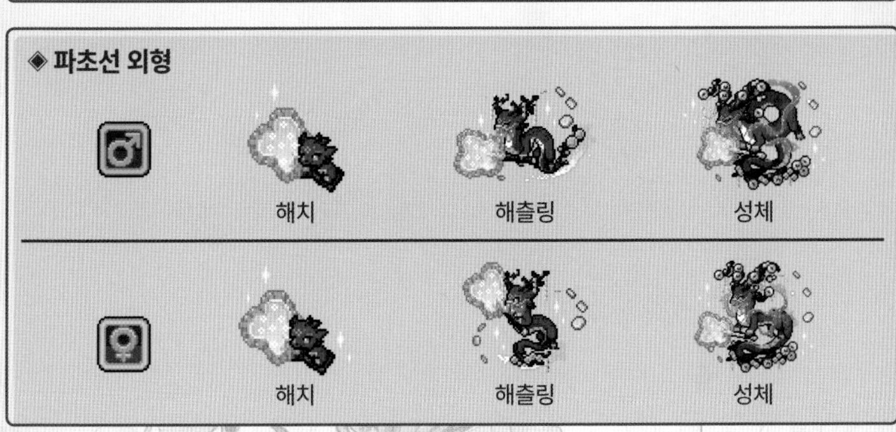

DVC 정보

매화를 꽃피운 플루모스 동상.
피어난 매화 꽃잎으로 생명력을 전달한다.

*9월 이달의 알 [플루모스] 관련 퀘스트를 통해 획득할 수 있는 설치물입니다.

KangKang

강강

보름달이 크게 뜬 달맞이 날 저녁, 강강의 앞에 수많은 드래곤과 사람들이 줄을 섰다.
모두 강강의 흥겨운 춤을 기다리고 있었다.
가까이서 춤을 보겠다며 말다툼이 일자 강강은 호탕한 웃음소리를 내었다.
“모두에게 춤을 보여줄 테니까 진정하라고!”
가을의 밝은 달빛 아래 강강이 자세를 잡기 시작했다.
드래곤과 사람들은 자리를 잡고 앉았다.
노래가 흘러나오기 시작하자 강강이 몸을 부드럽게 흔들었다.
박자에 맞춰 발을 움직이고, 머리를 양옆으로 흔들었다.
달빛을 받은 강강의 털은 밝게 빛나며 주변을 환하게 만들었다.
강강 덕분에 흥겹게 달아오른 분위기 속에서 드래곤과 사람들이 하나둘 일어났다.
그들은 자신만의 흥을 보여 주며 달맞이를 즐겼다.

드래곤 이름	학명	먹이	평균 키
강강	Devotio Ferus	포도	3.8~4.0m
속성	**체형**	**타입**	**평균 몸무게**
빛	드레이크	사자탈 드래곤	250~280kg

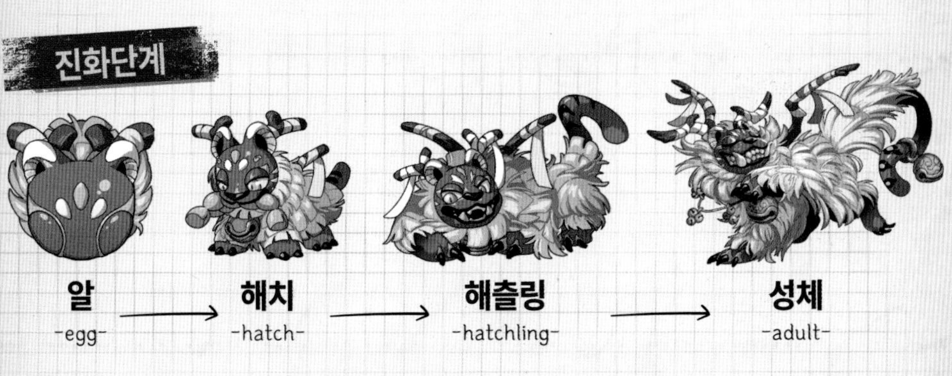

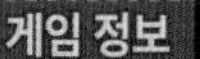

◈ 성격1(90%) | 눈치 빠른 ◈ 획득처 | 2023년 달맞이 축제 이벤트

◈ 성격2(10%) | 대담한 ◈ 도감 배지 |

◈ 성별 | ♂ ♀ ◈ 성체 100보유 배지 |

◈ 드래곤 돌보기 수치 ◈

음악듣기	88%	먹기	33%
놀기	70%	씻기	23%
점프하기	70%	잠자기	10%

◈ 드래곤 성격 결정 수치 ◈

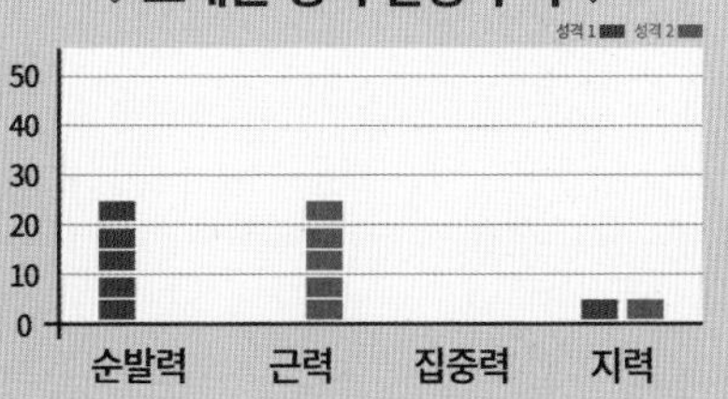

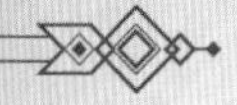

KangKang

강강

DVC 정보

이 알은 사자 얼굴이 그려진 탈을 쓰고 있다.

알

사자 얼굴의 형태를 띈 탈을 쓰고 있는 알이다.

붉은 사자탈이 씌워져 있다. 알껍데기는 하얗고 복슬복슬한 털로 뒤덮여 있다. 흥겨운 노래 소리를 들으면 털을 부드럽게 흔들다가도 악한 기운을 감지하면 바로 움직임을 멈추고 털을 빳빳하게 세운다.

해치

해치때부터 흥겨운 춤을 춘다.

노래나 방울 소리를 들으면 흥겨워한다. 리듬과 박자에 맞춰 몸을 움직이고, 움직임에 따라서 털도 부드럽게 흩날린다. 강강의 흥이 넘치는 춤사위를 보면 저절로 웃음이 나오고 한 번 보면 잘 잊혀지지 않는다고 한다. 강강의 체구가 작을 시기라 춤을 출 때면 귀엽기까지 하다.

춤을 추기 시작할 때부터 멈출 때까지 강강의 주변에 있으면 당분간 악한 기운이 얼씬도 못 한다.

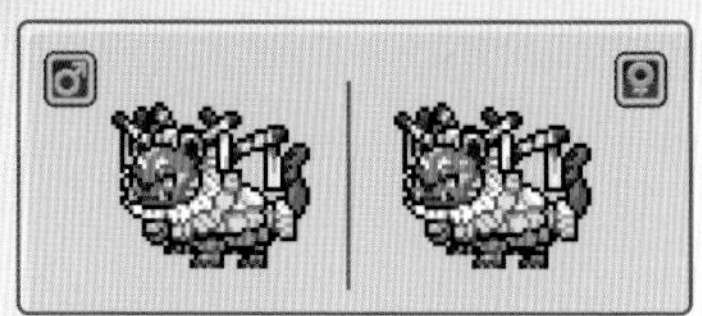

해츨링

진화한 해츨링은 악한 기운을 쫓아다니며 제거한다.

악한 기운을 쫓아다니기 시작한다. 몸에 달려 있는 방울 소리의 세기가 강한 곳을 찾는다. 방울 소리가 빠르고 클수록 악한 기운이 강하다는 의미를 갖고 있다. 세기가 강한 곳에 도달하여 악한 기운을 가진 상대 앞에서 두 발을 공중으로 들어 올려 겁먹게 한다. 동시에 그 속에 들었던 악한 기운도 떠나간다. 겁을 주어 내쫓을 수 없을 정도로 거센 상대는 집어삼킨다.

성체

본능적으로 악한 기운을 끝까지 쫓아가 없애는 충성스러운 드래곤이다.

혼쭐내기로 한 상대를 한 번 정하면 놓치지 않는다. 방울이 끊임없이 소리를 내고 있기 때문에 상대가 어디에 있든 찾아낼 수 있다. 강강이 춤을 추기 시작한다면 숨어있다고 하더라도 모습이 드러나기 때문에 아무 소용이 없다. 강강의 춤사위가 악한 기운을 물러가게 하는 신비로운 특성이 있어 드래곤이나 테이머들이 춤을 춰 달라고 부탁하기도 한다. 강강은 부탁만 하면 어디든지 달려가 춤을 춘다.

악한 기운을 놓치는 법이 없지만 술래는 잡지 못하고 있다. 강강이 쫓는 것을 잘한다면 술래는 숨는 것을 잘하기 때문에 항상 골머리를 앓는다. 그러나 끝까지 쫓아가 악한 기운을 제거하는 강강의 본능이 강하기 때문에 절대 포기하지 않을 것이다.

Sullae

술래

"달맞이 내내 악몽을 꾸게 될 것이야!"
모두가 잠에 들기 시작하고, 하나둘 불이 꺼지자 술래가 사악한 미소를 지으며 호리병을 기울였다. 호리병 속에서 악한 기운이 비처럼 쏟아졌다.
악한 기운을 맞은 집의 창문으로 악몽에 몸을 뒤척이는 사람들의 모습을 볼 수 있었다.
술래가 괴로워하는 이들의 얼굴을 보고 즐거워하던 때, 방울 소리가 울려 퍼졌다.
"네 이놈, 술래야! 어디 있느냐! 이번엔 놓치지 않는다!"
술래는 화들짝 놀라며 뚜껑을 열고 호리병 안으로 급하게 숨어들었다.
강강이 자신의 뒤를 쫓고 있다는 사실은 알고 있었지만 위치를 들킨 것은 처음이었다.
술래는 당분간 호리병 안에서 지내며, 앞으로 강강이 쫓아올 수 없도록 계획을 치밀하게 짜야겠다고 결심했다.

드래곤 이름	학명	먹이	평균 키
술래	Insomnium Urna	어둠의 멜론	2.5~2.8m
속성	체형	타입	평균 몸무게
어둠	드라코	호리병 드래곤	70~90kg

진화단계

게임 정보

◈ 성격1(90%) | 변덕쟁이

◈ 성격2(10%) | 고집 있는

◈ 성별 | ♂ ♀

◈ 획득처 | 2023년 달맞이 축제 이벤트

◈ 도감 배지 |

◈ 성체 100보유 배지 |

◈ 드래곤 돌보기 수치 ◈

개그하기	92%	먹기	53%
잠자기	73%	씻기	22%
놀기	64%	껍질깨기	-15%

◈ 드래곤 성격 결정 수치 ◈

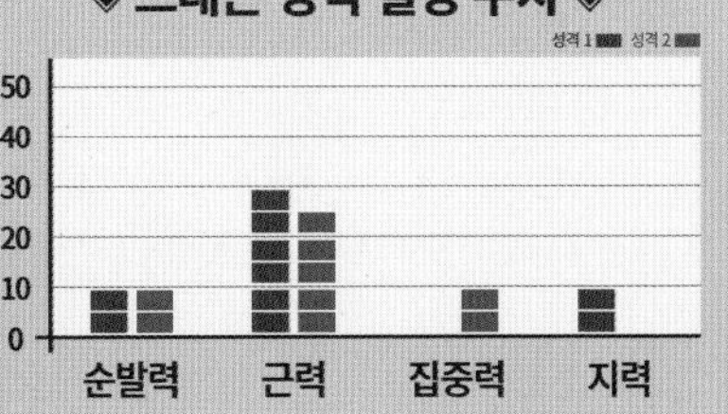

Sullae

술래

DVC 정보  이 알은 호리병처럼 생겼다.

알

호리병처럼 생긴 알이다.

노란 호리병이다. 악한 기운들이 호리병 근처로 모여든다. 호리병 속의 술래가 호리병의 뚜껑을 열면, 근처를 맴돌던 악한 기운이 호리병으로 빨려 들어간다. 악한 기운을 충분히 모으면 호리병을 깨고 나온다.

해치

해치 때부터 깨진 호리병의 조각을 붙이려고 한다.

호리병을 깨고 나온 술래는 기운을 잃어버린다. 기운을 잃은 술래는 세상 밖에 처음 나와 정신없어 하다가, 자신의 호리병이 깨진 것을 보고서 놀라, 작은 손으로 호리병 조각을 붙여보려고 한다. 그러나 악한 기운 없이는 조각을 붙일 수 없다. 힘없이 바닥으로 떨어지는 조각들을 보고 허탈함을 느낀다. 하지만 호리병 없이 살아갈 수 없음을 알고 있으므로, 호리병을 원상태로 만들기 위해 끊임없이 노력한다.

해츨링

진화한 해츨링은 호리병에 악한 기운을 담는다.
온 곳을 돌아다니며 떠돌아다니는 악한 기운을 담는다. 술래가 손에 들고 있던 호리병의 뚜껑을 열면 검고 사악한 기운들이 자연스럽게 호리병 속으로 빨려 들어간다. 호리병 내부는 한계를 알 수 없을 만큼 깊고 거대하여 무한으로 악한 기운을 담을 수 있다. 얼마나 담든 지 간에 호리병의 무게도 변함없다. 기운이 많아질수록 술래도 성장하고, 술래가 성장함에 따라 호리병도 완전한 모습을 갖춘다.

성체

호리병 속의 악한 기운으로 테이머와 드래곤을 괴롭힌다.
보름달이 뜬 밤, 술래는 악한 기운을 퍼뜨리기 위해 비행한다. 술래가 제일 좋아하는 것은 달맞이 때 자신이 모아두었던 악한 기운에 괴로워하는 테이머와 드래곤의 표정을 보는 일이다. 술래가 퍼뜨리는 기운을 맞으면, 달맞이 때 내내 악몽을 꾸게 된다. 완전한 호리병에 든 술래의 기운은 강력하여 누구도 악몽에서 벗어날 수 없다.
강강이 쫓아오고 있음을 눈치챈 술래는 액체로 이루어진 몸을 변화시켜 재빨리 호리병 속으로 들어가 버린다. 호리병만 남아있다면, 강강을 피해 숨어있거나, 휴식을 취하고 있는 것이다.
술래는 테이머의 성향에 따라 전혀 다른 모습으로 성장할 수 있는데, 간혹 드물게 테이머의 선한 의지를 따라 호리병으로 오히려 악한 기운을 정화하는 술래의 모습도 발견된다.

Abadon

아바돈

"우리를 놔줘! 우리를 놔줘! 우리를 놔줘!"
아바돈의 곁을 맴도는 업화 속에서 영혼들이 소리쳤다.
고통과 슬픔이 섞인 영혼들의 목소리였다.
영혼들은 모든 것들이 자신들처럼 불타 없어질 것을 알고 있었다. 멸망의 왕이라는 별명을 가지고 있는 아바돈의 발길이 닿는 곳은 불길이 치솟으며 모든 것이 사라졌다.
영문도 모른 채 죽은 이들의 영혼은 업화로 빨려 들어가 아바돈과 함께 멸망의 길을 걷게 된다.
아바돈의 귀에 점점 영혼들의 목소리가 늘어만 갔다.
"너도 곧 우리처럼 될 거야! 너도 곧 우리처럼 될 거야!"
아바돈은 결심했다. 이 세상의 모든 것을 태워버리고 죽은 영혼들과 한 몸이 되리라.

드래곤 이름	학명	먹이	평균 키
아바돈	Abruptum Rex	칠면조 구이	3.0~3.5m
속성	**체형**	**타입**	**평균 몸무게**
불	드라코	심연 드래곤	280~310kg

진화단계

게임 정보

◈ **성격1(90%)** | 고집 있는

◈ **성격2(10%)** | 냉정한

◈ **성별** |

◈ **획득처** | 친구추천 이벤트

◈ **도감 배지** |

◈ **성체 100보유 배지** |

◈ **드래곤 돌보기 수치** ◈

불지르기	91%	잠자기	38%
분노하기	61%	씻기	27%
먹기	48%	놀기	27%

◈ **드래곤 성격 결정 수치** ◈

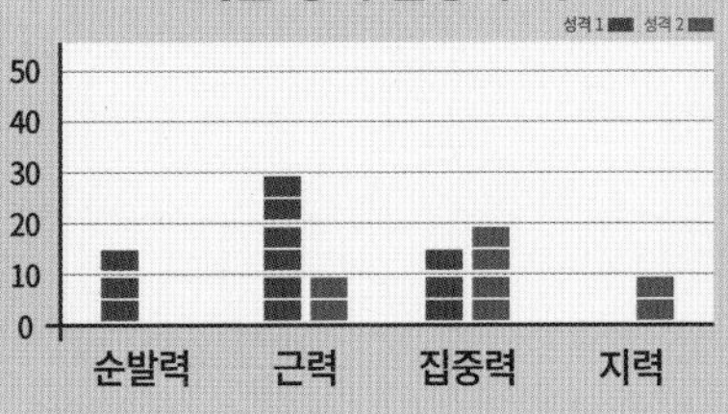

Abaddon

아바돈

DVC 정보  **이 알은 멸망의 의지가 강하다.**

알

멸망의 의지를 품은 알이다. 알 속에서부터 모든 것을 파괴하고 싶은 의지가 강하여 주변에 멸망의 기류가 끊이질 않는다. 알 주변에 있던 것들이 갑자기 불타오르는 현상이 발생하기도 한다. 날카로운 금빛 지느러미로 다가오는 생명체들을 이유 없이 베어낼 때도 있다. 그들의 죽음에는 전혀 관심이 없다.

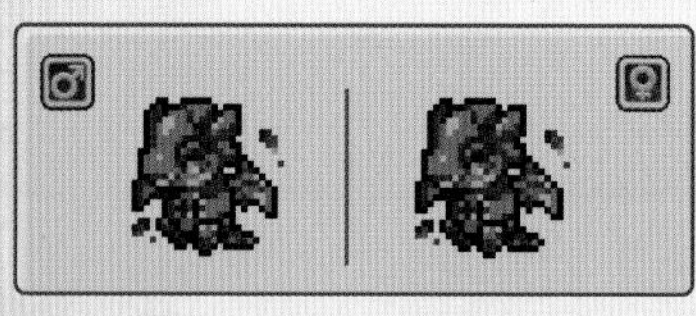

해치

해치 때부터 삶이 부질없음을 느낀다. 모든 생명은 태어나고 어떠한 식으로든 결국 죽음을 맞이한다는 이치를 알게 된다. '살아간다'라는 것에 의문을 품는다. 마지막에 모두가 죽게 된다면 살아간다는 행위 자체에 가치가 없다고 여긴다. 모두를 살릴 수 없다면 모두를 죽이는 것이 최선이라고 생각한다. 해치 아바돈의 손끝에서 퍼져 나오는 불빛에 닿으면 삶에 대한 욕구를 잃는다.

해츨링

진화한 해츨링은 업화로 모든 것을 태운다.

마치 지옥을 닮은 업화가 아바돈의 곁에 머문다. 업화에는 노여워하는 드래곤들의 영혼이 담겨있다. 그들은 모두 아바돈의 눈앞에 있다가 죽임을 당했으며 화가 치밀 만큼 분해하고 있다. 안식을 찾지 못하고 아바돈의 명령으로 함께하고 있다. 분한 영혼들은 아바돈의 불길을 더 강렬하게 만들고 있다.

성체

모든 것을 멸망으로 이끈다.

업화로 눈앞에 보이는 모든 것을 불질러 없앤다. 아바돈에게서 죽어나간 수많은 영혼들이 울부짖으니 업화는 크고 맹렬하게 불타오른다. 아바돈을 바라보거나 근처를 스쳐 지나가기만 해도 불타 없어진다. 상대의 선악은 중요하지 않다. 선악에 상관없이 각각의 생명은 결국 죽을 뿐이니, 부질없는 생명을 일찍 끝내주려고 한다.

모든 것을 멸망 시킨 뒤엔 자신도 업화의 불길에 파멸하기 원한다. 이미 오래전부터 업화가 아바돈의 날개를 녹이고 있었다. 그렇게 서서히 자신도 멸망에 녹아내린다.

Zombie Dragon

좀비 드래곤

치료제의 실험에 참여한 좀비 드래곤의 피부가 창백해졌다.
눈에는 초점이 없었고, 숨 쉬는 소리는 들리지 않았다.
"좀비 드래곤의 실험 자료는 모두 소각하세요. 이 사실이 알려지면 안 됩니다."
다음날, 할로윈 축제가 한창이던 밤, 드래곤 연구소 뒷편 숲속 땅이 지진이 일어난 듯 흔들리기 시작했다. 이내 땅이 갈라졌고, 땅속에서 무언가 올라왔다.
죽은 줄 알고 묻어두었던 좀비 드래곤이었다.
끈적이는 액체가 좀비 드래곤의 몸을 타고 흘러내렸고, 주변에는 악취가 진동했다.
좀비 드래곤은 초점 없는 눈으로 거친 숨을 내쉬며 변이 바이러스로 이루어진 액체를 뚝뚝 떨어뜨렸다. 그가 지나간 자리의 식물은 모두 시들었고, 땅은 오염되었다.
좀비 드래곤은 날카로운 송곳니를 드러낸 채 침을 흘리며 사람들 소리가 들리는 곳을 향해 나아갔다.

드래곤 이름	학명	먹이	평균 키
좀비 드래곤	Vividus Mortuus	닭	2.8~3.3m
속성	**체형**	**타입**	**평균 몸무게**
어둠	드레이크	실험체 드래곤	320~350kg

진화단계

게임 정보

◈ **성격1(90%)** | **성급한**

◈ **성격2(10%)** | **덜렁대는**

◈ **성별** | ⊙

◈ **획득처** | **2023년 할로윈 축제 이벤트**

◈ **도감 배지** |

◈ **성체 100보유 배지** |

◈ 드래곤 돌보기 수치 ◈

물기	86%	잠자기	32%
먹기	86%	놀기	17%
분노하기	47%	씻기	6%

◈ 드래곤 성격 결정 수치 ◈

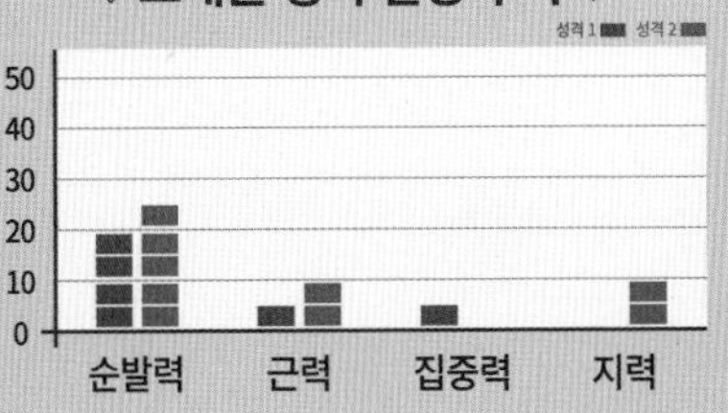

Zombie Dragon
좀비 드래곤

DVC 정보  이 알은 바이러스에 감염되었다.

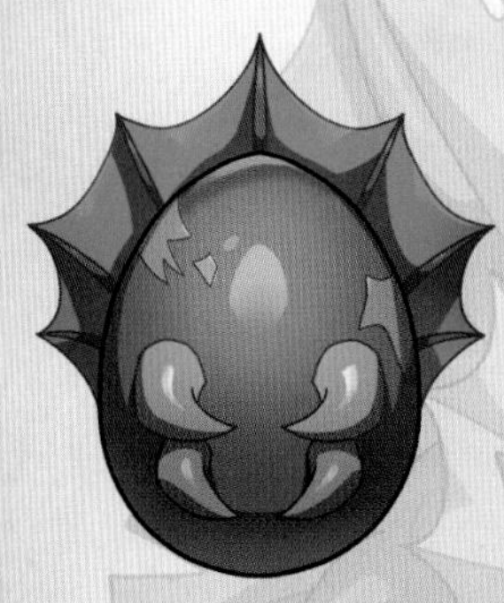

알

매우 끈적거리는 알이다.

좀비 바이러스로 인해 알에서부터 끈적한 액체가 흘러나온다. 액체 때문에 알이 녹아내리는 형태로 부화한다. 액체에서는 악취가 나며, 주변에 있는 것들을 오염시킨다. 낮 시간에는 알에서 기괴하게 울부짖는 소리가 들려오기도 한다.

해치

해치 때부터 몸에 붕대를 감고 있으며 악취가 난다.

악취가 풍겨져 나오며 반경 50m 내에는 어떤 생명체라도 다가오지 않는다. 걸을 때마다 발자국을 따라 끈적한 액체가 흘러나온다. 밟힌 식물은 그대로 시들어 버리는 경우가 많다. 낮에는 주로 잠을 자고 있으며, 거의 움직이지 않는다. 밤에 주로 활동하고 시력이 좋아지며 낮보다 빠르게 움직인다.

해츨링

해치 때와는 달리 매우 활동적이며 눈앞에 움직이는 생명체는 무엇이든 물어버린다.

체내의 좀비 바이러스가 더 많이 생성된다. 생성된 좀비 바이러스가 온몸에 퍼지면 사리분별을 하지 못하고 앞에 보이는 생명체는 고민 없이 물어버린다. 하지만 바이러스가 강하진 않아 상대를 좀비화 시키기까지는 불가능하다.

성체

완벽한 좀비 드래곤의 모습을 갖춘다.

체내 좀비 바이러스의 농도가 짙어지고 강력해지며, 물린 상대는 반드시 좀비로 변한다. 어둠 속에서 주로 생활하면서 물어야 할 상대를 발견하면 재빠르게 움직인다.

몸의 날개는 더욱 거대해지고 몸 자체가 커진다. 지느러미로 착각할 수 있지만 하늘을 날 수 있다. 송곳니와 가슴의 뼈는 더욱 날카로워지며 비늘이 단단해진다.

지느러미에서 흐르는 미끈한 체액은 상대의 피부를 녹여버린다. 일부 좀비 드래곤은 자신의 체액에 피부가 녹아내리기도 하지만 고통을 느끼진 않는다. 좀비 바이러스의 액체가 떨어진 자리는 새로운 생명이 자랄 수 없을 만큼 땅이 오염된다.

PangPang

팡팡

엘피스 마을 사람들은 고민에 빠졌다. 어린이날 행사장 장식 때문이었다.
장난감과 간식, 신나는 음악까지.
아이들이 좋아하는 것들로 가득 차 있었지만 행사장은 어딘가 부족해 보였다.
그것은 바로 풍선이었다. 풍선 장식이 생기자 행사장이 완벽해졌다.
마을 사람들은 밤사이 풍선을 장식해 놓은 자를 찾기 시작했고, 얼마 지나지 않아 아이들 틈에서 풍선을 불어주고 있는 팡팡을 발견했다.
"어떤 풍선을 불어줄까? 팡팡!"
팡팡은 꽃, 나비, 강아지 등 아이들이 좋아하는 모양으로 풍선을 만들어주었다.
풍선을 받고 즐거워하는 아이들의 모습을 보며, 마을 사람들은 팡팡에게 감사를 표했다.

드래곤 이름	학명	먹이	평균 키
팡팡	Anima Draco	공기	2.2~2.6m
속성	**체형**	**타입**	**평균 몸무게**
바람	드라코	풍선 드래곤	30~40kg

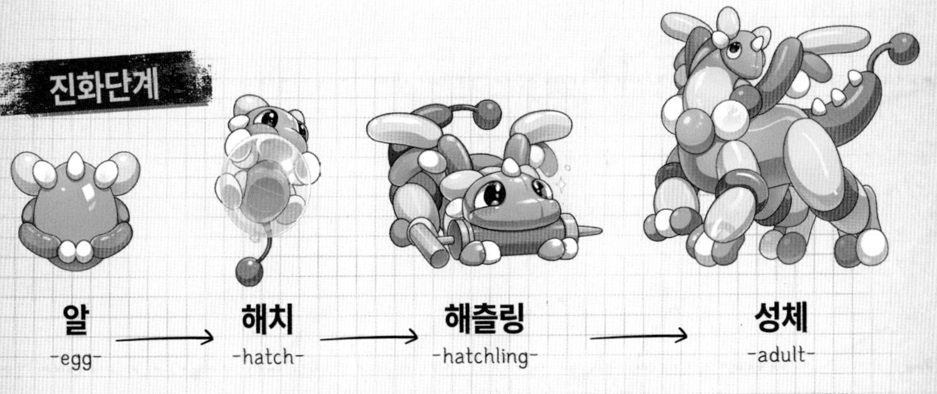

게임 정보

◈ **성격1(90%)** | 눈치 빠른

◈ **획득처** | 2023년 풍선축제 이벤트

◈ **성격2(10%)** | 대담한

◈ **도감 배지** |

◈ **성별** |

◈ **성체 100보유 배지** |

◈ 드래곤 돌보기 수치 ◈

분열하기	88%	잠자기	44%
먹기	68%	씻기	32%
놀기	53%	얼리기	20%

◈ 드래곤 성격 결정 수치 ◈

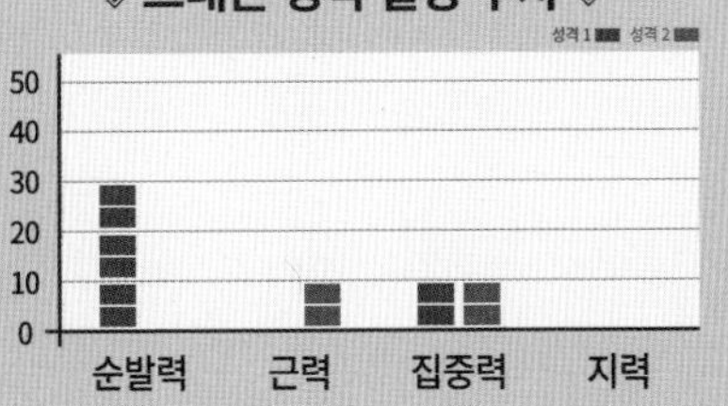

PangPang

팡팡

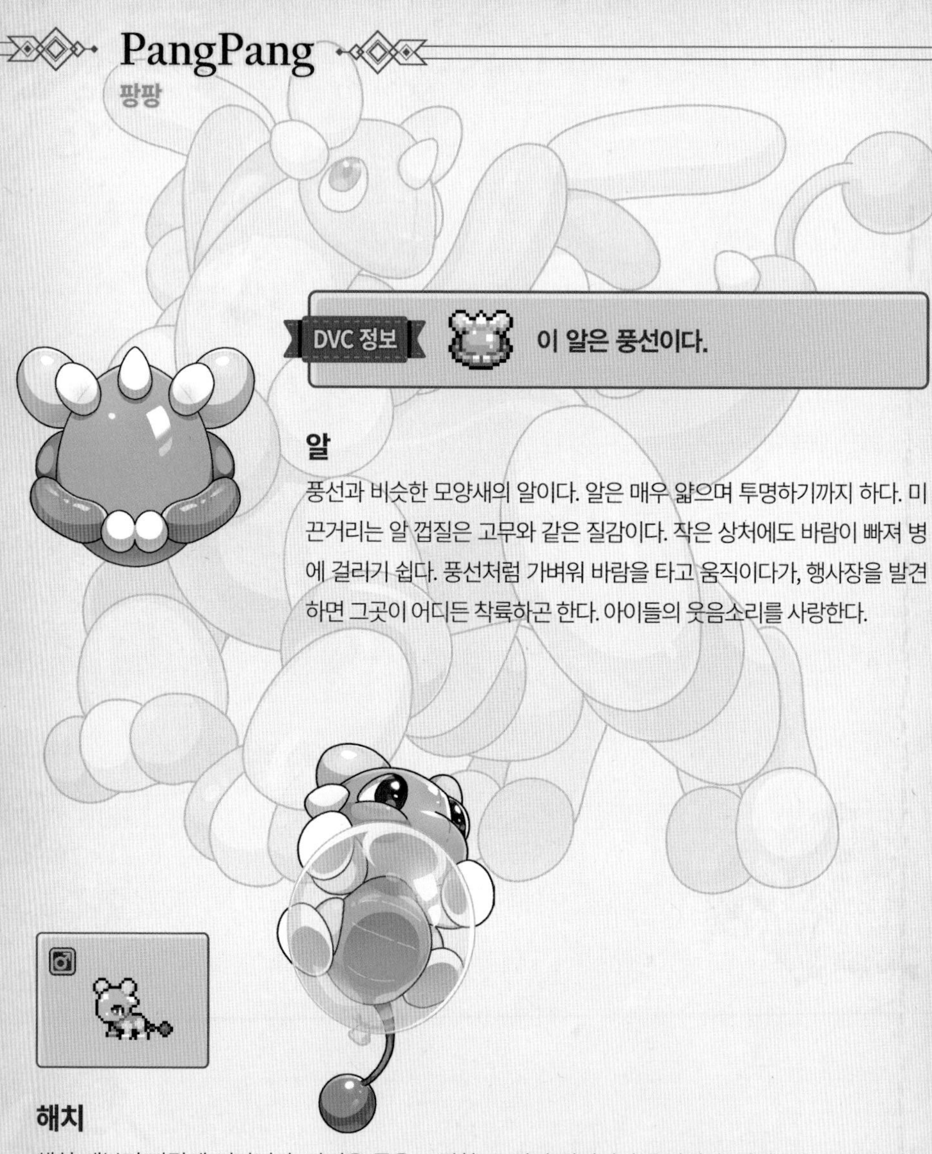

DVC 정보 이 알은 풍선이다.

알

풍선과 비슷한 모양새의 알이다. 알은 매우 얇으며 투명하기까지 하다. 미끈거리는 알 껍질은 고무와 같은 질감이다. 작은 상처에도 바람이 빠져 병에 걸리기 쉽다. 풍선처럼 가벼워 바람을 타고 움직이다가, 행사장을 발견하면 그곳이 어디든 착륙하곤 한다. 아이들의 웃음소리를 사랑한다.

해치

해치 때부터 바람에 떠다닌다. 가벼운 몸은 조절할 수 없어 이리저리 움직인다. 날카로운 곳에 찔리면 바람 빠진 풍선처럼 늘어진다. 상처 회복이 빠르지 않아 원상태로 돌아오기까지 꼬박 하루가 걸린다. 공기 주입기로 공기를 넣어주면 꼬리만 부푼다. 몸을 비틀고 묶어 상대의 행동을 따라 하곤 한다. 햇빛 아래 오래 있으면 색이 변할 수 있다. 걸을 때마다 눈을 밟는 것 같은 소리가 난다.

해츨링

해치 때와는 달리 해츨링 시기에는 몸의 형태를 변형할 수 있다. 공기를 이용하여 몸을 늘리거나 줄일 수 있다. 한계까지 부풀고 싶어 하며 부풀었다 터지는 걸 일종의 놀이로 생각한다. 회복력이 빨라져 터진 몸은 반나절이면 원상태로 돌아온다.

성체

몸이 매우 가벼워 태풍이 불면 날아가는 경우도 있다. 바람에 휩쓸리며 상처를 입어 몸이 줄어드는 경우 또한 존재한다. 얇고 투명한 비늘은 상처가 잘 나지만 공기만 있다면 바로 회복할 수 있다.
대부분의 팡팡은 아이들의 웃음에 기쁨을 느낀다. 등에 아이들을 태우고 하늘을 나는 경우가 많으며 행사가 있는 곳에 종종 나타나기도 한다. 풍선으로 행사장을 꾸미거나 아이들에게 선물을 주고 사라지는 경우가 종종 목격된다.

드래곤 도감

드래곤 협회 지부가 생겨나자 여러 대륙에서 많은 정보들이 모아졌고 이는 바로 드래곤 연구소에 전달되었다. 드래곤 도감은 수많은 정보가 쌓이며 테이머들에겐 없어선 안될 필수 품목이 되었다.

Chapter.04

CARD DRAGON

카드 코드 드래곤

디멘션 드래곤 / 디아누 / 페로스 / 포르타
니드호그 / 라그나로크 / 수르트 / 헬라

Dimension Dragon

디멘션 드래곤

디멘션 드래곤은 차원을 자유롭게 오가는 힘을 이용하여 차원의 균열을 관리하기 시작했다.
포르타는 무고한 존재들을 위해 차원문을 만들었고, 페로스는 차원문을 열었다.
디아누는 혼돈을 일으키는 드래곤이 들어올 수 없도록 차원문을 닫았다.
여느 때와 마찬가지로 차원을 살피고 있던 디멘션 드래곤은 아주 작은 차원의 균열을 발견하였다.
차원의 균열을 메꾸려는 순간, 짙은 어둠의 기운이 디멘션 드래곤을 덮쳐왔다.
디멘션 드래곤이 정신을 차리고 주변을 둘러보자 짙은 어둠의 기운이 차원에 균열을 만들고 있었다. 디멘션 드래곤은 알 수 없는 불안감에 휩싸였고 균열을 따라 차원을 이동하였다.
균열의 끝에 다다르자, 하나의 대륙이 보였다.
그곳에서 악의 부활이 시작되고 있었다.

드래곤 이름	학명	먹이	평균 키
디멘션 드래곤	Facinorsus Draco	스타후르츠	2.5~3.0m
속성	**체형**	**타입**	**평균 몸무게**
꿈, 강철	드라코	차원 드래곤	230~280kg

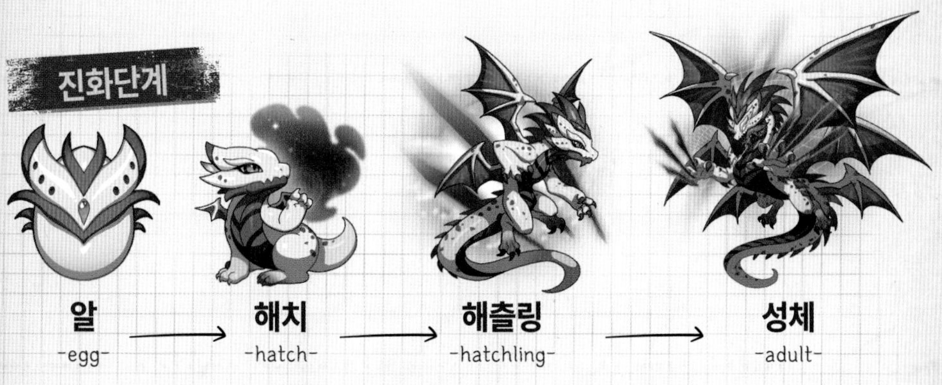

게임 정보

◈ **성격1(90%)** | 똑똑한

◈ **성격2(10%)** | 대담한

◈ **성별** |  

◈ **획득처** | 인연도감 보상

◈ **도감 배지** |

◈ **성체 100보유 배지** | 

◈ 드래곤 돌보기 수치 ◈

광속비행	88%	잠자기	44%
명상	68%	놀기	32%
먹기	53%	씻기	20%

◈ 드래곤 성격 결정 수치 ◈

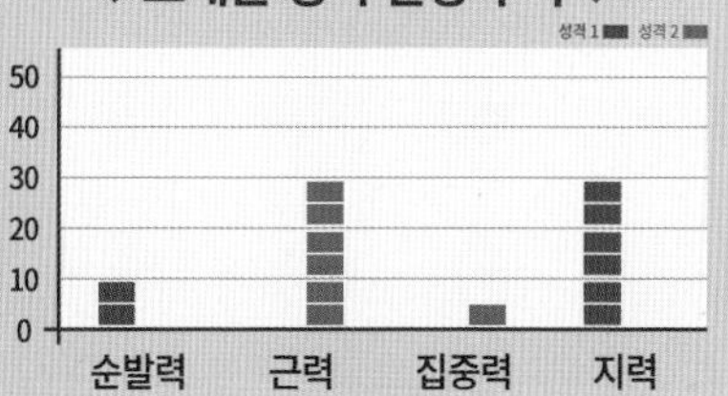

Dimension Dragon

디멘션 드래곤

DVC 정보  이 알은 차원의 틈에서 발견된다.

알

차원의 균열에서 발견되는 알이다. 발견 지역이나 부화 시기에 대해 정확하게 알려지지 않았다. 이따금 차원 너머로 알이 사라지는 현상이 발견되곤 한다. 알 주변에서 차원의 균열이 발생하기도 한다. 어떤 차원과 연결된 곳인지 알 수 없기 때문에 차원의 균열에 접근하지 않는 편이 좋다. 만지는 대로 휘어지는 유연성과 탄력성이 좋은 알이다.

해치

해치 때부터 차원을 감지할 수 있다. 벌어진 차원의 균열을 찾아내는 능력이 매우 뛰어나다. 허공을 더듬어 차원의 균열을 찾아내며, 차원의 균열 그 너머는 어떤 곳인지 확인하기 위해 발을 넣어보곤 한다. 차원의 균열에 접근하지 못하도록 경비를 서고 있을 때도 있다. 강력한 턱의 힘으로 자신의 말을 무시하고 차원으로 달려드는 자들을 끌어낸다.

해츨링

해치 때와는 달리 해츨링 시기에는 차원의 균열 너머로 들어가거나 나올 수 있다. 차원에 균열이 생기는 것을 살피고, 차원을 불안정하게 만드는 요인을 파악한다.

성체

차원의 균열에서는 디멘션 드래곤을 이길 수 있는 존재가 희박하다. 차원을 찢을 만큼 날카로운 발톱을 지니고 있어 강한 피부조차 쉽게 찢어버리기 때문이다. 그로 인해 수많은 드래곤들이 기피하는 대상이기도 하다. 디멘션 드래곤의 전투 능력은 얼마나 많은 차원을 관리하고 안정화 시켰는지에 따라 달라진다고 알려져 있다.

일부 드래곤 학자들이 "디멘션 드래곤은 멸종되었다"라고 이야기할 만큼 그 모습을 찾기 어려웠으나, 최근 불안정한 차원의 균열로 디멘션 드래곤의 모습이 발견되고 있다.

디멘션 드래곤을 발견한 자들은 각기 다른 모습으로 기억하고 있다. 이는 디멘션 드래곤이 자신의 모습을 감추고자 하는 욕망에서 비롯된 환각 능력으로 알려져 있으나 진실은 아무도 알 수 없다.

Dianu

디아누

디아누는 페로스와 함께 포르타가 만든 차원문을 관리하였다.
페로스는 어떤 드래곤에게든 차원문을 열어 자유롭게 다닐 수 있도록 하였고, 디아누는 페로스가 열어놓은 차원문들을 닫고 다녔다. 다른 차원에서 넘어온 드래곤들이 자신들에게 맞는 터전이 필요하다며 자연을 파괴하고 변화시켰기 때문이다.
그런데 이때 빛과 어둠의 전쟁이 일어났고, 수많은 드래곤들이 희생되었다.
“내가 차원문을 모두 닫지 않았다면 더 많은 생명을 구할 수 있었을지도 모른다.”
자책하는 디아누에게 포르타는 말했다.
“네가 모든 차원문을 닫지 않았다면 유타칸 뿐만 아니라 다른 차원들까지 혼돈의 땅이 되었을 것이다. 자책하지 마라, 디아누여.”

드래곤 이름	학명	먹이	평균 키
디아누	Claustra Ostiarius	자몽	1.8~2.3m
속성	**체형**	**타입**	**평균 몸무게**
땅, 강철	웜	문지기 드래곤	210~250kg

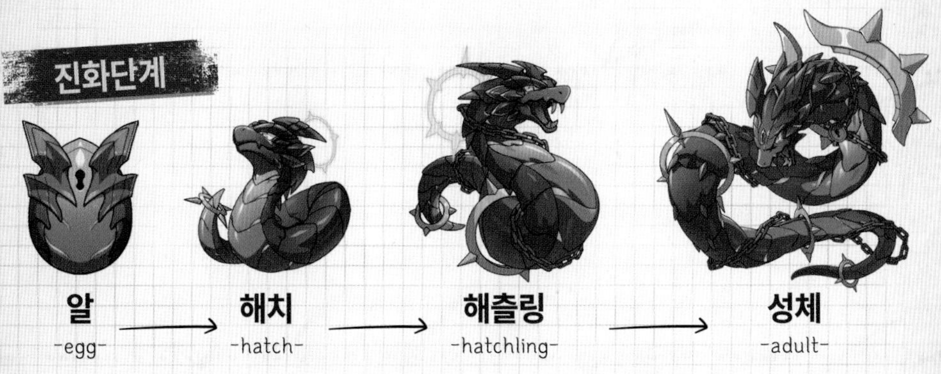

게임 정보

◈ 성격1(90%) | 냉정한

◈ 성격2(10%) | 고집 있는

◈ 성별 | 

◈ 획득처 | 카드팩 1탄 코드

◈ 도감 배지 |

◈ 성체 100보유 배지 | 

*재앙 외형을 지닌 1세대 드래곤은 특수 성격이 나오지 않았을 때 기본 성격이 재앙의 성격으로 고정됩니다.

◈ 드래곤 돌보기 수치 ◈

흙 털기	87%	잠자기	44%
먹기	64%	놀기	33%
혼자두기	54%	씻기	22%

◈ 드래곤 성격 결정 수치 ◈

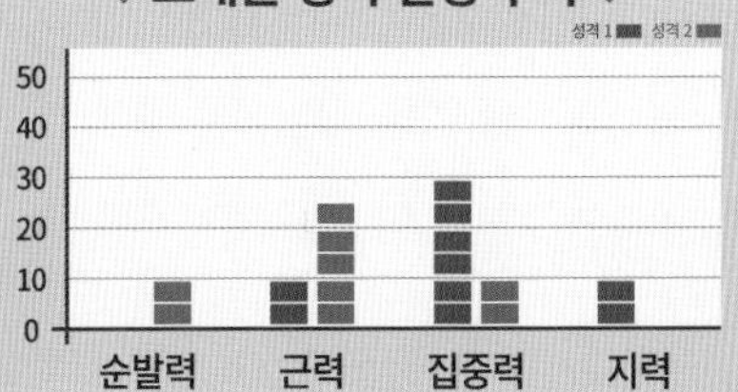

Dianu

디아누

DVC 정보  이 알은 차원문을 기다린다.

알

차원문이 닫히기를 기다리는 알이다. 처음 머문 곳이 아니라면 부화하지 않으려는 습성이 있다. 잠그고 싶은 차원문이 열리면 지느러미가 모이며 열쇠 구멍이 닫힌다. 그 차원문이 닫힐 때까지 지느러미는 벌어지지 않으며, 그때까지 성장도 멈춘다. 부화 중이었다면 알 껍질이 달라붙으며 다시 알에 갇힌다.

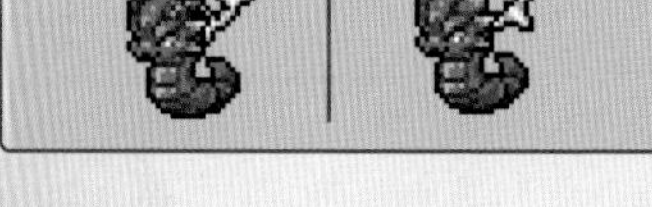

해치

해치 때부터 땅의 기운을 느끼며 생활하는 걸 좋아한다. 아무리 강한 상대 앞에서도 당당함을 잃지 않는다. 위협을 느끼면 뿔과 비늘을 세워 방어 자세를 취하고, 꼬리에 꽂고 있는 날카로운 창을 던져 상대를 공격한다. 뱀처럼 상대를 조이기도 한다. 차원의 틈으로 이어질 수 있는 갈라진 틈을 발견하면 주황빛의 뜨거운 힘으로 땅을 이어붙인다.

해츨링

해치 때와는 달리 해츨링 시기에는 차원의 사슬을 이용해 상대를 포박할 수 있게 된다. 자신의 몸 정도 되는 작은 차원문은 닫을 수 있다.

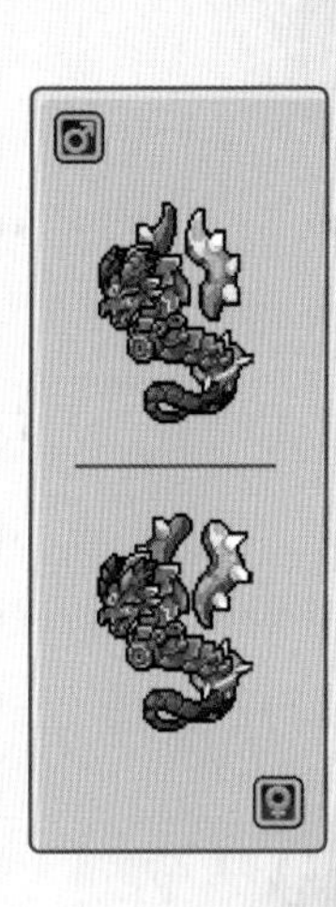

성체

자연이 인위적으로 변화하는 것을 싫어하는 드래곤이다. 상당히 전통을 중요하게 여긴다. 파괴로 인한 변화보단 안정적이고 자연발생적인 진화가 올바른 길이라 생각하는데 이는 문을 닫는 행동으로부터 비롯된 성향으로 알려져 있다. 차원문을 닫는 힘은 자신의 몸을 감싸고 있는 차원의 사슬로부터 비롯된 것으로 추측된다.

디아누는 차원문을 통과한 드래곤이 위험한 존재라 여겨지면 차원의 사슬로 포박한다. 포박된 드래곤은 차원의 사슬을 끊을 수 없으며 안전한 존재로 확인이 되었을 때 페로스에게 이야기하여 풀어준다. 디아누가 잠근 차원의 사슬은 오직 페로스가 가진 차원의 열쇠로 열 수 있다.

Feros

페로스

유타칸의 차원문을 열어 달라는 포르타의 간절한 외침에 두려움이 묻어있었다.
페로스는 어딘가 이상하다고 느꼈지만 다급해 보이는 포르타의 부탁을 들어 주는 것이 우선이라 생각했다.
차원의 열쇠로 차원문을 열자 기억하고 있던 유타칸과 전혀 다른 모습의 세상이 펼쳐졌다.
희망이 아닌 절망만이 남아있는 유타칸은 생명의 땅이 아닌 죽음의 땅에 가까운 모습이었다.
페로스는 살아있는 존재들을 차원문 안으로 인도해 주었다.
그렇게 무분별하게 데려오다 보니 차원은 어느새 포화 상태가 되어버렸다.
어쩔 수 없이 디아누는 포르타의 명에 따라 차원문을 잠갔다.
페로스는 차원으로 들어온 존재들을 보며, 언젠가 이들이 새로운 유타칸을 만들어 내리라 믿었다.

드래곤 이름	학명	먹이	평균 키
페로스	Clavis Ostiarius	풀잎	2.4~2.9m
속성	**체형**	**타입**	**평균 몸무게**
바람, 꿈	아시안	문지기 드래곤	170~210kg

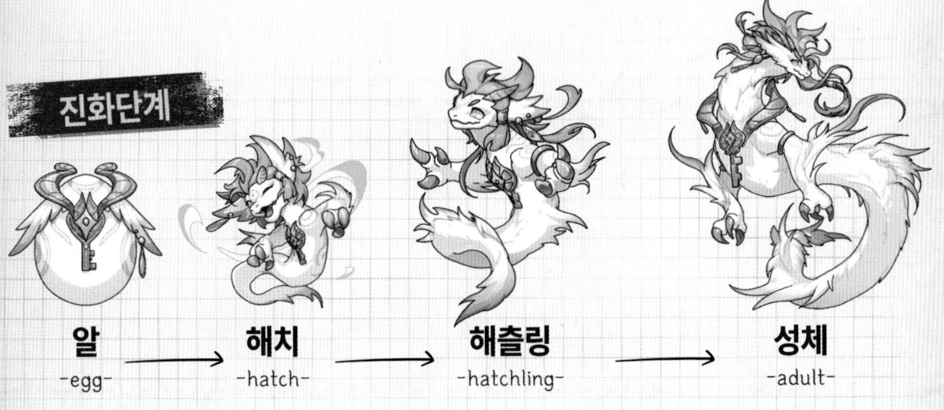

게임 정보

◈ **성격1(90%)** | **신중한**

◈ **성격2(10%)** | **똑똑한**

◈ **성별** | 

◈ **획득처** | **카드팩 1탄 코드**

◈ **도감 배지** |

◈ **성체 100보유 배지** | 

*재앙 외형을 지닌 1세대 드래곤은 특수 성격이 나오지 않았을 때 기본 성격이 재앙의 성격으로 고정됩니다.

◈ 드래곤 돌보기 수치 ◈

여행하기	93%	씻기	43%
놀기	67%	잠자기	27%
꾸며주기	56%	먹기	16%

◈ 드래곤 성격 결정 수치 ◈

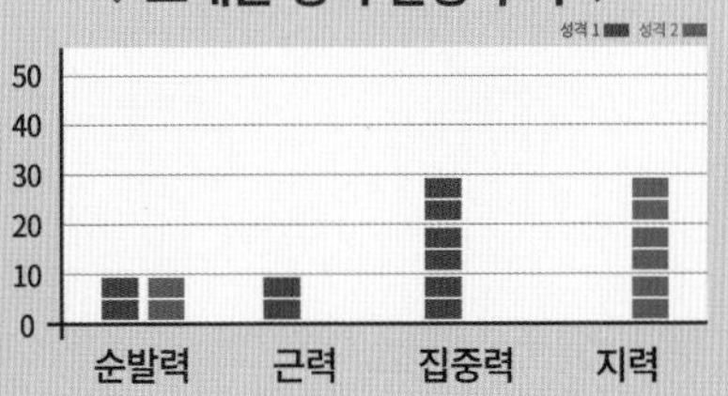

Feros

페로스

DVC 정보

이 알은 차원문이 열리기를 기다린다.

알

차원문을 여는 차원의 열쇠를 지니고 있는 알이다. 차원의 열쇠는 차원문에 반응한다. 열려있어야 하는 차원문이 닫히면 열쇠가 흔들린다. 차원문이 열릴 때까지 열쇠는 강렬한 움직임을 계속한다. 그러나 절대 알에서 떨어지진 않는다. 차원문이 모두 열리면 성장과 관계없이 알이 부화된다는 이야기가 있다.

해치

해치 때부터 바람의 기운을 느끼며 자유로움을 만끽한다. 여러 장소를 돌아다니는 걸 즐기는데, 한 번 본 장소는 절대 잊어버리지 않는다. 온순한 성격이지만 가슴에 달고 있는 열쇠를 건드리려 하면 단단하고 뾰족한 발톱을 세우며 공격적으로 변한다. 꼬리로 상대를 내리칠 때도 있다. 바람에게 차원문을 열 수 있는 힘이 있다고 생각한다. 바람이 차원문을 여는 순간을 목격하기 위해 바람을 따라다닌다.

해츨링

해치 때와는 달리 해츨링 시기에는 차원의 열쇠로 차원문을 열 수 있게 된다. 능력이 다소 부족한 페로스의 경우 차원문을 전부 열지는 못한다.

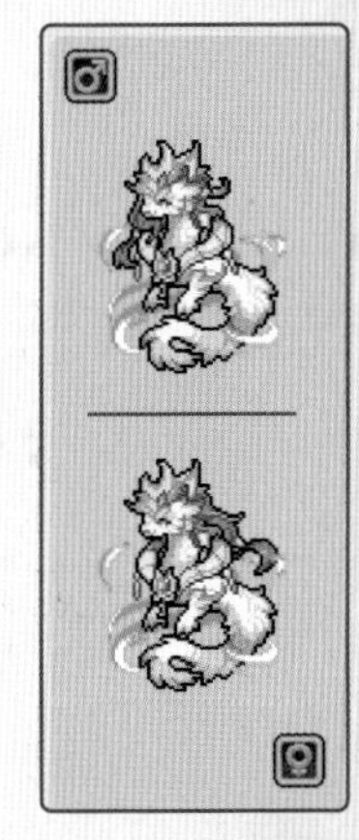

성체

누구도 가보지 못한 새로운 지역을 찾고 싶어 하는 드래곤이다. 여행하는 것을 매우 좋아하기에 활발히 돌아다닌다. 차원문만 있다면 차원의 열쇠로 자신이 가고자 하는 곳을 이동할 수 있다. 이 능력 때문에 드래곤 헌터들의 표적이 되는 일이 잦다. 다만 매우 빠른 속도로 돌아다니기 때문에 페로스를 잡기란 쉽지 않은 일이다.

차원을 지키고자 하는 사명감이 매우 높은 페로스의 경우 한평생 열쇠의 힘을 사용하지 않는다고 한다.

Porta

포르타

포르타는 유타칸의 현실을 보며 흐느꼈다. 사방에서 들려오는 비명과 난무하는 피, 수없이 쌓인 드래곤들의 시체로 뒤덮인 땅은 더 이상 생명의 땅이 아니었다.
포르타는 거대한 차원문을 만들었고, 페로스와 디아누는 살아있는 자들을 차원문으로 인도하였다. 차원문을 통해 들어온 드래곤들은 방황하며 끝나지 않는 싸움을 이어갔다.
그로 인해 불안정해진 차원에는 균열이 가기 시작했다.
포르타는 디아누에게 차원문을 닫을 것을 명했다.
차원을 안정화시키려면 드래곤들의 충돌을 막아야 했다.
하지만 간신히 구한 드래곤들을 다시 내보낼 수는 없었다.
이도 저도 못하는 포르타의 앞에 누군가 모습을 드러냈다. 디멘션 드래곤이었다.

드래곤 이름	학명	먹이	평균 키
포르타	Cosmos Ostiarius	퍼플튤립	2.1~2.6m
속성	**체형**	**타입**	**평균 몸무게**
어둠	드레이크	파수꾼 드래곤	130~170kg

게임 정보

◈ **성격1(90%)** | **차분한**

◈ **성격2(10%)** | **용감한**

◈ **성별** | 

◈ **획득처** | **카드팩 1탄 코드**

◈ **도감 배지** |

◈ **성체 100보유 배지** | 

*재앙 외형을 지닌 1세대 드래곤은 특수 성격이 나오지 않았을 때 기본 성격이 재앙의 성격으로 고정됩니다.

◈ 드래곤 돌보기 수치 ◈

명상	83%	씻기	39%
잠자기	71%	놀기	27%
광속비행	51%	먹기	17%

◈ 드래곤 성격 결정 수치 ◈

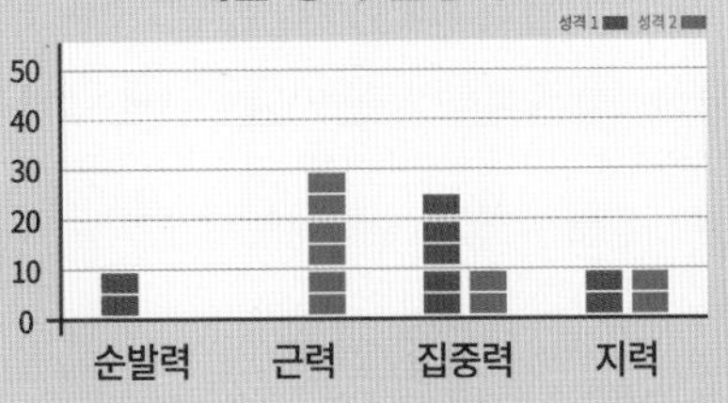

Porta

포르타

DVC 정보  이 알은 차원을 느끼고 있다.

알

차원을 느끼는 알이다. 매우 고요한 곳에서 발견되곤 한다. 스스로 빛을 낼 수 있기 때문에, 한 줌의 빛이 없는 곳에서도 잘 성장한다. 생명의 기운을 느낄 때마다 알 전체에서 빛이 뿜어져 나온다. 위아래로 뻗어있는 뿔로 차원을 느낄 수 있다. 차원의 힘이 강하면 파란색 뿔에서, 차원의 힘이 약하면 하늘색 뿔에서 빛이 난다.

해치

해치 때부터 무엇이든 관찰하는 습관이 생긴다. 동물, 드래곤, 테이머 등 살아있는 모든 존재를 자세히 관찰하며 시간을 보낸다. 호기심이 왕성하고 선입견이 없다. 처음 보는 것은 일단 냄새부터 맡아본다. 가끔 한 번도 맡아본 적 없는 낯선 냄새와 직면한다. 하지만 아무리 둘러보아도 어디서 냄새가 나는지 알지 못한다. 해치 포르타는 보이지 않고, 접근할 수 없는 다른 차원의 냄새라고 생각한다.

해츨링

해치 때와는 달리 해츨링 시기에는 자신의 지팡이에 있는 스타시드로 차원문을 형성할 수 있다. 다만 불안정한 차원문이기에 언제 부서질지 모르는 약한 문이기도 하다. 지팡이를 이용해 생명의 소리를 해석할 수 있으며, 특히 새들과의 교감이 매우 뛰어나다.

성체

포르타의 지팡이에 스타시드가 싹을 틔우면 별의 기운을 느낄 수 있다고 한다. 어디에서든 지팡이로 바닥을 내려치면 공간이 순간 일그러지며 바로 차원문을 만들어내는 신비로운 드래곤이다. 포르타의 차원문은 차원의 시작과 끝에 만들어지며 자신이 만든 차원문들을 통해 이동할 수 있다. 등에 달린 륜을 통해 여러 차원들과 연결할 수 있으며 정보를 수집하기도 한다. 사악한 기운에 잠식당한 포르타는 차원문을 통해 재앙을 불러온다고 한다.

Nidhogg

니드호그

니드호그는 여러 은하를 떠돌며 수많은 별을 흡수하였다.
강한 힘을 사용하게 되면 강한 힘에 상응하는 허기가 느껴졌다.
그 허기를 채우려면 별의 근원인 스타시드를 찾아야만 했다.
드래곤들은 니드호그에게 자신의 별이 파괴되는 것을 지켜볼 수밖에 없었다.
"더는 삶의 터전을 잃어버릴 순 없다."
탈릿사는 온 힘을 발휘하여 니드호그를 공격하였다.
그러나 니드호그는 그 힘마저 집어삼켜 자신의 힘으로 변환시켰다.
별을 수호하던 드래곤들까지 니드호그에게 맞섰으나 참패하였다.
그렇게 우주의 은하들이 니드호그의 저주로 소멸되고 있었다.
별의 근원인 스타시드가 사라진 별은 초신성 폭발을 일으켰고, 터전을 잃어버린 드래곤들은 니드호그에게 삼켜졌다. 니드호그는 자신이 파괴한 은하의 중심에서 깊은 휴식에 빠져들었다.

드래곤 이름	학명	먹이	평균 키
니드호그	Crescente Anima	스타시드	1.7~2.8m
속성	체형	타입	평균 몸무게
어둠, 번개	드라코	영혼 드래곤	70~110kg

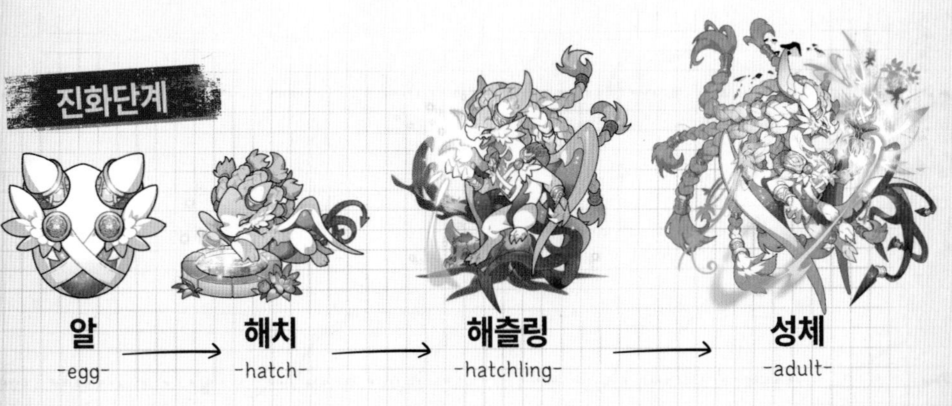

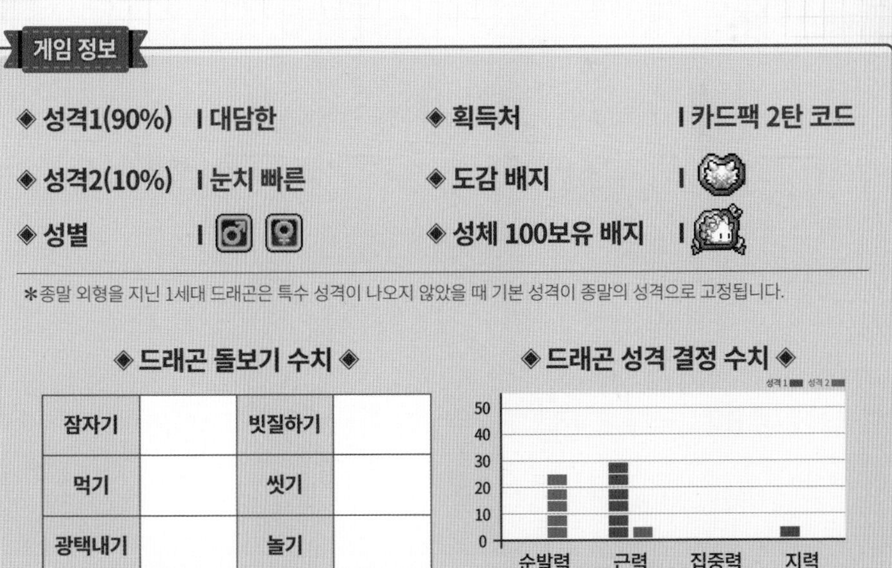

Nidhogg

니드호그

DVC 정보  이 알은 별의 근원을 흡수한다.

알

별의 기운을 흡수하는 알이다. 별의 기운을 흡수해 부화를 시도한다. 생명이 느껴지지 않는 곳에서는 별의 힘이 느껴지지 않아 부화하지 않는다. 생명의 기운이 충만한 별을 찾아가 그 별의 기운을 흡수시켜 니드호그의 알을 부화시키는 테이머도 있다.

해치

해치 때는 매우 미약하지만, 파괴의 힘을 시도하기도 한다. 니드호그 기준으로 미약한 힘이지, 마을이나 대륙의 생명을 파괴할 정도로 위력적인 힘이다. 해치 때도 별의 기운을 흡수할 수는 있지만 자신의 힘으로 변환해 사용하기까지 오랜 시간이 걸린다. 별의 힘을 사용하면 행성을 파괴할 수도 있다. 아무도 살지 않는 마을이나 대륙, 행성에는 관심이 없다. 생명이 가득한 곳만 파괴 대상으로 삼는다.

해츨링

해치 때와는 달리 해츨링 시기에는 별의 근원인 스타시드를 흡수하여 파괴의 힘으로 변환시킨다. 작은 별의 기운을 흡수하는 데 능숙해진다. 작은 별의 스타시드를 축적하여 본인의 힘으로 키워나간다. '니드호그의 저주'가 내린 행성계를 만들어 선보인다.

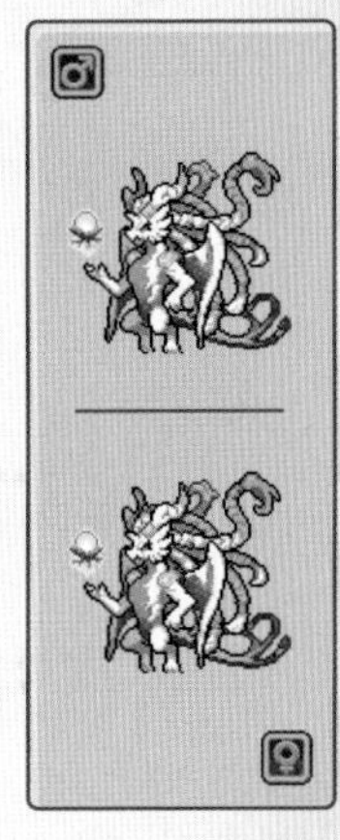

성체

흡수한 별의 힘을 파괴의 힘으로 바꾸는 드래곤이다. 별의 근원인 스타시드를 흡수하여 더욱 강한 파괴의 힘을 사용할 수 있게 된다. 별의 기운뿐만 아니라 드래곤까지 집어삼키기도 한다. 니드호그가 축적한 별의 기운에 따라 그 힘을 발휘할 수 있는 위력은 매우 다양해진다. 니드호그가 가진 파괴의 힘에 닿은 별은 초신성 폭발을 일으켜 소멸하고 만다. 한순간에 자신의 별을 잃어버린 드래곤들은 니드호그에게 대항하나 그대로 삼켜지거나 라테아로 보내진다. 이러한 초신성 폭발의 흔적이 남은 우주의 경우 '니드호그의 저주'라 불리곤 한다. 니드호그는 별의 힘을 흡수한 뒤 '니드호그의 저주'라 불리는 공간에서 휴식을 취한다. 흡수한 별이 완전히 소화되지 않은 상태에서 힘을 사용하면 스스로 초신성 폭발을 일으켜 소멸할지도 모르니 조심하는 것이 좋다.

Ragnarok

라그나로크

종말을 원하는 이들의 염원에서 태어났기에 라그나로크의 심장 안에는 파괴와 분노만이 깃들어 있었다. 라그나로크가 집어삼킨 감정은 죽은 자들의 영혼을 이끌었고, 그로 인해 운명은 비틀리고 말았다. 비틀린 운명은 운명의 사슬로 라그나로크를 붙잡았다.
운명의 사슬은 종말을 두려워하는 이들의 염원에서 탄생하였다.
라그나로크는 종말을 두려워하는 이들을 비웃듯 운명의 사슬을 파괴하였다.
파괴와 분노는 고스란히 라그나로크의 힘이 되었고, 두려움은 라그나로크의 양분이 되었다.
라그나로크에 의해 종말을 맞이한 생명들은 라그나로크의 존재를 증오하였다.
라그나로크는 그 힘마저 집어삼켜 양분으로 삼았다.
라그나로크가 일으킨 증오의 종말은 눈이 부실만큼 매혹적으로 푸른빛을 담고 있었다.

드래곤 이름	학명	먹이	평균 키
라그나로크	Fatalis Finis	염원	2.4~2.9m
속성	체형	타입	평균 몸무게
꿈, 번개	드라코	운명 드래곤	120~160kg

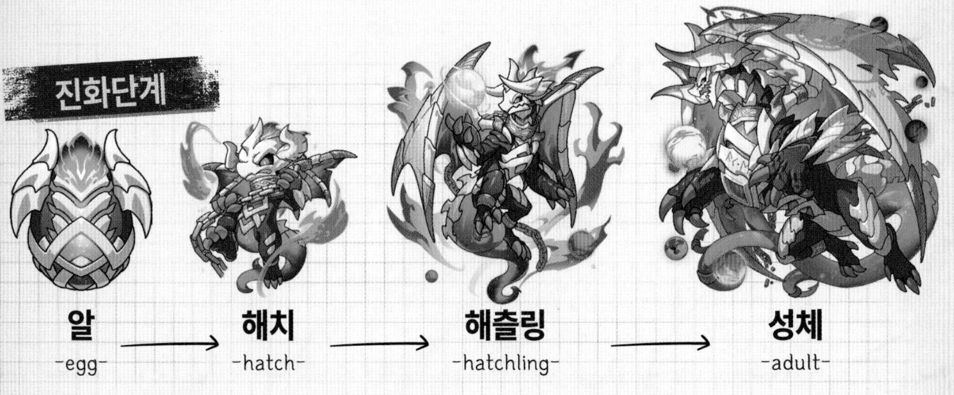

게임 정보

◈ 성격1(90%) I 냉정한

◈ 성격2(10%) I 고집 있는

◈ 성별 I ♂ ♀

◈ 획득처 I 인연도감 보상

◈ 도감 배지 I 

◈ 성체 100보유 배지 I

◈ 드래곤 돌보기 수치 ◈

명상	83%	씻기	39%
먹기	71%	잠자기	27%
분노하기	51%	놀기	17%

◈ 드래곤 성격 결정 수치 ◈

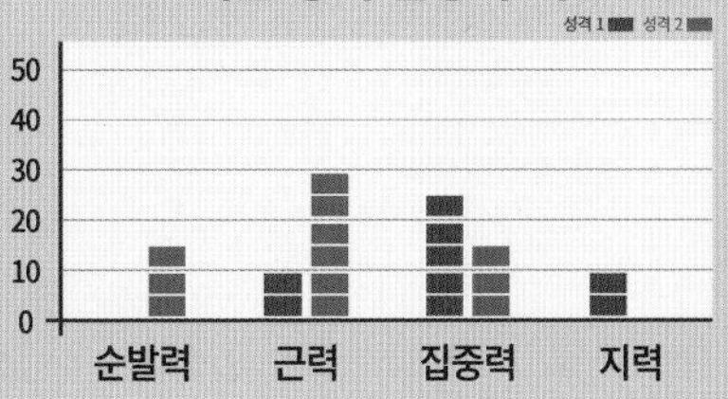

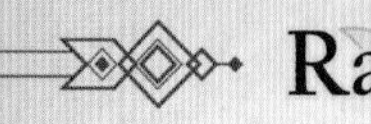

Ragnarok

라그나로크

DVC 정보  이 알은 종말의 염원을 담고 있다.

알

종말의 염원을 담은 알이다. 수많은 염원이 모여 하나의 알로 탄생하게 되었다. 알 전체를 이루고 있는 종말의 염원은 언제나 일렁이는 형태다. 종말의 염원을 오래 지켜보는 경우 부정적인 감정이 옮겨붙게 되니 주의하는 것이 좋다. 드래곤, 테이머, 동물 등을 가리지 않고 생명이 있는 모든 이들에게 부정적인 감정이 옮겨붙는다.

해치

해치 때부터 운명의 사슬을 끊어내려 한다. 운명의 사슬이 몸을 칭칭 감고 있는 형태로 발현되는 경우가 많다. 운명의 사슬을 끊어내며 자신이 가진 힘의 한계를 시험하곤 한다. 운명의 사슬을 끊어내기 위해 먼저 차가운 종말의 염원으로 운명의 사슬을 꽁꽁 얼린다. 오직 운명의 사슬을 끊어내는 데에만 관심을 보이며, 이를 방해하는 자들이 나타나면 가차 없이 종말의 염원으로 휘감는다. 종말의 염원에 휘감긴 자들은 스스로 종말을 맞이한다.

해츨링

해치 때와는 달리 해츨링 시기에는 염원의 구를 생성한다. 이는 멸망을 노래하는 자들의 기운이 깃들어 있다. 작은 행성을 파괴할 정도의 힘을 가지고 있으며, 염원의 구를 이용해 테이머와 드래곤들에게 절망을 안겨준다.

성체

끝없는 운명의 사슬에 묶여 있는 드래곤이다. 부정적인 영혼의 힘을 받는 만큼 수많은 구속이 라그나로크를 붙잡는다. 운명의 사슬은 종말을 막고자 하는 이들이 라그나로크를 추적하는 유일한 단서가 된다. 종말의 기운이 커질수록 운명의 사슬은 강한 힘을 내는데, 이는 라그나로크의 힘을 배로 증가시켜주는 역할이자 동시에 라그나로크의 위치를 알리는 역할이기도 하다.

자신이 종말로 이끈 행성의 기운을 염원의 구에 담아 종말을 부른다. 염원의 구 안에는 라그나로크를 깨운 수많은 영혼의 염원이 담겨있는데, 이는 종말의 기운을 담고 있어 파괴적인 감정을 불러일으킨다고 전해진다. 라그나로크는 파괴적인 감정에 빠진 이들을 염원의 구 형태로 흡수하는데, 흡수할 때면 너무나도 선명한 에메랄드빛의 하늘이 보인다고 전해진다. 그로 인해 에메랄드빛의 하늘을 본 자는 종말의 신호라며 불안에 휩싸인다. 염원을 흡수당한 신체의 경우 어떠한 생각도, 행동도 할 수 없는 상태가 된다.

Surtr

수르트

겁을 먹고 숨어있는 드래곤을 발견한 수르트는 화염이 깃든 발톱을 들었다.
겁을 먹은 드래곤은 황급히 도망치려 했다.
"그래! 도망쳐야 좀 더 재미있지!"
수르트의 화염은 순식간에 커다란 불길을 일으켰고, 도망치던 드래곤은 불길에 휩싸이고 말았다.
모든 것을 태워버릴 만큼 강렬한 불길을 만들어 내던 때에 누군가 수르트의 불길을 잠재웠다.
니드호그였다. 니드호그의 힘은 이미 수르트의 힘을 흡수한 뒤였기에 대적할 수 없었다.
일렁이는 화염을 보며 수르트는 니드호그의 힘을 떠올렸다.
니드호그의 힘을 떠올릴 때마다 수르트의 화염은 점차 커져 행성을 집어삼킬 것처럼 타올랐다.
"오로지 나의 승리를 위해 모두 사라져라!"
수르트의 눈앞에 보이는 것은 오로지 전장이었다.
피로 물든 전장 너머로 보이는 것은 죽음, 비명, 그리고 승리였다.

드래곤 이름	학명	먹이	평균 키
수르트	Flammae Procinctus	화염	1.7~2.5m
속성	**체형**	**타입**	**평균 몸무게**
불, 어둠	드라코	화염 드래곤	65~90kg

게임 정보

◈ **성격1(90%)** | 고집있는

◈ **성격2(10%)** | 성급한

◈ **성별** |  

◈ **획득처** | 카드팩 2탄 코드

◈ **도감 배지** |

◈ **성체 100보유 배지** | 

*종말 외형을 지닌 1세대 드래곤은 특수 성격이 나오지 않았을 때 기본 성격이 종말의 성격으로 고정됩니다.

◈ 드래곤 돌보기 수치 ◈

펀치펀치	90%	놀기	40%
용트림하기	60%	씻기	30%
먹기	50%	잠자기	20%

◈ 드래곤 성격 결정 수치 ◈

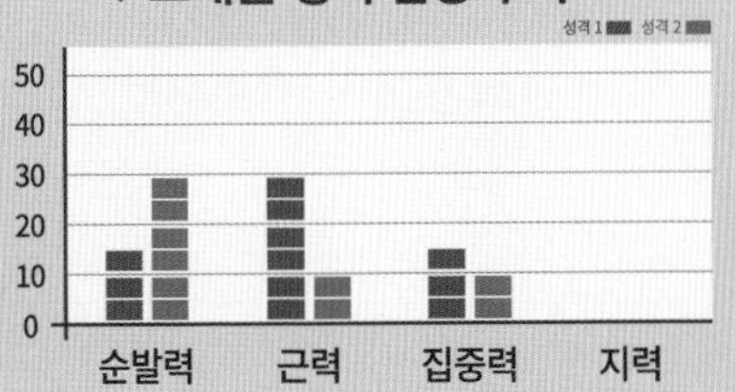

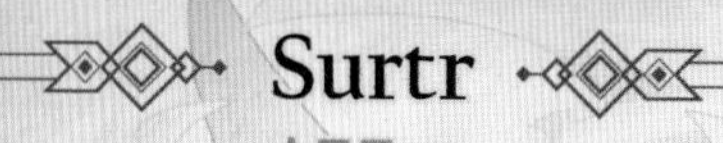

Surtr
수르트

이 알은 전장의 화염을 담고 있다.

알

전장의 화염을 담은 알이다. 뿔에서 타오르고 있는 화염의 경우, 멀리 떨어진 곳에서도 그 열기를 느낄 수 있을 만큼 뜨거운 온도를 자랑한다. 때문에 알에 접근하려는 자가 없다. 화염이 뿜어내는 뜨거운 기운을 이겨내고 알에 다가간 자들은 전투와 전쟁에 대한 욕구에 불타오르게 된다.

해치

해치 때부터 화염이 깃든 발톱을 이용하여 파괴한다. 발톱에 깃든 화염은 무엇이든 녹일 수 있을 만큼 뜨겁다. 나무를 잿더미로 만들고, 바위와 금속도 순식간에 녹여버린다. 머리에 쓰고 있는 투구만이 수르트의 열기를 견뎌내고 있다. 수르트의 화염은 비가 와도 잦아들지 않는다. 심지어 물속에 들어가도 꺼지지 않는다. 전투와 전쟁에 대한 욕구, 승리에 대한 갈망이 끊임없이 수르트의 화염을 타오르게 한다.

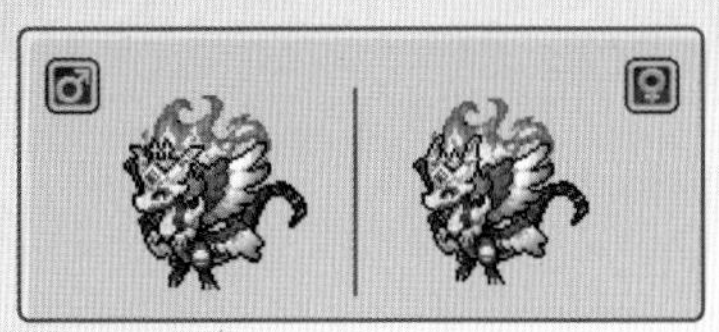

해츨링

해치 때와는 달리 해츨링 시기에는 전장을 돌아다니며 전투를 즐긴다. 호전적인 성격을 주체할 수 없어 전장에서 싸움을 멈추지 못하는 경우도 발생한다. 승리에 집착하는 성향이 매우 강해 패배를 인정하지 못하고 온 마을을 분노의 화염으로 불태우기도 한다.

성체

강렬한 화염을 다룰 수 있다. 온몸에서 폭발하듯 나오는 화염의 경우 손과 날개 사이로 흩어져 수르트의 몸을 감싸는 형태로 변화한다. 수르트가 내뿜는 화염은 전장의 승리가 확정될 때까지 꺼지지 않고 타오른다. 타오르는 불길에 휘말린 자들은 꺼지지 않는 화염에 끝없는 비명을 지른다.

승리를 쟁취한 경우 화염은 사그라들지만, 패배의 경우 푸른 불꽃으로 변해 분노의 화염으로 변질한다. 분노의 화염은 수르트의 수치와 전쟁에서 승리한 자들을 향한 작은 복수심이 담겨있다. 수르트의 화염이 타들어 갈 때는 기묘한 소리가 들리는데, 이는 수르트의 웃음소리와 닮았다.

온몸에서 화염을 불태울수록 이성을 잃는다. 뜨거운 열기를 느끼는 순간 호전적인 성격이 배로 분노를 품게 되며 승리를 향한 들끓는 욕망을 피워낸다. 전투에 심취한 드래곤이기에 싸움과 연관된 드래곤이 아니면 말조차 섞지 않는다. 이따금 재미를 위해 드래곤들이나 마을 사람들의 금은보화를 약탈하거나, 화염을 불태워 공포에 시달리게 하는 등 질 나쁜 장난을 친다.

Hela

헬라

헬라의 탄생은 죽음이 드리운 곳이었다.
불안, 초조, 공포, 절망은 헬라에게 있어 일상과도 같은 익숙한 속삭임이었다.
"내게 충성하라. 오로지 나를 지키고, 나를 위해 살아간다면 안정, 희열, 부활을 꿈꾸도록 해주지."
헬라의 제안에 영혼들은 앞다퉈 충성을 바쳤고, 이들은 헬라의 강인한 전력이 되었다.
더 강인한 영혼을 갈구하던 헬라는 '니드호그의 저주'라 불리는 곳에 도착했다.
니드호그가 지나간 흔적에는 헬라가 원하는 영혼들이 떠돌고 있었다.
"지배할 영혼들이 가득 찼구나!"
헬라는 종말을 일으키는 니드호그와 종말이 부르는 라그나로크의 존재를 느끼며 서서히 미소 지었다.
'니드호그와 수르트, 그리고 라그나로크까지. 서로가 서로를 죽음으로 이끌 때 너희의 영혼은 내 지배하에 영원히 떠돌 것이야.'

드래곤 이름	학명	먹이	평균 키
헬라	Dominus Animae	영혼	1.6~2.3m
속성	체형	타입	평균 몸무게
강철, 어둠	드라코	영혼 드래곤	50~80kg

진화단계

게임 정보

◈ 성격1(90%) | 똑똑한

◈ 성격2(10%) | 변덕쟁이

◈ 성별 |  

◈ 획득처 | 카드팩 2탄 코드

◈ 도감 배지 |

◈ 성체 100보유 배지 |

*종말 외형을 지닌 1세대 드래곤은 특수 성격이 나오지 않았을 때 기본 성격이 종말의 성격으로 고정됩니다.

◈ 드래곤 돌보기 수치 ◈

하트쏘기	93%	씻기	37%
꾸며주기	76%	잠자기	19%
놀기	53%	먹기	-11%

◈ 드래곤 성격 결정 수치 ◈

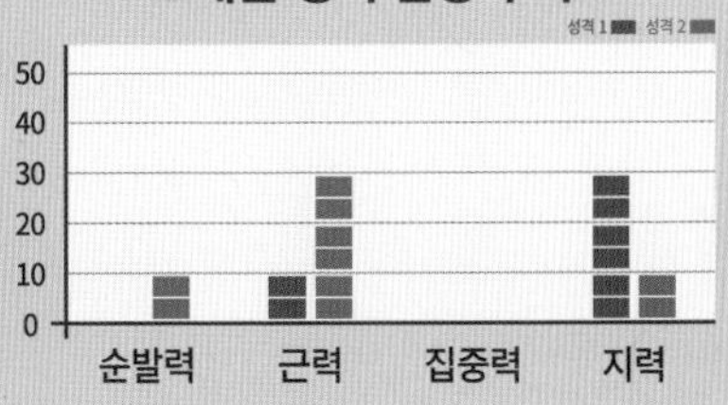

Hela

헬라

DVC 정보  **이 알은 영혼을 지배한다.**

알

영혼을 지배하는 알이다. 알 주변으로 수많은 영혼이 떠다닌다. 알을 채취하는 대상에게 달려들어 뿌리 깊은 저주를 내린다. 알 자체에서 암흑 마력의 기운이 느껴지기도 하는데, 수많은 마법사들이 암흑 마력을 탐하였지만 뿌리 깊은 저주만을 안게 되었다.

해치

해치 때부터 영혼을 지배하기 위해 죽음이 드리운 곳만을 찾아다닌다. 지배할 수 있는 영혼의 수가 무한하진 않다. 암흑 마력을 통해 불러들인 영혼에게 저주를 걸어 영원한 충성을 맹세토록 한다. 헬라에게 충성한 영혼은 헬라의 뜻을 거역하지 못하고 인형처럼 헬라의 뜻대로 움직이고 만다. 그들의 수가 늘어날수록 지배력이 강해지기 때문에, 헬라는 쉬지 않고 자신에게 충성을 맹세할 영혼을 찾아다닌다.

해츨링

해치 때와는 달리 해츨링 시기에는 지배할 수 있는 영혼의 수가 무한하다. 지배한 영혼들 중 일부는 영원히 충성하게 만든다. 수많은 전장이나 소멸한 흔적을 찾아다니며 영혼을 채집하고, 채집한 영혼을 지배하여 강인해진다.

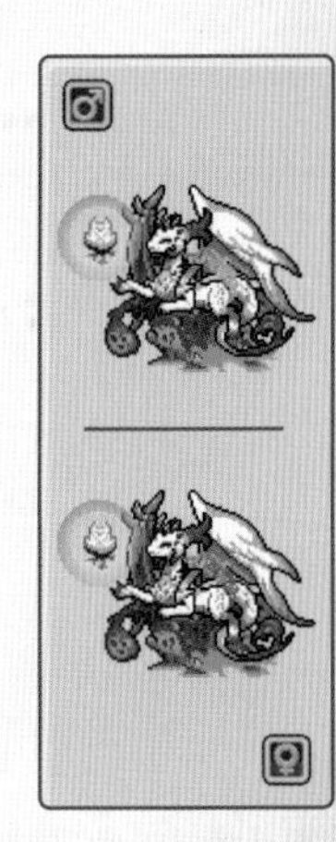

성체

헬라는 언제나 영혼에 둘러싸여 있다. 자신이 지배한 영혼들은 헬라의 명이 있기 전까지 헬라의 주변을 맴돌며 소멸할 때까지 헬라를 지켜낸다. 헬라가 지배한 영혼의 경우 단순히 충성을 다하는 것뿐만 아니라 강력한 암흑 마력을 품게 하여 상대를 죽음에 이르게 할 수도 있다. 헬라에게 지배당한 영혼들은 오로지 헬라의 뜻에 따라 삶과 죽음을 결정짓는다. 하지만 헬라의 영향이 미치지 않는 유일한 공간이 있다. 그 공간은 성역이라 불리는 라테아이며 라테아로 승천한 영혼은 헬라의 지배를 받지 않는다. 이는 센투라의 의지와 연결되어 헬라의 지배력이 통하지 않기 때문이다.

Index

찾아보기

ㄱ

ㄴ

ㄷ

ㄹ

ㅁ

ㅂ

ㅅ

ㅇ

Biblos

비블로스

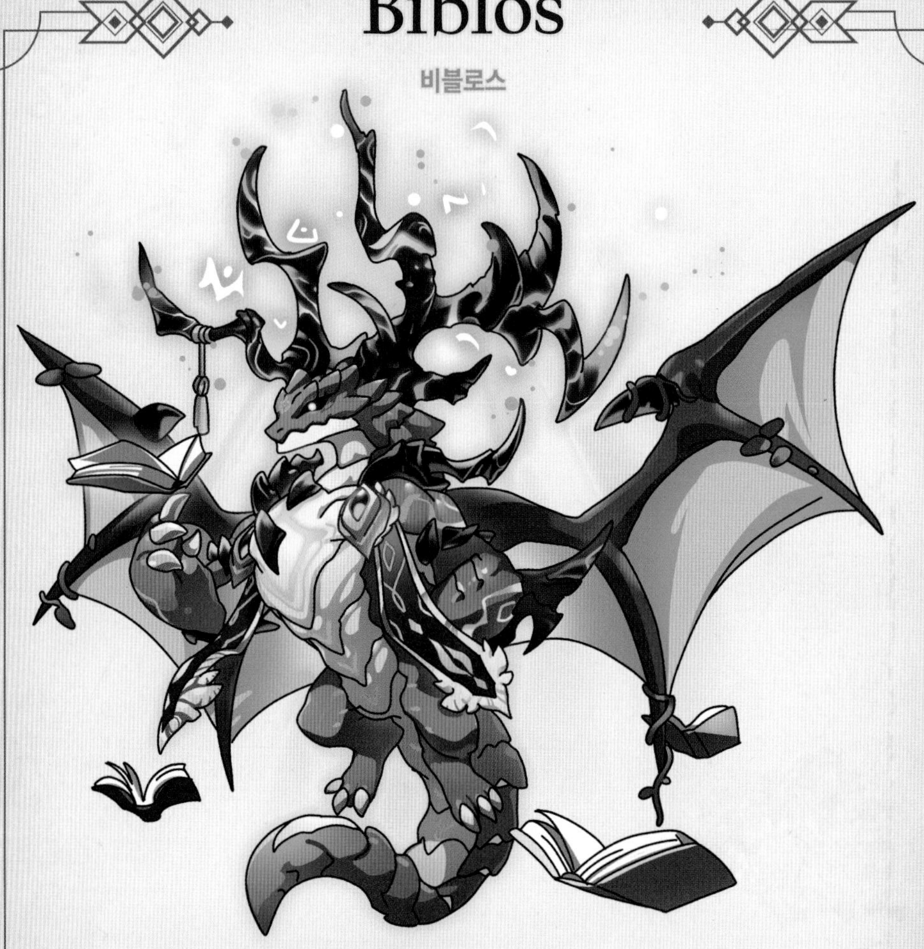

비블로스는 책 보관 장소에 대해 고민이 있었다.
동굴에 보관된 책들이 습기로 인해 찢어지거나 곰팡이가 피는 경우가 많았다.
더 나은 장소를 찾던 중, 비블로스는 한 나무를 발견했다.
책도 나무로 만들어졌으므로 나무에 책을 보관하면 상하지 않을 것이라 생각했다.
비블로스는 나무에 책을 보관하여 나무 도서관을 만들고 항시 열어두었다.
그러나 누구나 책을 읽고 함부로 다루다 보니 책은 동굴에 보관할 때보다 더 손상되었다.
"이제 책의 소중함을 아는 자들만 책을 읽을 수 있게 해야겠어. 함부로 다루는 자들에게는 고통을 줄 것이야…!"
비블로스는 나무 도서관에 자신의 문양을 새겼고, 그 이후부터 도서관에 보관된 책의 상태를 감지할 수 있었다.

드래곤 이름	학명	먹이	평균 키
비블로스	Liber Ramus	단풍잎	3.6~3.8m
속성	체형	타입	평균 몸무게
땅, 빛	드라코	책 드래곤	260~280kg

진화단계

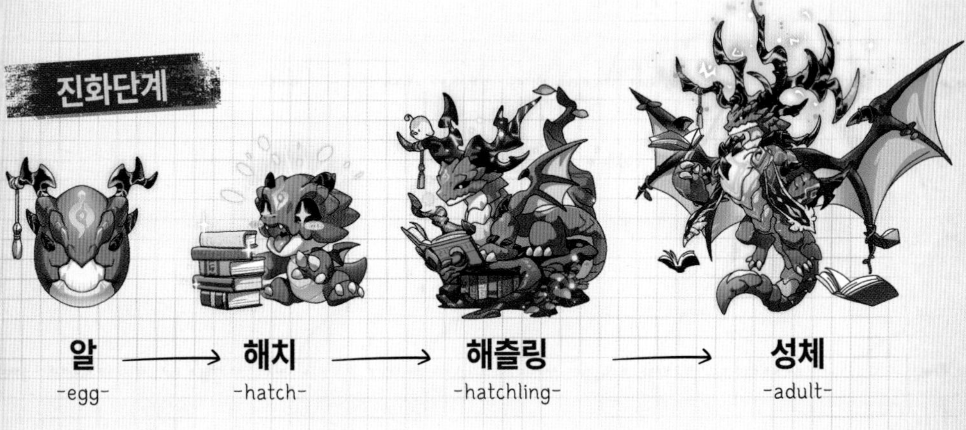

알 -egg- → 해치 -hatch- → 해츨링 -hatchling- → 성체 -adult-

게임 정보

◆ 성격1(90%) | 신중한

◆ 성격2(10%) | 온순한

◆ 성별 | ♂ ♀

◆ 획득처 | 도감북2024코드

◆ 도감 배지 |

◆ 성체 100보유 배지 |

◆ 드래곤 돌보기 수치 ◆

독서하기	93%	명상	67%
잠자기	56%	먹기	43%
씻기	27%	놀기	16%

◆ 드래곤 성격 결정 수치 ◆

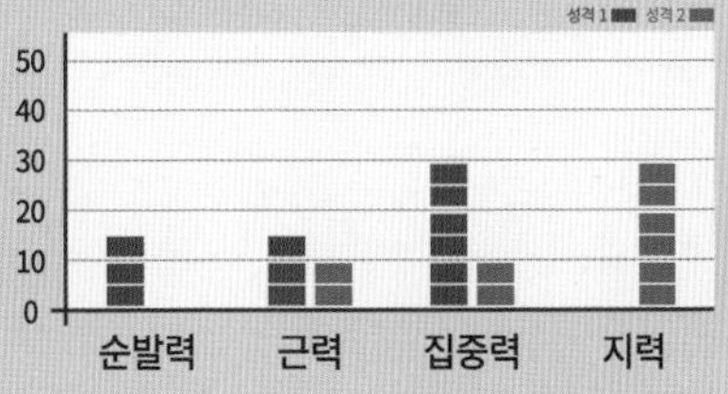

Biblos

비블로스

DVC 정보  이 알은 이야기에 반응한다.

알

이 알은 이야기에 반응한다. 이야기를 들려주면 뿔에서 초록빛이 뿜어져 나오며, 흥미로운 이야기일수록 초록빛이 짙어진다.
바닥에 닿아있는 알의 하단 부분은 나무와 특성이 비슷하여 열기와 습기에 약하다. 건조한 곳에 오래 둘 경우 알 하단이 갈라지기 시작하며 예상 시기보다 일찍 부화하게 된다. 그렇게 태어난 비블로스는 제 시기에 부화한 비블로스보다 뿔이 작다고 알려져 있다.

해치

해치 때부터 책에 엄청난 관심을 보인다.
아직 글자를 읽을 줄 몰라 글자를 읽을 수 있는 자에게 책을 읽어달라고 조른다. 책을 읽어주면 특별한 힘으로 나무의 성장을 촉진해 주기 때문에, 그것을 바라고 비블로스를 찾는 자들도 있다. 저녁에 책을 읽어달라고 찾아오면 새벽까지 책을 읽어주어야 하므로 돌려보내는 것이 좋다. 한 번 들은 이야기는 절대 잊어버리지 않으며, 이마의 문양을 통해 말하지 않고 이야기를 공유할 수 있다.

해츨링

해츨링 시기에는 다양한 책을 빠른 속도로 탐독한다. 독서에 집중할 때면 뿔에서 빛이 나기 시작하는데, 뿔에 지식이 깃드는 것이라고 알려져 있다.
해츨링 때부터 본격적으로 책을 모으기 시작한다. 책에 대한 욕심이 가장 심할 때로, 누구에게도 책을 빌려주지 않는다. 책을 훔쳐 갈까 봐 책을 안고 자기까지 한다.

성체

도서관의 책을 관리한다.
그동안 수집한 책을 오래된 나무 속에 저장해두었다. 수많은 책이 나무 줄기부터 뿌리까지 빽빽하게 들어 차 있다. 이 나무 도서관은 비블로스가 허락한 자들만 찾을 수 있다. 비블로스의 뿔은 나무 도서관과 연결되어 있어, 나무 도서관에 있지 않아도 누가 어떤 책을 읽고 있는지 알 수 있다. 종종 뿔이 지진이 난 것처럼 흔들리는데, 누가 나무 도서관의 책을 훔치거나 훼손 했다는 뜻이다. 뿔의 진동은 고스란히 나무 도서관으로 전달되어 나무 도서관의 책들이 쏟아져 내린다.
책 더미에 깔리고싶지 않다면 비블로스의 책은 깨끗하게 읽고 돌려주자.

드래곤빌리지 컬렉션 게임 내 코드 입력 방법

1. 드래곤빌리지 컬렉션 **게임을 설치**합니다.
2. 게임 내 **메뉴에 있는 설정 버튼**을 선택합니다.
3. **설정 창에서 하단에 있는 쿠폰 버튼**을 선택합니다.
4. 쿠폰 팝업 창이 나오면 아래 **코드를 정확히 입력**해주세요.

* 쿠폰 번호 입력 시 암컷 50%, 수컷 50%의 비율로 1마리의 알 상자를 획득할 수 있습니다.

드래곤빌리지 컬렉션 도감북 2024 출시 기념 코드 드래곤

* 해당 코드는 1회만 사용 가능합니다.